现代中国文化与文学

第12辑

四川大学文化遗产与文化互动研究基地
现代中国文化与文学研究中心 主办

四川出版集团 巴蜀书社

编 委 会 名 单

目　录

纪念郭沫若诞辰一百二十周年专辑

文学档案

新作荐评

Contents

Researches in Memory of 120 Anniversary of Guo Moruo

Chinese Literature Archives

Recommendations and Evaluations about the New Works

关于“民国”的论争摘要

□梁 仪

中国现代文学尚是一门年轻的学科，关于它的学科命名和宏观框架历来存在诸多争议，较早的有“新文学”从“旧文学”的分离，后来有“近代/现代/当代文学”的划分，也有试图整合现当代文学的“20世纪中国文学”的提法。这些论争各有其学术贡献，但是至今中国现代文学史的命名和框架仍有许多不确定，这一方面显示了以上文学史叙述的局限，另一方面预示了做进一步学术探索的必要。新世纪的十多年以来，这种学术探索已经初现端倪，学术界有关“民国文学”的呼声逐渐响起，值得注意。

“民国文学”并不是一个成形的概念，而是对近年来学术界力图将“民国视野”[①]引入中国现代文学史研究的一种粗略概括，大致可以分为三脉：“民国文学史”、“民国史视角”和“民国机制”。目前这些研究尚处于初步建构阶段，还未形成具体鲜明的研究成果，因此更需要对其各种提法论争做出一番梳理。本文试图在相关研究文章的基础上，通过摘引简述的形式（摘引部分用楷体标注），对“民国文学”研究做一份概览，突出其论争焦点及触发的各种问题。

一、“民国文学史”的提出与阐发

（一）早在1999年，专注于史料研究的陈福康先生就在其《民国文坛探隐》一书中提出“中国现当代文学”是应该退休的学科名称，而代之以更为客观求实的“中华民国文学/中华人民共和国文学”之称。

（二）正式提出“中华民国文学”这一概念的则是张福贵先生2003年发表于《世纪文学》（香港）的《从意义概念返回时间概念——关于中国现代文学史的命名问题》一文。文中认为“民国文学”是一种纯粹的时间概念，能够比“现代文学”这个意义概念更具有包容性，更符合文学史叙述的规律。“时间概念具有多元性，其内涵远远比意义概念的涵盖要宽广，而且经过历史的证明，以时间为界限，确定断代的文学史外延。”“文学史的命名，不同于文学评论，也不同于文学史本身，应该获得最大限度的认同。从这一点上来说，作为一种存在事实的陈述，文学史应该尽量淡化命名的倾向性，而突出中间性。时间概念又具有中间性，不包含思想倾向，

① “民国视野”的说法可参见周维东《中国现代文学研究中的“民国视野”述评》，《文艺争鸣》2012年第5期。

没有主观性，不限定任何的意义评价，只为研究者提供了一个研究的时空边界。”“文学史的时间概念命名的中间性，并不妨碍文学史研究和评价的倾向性，在时间的框架下，一切主体意识都可以发生，并且可以最大限度地保护判断的个性化。”①

此后，杨丹丹的《“现代文学史”命名的追问与反思——对“中华民国文学”概念的意义解读》在张福贵《从意义概念返回时间概念》一文的基础上，进一步阐发“中华民国文学”这一命名的意义：“‘中华民国文学’概念的提出在某种程度上既是对20—30年代‘直线性’文学史观，40—70年代‘政治性’文学史观和80年代以来‘现代性’文学史观的理论反思和修正，同时又是对上述文学史观理论上的整合，更加具有独特性、丰富性和复杂性。”②

另外，张福贵先生又于《文艺争鸣》2011年第13期发表文章《从“现代文学”到“民国文学”——再谈中国现代文学的命名问题》，再次阐发自己的“民国文学史”观，强调学科命名对研究的重要性，指出“现代文学”意义的单一性与判断的先验性缺陷，指出“民国文学”内涵的多元性与边界的开放性。主要体现在三方面：“首先，与‘现代文学’这一意义概念相比，‘中华民国文学’作为一种时间概念具有多元的属性，而相对减少了文学史命名中的意识形态色彩和先入为主的价值观。”“其次，以历史时间作为断代是一种最持久的命名方式，具有历史的惯性。”“第三，时间概念的自然属性为文学史写作的个性化提供了更广阔的空间”③。

（三）魏朝勇著《民国时期文学的政治想象》试图在“现代中国文学”这一统称之下，具体分解“民国时期文学”与“共和国时期文学”，从而赋予“现代”以确切的历史内涵。他认为1911年以后的“中国文学的历史分期最好采用‘中华民国’和‘中华人民共和国’的历史时间以做划定”，如此即“可免除（现当代文学）时间上限与下限的困扰”④。

（四）赵步阳、张维亚等著《“现代文学”，还是“民国文学”?》⑤、《民国文学遗产旅游开发研究——以南京民国文学为例》⑥ 等文章，在保护与开发民国时期的历史文化资源的课题背景下，探讨“民国文学”的合理性、意义与价值，视角比较独特。

（五）陈学祖的《重建文学史的概念谱系——以“民国文学史”概念为例》（《学术界》2009年第2期）一文认为，“中国现代文学”、“中国当代文学”等概念的内涵与外延具有漂移性，不宜作为文学史叙述的基本范畴进入文学史叙述。相对而言，

---

① 张福贵：《从意义概念返回时间概念——关于中国现代文学史的命名问题》，《世纪文学》（香港）2003年第4期。

② 杨丹丹：《“现代文学史”命名的追问与反思——对“中华民国文学”概念的意义解读》，《长春师范大学学报》2008年第9期。

③ 张福贵：《从“现代文学”到“民国文学”——再谈中国现代文学的命名问题》，《文艺争鸣》2011年第13期，第68—69页。

④ 魏朝勇：《民国时期文学的政治想像》，华夏出版社，2005年版，第12页。

⑤ 赵步阳、曹千里、章澄、葛怀东、张维亚：《“现代文学”，还是“民国文学”?》，《金陵科技学院学报（社会科学版）》2008年第1期。

⑥ 张维亚、赵步阳、曹千里、章澄：《民国文学遗产旅游开发研究——以南京民国文学为例》，《商业经济》2008年13期。

"民国文学史"概念不但内涵稳定，而且符合中国传统文学史叙事成规，因而显得更加有效。运用"民国文学史"指称1912至1949年的中国文学，不但能够避免"中国现代文学史"概念运用的混乱，而且能将此前被弃置于文学史之外的文学现象纳入文学史叙述之中，对于民国以来文学的历史分期、中国文学的学科划分以及文学史教学也具有重要意义①。

（六）汤溢泽、廖广莉《论开展"民国文学史"研究的迫切性》（《衡阳师范学院学报》2010年第2期）一文从中华民国史的整体角度来统摄"民国文学史"研究，反思局限于"文学标准"的种种文学史叙述，力图引入文艺社会学的"历史标准"。"从文学与政治关系、现有的文学史分期法失误、学术自由、中华民国史体系建树等方位予以分析，呼吁开展'民国文学史'研究，以弥补国内外此一领域的空白。"②

此外，《以"民国文学史"替代"新文学"史考》（汤溢泽，《湖南社会科学》2010年第1期）、《文学史观的失误与拯救——以1912－1949年文学史为例》（廖广莉、汤溢泽，《求索》2010年第7期）、《论开展"民国文学史"研究的必要性与可行性》（汤溢泽、郭彦妮，《当代教育理论与实践》2010年第3期）、《中国文学史分期及命名问题——以1912年—1949年文学为例》（廖广莉，《求索》2011年第1期）等一组文章从文学史、民国史、语言学、学术自由等各个方面为"民国文学史"摇旗呐喊。

（七）王学东《"民国文学"的理论维度及其文学史编写》一文重审"中国现代文学"这一命名的局限与尴尬，试图通过"民国文学史"来寻求被遮蔽的历史真相，尤其关注了"民国文学"的编写问题：由于学界对"民国文学"文学史编写视野的严重缺失，使得"民国文学"的独特意义难以确立，也无法真正完善民国文学这一概念本身的理论构架；提醒注意民国文学史编写的内与外问题、一与多问题、与当下对话的问题等；指出只有探寻民国文学史的编写，重视和处理好编写过程中的问题，我们才能建构出完整的民国文学，才有相对完整的当下精神和文化的文学史，而这也正是民国文学理论维度的最终标的③。

（八）丁帆的主要观点

从2011年起，中国现代文学学会副会长丁帆先生连续撰文支持"民国文学史"的提法。

1. 丁帆《新旧文学的分水岭——寻找被中国现代文学史遗忘和遮蔽了的七年（1912－1919）》

该文从现代文学开端的争议入手，认为中华民国成立的1912年对于中国文学有非凡的意义，是新旧文学的分水岭，而1912—1919年这七年则长期被文学史遗忘和遮蔽，值得重视。

---

① 陈学祖：《重建文学史的概念谱系——以"民国文学史"概念为例》，《学术界》2009年第2期，第111页。

② 汤溢泽、廖广莉：《论开展"民国文学史"研究的迫切性》，《衡阳师范学院学报》2010年第2期，第68页。

③ 王学东：《"民国文学"的理论维度及其文学史编写》，《中国现代文学研究丛刊》2011年第4期，第150－156页。

之所以考虑将1912年的民国元年作为中国现代文学的起点，其理由就在于：

第一，如前所述，中国现代文学史的断代标准应该与整个中国文学史的断代分期的逻辑理念和体例相一致，既定的，也是约定俗成的统一标准不宜因某一主导性理论而遭到破坏。

第二，1912年中华民国成立时，以孙中山为代表的资产阶级民主核心价值理念——“三民主义”——就开始渗透在其执政的国体和政体的纲领之中，“自由、平等、博爱”已然成为这个新生的共和国国体，乃至于整个民族和每一个公民所支撑和依赖的精神支柱。

第三，1912年为中华民国元年，它标志着一个资产阶级民主共和政体的诞生！……这就在政策和法规的层面为新文学在形式（从文言向白话转型）和内容（“人的文学”）上奠定了稳固的政治基础，并提供了可靠的法律保障[1]。

2. 丁帆《给新文学史重新断代的理由——关于“民国文学”构想及其他的几点补充意见》。

在这篇文章中，丁帆先生进一步厘清了关于“民国文学”的几大问题：

一，民国文学起点问题：“晚清文学”归属“清代文学”，“民国文学”就是“民国文学”。

二，民国文学终点问题：“民国文学”的表述在中国大陆自1949年中断后，在台湾地区仍然在沿用，承认这样的表述并非完全是从政治文化的角度来考虑问题，同时也是从文学自身的变化来考虑问题的，因为，在整个新文学的发展过程中，1949年以前的台湾文学只是一个地域性文化特征很强的文学呈现，而1949年以后，虽然其在政治上仍然是区域性的存在，但是，其文化和文学却十分严重地受着一种新的体制的制约——文学服务屈从于政治不仅成为大陆1949年的文学特征，同时也是台湾1949年以后几十年的文学特征。

三，民国文学独特性：此外，尚需说明的是，“民国文学史”并非就是“党国文学史”。虽然它在各个不同时期都强烈地受到了来自政治体制文化的侵扰，但是其文学思潮、文学现象和作家作品的历史构成却凸显出了其鲜明的人文批判性。

四，对“现/当代文学”划分的反思：在学科分类与大文学史的切割上，不宜再分什么“现代”和“当代”，而且这也抹杀了中国现代文学的地域性特征，还是限于大陆语境下的文学史格局，绝无大中华文学史的眼光和世界性的文学史气度。

图示：

中国现代文学史（1912—）

民国文学（1912—）　　港澳暨海外华文文学（1912—）

共和国文学（1949—）民国文学（台湾文学）（1949—）[2]

---

[1] 丁帆：《新旧文学的分水岭——寻找被中国现代文学史遗忘和遮蔽了的七年（1912-1919）》，《江苏社会科学》2011年第1期，第164－165页。

[2] 丁帆：《给新文学史重新断代的理由——关于“民国文学”构想及其它的几点补充意见》，《中国现代文学研究丛刊》2011年第3期，第25—33页。

3. 丁帆《民国文学风范的再思考》（《文艺争鸣》2011年第13期）

在这篇文章中，丁帆先生再次重申了“民国文学”并未在1949年结束而在台湾以隐蔽的方式继续存在，即“民国文学风范”的连续性。台湾1949年后的民国文学表现为武侠、言情等通俗文学的繁荣；乡土文学的发展；即使在意识形态统治最严厉的50年代，文学仍在一定程度上坚守着民国风范。

4. 丁帆《关于建构民国文学史过程中难以回避的几个问题》（《当代作家评论》2012年第5期）

这篇文章在前几篇的基础上，直面构建民国文学史的几大问题，并进一步阐释：第一，民国作为新文学的源头是不争的事实吗？第二，再论“五四新文化运动领导权”和“五四文学革命的指导思想”问题？第三，民国文学的下限在哪里？第四，是国族文学，还是党派文学？此外，还引申出许多尚待思考的新问题，例如：民国文学所确立的“人的文学”之价值观为什么会被颠覆？为什么新文学原本寻觅的非贫穷、非暴力的人性主题逐渐被转换？为什么文学依附于党派政治会成为中国新文学一直延续的惯性？中国新文学和中国现代文学命名的区别在哪里？民国文学元素与共和国文学元素异同性梳理等等。

二、现代文学史框架内的“民国史视角”

“民国史视角”的提出者张中良先生（笔名秦弓）在论文《现代文学的历史还原与民国史视角》、《三论现代文学与民国史视角》中，系统论述了“民国史视角”的意义和针对问题。

（一）秦弓《现代文学的历史还原与民国史视角》

现代文学的历史还原，不能仅仅局限于新民主主义史的视角，而是应该引进民国史视角，这意味着应该全面解读现代文学中的辛亥革命，应该勇于正视民国为现代文学提供的发展空间，应该还原面对民族危机的民国姿态。只有这样，才能清晰地复原现代文学史的原生态，准确地理解作家、作品与其他文学现象①。

（二）秦弓《三论现代文学与民国史视角》

中国现代文学，是在民国的历史时空中发生发展的。无论是对现代文学史的梳理，还是对作家作品的解读，都应当引入民国史的视角，予以民国文学生态环境、生态结构与生态要素的还原。

文章具体考察了民国政治体制、法律法规、经济状况、教育资源、女子权利等民国生态环境对民国文学的影响；新与旧、雅与俗、激进与守成、市民文学与乡土文学，左翼与自由主义、民主主义、民族主义，文人文学与民间文学、左翼文学的正统与另类、延安文学的正统与另类、创作与翻译、大陆文学与海外华文文学等构成的民国文学的生态系统；此外，还结合具体作品论述五光十色的民国政治生活、

① 秦弓：《现代文学的历史还原与民国史视角》，《湖南社会科学》2010年第1期，第133页。

经济生活、风俗场景与精神风貌[①]。

此外，秦弓先生还有《从民国史的视角看鲁迅》（《广东社会科学》2006年第4期）、《现代文学中的辛亥革命》（《徐州师范大学学报》2011年第5期）、《抗战时期民国政府文艺政策的两面性》（《郑州大学学报》2012年第5期）等一系列从“民国史视角”考察中国现代文学的文章。

三、“民国机制”的构建

“民国机制”的概念由李怡先生在论文《“五四”与现代文学“民国机制”的形成》（《郑州大学学报》哲学社会科学版，2009年第4期）中正式提出。在此前后也有一系列文章具体深入论述，形成“民国文学”研究中出现较晚但是逐渐勃发的一脉。下面将有关文章摘录如下：

（一）李怡《“民国文学史”框架与“大后方文学”》

百年来的中国文学研究曾经一直为“命名”的问题而反复推敲。在中国现代文学的考察中引入符合历史实际的国家形态的视角，不仅仅是呼应了“中国文学史”固有的秦汉—唐—宋—元—明—清这种以国家社会形态为基础的叙述模式，而且更有利于在一个准确的时空范围内厘清中国作家的特殊人生体验、社会遭遇、政治处境以及他们所依托的文化传播方式。如何看待“民国文学”阐释架构的合理性，不仅有助于解决文学史命名的难题，也将为“大后方文学”的研究创造新的可能[②]。

（二）李怡《谁的五四——论五四文化圈》

将“五四”遗产简化为《新青年》与“五四”新文化派，这在某种程度上掩盖了我们对现代中国文化启端的丰富而复杂的内涵的发掘，也给一些望文生义的指摘留下了可能。在作为历史发动火车头的“五四”新文化派的背景上，存在着一个更为广阔的“五四文化圈”，它由新文化的倡导者、质疑者、反对者与其他讨论者共同组成，他们彼此之间关系有疏有密，但远非思想交锋之时的紧张和可怕，他们彼此的砥砺和碰撞连同中国社会自“五四”始见端倪的“民国机制”一起保证了现代中国文化发展的能量和稳定，属于我们重新检视的“五四遗产”[③]。

（三）李怡《“五四”与现代文学“民国机制”的形成》

“五四”遗产中被人们有意无意遗忘掉的而在如今最需要我们正视和总结的东西便是一种能够促进现代中国社会与文化健康稳定发展的坚实的力量，因为与民国之后若干的社会体制因素的密切结合，我们不妨将这种坚实的、结合了社会体制的东西称作“民国机制”。在推动中国现代文化与文学健康稳定发展的过程之中，“民国机制”至少有三个方面的具体体现：作为知识分子的一种生存空间的基本保障，作为现代知识文化传播渠道的基本保障以及作为精神创造、精神对话的基本文化氛围。

---

① 秦弓：《三论现代文学与民国史视角》，《文艺争鸣》2012年第1期，第58页。

② 李怡：《“民国文学史”框架与“大后方文学”》，《重庆师范大学学报》（哲学社会科学版），2009年第1期，第17页。

③ 李怡：《谁的五四——论“五四文化圈”》，《中国现代文学研究丛刊》2009年第3期，第64页。

正是在“五四”，初步形成了以上三个方面对现代中国至关重要的积极推动性力量①。

（四）李怡《含混的“政策”与矛盾的“需要”——从张道藩〈我们所需要的文艺政策〉看文学的民国机制》

所谓“民国机制”就是由民国时期的社会文化制度所提供的促进现代中国文化与文学稳定发展的坚实的力量，它分别体现为知识分子的生存机制、文化创造、文学生产及其传播机制，国家政府的相关管理控制机制等等。这一“机制”在五四新文化运动中展示了雏形，促成了一个多元共生又充满创造活力的新的文化时代的诞生。……张道藩含混的“政策”与矛盾的“需要”以及这些“政策”遭受各方质疑以至无法真正实施，都证明了作为创造性保障的中国文学的“民国机制”的生命力②。

（五）李怡《民国机制：中国现代文学的一种阐释框架》

形成现代中国文学主体的生长机制酝酿于民国时期，我们不妨将之称为“民国机制”。准确地说，民国机制就是从清王朝覆灭开始，在新的社会体制下逐步形成的、推动社会文化与文学发展的诸种社会力量的综合，这里有社会政治的结构性因素，有民国经济方式的保证与限制，也有民国社会的文化环境的围合，甚至还包括与民国社会所形成的独特的精神导向，它们共同作用，彼此配合，决定了中国现代文学的特征，包括它的优长，也牵连着它的局限和问题。

民国机制至少有三个方面的具体体现：作为知识分子的一种生存空间的基本保障，作为现代知识文化传播渠道的基本保障，作为精神创造、精神对话的基本文化氛围。这一“机制”的形成得力于封建专制土崩瓦解之后中国社会的“中心权力失落”，又借助五四新文化运动的思想解放而逐渐成形，从而开始为中国文学的自由创造奠定了最重要的基础③。

（六）李怡《从历史命名的辨正到文化机制的发掘——我们怎样讨论中国现代文学的“民国”意义》

李怡先生不赞同张福贵《从意义概念返回时间概念——关于中国现代文学史的命名问题》一文中认定的“民国文学”属于时间概念，他认为“民国文学”不仅是时间的概念，同样也属于意义的概念，具有不能为“新文学”、“现代文学”或“二十世纪中国文学”所表达的意义概念。并提出自己的主张：

> 在我看来，新的文学史研究在历史概念的辨正之外，更重要的是对新的文化机制的发掘，因为正是在这些文化机制当中，包含着特定时期文学规范的重要信息。
>
> 所谓“民国文学机制”，指的就是从中国最后一个封建专制政权——清王朝

---

① 李怡：《“五四”与现代文学“民国机制”的形成》，《郑州大学学报》2009年第4期，第55页。

② 李怡：《含混的“政策”与矛盾的“需要”——从张道藩〈我们所需要的文艺政策〉看文学的民国机制》，《中山大学学报》社会科学版2010年第5期，第56页。

③ 李怡：《民国机制：中国现代文学的一种阐释框架》，《广东社会科学》2010年第6期，第132—135页。

覆灭以后，新的社会形态（民国）中逐步形成的影响和推动文学新发展的种种的力量，或者说，因为各种力量（政治体制、经济模式、文化结构、精神心理氛围等等）的因缘际会最终构成了对文学发展的肯定，同时在另外的层面上也造就了某种有形无形的局限，这一时期的文学形态都可以在这样的综合性结构中获得解释，当然，未来文学形态的变化也在很大的程度上归结于这种“机制”的消亡，中国现代文学在民国时期种种形态的消亡，根本便在于新的文学机制——中华人民共和国机制的替代①。

这篇文章还从民国经济形态、民国法制形态、民国教育制度、民国精神气质等方面展开讨论，阐发这些“民国机制”对文学的巨大影响。

（七）李怡《辛亥革命与中国文学的“民国机制”》（《郑州大学学报》（哲学社会科学版，2011 年第 5 期）

这篇文章即具体深入考察“民国机制”的重要开端——辛亥革命，作为中华民国国家机制建立的发端，辛亥革命对中国文学中知识分子思想观念、作品出版传播等方面产生了巨大影响。而这种影响在以往文学史中要么被忽略要么被歪曲，“民国机制”的探讨则可以很大程度上还原历史。

（八）李怡《宪政理想与民国文学空间》（《郑州大学学报》哲学社会科学版，2012 年第 05 期）

对民国文学空间的描述，我们几乎忽略了一个贯穿始终的精神性脉动——宪政理想，这几乎就是流淌于知识阶层全体的精神信仰，而现代作家则扮演了活跃的角色——他们宣讲、传播、阐发、呐喊、抗争。……首先是各种法律至少在形式上肯定了创作和发表的自由。……其次是近现代的地方分权在客观上降低了官方对言论自由的掌控力度。……而在宪政理想与专制现实的困顿中，一大批知识分子仍坚守抗争，形成了“民国机制”下的独特精神气质。

（九）李怡《中国现代文学史的叙述范式》

在这篇文章中，李怡先生再次对“民国机制”的提出背景、概念内涵、学术意义作了详尽的阐释梳理。

学术界曾经有一种设想：借助“民国文学”这样的“时间性”命名可以容纳各种各样的文学样式，从而为现代中国文学的宏富图景开拓空间。这里需要进一步思考的问题包括两个方面：其一，“民国文学”是否就是一种单纯的时间性概念？其二，文学史叙述的目标是否就是不断扩大自己的叙述对象？这两个问题犀利地针对以前一些“民国文学史”的薄弱处，在分析的基础上给出否定答案。显然李怡所提出的“民国机制”不同于“民国文学史”的关键在于：并不止于历史命名的辨析，而更注重民国时期的机制性力量对文学的影响。

而提出“民国机制”的学术意义在于：打破中外二元对立冲突模式，更着重

① 李怡：《从历史命名的辨正到文化机制的发掘——我们怎样讨论中国现代文学的“民国”意义》，《文艺争鸣》2011 年第 13 期，第 60—64 页。

"体验"；厘清"现代"、"现代化"、"民族"、"进化"、"革命"、"启蒙"、"大众"、"现实主义"、"浪漫主义"、"现代主义"等概念，更贴近中国文学本真；提供新的研究视角。民国机制包含的因素如经济方式、法律形态、教育体制、宗教形态、日常生活习俗、生产和传播过程等都可以作为介入文学的新角度。

此外，还特别强调了"民国机制"并不意味着关注文学史的外部因素而忽略内部因素：

> 在我们看来，之所以需要用"机制"替代一般的制度研究，就在于"机制"是一种综合性的文学表现形态，它既包括国家社会制度等"外部因素"，又指涉特定制度之下人的内部精神状态，包括语言状态①。

（十）李怡、周维东《文学的"民国机制"答问》

这篇采访答问中，李怡先生对"民国机制"的各方面做出清晰的回答，尤其是对"民国机制"提出的特殊性及方法论意义作了详细阐述。

> 周维东："民国机制"与同时期出现的"民国文学史"、"民国史视角"有什么差别？
>
> 李怡："民国文学史"主要还是一个历史叙述的框架，而不是具体的认知视角和研究范式，或者说他更像是一个宏阔的学科命名，而不是"进入"问题的角度。……还有一个概念也很有意思，这就是秦弓先生提出的"民国史视角"……在我们的研究中，有时也使用"视角"一词，只是，我更愿意用"机制"，因为，它指涉的历史意义可能更丰富。研究文学现象不仅需要"观察点"，需要"角度"，更需要有对文化和文学的内在"结构性"因素的总结，最终，让20世纪中国文学上下半叶各自区分的也不是"角度"，而是一系列实在内涵。
>
> 周维东：许多"民国机制"的研究都涉及社会文化的制度问题，这与前些年出现的"中国现当代文学制度研究"有什么差别呢？
>
> 李怡：首先，这些"制度研究"的理论资源依然主要来自西方学术界，这固然不必指责，但显然他们更愿意将现代中国的各种"制度现象"纳入更普遍的"制度理论"中予以认识。……其次，我们所谓的"机制"并不仅是外在的社会体制，它同时也包括现代知识分子对各种体制包围下的生存选择与精神状态。
>
> 周维东：我觉得，提出文学的"民国机制"不仅可以为我们的学术研究开辟空间，同时它也具有方法论的价值。
>
> 李怡：我以为这种方法论的意义至少有三个方面：一是倡导我们的现代文学学术研究应该进一步回到民国历史的现场，而不是抽象空洞的"现代"……

① 李怡：《中国现代文学史的叙述范式》，《中国社会科学》2012年第2期，第164—180页。

二是史料考证与思想研究相互深入结合……第三，正如前面我们所强调的那样，我们也努力将外部研究（体制考察）与内部研究（精神阐释）结合起来，以“机制”的框架深入把握推动文学发展的“综合性力量”，这对过去“内外分裂”的研究模式也是一种突破[①]。

（十一）此外，四川大学主办之《现代中国文化与文学》自第9辑开始创办“文学的‘民国机制’”专栏。李怡先生倡导组织的“民国经济与中国现代文学”专题学术研讨会（2011年于云南召开），也产生了很大影响，《文学评论》、《北京师范大学学报》、《山东师范大学学报》、《文艺争鸣》、《郑州大学学报》等杂志均给予关注。在这些学术刊物和活动的推助下形成的一系列相关论文，进一步推动了“民国机制”的深入研讨。

四、“民国文学”相关研究述评类文章及期刊专栏

（一）述评类文章：

周维东《中国现代文学研究中的“民国视野”述评》

这是第一篇综合论述中国现代文学研究中的“民国视野”的文章，概述了近年来“民国文学”相关研究出现的背景，深入分析了“民国文学史”、“民国史视角”、“民国机制”三大脉研究的学术意义与限度，以及“民国视野”研究面临的难题与挑战，值得重视。

“民国机制”作为一种研究框架或研究视野的意义不容小视，它可以衍生出诸多学术增长点。在民国历史中寻找中国现代文学的“机制”，难免要陷入历史的琐碎、繁复与无序当中，如何在琐碎中把握历史的规律，如何在琐碎中提炼出中国现代文学整体特色，将成为摆在研究者面前必须克服的难题。不过，万事开头难，在中国现代文学既有框架出现危机的境况下，唯有勇于尝试，才可能打开学科发展的新局面——这不正是中国现代文学的基本精神吗[②]？

（二）期刊专栏：

1.《文艺争鸣》

2011年“近百年来中国文学史论”专栏，于13期同时发表了张福贵《从“现代文学”到“民国文学”——再谈中国现代文学的命名问题》、丁帆《“民国文学风范”的再思考》、李怡《从历史命名的辨正到文化机制的发掘——我们怎样讨论中国现代文学的“民国”意义》这三篇有关“民国文学”研究的重要文章，形成争鸣之势。

2012年“民国文学史研究”专栏，发表了秦弓、贾振勇、周维东、张桃洲、姚丹等人的一系列相关研究，进一步为“民国文学”推波助澜。

2.《郑州大学学报》（哲学社会科学版）

---

① 李怡、周维东：《文学的“民国机制”答问》，《文艺争鸣》2012年第3期，第57－62页。

② 周维东：《中国现代文学研究中的“民国视野”述评》，《文艺争鸣》2012年第5期，第66页。

2011年第5期“辛亥革命与现代文学”专题，发表了李怡《辛亥革命与中国文学的“民国机制”》、陈国恩《民国文学与现代文学》两篇重要文章。

2012年第5期“宪政与法制视野中的民国文学”专题，发表了李怡《宪政理想与民国文学空间》、秦弓《抗战时期民国政府文艺政策的两面性》、张武军《民国语境下的左翼文学》等一系列文章。

3.《中国现代文学研究丛刊》

虽然没有开辟专栏，但是陆续发表了多篇有关“民国文学”研究的重要论文（如前所述）。

此外，还有诸如四川大学主办之《现代中国文化与文学》自2011年第9辑开始创办“文学的‘民国机制’”专栏；《成都大学学报》（哲学社会科学版）2012年第3期“民国经济与现代中国文学”专栏；《海南师范大学学报》（哲学社会科学版）2012年由李怡主持的“文学的民国机制”专栏等。这些专栏为“民国文学”研究继续深入提供了一定的推动力。

民国机制中的毛泽东诗词

□ 陈福康

我收到“中国毛泽东诗词研究会学术年会征文通知”，所附“论文参考选题”中有一个题目是“怎样正确评价毛泽东诗词在我国现当代文学史上的地位”。我想就这个问题写一篇短文，发表一点粗浅的想法。

一

首先我想说，我不同意，或者说不喜欢这个所谓“现当代”的提法，因为这是一个不通的、莫名其妙的词。

我认为，“现当代”一词，是有的人把所谓“现代”一词僵凝化、垄断化、“元话语”化后再“创造”出来的名称。一些人直到现在，竟然还把六十多年前乃至近百年前的某一时段，硬称为“现代”；又关起门来，自说自话地把“现代”紧紧限制在短短的30年内。这是非常非常荒唐的事。“现代”和“近代”以至“当代”，本来在汉语中，尤其在中国百姓大众的口头上，都是同义词，或是近义词，是通用的、混用的。而语词，本来就是百姓大众约定俗成的，谁也不能垄断，就像阳光谁也不能垄断一样。你现在如果到大街上，问一个普通人：“什么叫现代？什么叫近代？什么叫当代？它们有什么区别？”肯定会把人家问傻了。

而且在许多外语中，“现代”和“近代”以至“当代”，也都是同义词，或是近义词，也是通用的、混用的。例如，英语的 Modern，汉语音译为“摩登”，意译就是“现代”。中国人民大学编印的《复印报刊资料》的中国文学研究资料，分别编为《中国古代、近代文学研究》和《中国现代、当代文学研究》两种，每种封面都有英文翻译，可笑的是，“现代”译为“摩登”，“近代”也译为“摩登”。这让外国人怎么看得懂？外国人肯定会想，既然都是“摩登”，为何要分在两个地方呢？

而且，每一个时代的人，都有每一个时代人的“现代”。时代本是发展变化的，“现代”也就跟着发展变化。例如，钱锺书的父亲钱基博，就写过一本名为《现代中国文学史》的书，其记述的时段大致起自清末，止于民国20年代，即公元20世纪30年代初。这就是钱基博当时的“现代”。这本书最近几十年来多次重版，谁也没有权力不许钱基博这样使用“现代”一词啊。而且，当今自称是研究“现代文学”的专家，也不至于敢横蛮到要去改动钱基博的书名吧！于是，有的人竟然更一本正经地申说“现代中国文学史”与“中国现代文学史”是两个不同的概念。好像他振振有词地规定的“概念”，全体中国老百姓就都必须记住，必须遵从似的，真是好玩到了极点。

我翻查了一些古籍和工具书，确认“近代”一词我国古已有之，如《辞源》即举有《战国策》、《三国志》等书证；作为时间概念的“当代”一词也古已有之，但出现较晚，大概到唐代，孔颖达疏《尚书》、司马贞索隐《史记》等，均用了此词；而“现代”一词则古时未见，迟至晚清才有，应该是从日本引入的新词。因此，“现代”一词与“近代”、“当代”相比，特别“摩登”，也许就是因为这个，我们那些“摩登学者”便那么喜欢，那么想永远占有。但实际上，日本人对“近代”与“现代”也是通用的。例如我们现在说的“四个现代化”，日本报刊上就写作“四个近代化”。

晚清时，我国从日本引进了很多他们用我们的汉字“再创造”的新词，大大丰富了我们的汉语。不过，有的新词也并没有什么道理。例如，日人想出了一个“近世”，所指时间在“近代”以前。但在汉语里，“世”与“代”是完全一样的同义词。因此，“近世”这个词终于没能在中国流行。不料“现代”却大为畅行，居然变成与“近代”不同的词了。但说到底，现在这样死分“现代”“近代”的，主要就只是大学里中文系的人以及中文系出来的人，连历史系的人也未必这样死认。对普通人来说，所谓的“近代”一般就称“晚清”，所谓“现代”就称“民国时期”，所谓“当代”就称“共和国时期”，这样多好，几百年、几千年后的人都看得懂，都不需要什么“学者”来一本正经地解说。因此，我也再不愿意在那种刻舟求剑式的思维方式上使用“现代文学”这个术语了。而且，我更不愿意用那种以后必将让我们的子孙后代感到奇异甚至会耻笑的“近现代”、“现当代”这样的词。

至于“近现代”、“现当代”这两个怪诞的词，更只是当今所谓“学术界”的一小部分人的一厢情愿式的愚惰和苟延的产物，可以说，这是对我堂堂汉语的造词能力的一种羞辱。它们的诞生也只有短短近 30 年，也就是产生在我国学术史上令人摇头的学术腐败最严重的年头。而且事实上，这两个词一直遭到人们的抵制，在严肃的词典上是根本查不到的。近时，我忽然看到出现了一部题目叫《近现代辞源》的词典（上海辞书出版社 2010 年出版）。它解释“现代”是“当前所处的时代”，那么这不就是“当代”吗？所以，这部词典里干脆也就没有了“当代”一词。它解释“近代”是“过去距离现代较近的时代”，那么既然“现代”就是“当代”，那它解释的“近代”就只能是那些自称是“现代文学专家”所说的“现代”了。而最有讽刺意味的是，这部自称《近现代辞源》的词典，自己就没有收“近现代”这个词（当然也没有收“现当代”这个怪诞的词）。

因此，“近现代”和“现当代”这样两个怪词，在现在中国百姓大众的口头上是没有的，在历史上（30 年前）是没有的，在所有外文中的对译词也是没有的。不用说，在毛泽东的所有著作中，当然根本找不到“现当代”这样的词。

二

其次，我想说，毛泽东诗词不写入我国的近代（或称“现代”）文学史，不写入中国20世纪文学史，是没有道理的。

毛泽东诗词的伟大成就，毛泽东诗词在近百年来我国文学史上的地位，早已由很多学界前辈、研究者的大量文章论述过了，也早已为世人所公认，实在不需要像我这样的人再来讲一些不可能更深刻的、更有新见的话来。但是，在现在出版的所谓“中国现代文学史”的书中，却对毛泽东诗词没有任何反映。这是非常奇怪，非常没道理的！因为，在权威学者写的所谓“中国现代文学史”的书中，其“入史”（按，其实只能称为“入书”）之标准是很不科学甚至非常荒唐的。

本来，文学史就是文学的历史，而历史是可以而且必须分时段来记述的；写某一断代史，就应该记述这一时期内的重大事件和重要人物的活动。文学史作为历史的一种，也理应如此。所谓“中国现代文学史”，这里姑且同意它“规定”的“现代”只指从“五四”到共和国成立这30年，那么这一时段的文学的历史，本来就是由活跃在这一特定时期的文坛上的各种人物所共同创造的。后人如写“中国现代文学史”，就应该全面记述这一时期内的重大文学事件、重要文学作品和重要作家的文学活动等等。但是，现在的“中国现代文学史”几乎都不是这样写的，它们首先强行把一部分文学称作“旧文学”，然后他们所记述的叫“新文学”，于是他们写的其实都只能被称为“新文学史”，于是“现代文学史”也就等同于“新文学史”。

记得近年有一本很流行的“中国现代文学史”，其作者一开头就说明它所谓的“中国现代文学”是指现代中国人用现代中国的语言与文学形式来表达现代中国人的思想感情心理的文学（记得大意如此）。我理解作者的这一“绕口令”式的说明力求“严谨”的意思，但我认为这样的表述非常值得商榷，并不科学，也是不符合历史事实的。

首先，加在“文学史”或任何史（如经济史、军事史等等）前面的“现代”，本来就仅仅只有时间判断的意义，现在却扯到“现代性”（现代思想意识）上去了，就变成了一种价值判断。而用这样一种自以为是的价值判断来写文学史，在理论上是站不住脚的。因为它经不起人们的提问。例如，什么叫“现代性”？有没有“近代性”或“当代性”？如果说没有，是何道理？如果说有，那“现代性”与“近代性”及“当代性”又有什么区别？“现代性”比“近代性”更先进吗，为什么？那么“当代性”是不是比“现代性”还先进？梁启超活到1929年，为什么只能算是“近代文学史”中的人物？难道他的思想就没有“现代性”？柳亚子活到1958年，比鲁迅还多活二十多年，为什么鲁迅倒是“现代文学史”中的人物，而柳亚子却只能放在“近代文学史”里？难道柳亚子的思想就没有“现代性”？这样的例子和问题我可以提出成百上千！

其次，所谓现代中国人的思想、感情、心理等等，本来就是各种各样的，本来就是有先进的，有革命的，也有落后的，有保守的，也有糊糊涂涂、混混沌沌的，甚至还有保存古代及“近古代”的思想、感情、心理等等的。难道20世纪具有落后、保守等等思想、感情、心理的中国人，就不是现代中国人？难道所谓“现代文学”就只能表现先进的、革命的思想、感情、心理，而不能表现落后的、保守的、糊糊涂涂混混沌沌的思想、感情、心理？

再次，强调所谓现代中国语言与文学形式，实际无非就是为了排除文言和旧体诗词。但现代中国人为什么就绝对不可以使用文言和写作旧体诗文？使用文言和写作旧体诗词为什么就不能表达现代中国人的思想感情心理，使用文言和写作旧体诗词的现代中国人，他表达的如果不是现代中国人的思想感情心理，那么他表达的难道非得是古代中国人的思想感情心理，或者是外国人的思想感情心理？鲁迅的《狂人日记》被大家公认为“中国现代文学史”的开山之作，但其开头部分却是用文言写的，郑振铎、郁达夫的历史小说都引用了不少旧体诗词，试问，讲“中国现代文学史”课的人，是不是要把这些砍了再讲？

“现代文学史”的“现代”，本来应该是简简单单的时间概念，现在（也许一开始就）加上了某种说不清道不明的价值判断，同时又加上了语言与文学形式的限制，这样的双重标准就人为地限制、僵化和垄断了它的研究和写史的范围。这样，20 世纪中国文学史上最光辉的诗章——毛泽东诗词，也就进不了“现代文学史”了。那些“现代文学史”专家当然不敢说或不会认为毛泽东诗词没有“现代性”，他们排除它的理由显然就是所谓“语言与文学形式”不“现代”。然而，20 世纪前叶中国又有所谓“鸳鸯蝴蝶派”、“礼拜六派”等“旧文学”作家，他们的作品很多也是用白话文写的，“文学形式”也是“摩登”的小说、散文、新诗，但也进不了“现代文学史”。这回排除它们的理由则是作品的“现代性”了。这是又一种双重标准。怎么都是他们有理呢？

但奇怪的是，有些“当代文学史”倒写到了毛泽东诗词。不知道那些“现代文学史”专家又用什么理论来解释？（毛泽东诗词当然主要是在“当代”正式发表的，但有些诗词如《沁园春·雪》是早就在“现代”就发表并产生重大影响的啊！）

总之，毛泽东诗词不写入我国的“现代文学史”是没有任何道理的！

三

我特别想说的是，毛泽东诗词本身就是对近百年前“文学革命”中的错误倾向的一种有力的拨正。

胡适 1917 年发表的《文学改良刍议》影响很大，有历史意义，在“现代文学史”书中都被给予高度评价；但不可讳言，其中有不少过激甚至荒唐的话，不仅当时就激起强烈的反对，现在再看也是非常错误的。例如，著名的所谓的“八不主义”，其六曰“不用典”，其七曰“不讲对仗”，不仅没有什么道理，而且对后人继承中华优秀文学遗产、创作新的文学作品带来很大的负面影响。胡适也不想想，他自己的名字“适”与“适之”，不就是取自“物竞天择，适者生存”的典故吗？不过是洋典故而已。而这个名字还并不是他爹妈给取的，而是他自己想出来的啊！

好在他的这些“胡（适）说”，即使在当时，也没有几个人真的赞成或实行。陈独秀在紧接着《文学改良刍议》后发表的《文学革命论》中，提出所谓“三大主义”，曰“推倒雕琢的阿谀的贵族文学，建设平易的抒情的国民文学”，曰“推倒陈腐的铺张的古典文学，建设新鲜的立诚的写实文学”，曰“推倒迂晦的艰涩的山林文学，建设明了的通俗的社会文学”。这三句并列的对仗的话，至少在客观上难道不正是对胡适“不讲对仗”的一种讽刺吗？至于后来，更是谁都不把“胡说”当成正经话，甚至包括他自己。现今台湾的胡适纪念馆，就多处挂着蒋介石等人为他写的对联，还有他抄写的古人的联句和他自己写的联句，等于是每天在对他的“不讲对仗”的“胡说”作着一种绝妙的讽刺！

鲁迅在他作品中，就不仅既“用典”，而且还特别“讲对仗”，甚至在他的作品的篇名和书名上都用起对仗来了。你看鲁迅的书名：《热风》对《野草》，《呐喊》对《彷徨》，《朝花夕拾》对《故事新编》，《三闲集》对《二心集》，《伪自由书》对《准风月谈》，对得多妙！（而且，“朝花”对“夕拾”，“故事”对“新编”。）你再看鲁迅《故事新编》的篇名：《补天》、《奔月》、《理水》、《采薇》、《铸剑》、《出关》、《非攻》、《起死》，又对得多好啊！

毛泽东和鲁迅一样，也是用典和对仗的高手。我在这篇短文中不想太多地举例子，只想讲两个鲁迅和毛泽东都用过的典故。

毛泽东在1955年10月写的七律《和周世钊同志》中，有“尊前谈笑人依旧，域外鸡虫事可哀”句。而鲁迅更早，在1912年7月写的《哀范君三章》之一中，有“华颠萎寥落，白眼看鸡虫”句。他们都用了绝佳的对仗，又都用了“鸡虫”这一典故，以比喻势利小人。典故用得均绝妙。“鸡虫”出自唐·杜甫《缚鸡行》：“小奴缚鸡向市卖，鸡被缚急相喧争。家中厌鸡食虫蚁，不知鸡卖还遭烹。虫鸡于人何厚薄？吾叱奴人解其缚。鸡虫得失无了时，注目寒江倚山阁。”而更须指出的是，鲁迅诗中的“鸡虫”还是双关语。因为按照绍兴方言，“鸡虫”与“几仲”谐音，鲁迅用以讽刺辛亥革命后“中华自由党”绍兴分部骨干分子何几仲。该诗稿后鲁迅又有附记曰：“我于爱农之死，为之不怡累日，至今未能释然。昨忽成诗三章，随手写之，而忽将鸡虫做入，真是奇绝妙绝，辟历一声，速死豸之大狼狈矣。”显然，鲁迅此句写得比毛泽东的还要精彩，连鲁迅自己也禁不住说“真是奇绝妙绝”。

鲁迅在1922年冬创作神话小说《不周山》（后改名为《补天》），化用了共工头触不周山的故事。而毛泽东在1931年春写《渔家傲·反第一次大“围剿”》，有句云：“唤起工农千百万，同心干，不周山下红旗乱。”并写了较长的注：

> 关于共工头触不周山的故事：《淮南子·天文训》：“昔者共工与颛顼争为帝，怒而触不周之山，天柱折，地维绝。天倾西北，故日月星辰移焉；地不满东南，故水潦尘埃归焉。”
>
> 《国语·周语》：“昔共工弃此道也，虞于湛乐，淫失其身，欲壅防百川，堕高堙庳，以害天下。皇天弗福，庶民弗助，祸乱并兴，共工用灭。”（韦昭注：“贾侍中［按，指后汉贾逵］云：共工，诸侯，炎帝之后，姜姓也。颛顼氏衰，共工氏侵陵诸侯，与高辛氏争而王也。”）
>
> 《史记》司马贞补《三皇本纪》：“当其（按，指女娲）末年也，诸侯有共工氏，任智刑以强，霸而不王，以水乘木，乃与祝融战，不胜而怒，乃头触不周山崩，天柱折，地维缺。”

毛按：诸说不同。我取《淮南子·天文训》，共工是胜利的英雄。你看，“怒而触不周之山，天柱折，地维绝。天倾西北，故日月星辰移焉；地不满东南，故水潦尘埃归焉。”他死了没有呢？没有说。看来是没有死，共工是确实胜利了。

最精彩的就是诗后的“毛按”：“共工是胜利的英雄”，“共工是确实胜利了”。从“共工”这个名词，人们很容易联想到共产党领导下的工农大众。毛泽东用这个典故，也“真是奇绝妙绝，辟历一声”啊！

毛泽东诗词的伟大成就，证明了近百年前“文学革命”全盘否认旧体诗词创作是错误的。

（作者单位：上海外国语大学）

高原文艺社的文学创作初论

□ 李光荣

离开南湖来到昆明高原，南湖诗社更名为高原文艺社[①]。其创作也有明显变化。与南湖诗社相比，高原文艺社的创作不仅品种更为丰富，而且数量也更为众多。诗歌仍然是高原文艺社的主要创作文种。此外，不仅散文、小说有了显著成绩，戏剧创作也有了新的成果。所以，高原文艺社虽然只存在了半年多，但其创作收获是巨大而可喜的。下面将分文体进行论述。

诗　歌

高原文艺社的诗人中，最引人注目的是赵瑞蕻、穆旦和林蒲。

赵瑞蕻在西南联大诗名很大，那时，“他对诗的爱的确是热烈的”[②]，同学给他起了一个雅号—— “Young Poet”，他写了很多诗，而且很有吸引力，同学很崇拜他。可惜他在高原文艺社的诗几乎没有留存下来。南荒文艺社成立时，由于他即将进行毕业论文写作，没有参加活动，但诗情总来扣他的心扉，倒有几首诗保留了下来，特在此作一些介绍。

一首是《遗忘了的歌曲——赠 L. Y.》，写于 1939 年初，发表于 1940 年 3 月 17 日出版的《今日评论》第 3 卷第 11 期，原题是《Arlettes Oublie’s ——赠 L. Y.》，改为现题，诗句也做了改动，其中改动最大的是删去了末尾的两行：“倚枕遥听邻鸡的长鸣，我知道将是黎明的时分了。”诗歌是写给一位少年伙伴的，那往日的情景、少年的幻想，很是美丽迷人。开头结尾都问对方是否还有“水样的心情”，扣人心扉。被删去的两句既是写实，又是暗示，预示着诗人的期望。这是一首优美的抒情诗。诗人说，是沈从文先生推荐到《今日评论》杂志上去的[③]。另一首仍然发表在后一期的《今日评论》上，时间是 3 月 24 日，同样也是沈从文推荐去的。作品题为《诗》，较长，写想象，甚至是幻想，古今中外、天上地下、高山流水、动物植物、文化创造等无所不包，诗歌繁丽丰富，跳跃着迷人的色彩和景象，一些诗句很优美，

① 关于高原文艺社的组织与活动情况，笔者曾以《高原文艺社始末及其意义》为题，发表在《新文学史料》2007 年第 2 期上，请参考。

② 周班侯：《我们年轻的诗人——给赵瑞蕻》，姚丹《西南联大历史情景中的文学活动》，第 7 章“附录”，广西师范大学出版社，2000 年。

③ 赵瑞蕻：《想念沈从文师》，《离乱弦歌忆旧游》，文汇出版社，2000 年。

如“春日黄昏茜色的云华/沾染上香草味，摇曳着金铃”，有的比喻新鲜奇特，如“学会了沉默，像条冬蛰的蛇”。但诗歌的弱点也在这里，似乎诗人在展示自己写景抒情的才华，任凭思绪的流动，而缺乏剪裁与节制。这种“无节制”在《昆明底一个画像——赠新诗人穆旦》中仍继续表现着。这首诗写于1940年1月8日，发表于5月29日昆明《中央日报·平民》第225期[①]，写昆明“跑警报”的生活，不按时间顺序叙事，把古代和现代许多人和事交织在一起，造成一种“混乱”和丰富，通过躲避空袭时人们画画、下象棋、谈天、遐想等现象的叙写，表现出人们对于战争生活“接受”的“平常心”，末节的“愤怒”、“抗争”、“高唱”反映出人们对于战争的态度。姚丹说：“对于个人日常生活的‘庸常性’的关注，在联大诗人中王佐良处理得最好，但开风气之先的却是赵瑞蕻的这一首‘画像’。”[②] 以缓慢冗长的散文句式表达繁丽丰富的内容是诗人当时的一种探索，从此诗的副标题看，再联系到穆旦的《一九三九年火炬行列在昆明》，可以推断这两个睡在上下床的“兄弟”正在做着一种诗歌的语言实验。

这几首诗发表的时间都在高原文艺社结束之后，严格说来已不是高原文艺社时期的作品，但赵瑞蕻是高原文艺社的代表诗人，由于文学社团结束后还有一段延续时间的特点，把它们看作高原文艺社的作品也不为错。从这些诗看来，赵瑞蕻的诗属于浪漫主义派，感情浓烈，意境清新，色彩鲜明，上口易读。以散文入诗亦是他的特点，不过这种实验没有成功，他不像艾青，达到了“散文化”的程度，另一点值得注意的是，大量使用括号里的诗句，这可以增加诗歌的容量，表达诗人的多维思索，有时还可以造成表达上的多角度和多层次，它与散文诗句的运用相连。

穆旦写于高原文艺社时期而又留存于今天的诗有《合唱二章》、《防空洞里的抒情诗》、《一九三九年火炬行列在昆明》等几首。这几首诗显示诗人正在进行多种诗歌的探索，其诗风也在探索中发生着变化。

《合唱二章》原题《Chorus 二章》，写于1939年2月，10月27日发表于香港《大公报·文艺》第724期，收入《穆旦诗集（1939—1945）》时改此题。这首诗大气磅礴，诗人似乎在“指挥”人类历史和山川自然一起“合唱”。我们无法知道是什么事件给予诗人这样的感兴，使他写出这样一首具有浪漫气息的诗歌。第一章写人文：“看怎样的勇敢，虔诚，坚忍，/ 辟出了华夏辽阔的神州”，在巨变中，“埃及，雅典，罗马从这里陨落”，惟有神州，这时也“在崖壁上抖索”，因为“一只魔手堵塞你们（按，指“黄帝的子孙”）的胸膛”，诗人决心“以鲜血祭扫”“庄严的圣殿”。显然，这里有战争的阴影，古国遇到的挑战以及“你们”的“合唱”，都是为了战争。第二章写自然：帕米尔高原、昆仑、喜马、天山，“迸涌出坚强的骨干”，“向远方的山谷，森林，荒漠里消溶”，于是，“人们”“睡进你们的胸怀”，“化入无穷的年代”……这一切都是“我”“用它峰顶的静穆的声音”的“歌唱”。这一章颂扬自然的伟大和人们对于祖国山川的热爱。在收入集子时，作者对这首诗作了改动，第二

① 此诗后来作者从标题到内容都作了多次改动，此依据原本。
② 姚丹：《西南联大历史情景中的文学活动》，广西师范大学出版社，2000年，第232页。

章的改动尤大。《防空洞里的抒情诗》采用反讽手法写人们在躲避空袭时的种种表现，诗歌还把古人和今人交叉在一起，表达了诗人对于死的看法，最后诗人发现楼被炸毁了，过去的“自己”也死了。读完诗，会发现，诗里没什么情好抒，有的是现代诗的一些气息——反叛传统。《一九三九年火炬行列在昆明》是一首近百行的长诗。不仅诗篇长，诗行也长，有的一行长达50多字，琐碎、冗长、缓慢，读来不像诗。这首诗写于1939年5月，和写于4月的《防空洞里的抒情诗》在使用句子上很接近，是以文为诗的典型，说明诗人这时正在进行一种诗体试验。半年后，赵瑞蕻写了《昆明底一个画像》以“赠新诗人穆旦”，考其内容，赵瑞蕻的诗与“赠”毫无关系，而且特别点明“新诗人”，说明作者把穆旦引为同调，赞赏穆旦的试验，才用这种“穆旦体”写诗相赠。这种探索在穆旦后来的诗里仍继续着，如《蛇的诱惑》、《玫瑰之歌》等，而最成功的作品就是《赞美》。

如果说穆旦在南湖诗社时期，浪漫主义还占优势的话，高原文艺社时期浪漫主义开始退位了，这几首诗正反映出穆旦由浪漫主义向现代主义的转变。姚丹分析《一九三九年火炬行列在昆明》和《昆明底一个画像》后说：“穆旦和赵瑞蕻的诗歌都非常明显地带有从‘浪漫主义’向‘现代主义’转变的艰涩乃至混乱的痕迹。”[①] 这种“艰涩”、“混乱”表现在诗意和诗句的提炼上，作者把诗歌当作散文来写了。几个月后，穆旦发表文章批评“自然风景加牧歌情绪”的“旧的抒情”，显然也是在清算自己的过去。不过，赵瑞蕻没走多远又回到了浪漫主义的道路上，穆旦则在现代主义的道路上坚定地走了下去。总之，对于穆旦来说，高原文艺社的意义在于标志了他的诗风的转变。

林蒲在谈到自己写诗经历的时候说：“后随学校组织的‘湘黔滇三千里徒步旅行团’徒步抵昆明，费时70余日，辗转迂回西南天地间，习作诗篇有《天心阁》、《古屋三章》、《老舟子》、《天马图》、《石榴篇》等，收集在《暗草集》中，这些习作，像在《印诗小记》所说，都是‘聊备一格’的。”[②] 林蒲这时对新诗特别有兴趣，创作的诗歌当然不止这些，但无法肯定哪些诗写于此时，就连这几首，也无从确认是写于旅行途中，或者南湖诗社时期，还是高原文艺社时期，但肯定不会在此后，所以只能在这里谈。林蒲的诗，思路开阔，概括力强，往往思接千载，视通万里，“笼天地于形内，挫万物于笔端”[③]，不限于一时一地一事，显出了作者博大的心胸和气度。如《天心阁》，既描写了岳麓山上天心阁的现实美景，又写了岳麓山的沧桑历史，诗歌把眼前的实景和观念中的历史各截成数段，交叉组合在一起，远近错落，虚实相生，有着生动的现实感和纵深的历史感，表达出深厚的爱国情怀，是深刻的“抗战文学”。在诗歌形式上，自然与历史的交叉错落犹如双声部合唱，再用分散于各处的括号里的诗句表达诗人的各种思想感情，又增加了一个声部（或者说“朗诵”），整首诗就像多声部合唱，丰富多彩。这正是“聊备一格”的典型。的确，以上几首的体式各不相同。又如《石榴篇》，由古代而现实，又由现实而古代，写石榴

---

① 姚丹：《西南联大历史情景中的文学活动》，广西师范大学出版社，2000年，第231页。

② 艾山：《从我学习写诗说起》，《华风》（美国），第2期，1996年12月31日。

③ 陆机：《文赋》，郭绍虞主编《中国历代文论选》第一册，上海古籍出版社，1979年，第171页。

的“相思”意蕴，把古代和现实融为一体，甚至难分古今了。开头和结尾都有“千万年”之语，即形成了首尾照应的格式，有如戏剧的闭锁式结构，又表达出石榴所包含的“千万年”不变的“相思”意蕴。这些诗歌说明，林蒲此时正在进行诗体探索，且是富有成效的，因此才一首与一首不同。不过，无论如何变化多端，有几点是相同的，如把感情掩藏在叙述描写之中，如在一首诗中采用多角度叙述，如打乱时空顺序，如引语的运用，诗前引，诗中引，有的诗尾还引，如形式上的括号诗句等。

联系穆旦和赵瑞蕻以文为诗的试验，可以认为高原文艺社这时正在积极地进行诗体探索。林蒲曾描述过这种探索：“新写成的诗，交换阅读，批评诗该怎样读，批评诗该怎样写，用哪种文字和技巧，这些基本问题，讨论起来有时很融洽，有时各抒己见，有时折中取义……那时，我们虽身在昆明、蒙自，不太容易得到外界的消息，然何者为现代诗与现代诗人也颇闻火药味。”① 可见，现代诗是高原文艺社社员追求的一个方向。其中一些东西，如以文为诗、打乱时空、括号诗句等还是他们的一些共同点，而且对诗句提炼不够也是他们诗作的共同缺点。在诸多诗人的探索中，相比起来，林蒲更为多样化一些，对现代诗的试验也更自觉些，因而他的诗歌多透露出现代主义的因素。可以说，林蒲是西南联大第一个较成功地迈进现代诗歌行列的诗人。

散　文

散文是高原文艺社创作的一个亮点，其中又以反映“湘黔滇旅行”的作品最为成功，代表作者是向长清和林蒲。他俩是南湖诗社的中坚分子，写作的兴趣首先在诗歌，但他俩留存下来，可以确认为南湖诗社和高原文艺社的诗歌却不多。尤其是向长清，他是南湖诗社的发起人、组织者和领导者，也是高原文艺社的领导者，但他南湖诗社时期的诗几乎没有留下来，高原文艺社时期只见一首《吊捷克》。从现存作品看，他俩散文和小说的成就更大一些。

向长清的《横过湘黔滇的旅行》写于南湖诗社时期，由于南湖诗社不注重散文创作，故在此介绍。《横过湘黔滇的旅行》是第一篇发表于报刊，向人们介绍西南联大湘黔滇旅行团旅行经历的文章，1938 年 10 月刊登在巴金主编的《烽火》杂志第 20 期上。文章采用综合报道的方法，报告人们所关心的旅行生活。文章既没有采取日记体写法，也没有采取分类写法，而是围绕“旅行”二字，点线结合，串珠成文。一群文弱书生，怎样走过 3500 里河山，创造世界教育史上的奇迹的？这是人们第一个要问的问题。文章“回答”说：每天雄鸡初唱之后，300 多人就起床了，睡眼惺忪地卷起被盖，送到行李车旁，然后开始了一天的生活，“行军开始，的确我们都曾感到旅行的困难。腿的酸痛，脚板上磨起的一个个水泡，诸如此类，实在令人有‘远莫致之’的感觉”，“奇怪的是到了第十天之后，哪怕是最差劲的人，也能丝毫不费

① 艾山：《从我学习写诗说起》，《华风》（美国）第 2 期，1996 年 12 月 31 日。

力气地走四五十里”。每天，宿营在学校、客栈、古庙、农家，“有时候你的床边也许会陈列得有一口褐色的棺材；有时候也许有猪陪着你睡，发出一阵阵难闻的腥臭气；然而过惯了，却也就都并不在乎。不论白天怎样感觉到那地方的肮脏，一到晚上稻草铺平之后，你就会觉得这是天堂，放倒头去做你那甜蜜的幻梦”。湘黔滇山高路险，文弱书生是怎么征服的呢？这是人们的第二个问题。文章“回答”：“虽说走惯了，我们对于山却仍然没有好感”，“一路上我们爬够了无数险峻的山峦，假如你看到五里山、雄镇关、关索岭之类的地方，你会觉得南口、居庸关也不过是那么平淡无奇”，“夹路的山从湘西直送我们到贵州的平坝，蒙蒙的滂沱大雨直送我们过贵州的境界”。那时候，湘西、贵州兵匪横行，强梁出没，这群文弱书生又是怎样对付的？这是人们的第三个问题。文章简捷“回答”：“我们一路上没有遇到什么不幸的遭遇。”关于土匪，文章揭露了官逼民反的事实。茶馆掌柜说：“几个月里头就抽了几次壮丁，五个丁要抽四个，抽的抽走了，逃的逃上山啦。”官场黑暗，欺压百姓，百姓才不得不做匪为生！另一个地方的老掌柜说：“出了钱就是匪也可以保出来，没有钱你就千真万确的是匪。要砍头!”“一有军队过路，就挨家挨户地派粮食”，区长“是得了大笔钱了的”。文章还报告了贵州被鸦片烟毒害的严重情形和一些地方的习俗。的确，从湖南到云南有不同国度之感，作者最后感慨道：“三千多里是走完了，在我的心头留下了一些美丽或者惨痛的印象。恐怖的山谷，罂粟花，苗族的同胞和瘦弱的人们，使我觉得如同经历了几个国度。”作者大约只想作旅行的表层报道，没有写出细致的情况和深入的感受，更兼文章组织上的无规则，影响了它的传播。

林蒲在湘黔滇旅行中写有日记，后来他把日记整理成文，在香港《大公报·文艺》上连续发表。由这些作品可以看出作者在旅行途中的用心——观察、谛听、采访、笔记，获得并保存了多么丰富的材料！第一篇《湘江上》刊登于 1939 年 3 月 22、23 日《大公报·文艺》第 559、560 期，讲旅行团出发夜宿船上、沿江而行、到达清水潭的经历。第二篇《下益阳》载 4 月 4 日第 710 期，讲从清水潭到益阳，而后开始步行。第三篇《滨湖的城市》发表于《今日评论》第 2 卷第 11 期，时间是 9 月 3 日，讲旅行团从益阳到常德的经历，分《雾的人》、《军山铺》、《太子庙》、《石门桥》、《善卷村》、《春申墓》、《五倍子商》、《滨江之城》八节，采用倒叙手法，先写常德，而后从益阳一路写来，最后又回到常德。第四篇《桃园行》载 6 月 7、8 日《大公报·文艺》第 634、635 期，讲从常德到桃园，以及在桃园逗留的日子，分《船上谈兵》、《在浔阳》、《茶店之夜》、《桃花园》四节。作者本要继续写出发表，却因别的原因停止了。这四篇作品（前两篇称为“旅行日记”）均未采取日记（记叙文）的写法，而是散文，作品内容多样，手法不一，是优美的散文。在这些作品中，“旅行”只是写作的线索，见闻才是作品的内容，而主题是抗战。作品围绕着抗战的“民气”来写，写人们对抗战的认识、参战的勇气、对胜利的信心，是鼓舞读者的“抗战文学”。文中写了一些奇人奇事，如常德的“雾的人”——一个英勇作战丢了四肢的残疾人，他非常自信而乐观，他有学问，“跟穿长衫的读书人，讲四书五经，物理，化学；和拉车的论股劲臂力”，而骂“吃粮家”“胆怯丢人”。只几百字，活脱脱一个奇人被写了出来。林蒲的散文，文笔活泼生动，读来饶有兴味。几篇之中，一篇与一篇各不相同；一篇之中，一节与一节各不相同。譬如结尾，《湘江上》写艄公许诺带大学生们去看洞庭湖的“湖蛮子”，但因甘溪港水浅，船退息清水滩，去不成了。作品写道：“我们舍舟登陆的时候，像丢下东西在他的船上忘了拿走似的，艄公訇然响亮的话语，赶着我们的脚跟来了：‘没看那湖蛮子，没可惜呀？下次来?’//下次？——”“丢下”的“东西”送回来了，却是一个空愿，真是意犹未尽，余音缭绕。这类文字在文中随处可见。

此外，林蒲还在6月18日的《今日评论》第1卷第25期上发表了《寻梦——还乡杂记》，讲家乡人去马寺“寻梦”的风俗，记述地方文化和风土人情。《今日评论》在《本期撰者》中介绍作者说：“林蒲先生，厦门人，毕业于北京大学英文系，作品多发表于香港《大公报》，文字清新朴实，尤长于组织故事，为西南青年作家中最有创造性之作家。”① 此言是符合实际的。

小　说

高原文艺社的小说是西南联大学生小说创作的起步，多数描写抗战内容，是传统意义上的“抗战文学”，但在我国抗战文学中又有其特点，值得注意。代表作者是向长清、刘兆吉、林蒲等。

向长清的《许婆》或许是西南联大学生发表的第一篇小说，1939年3月28日刊登于香港《大公报·文艺》第565期，署名向薏。这是一篇现实性很强的小说，故事发生的地点应在昆明，大约是根据日本飞机轰炸昆明的事实而创作的。主人公许婆是一个普通的市民，过着平静而自足的生活，“鱼呀肉呀的吃不了”，可是，战争来了，她的生活被打乱了。大儿子被征去当兵，二儿子在外来的一所大学里找到一份工作，他时常拿些衣服回来让自己帮着洗洗，后来，她也在一家外省来的年轻夫妇家当上了保姆，日子也还好过。但有一天，日本飞机来了，扔下一枚枚炸弹，从此，人们疯了似的跑警报，有一次，许多飞机对大学区狂轰滥炸，她的二儿子被炸死了，她赶到现场，见到儿子的惨状，哭不出声。她走到街上，“一颗心简直和午前的市街一样冷清和阒寂，也许压根儿她就忘了世界上有一个自己”。此后，人们叫她“疯子”，都怕她，躲她。她失业了。十月深秋的一天，她不知不觉地走进自己做保姆的人家的大门，那家人惊慌失措，她退了出来。走在街上，她想到大儿子正和伙伴作厮杀前的准备，想到一具冰冷的血淋淋的尸体，想到飞机，最终想到死，这时，“她像是寻到了一线真理，望着那辽远的蓝天下的陌生的世界，像一个老年的和尚一旦彻悟了金光大道”。作者以全知全能的主观叙述法讲述故事，以十分冷静的笔调描写人物心理。许婆孤独、空虚但怀有希望地死去了。她的寂寞让人想起祥林嫂，想起姚纳。作品受19世纪欧洲小说的影响较深，开头有长长的环境描写，而后有细致沉静的心理描写。许婆的“现在”行动仅仅是从凳子上起身走向青年夫妇家而后“回到那条冷清的路上”，其他全是作者的描述。作品创设了凄凉冷清的气氛，让人

① 《本期撰者》，《今日评论》，第1卷，第25期，1939年6月18日。

感到“契诃夫味”。这篇小说以刻画人物心理见长，环境气氛协调，只是人物的行动和冲突较少，让人压抑，但这样的处理又符合了作品的情调。

向长清接着于6月12、13日在《大公报·文艺》第639、640期上连载了《小客店》，写一位十几年没回家的北平大学生于抗战中回湘西老家，可老家小城被叛军占领，他只好投宿小店，在与三位客人的交谈中知道了小城情况。第二天，叛军离去，他得以回家。作品写出了湘西的社会面貌和民众的抗日情绪，现实意义浓厚。小说故事简单，人物不多，笔力集中，追求人物心理刻画，多用侧面手法，笔调细腻。但把《许婆》表现出的沉静和细致发展到了行文沉闷不畅的程度，读来费劲。

刘兆吉这时的兴趣转移到了小说上，虽然毕业在即，功课甚紧，他还是没有放下创作之笔，在昆明《中央日报·平明》上连续发表了《木乃伊》、《古董》等小说。这两篇作品的发表时间虽然在高原文艺社改为南荒文艺社之后，但作者1939年夏毕业去了重庆，其创作时间仍在高原文艺社时期，而且作者没有参加南荒文艺社，所以在这里论述。

《木乃伊》载于6月23日《中央日报·平明》第26期。作品写一个大学生的变化，很有现实性。“木乃伊”本名居静，“木乃伊”是半年前同学给他起的绰号。抗战爆发后，同学们整天忙于宣传抗战，居静由于不会唱歌、演讲、写标语，只能当一名听众和旁观者，他又不轻易表露自己的态度和感情，同学便给他起名“木乃伊”。他认为，获得这个绰号，“是由于他的性格太好静了，因之也联想到居静这名字太不吉祥”，遂起别号“战鼓”。他的性格也随着别号而改变了。他摘抄新闻，编写壁报，宣传抗战，但不知者仍然叫他“木乃伊”。为了“雪耻”，在一次集会上，他发表慷慨激昂的讲话，获得了成功。接着他在《新生》文艺壁报上发表“由惊人的时髦字句”——“炸弹、头颅、血花、死呀、冲锋呀、民族观念呀、国家意识呀”组成的诗文，别人遂充分认识了他——“战鼓”。不久，《新生》推荐他为总编辑，他干脆把壁报名称改为《战鼓半月刊》。这时，他写的诗文都用惊叹号，而且总是3个连用，“他有一篇十行的新诗，竟用了28个惊叹号”。接着，他被选为学生自治会主席，进而被委任为救国会干事。他成天忙于开会、写文章，喜欢得到别人的安慰（夸赞）。但是他很少上课，月考交了白卷。他进而鼓动同学罢课，以反对学校的“奴性教育”。不过，同学似乎不买他的账，照样上课。他于是转而痛恨这般大学生“没有国家观念，民族意识，都是一群书呆子”，气愤地说：“我再不愿意和这些‘木乃伊’为伍了。”作品最后写道：“在学期终了，举行考试的前一个星期，他因为救国工作繁忙呈请休学了，从此以后同学们很少再看到他了。”居静的转变实在太快了，但又不是没有根据的。所谓时势造英雄嘛。只要人肯改变自己，在风云变幻之际，是很可能发生突变的。居静由于想改变自己的性格和形象，积极适应时代的要求，而环境接受他，社会认可他，潮流推动他，即主客观相适应，他就能实现转变，成为潮头人物。但作为一个大学生（当时大学生很少），变成一个在后方呼呼口号的“职业”救亡工作者，是好是坏？这很难说。不过，作者是持否定态度的。有两点可以预见：一、为适应环境而迅速变化的人，难保今后环境变了不会发生别的变化；二、国家需要文化人才，所以易地办学，停学救亡，不符合“抗战建国”之国策。

《左传》有言："不有居者，谁守社稷？不有行者，谁捍牧圉？"[①] 前方和后方是相互联系、相互支持的。我们相信，"木乃伊"这个形象的塑造是有现实依据的，且这个形象一直"活"在中国社会，在各个历史时期都能看到，可以说，这是一个独特的、不朽的形象。

《古董》刊登于9月6日《中央日报·平明》第74期，署名兆吉，写一个聪明人制造了一个假古董，再进行炒作，使其价钱越来越高，名声越来越大，以致"三位学者的降临"，其中一位外国汉学家抢购了它。作者通过这个以假乱真"哄老外"的故事，揭露世相，刻画人物心理，具有喜剧意味。小说表面讽刺那些迷古者，实际意味深长：由于人们的趋向，为造假者提供了生存空间，假冒伪劣的人和事由之产生。

刘兆吉生于山东，从小听惯了各种各样的故事，受古代小说的影响很深。他的作品故事性很强，人和事件的来龙去脉讲得清清楚楚，即使作品的笔调也是故事性的；作品全知全能的叙述方式是古代文学的常用方法，作者完全继承了；作品语言干练，描写简洁，不作铺张扬厉，环境描写、人物描写、心理描写都简洁明了，大有古代小说的韵味；就连起绰号的方法也保留了中国古代小说的传统，两篇小说的主人公都有绰号，《木乃伊》甚至以绰号和名字的变化结构小说，贯穿全文，深得古代小说艺术之妙。

林蒲在写作诗歌和散文的同时，开始了小说的试作。这时的小说主要有《陈金水》和《二憨子》等，作品显示出林蒲小说的创造才能。从艺术上看，这些作品受中国古代小说的影响较大，讲故事，写性格，结构完整，语言简练，同时也吸收了外国小说的一些特点，注意环境描写和情调渲染。在思想上，它们写的都是宣传抗战、打击侵略者的，属于"正统的"抗战文学作品，有强烈的现实意义。

《陈金水》，1939年5月20、22日连载于《中央日报·平明》第4、6期。台湾临近日本，因此较早遭受日本的荼毒。1937年日本全面侵华开始，曾大量征调台湾青年充当日本军人，替日本进攻中国。《陈金水》写的就是一个在"八·一三"上海战争中负了伤，回家养病的台湾老兵陈金水。回到台湾后，陈金水整天躺在竹林下乘凉，衣食无忧，悠然自得。忽然有一天，来了一个人，通知他立即到村边去集合，他上了车，被拉到皇军的驻所，一个军官和他谈话，原来是他沪战中的上司。上司交给他一份新的工作：到厦门、漳州一带执行一项特殊任务。他和一个日本人、一个中国人上了船。日本人武井是头儿，在船上，武井任意鄙视、污蔑中国人，说中国人像猪一样，甚至直接称他俩"笨猪"。陈金水忍受着侮辱，思想产生了激烈的斗争。他们在鼓浪屿下船，呆了6个月，而后以南洋华侨的身份来厦门。在集美码头，被警察盘问，假称星洲华侨的日本人武井，准备的知识用完，露出马脚。陈金水乘机揭露，另一个中国人证明，警察抓捕了武井。接着在泉州一带冒充染料房的屋里，抄出了几十捆以"万事大吉"红色布条为暗号的东西，进而粉碎了敌人的一次军事计划。陈金水和另一个中国人立了大功。作品歌颂了陈金水的民族意识和爱国精神，

① 《左传·僖公二十八年》。

是典型的“抗战文学”，在当时具有社会意义。但作品精练不够，故事有些散漫，人物性格不太明显，在艺术上显得不够老练。

发表于1939年7月30日《今日评论》第2卷第6期的《二憨子》，克服了《陈金水》中的毛病，这篇作品是林蒲和一帆合写的。小说写一个名叫二憨子的农民兵，临时受命，带领小分队执行任务，打了一场漂亮的伏击战的故事。故事写得相当简洁：在11人的队伍中，有大学生、公务员、小学教员，还有一个穷苦出身、性格憨笨的二憨子。在一次巡查阁子岭（穆夫关）的任务中，大队长偏偏把队长的职务交给这位没有文化且憨笨的二憨子。大家不服，不大听他的指挥。他们到了当年穆桂英显威风的地方时，来了二三十个日本兵。二憨子当机立断，要大家隐蔽，来一次“套黄狼”。当敌人走近，有人要开枪射击，他坚决不允，果敢地以军令从事。待敌人到了面前，他一声令下，手榴弹猛投，敌人还没有反应过来，就被炸翻在地，二三十人，只剩三个滚落山底。老吴要追，被他阻止。他带领队伍迅速撤离。到了岭上，只见敌人的炮火集中轰炸刚才的战场，连石头树根都被炸开了。大家始信二憨子判断的正确。这时，二憨子让大家坐着听炮声、看战场，自己则飞快离开，去找游击队司令，“要来第二次的‘套黄狼’!”那些知识分子不得不佩服这个没文化的憨笨之人的指挥才能了。二憨子形象塑造得相当成功。他平时老实憨厚，可打仗却异常聪明，是一个优秀的军人。小说一开始集中笔墨写他的“憨”——憨厚、老实、嘴笨、朴素、节约、惜物、家苦，而他带领队伍执行任务时，则显得沉着机智、胸有成竹、指挥得当，他地形熟、历史熟、战法熟，时机把握得恰到好处，所以能打出漂亮的伏击战，他还当机立断，要搬兵来打更大的胜仗。小说把写人物性格作为主要任务，让故事为人物性格服务，做到了性格鲜明、故事集中、篇幅简短，实是短篇小说的做法。读这篇小说，让人想到《荷花淀》，其人物、故事、格调尽可与《荷花淀》媲美，只是还缺少《荷花淀》的诗情画意，少一点匠心安排。尽管如此，它还是算得上中国现代的优秀短篇小说之一。

戏 剧

戏剧文学是高原文艺社新的开拓，由于南湖诗社没有戏剧创作，高原文艺社的剧作即是西南联大的第一批戏剧作品。高原社之后，很少见学生社团的剧作，直到剧艺社，才有了戏剧作品，其间相隔约6年。因此，高原文艺社的戏剧作品，无论成就高低都值得我们珍视。留下戏剧作品的高原文艺社社员是周正仪和刘兆吉。他们的作品成就虽然不是很高，但开创之功不可磨灭。

周正仪是高原文艺社的新社员，他这时的作品，仅见独幕剧《告别》。作品发表于1939年4月9日《今日评论》第1卷第15期，写一个年轻医生“告别”亲人到前方医院去工作的事，反映了青年的抗战热情。故事梗概是：为抗战的情绪驱动，外科医生张志济主动报名去前方医院服务，上船前，带着行李来跟女友黄绯霞告别。他希望女友和他一起去。可是，女友不愿意去，也不希望他去。她假装同意，说是出去收拾行装，实际是去给张母打电话。而后她回来稳住张志济。张母带着小儿子立即赶来。在母亲面前，张志济推说自己哪儿都不去，并问母亲听谁说自己要走？张母掩饰。10岁的弟弟说出是黄绯霞打的电话。事已至此，张志济转而做母亲的工作，说自己是国家的技术人员，去当医生，不上前线，没什么危险；说请母亲替受伤的将士想想，他们多痛苦；说自己若是做工或种田的，早已被征走了；说母亲都疼爱儿子，“把您疼爱儿子的心，放开去疼爱别人，让您的儿子去救别人的儿子!”张母听后，擦干眼泪，同意儿子去，并要亲自送儿子上船。临行，张志济对黄绯霞说：“没想到你是这样一个人!”留下黄绯霞一个人失神地立在台中。

此剧篇幅短，场景小，故事简单，难以出大效果。但故事有变化，有起伏，因而有“戏”。作品意在歌颂青年抗战爱国的决心和行动，也清楚地表达出了主旨。惟其“清楚”，艺术上显得不丰富、不细腻，思想上有些“直白”，有借人物之口说“动员词”的弊病，细节挖掘不够，语言直露，人物感情不细致。此剧表现出了一般初期抗战文学的缺点。

虽然如此，黄绯霞的心理刻画还是较为突出的。她是一个很有心计的青年，暗自做着自己的事却不露声色。她听到张志济要走，并不惊讶，还责备道：“你为什么不早同我说?”明白张志济想要自己一同走，先答应下来，还说父母那里没问题，了解到张母不知儿子走的情况，就借收拾行李为由出去悄悄打电话给张母，借他人之力以达到自己的目的。听到张母的汽车声，还假装不知，说是过路的汽车响。张母询问儿子，她又装给张志济看，先替他藏药箱，后帮助掩饰说：“他是到我这儿来玩的。”张志济追问出消息来源，她“扭头旁视”，不得不面对时，她才说：“志济，对不住你。”最后，她又解释成“完全为了爱你”。这个两面人，“表演”很到位，但最后还是落得失败、孤立。而主人公张志济则写得简单了些：要女友同走，却临时告知；说服母亲只用了十几句话；对黄绯霞的心理毫无认识等。他有强烈的民族意识和国家观念，具有崇高的职业道德，主动要求去前方医院，是一个有作为的好青年，但他为什么一定要采取“出走”的方式呢？作品解释为担心母亲不让走，可是后来他轻轻地就说服了母亲——他识人不深啊。该告诉的不告诉，不该告诉的告诉了，把亲人的态度判断反了，可知其昏昧不明。因此，这个形象的塑造没达到作者的意图。

刘兆吉1939年在《再生》杂志第27期上发表了两幕剧《何懋勋之死》，署名刘晓铎。剧本写西南联大投笔从戎的学生何懋勋英勇抗战、壮烈牺牲的故事。何懋勋，又名何方，江苏扬州人，1935年考入南开大学经济系，抗战爆发后随学校进国立长沙临时大学学习。1938年赴鲁西抗日根据地参加抗日救亡工作，任山东省第六区游击司令部青年抗日挺进大队参谋长。1938年8月在齐河县县城外战场英勇牺牲，时年21岁。刘兆吉也是南开大学哲学系的学生，与何懋勋同级，又一起经历国难，到长沙学习，感情深厚。何懋勋牺牲后，刘兆吉怀着十分崇敬的心情，写这个剧本，纪念老同学。

剧本根据何懋勋的事迹编写，实际是何懋勋的“文学传记”。在何懋勋21岁(剧中23岁)的生命中，选取哪些事件来写，反映出作者的态度。此剧没有选择他的出身，没有选择他的少年事迹，也没有选取他们的同学情谊，而是集中写他牺牲前两个晚上的活动，这是要突出他的抗日英雄特色。剧本分两幕，第一幕写何参谋长在抗日队伍中处理军务，深夜伏案工作，并主动要求参加挺进队冲锋陷阵，受命任队长；第二幕写何队长带领挺进队到达目的地，准备攻城，不幸被汉奸出卖，遭敌袭击，为国捐躯。

作者这样选择和处理题材，意在刻画一个能文能武、智勇双全、很有前途的军事人才。作品基本上实现了这个目的。我们看到的是一个夜以继日刻苦工作，起草檄文的“笔杆子”，并从侧面知道了他能出高招，克敌制胜，他虽然体弱有病，但能带领部队日行130多里，布置战术，准备战斗，对于可能出现的情况和汉奸的行为，已有预料，只是估计不足和防范不力才遭出卖，最后在敌人的袭击中身负重伤，又遭毒刑，但英勇无畏，壮烈牺牲。一个抗日英雄的形象傲然屹立在读者眼前。

范素娟形象的刻画尤见成功。范素娟的性格特点是淘气、爱哭、深明大义和智勇兼备。她喜欢使性子，说话常常“反弹琵琶”，打打闹闹，嘻嘻哈哈，似很幼稚，但其内心却很有主见；她易动感情，随便一点事就哭，但更多的是为关心他人而哭，可见她心地很善良；她有强烈的爱国心，支持爱人上战场，自己也英勇地上战场，这时俨然不像一个爱哭的女孩；她担任侦探任务，完成得很出色，巧妙的化装，哄得过所有的人，当挺进队员全部牺牲了的时候，是她用仅有的子弹，一枪一个消灭敌人，报了大仇，自己也杀身成仁。这个形象在现代文学中是光彩而又独特的。

情节的丰富性是此剧的特点。剧本不仅仅表现主人公作战牺牲，而且表现了他的其他方面。例如，他是“一个英勇多谋的领袖人材”。剧本写他作战勇敢，能出谋划策而获得胜利，深夜批阅文件，起草宣言，带兵打头阵等。剧本还写了他的爱情纠葛。他和司令员的女儿范素娟建立了恋爱关系。由于范素娟性格特别，他们相处充满了悲喜意味。但是，坚持抗日、英勇无畏、敢打头阵是他们共同的思想基础。最后，他们双双英勇牺牲。读罢作品，油然而生崇高感。

作品的结局是悲剧，但这不是性格的悲剧，而是战争的悲剧、故事的悲剧。主要人物全都牺牲了，读后深感郁闷。虽然范素娟杀死了日军头目和汉奸，给读者心理带去了一些平衡，但以我精锐易敌小弱，总觉不值。更有甚者，先头兵挺进队员全都牺牲了，大部队如何攻城？作品没有暗示出胜利的希望，给人一片黑暗。况且，何懋勋和他所带挺进队的精兵强将不是死于战斗，而是死于战前，让人有“出师未捷身先死”之慨。而其根本原因又在于何懋勋未有效地防范汉奸的疏忽，这是有损于“英勇多谋的领袖人材”形象的。作品这样写，也许战争本身就是这样，也许是1939年作者看不到胜利的前途而如此表现。但无论如何，作者把战斗描写得简单了些。例如，假若何懋勋悉心布阵，顽强战斗而最后牺牲，艺术效果就会好得多。如果说写何懋勋的牺牲情形有失误的话，写他体弱多病则是败笔。弱病与他的智勇没有关系，与他的牺牲也没有关系，至多只能表现他工作的忘我，以及对于表现爱情和范素娟的性格有作用，作品却把它放在开头大肆渲染，给人把一切苦难都安在歌颂对象身上的感觉，在艺术上起到了相反的作用。

通过以上介绍和分析，可以得出这样的认识：高原文艺社在诗歌、散文、小说、戏剧方面都取得了创作成果，其中的一些优秀篇章，散文如林蒲的湘西旅行系列，小说如向长清的《许婆》、林蒲的《二憨子》、刘兆吉的《木乃伊》等可以视为西南联大文学的代表作品，即使放在中国现代优秀短篇小说之列也不会逊色，诗歌如穆旦的《防空洞里的抒情诗》、赵瑞蕻《昆明的一个画像》的探索精神及其留给后人的讨论话语也值得注意；经过高原文艺社的培育，成长为著名作家的有穆旦、赵瑞蕻、林蒲等。一个存在时间仅有半年的文学社团，能够取得这样的成绩，实在可喜！这些成绩决定了高原文艺社在西南联大文学社团中的重要地位，同时也说明，高原文学社的名字可以书入中国现代文学社团史。

（作者单位：西南民族大学文学院）

方言和方言写作的价值

□ 李春阳

一

怎样区分不同的语言和同一种语言里的不同方言?

一般的说法是，完全不能通话的是两种语言，基本上能够通话的是一种语言的两种方言。如果依照这个标准，福建话、广东话、上海话就属不同的语言。我们认为这三种彼此几乎完全不能通话的语言，是汉语的不同方言，因为他们有共同承认的标准语——官话，且这一标准语有统一的书面形式——文言，而官话和文言都是在漫长的历史中逐渐形成的。这种状况，不仅汉语当中有，西方语言中也有。吕叔湘举过两个欧洲的例子，在德国和荷兰交界的地方，两边的居民基本上可以通话，但他们说的话一个是德语方言，一个算荷兰语方言；北德意志方言和南德意志的高地方言之间，通话相当困难，但却都是德语方言。

中国的面积比整个欧洲要大些，方言的复杂程度远超德、荷，由于官话和文言的缘故，这些方言始终认同汉语的标准语。赵元任认为，语言分化后分到什么程度算是不同的语言，往往是由政治因素决定，不是纯语言问题。“在中国，全国方言都是同源的语言的分支，虽然有时候分歧很厉害，我们认为是一个语言的不同方言。”①

赵元任的英文著作 *Mandarin Primer*（《国语入门》），1948 年由哈佛大学出版社出版，1952 年开明书店出版了李荣翻译的中文版，题名《北京口语语法》，1954 年由中国青年出版社再版时去掉了著者姓名和《译者序言》，只署“李荣编译”，不知与赵元任这一年加入美籍是否相关，当时朝鲜战争刚刚结束，国内的反美情绪还十分饱满。该书的第一篇专门探讨汉语与汉字的关系，作者得出两个结论：“第一，咱们可以通过任何一个主要汉语方言，掌握全部汉语文学。第二，精通一个汉语方言，是了解全部汉语的准备。”②

通过方言，掌握文学；而且要首先精通方言，才能了解全部汉语。这样的见识与今天流行的看法相左。或说这一学习语言的途径，被国内当下的语言教育完全忽视了。从小说普通话的孩子越来越多，许多人失去了接触方言的机会，不利于将来成为语言甚至写作上的特异之才。人类所有的自然语言皆为方言，普通话是一种人造的语言，在官话的基础上规定了标准读音，对许多人来说，说普通话几乎等于说

---

① 赵元任:《语言问题》，商务印书馆，1980 年，第 101 页。

② 李荣编译《北京口语语法》，中国青年出版社，1954 年，第 9 页。

书面语，孩子们的普通话实际上是跟电视和广播学的，幼儿园和小学教师的普通话并未过关，如果家长不有意地教授孩子方言，他们将失去重要的财富，有些家庭父母之间说方言，父母与孩子说普通话，丰富多彩的口语资源正在流失。

人自出生之始，就生活在方言区，我们周围的世界从来是方言的世界。普通话和方言各有所长，正确的语言学习策略，应是先学会方言，再学普通话，能够双语交流。普通话是国家标准语，通行范围广，适应性强，与别的方言区的人交流便捷，有利于小学语文的正音正字与朗读，方言生动、丰富、细腻，别有韵味儿，气息浓郁，地方色彩鲜明，凡是口语中最生动幽默、艺术性高的话，皆出自于方言。多种感受和需求，人与人之间的充分交流，是以口语为主的。有人执意要说书面语，也能够懂得，但听上去不舒服。普通话是工具，方言是艺术。交流、达意是普通话的主要功能，却成为方言的余事，方言是方言者的自我表达，甚或是一种尽兴的表演。甜言蜜语，幽情密意，吵架的话，有味道的话，让人听了一辈子忘不掉的话，只有方言说得出。大凡嬉笑怒骂，也只能以方言脱口而出，方言是国人又一母语。不能自由地随心所欲地使用自己的方言，与外乡人交谈用普通话，为沟通的便利，不得不摈弃情感的色彩、微妙的语气、语调的抑扬，表达效果使语言艺术让步，时间久了，便缺失了言语的艺术。乡下人对于外乡口音敏感，返乡的人若带出外地口音，被叫做撇腔，哪怕撇的是京腔也被瞧不起，乡巴佬的自负最有道理，一个成年人舌尖上失去了乡音，还能到哪里把故乡找回来呢？所有的民间故事、民间歌谣皆是以方言说出唱出，地方戏的对白若改成普通话，还怎么听呢？

过去的中国，是文言加方言，地道的书面语和地道的口语。今天的新白话加普通话，蹩脚的笔语和同样蹩脚的口语，却言文并不一致。到中国各地旅行，重要的乐趣之一是听各地的方言，有的听得懂一些，有些则几乎完全听不明白，但同样好听。如今会几句外语算是特长，精通多种方言却未必被看重。

二

汉人云：“轻土多利，重土多迟；清水音小，浊水音大。”一方水土养一方人，中国方言多，地域广，历史久。

汉代有一部比较方言词汇的著作《方言》（全名《輶轩使者绝代语释别国方言》）问世。此书是否为扬雄所作，今天发现的材料还不足以作出明确的判断，《四库全书总目提要》认为其“反覆推求，其真伪皆无显据。姑从旧本，仍题雄名”。可以肯定的是，这是两千年前的著作。许慎在《说文解字》中以方言解释字义，和今本《方言》词句相同的例子有很多，说明它成书于《说文解字》之前。今本《方言》是晋郭璞的注本，凡 13 卷，记载的方式是，先举出些词语来，然后说明“某地谓之某”，或“某地某地之间谓之某”。这些方言的语词是作者问询以后记下的，其所记的语言包括古方言、今方言和一般流行的普通语。《方言》最大的特征是重视词汇，忽略语音。对于所录词汇，大抵说明其通行之区域，读者可以从中大体了解汉代方言分布的轮廓。

周祖谟在《方言校释序》中说：“方言所记汉代的语言有普通语和特殊语。其中以秦晋语为最多，而且在语义的说明上也最细，有些甚至于用秦晋语作中心来讲四方的方语。由此可以看出秦晋语在汉代的政治文化上所处的地位了。进一步来说，汉代的普通语恐怕是以秦晋语为主的。”① 官话与方言并存互补的语言格局，自古而然，一如文言之于白话。

章太炎 1906 至 1908 年在日本写了一部《新方言》，11 卷，为释词、释言、释亲属、释形体、释宫、解器、释天、释地、释植物、释动物、音表；收录方言词语八百条。与同期的索绪尔的共时性研究不同，章氏的重点在于历时性的比较分析和梳理。《新方言》连载于《国粹学报》，致力于考本字，求语根，“推见本始”，意在使人看到汉语的古语今词之间的联系和可寻之理，属于方言考古范畴，以太炎先生的小学功底和博学，自然可以胜任，有些字、音之考辨，做得有理有据。但硬要证明“今之殊言不违姬汉”，以“夏声”去正所谓“夷音”，将反清排满的政治意图贯彻于学术研究当中，其附会之处和武断之见在所难免。章氏对此书颇为自负，称“文理密察，知言之选，自谓悬诸日月不刊之书矣！自子云之后，未有如余者也”②。黄侃评价说：“已陈之语，绝而复苏，难谕之词，视而可识”。③

但方言的存在，更多的是一种共时性的语言现象，不同地域之间的方音差异才是其关键所在。1928 年作为清华学校研究院丛书第四种出版的《现代吴语的研究》，是中国第一部以现代语言学方法描写和研究方言的著作。著者赵元任是第一个在大学里开设《方音学》和《中国现代方言》课程的人，在他的主持下，中央研究院历史语言研究所在 1928 至 1938 年十年间进行了六次方言调查，他还设计了两种标调方法——五度制标调法和半圆形标调法，至今仍是记录声调的理想工具。调查内容列为 6 种表格，通过这些精心挑选的字词的方言发音，在声母、韵母和声调上对于方音进行客观的描写。后来的方言调查，使用的就是这个方法。赵元任、丁声树、罗常培等人的调查工作，培养了一批方言学的专业人才。

语言学家赵元任是语言天才，凭耳朵能辨别各种细微的语音差别，他擅长模仿各地方言，调查哪儿学哪儿的话，学哪儿的话像哪儿的话。1920 年罗素来华访问，在北京、上海、杭州、长沙等地发表演讲，赵元任担任口译，他把罗素的长沙演讲直译为湖南话，使当地人误以为他是湖南人，其实他是第一次来长沙，时间未愈一周。赵元任是宋代宗室后裔，他的六世祖赵翼是清代著名诗人和史学家，受家学熏陶，从小熟稔典籍，1910 年以第 2 名成绩考取第 2 期庚款留学生，与胡适同批赴美，在康奈尔大学本科读的是数学专业，在哈佛取得哲学博士学位之后，找的第一份工作是回母校康奈尔大学教授物理，他会说中国八大方言，精通英文、法文、德文、俄文、西班牙文、拉丁文、古希腊文、梵文和日文。

---

① 周祖谟：《问学集》下册，中华书局，1988 年，第 700 页。

② 章太炎：《汉字统一会之荒陋》，转引自孙毕《章太炎〈新方言〉研究》序一，华东师范大学出版社，2006 年，第 2 页。

③ 转引自《中国大百科全书·语言文字卷》，中国大百科全书出版社，1988 年，第 428 页。

三

毛泽东既没有接受过现代语言学的任何训练，也没有做过社会学、人类学的田野工作经验，却走上了一条特殊的调查研究的路子。早年在长沙第一师范读书的时候，暑假和同学结伴到乡下进行社会调查，他关于湖南农民运动的考察及其报告非常有名，改变了中国革命的进程。毛泽东个人持续时间最长的调查活动在1930年5月。1929年他曾大病一场，甚至有传闻说已病故。1930年，远在莫斯科的共产国际还发表了篇千余字的讣告。在闽粤赣三省交界处的寻乌县，他有过一次非常深入的调查，写了份长达5章39节8万余字的《寻乌调查》，除了关注当地的经济政治状况之外，对于风俗民情和方言土语，毛泽东也给予了详尽的记载。从事方言调查的人，也会以汉字记录方言中一些特殊的读音，下面是毛泽东记录的当地方言民歌《禾头根下毛饭吃》：

月光光
光灼灼。
埃跌苦，
你快乐。
食也毛好食，
着也毛好着。
年年项起做，
总住烂屋壳。
暗婧女子毛钱讨，
害埃穷人样得老。
暗好学堂埃毛份，
有眼当个瞎眼棍。
天呀天，
越思越想越可怜。
事业毛钱做，
年年总耕田，
六月割也就，
田东做贼头。
袋子一大捆，
擎把过街溜。
吗个都唔问，
问谷曾晒就？
穷人一话毛，
放出下马头。

句句讲恶话，
俨然税户头。
唔奈何，
量了一箩又一箩，
量了田租量利谷，
一年耕到又阿嘛！
又阿嘛，
会伤心，
穷兄穷弟爱同心，
穷姊穷妹爱团结，
团结起来当红军，
当到红军杀敌人①！

记录下来之后，对于歌中所用的方言词语，毛泽东逐一给出了注释：埃：我；毛：没有；项起做：继续做；暗婧女子：再漂亮女子；样得老：怎样得老；暗好学堂：再好学堂；割也就：刚割完；做贼头：很恶之意，如贼头一样恶；袋子一大捆：用去收租的；过街溜：洋伞；吗个都唔问：什么都不问；放出下马头：打官腔；税户头：大地主；阿嘛：没有了之意；爱同心：要同心。

这休现了毛泽东自己所说的“我平生精密考察事情，严正督促工作”②，而这种态度正是“五四”运动之后科学态度有成效的体现。在整理《寻乌调查》的同月，他写了一篇理论总结的短文《调查工作》，明确提出“没有调查，没有发言权”的观点，并有一个生动的比喻——调查就像“十月怀胎”，解决问题正如“一朝分娩”。此文后更名为《反对本本主义》，脍炙人口。毛泽东认为“实际政策的决定，一定要根据具体情况，坐在房子里想象的东西，和看到的粗枝大叶的书面报告上写着的东西，绝不是具体的情况。倘若根据‘想当然’或不合实际的报告来决定政策，那是危险的。过去红色区域弄出了许多错误，都是党的指导与实际情况不符合的原故。所以详细的科学的实际调查，乃非常之必需”③。

四

章太炎的《检论·方言》主要依据历史文化分全国方言为9种，黎锦熙以江湖水域为界分12系，赵元任起初也分为9区：北方官话区、上江官话区、下江官话区、吴方言、皖方言、闽方言、潮汕方言、客家方言、粤方言，后加之湘语和赣语区，成为11区。王力分为五大音系：官话音系、吴音系、闽音系、粤音系、客家话。50年代中期以后，国内流行的是汉语八大方言区的划分：北方方言、吴方言、

① 《毛泽东文集》第一卷，人民出版社，1993年，第204—205页。
② 金冲及主编《毛泽东传》(1893—1949)，中央文献出版社，1996年，第204页。
③ 《毛泽东农村调查文集》，人民出版社，1982年，第182—183页。

湘方言、赣方言、客家方言、粤方言、闽南方言和闽北方言，后据方言调查的实际，将闽南闽北合为一区，即七大方言区。《中国大百科全书·语言文字卷》采用的是七大方言的区分法。

西方语言学家划分地域方言是以同言线（isogloss）为基础的，它是对于某一单一因素的分析和比较，由同一条同言线圈定的地域具有某种相同的方言特征。但造成方言差异的因素是综合的，所以以单一同言线划分方言区域在中国往往不能符合实际。汉语的方言及文化背景与西方迥异，有可能也有必要为汉语方言学寻求新的分区方法。

其中一个可行的新方法，周振鹤和游汝杰称之为“历史地理分析法”。“这个方法的出发点是：方言是历史的产物，历史上的行政地理对方言区的形成有十分重要的作用，特别是二级行政单位——府（或州、郡）内部政治、经济、文化、交通各方面的一体化自然会促使方言的一体化。因此有可能将旧府作为划分方言片的基本单位，经过调整和合并之后，组成一个个方言片。这个方法对于二级政区长期稳定地区是很有效的。”①

现代汉语方言之间的差异主要表现在语音上，词汇方面的差别较小，语法上的差别更小。

现代汉语研究中，最发达和有成就的，是方言调查和方言研究了，但他们的研究成果却局限于非常小的圈子里，各类学校只在推广普通话上用力，从不在教授方言上作为，这当然是国家语言文字政策导致的结果。对于教育者和受教育者双方来说，方言似乎一直被视作一种消极的力量，有待研究或者克服。当年的国语运动有两个口号“统一国语”和“言文一致”，它的进步是那么的明显，反而掩盖了问题的复杂性。

普通话的学习，对于一些非北方方言区的人来说，离开书本或文字的帮助，会遇到很大的困难，而普通话的普及，与这类教学是分不开的。但学习方言，是在生活中自然习得，几乎没有得到过方言教材或方言读本的帮助，也没有老师和课程于方言的学习做出辅导，这不能不说是一种缺憾。

几乎人人都使用方言，但却没有什么学校教授方言，仿佛方言是少数研究语言学甚至方言学的人才需要理会的事情。方言词典被编纂出来，似乎只是给专业语言学工作者用，普通民众几乎不知还有这样的工具书。那些对语言和文学感兴趣的人，大多不把其文脉扎根于方言之中，也同样不在文言之内，依靠阅读翻译文本，造就了时下文学贫血的语言状况。既不能从方言口语里习得生动的自然语言，又未能从古籍中得到涵养，只从当代人的白话文中去模仿，重复再生那些本已索然无味的书面语。在几乎所有的书面语里普遍存在的缺陷，就是文言不够文，白话不够白。

20世纪80年代以来，民间文学的搜集工作有大的进展，全国性的民间文学三套集成（民间故事、歌谣、谚语）的普查和记录整理工作，有二百万人参与其中，这一活动是历史上从未有过的，从理论上讲，应促进方言的文字化水平和普通民众对

① 周振鹤、游汝杰：《方言与中国文化》（第二版），上海人民出版社，2006年，第56页。

于说方言和写方言的热情和自觉程度，对于形成地方文化特色，也是不可或缺的。从业者如若能得到民俗学或方言学专业初步的培训，其工作成果会有大的改善，这笔资料的科学价值和艺术价值会有很大的提高。从本人目前所阅各类资料本来看，接受过培训的搜集人和记录人很少，在记录过程中使用方言词典的人几乎没有。

记录口语方言的时候，最终的文字在多大程度上与口述的语言一致，是很成问题的。这与记录者采取的方式有很大的关系，而这一方式取决于记录人的工作态度和观念。一位著名的民间故事采集者孙剑冰曾经说："我的做法是尽量使这些故事保存原述者讲述的面貌。"

他于 1954 年秋天在内蒙古乌拉特前旗六个村庄采风，发现了著名女故事家秦地女。下面的片段，由秦地女讲述，记录了一则流传于内蒙古的故事《有个讨吃的，有个鞭杆子》：

> 有个讨吃的，有个鞭杆子，鞭杆子是个讨吃的，讨吃的也是个鞭杆子。
>
> 天晚啦，两人下到一个店里，讨吃的不痛快，叫鞭杆子给他扎针，扎好了，两人就结拜了。讨吃的是大的，鞭杆子是二的。
>
> 两人打算上山砍柴。那天他们正在山上捆柴，迎头刮来一股通天的旋风，风中有个妖怪背着个穿红的女子。二人要开大斧向风中劈去，讨吃的劈下来一只绣鞋，鞭杆子劈得妖孽流出一股腥血。
>
> 天又晚啦，两个就回呀。
>
> 皇帝的闺女叫大风刮跑了。皇帝张榜说，谁能找回他女子，要金给金，要银给银，想做官做官，要寻他闺女就寻他闺女。
>
> 讨吃的和鞭杆子把榜扯了。皇帝就问他俩："你们能找到我闺女？""能哩！"讨吃的说。
>
> ……①

他记录了另一则秦地女的故事《张打鹌鹑李钓鱼》，下面是故事的结尾：

> "你还我的袄，还我的袄！"闺女直嚷嚷，也不给他做饭了，坐在灶柴上哭去啦。
>
> "嗨，"张打鹌鹑说，"好人嘞，哭什？为啥你人不当当狗呀!?"
>
> 张打鹌鹑把饭做熟了，叫闺女吃，闺女摇摇头不吃。
>
> 哎，不吃不喝也当不得真，闺女小子终究要变成老婆汉子么。
>
> ……②

以当代十位著名的故事搜集家和记录人为例，他们的记录方式差异很大。孙剑

① 孙剑冰：《有个讨吃的，有个鞭杆子》，《民间文学》1956 年第 10 期，第 43－51 页。
② 孙剑冰：《张打鹌鹑李钓鱼》，《民间文学》1955 年创刊号。

冰和董均伦的不同，就很典型。董均伦搜集的故事，是事后记下的，文字写定的时候一般都有适当的加工，“但加工的情形不一，而又未作具体说明，也没有保存关于这些故事讲述和流传的情况的有关资料，因此把它们作为科学材料来使用时，便有着一定的局限性”①。因此，董均伦笔下的民间故事的方言色彩和口语色彩，比孙剑冰的要少得多，差别不在故事的讲述人，而在记录者。

学习方言，比学习文言还不容易。自己家乡的方言讲不好，说不地道，欲在书面语上有所创造，不是很难的事情吗？“写起文章来，特别是写起文艺作品来，就容易犯这个毛病：自己的俚语不敢用，北方的俚语又不懂，于是自己的文章只好让它干瘪起来。”②

白话真正的基础是方言，官话实际上是一种强势方言。林纾当初认为直隶人写白话比江浙人天然具有优势，是很确切的先见。懂得利用这一天然优势的当代作家不多，其中的一位是北京的作家王朔。不过，王朔也不能做到“我手写我口”。他这样看口语写作：

> 就包括这个语言上，因为实际上从口语到文字本身已经有一个筛选过程了，这种过程做得太多。你看北京作家其实写作的人很多，我觉得有些人遣词造句就过分，就过分地修饰了，过分地修饰以后书面语是工整了，但是很多语言的那种粗糙劲儿，那种只有残缺的才有一种生劲儿，他那生劲儿没了，都做得特别熟。
>
> 我真是想以后完全用口语，纯用口语，但我得考虑那可能写不出来。大家都受了语文训练以后，它其实有一种规则已经在起作用了，其实你说我，这个规则也在起作用，要彻底没这规则可能难以成文。因为你看别人书的时候，你不知不觉也接受他的句式啊③。

这段话啰嗦、重复、不精练，皆因是口语，录完之后再请人整理和记录，几乎是一字未改。王朔的小说语言却不是这样说出，而是认真写出来的，他自称“码字”，这是实话，其《我的千岁寒》当中，文言化的倾向比较明显。

五

滥兮抃草滥予昌桓泽予昌州州糕州焉乎秦胥胥缦予乎昭澶秦逾渗惿隋河湖

上面这段没有标点的文字，是中国历史上最早的方言文学作品《越人歌》，时鄂君子皙在一条船上，越人为其拥楫而歌，他说“吾不知越歌，子试为我楚说之”。于是乃召越译，译为楚语，就是下面这首优美的歌谣了。梁启超称之为中国古书中最

---

① 刘守华：《故事学纲要》，华中师范大学出版社，1988年，第224页。

② 王力：《论汉语标准语》，《王力语言学论文集》，商务印书馆，2003年，第557页。

③ 王朔：《王朔最新作品集》，漓江出版社，2000年，第58—59页。

早的翻译文学，说错了，应当称作最早的方言文学：

今夕何夕兮搴舟中流。今日何日兮得与王子同舟，蒙羞被好兮不訾诟耻，心几顽而不绝兮得知王子。山有木兮木有枝，心说君兮君不知。

楚辞可能是我们今时能够读到的第一部带有方言色彩的文学作品，以楚语楚调描摹楚地风俗。未敢径直说它是方言作品，是因为传世的楚辞不经翻译，我们亦能心领神会，不像上面那首《越人歌》。《诗经》中的十五《国风》，似乎是用比较统一的雅言写成的，郑卫之风与秦风之间的差异表现在风格上，而不是在语体上。

《颜氏家训·音辞篇》云："南方水土柔和，其音清举而切诣，失在肤浅，其辞多鄙俗。北方山川深厚，其音沉浊而鈋钝，得其质直，其辞多古语。"

文言与方言自然无涉，白话文在宋元出现之后，正是北方官话形成的时期，只是夹杂少量方言。《金瓶梅》夹杂山东方言。最有名的方言小说为《红楼梦》，是北京口语。曹雪芹写景状物，擅长文言，叙事传情，多用口语，两相结合，竟能天衣无缝。有人以《红楼梦》为语料，研究北京话形成的历史渊源，并作出一项推测，18世纪以前的北京话，与京东话相近，《红楼梦》里的北京话，正好体现了北京方言演化过程中的这一阶段。作者列举了30个口语词，分成四类：第一类，《红楼梦》与现代京东话、现代北京话都使用的口语词5个；第二类，《红楼梦》和京东话常用而北京话鲜少听到的口语词7个；第三类，《红楼梦》与京东话常用而北京话罕见的词语13个；第四类，出现在《红楼梦》，但今天北京话和京东话都不再用的词4个[①]。

再举一例，就是百年后以吴语方言创作的《海上花列传》了。作者韩邦庆说："曹雪芹撰《石头记》皆操京语，我书安见不可以操吴语？"

《海上花列传》例言中道："苏州土白，弹词中所载多系俗字，但通行已久，人所共知，故仍用之，盖演义小说不必沾沾于考据也。惟有有音而无字者，如说勿要二字，苏人每急呼之，并为一音，若仍作勿要二字，便不合当时神理，又无他字可以替代，故将勿要二字并写一格。阅者须知本无此字，乃合二字作一音读也。他者若音眼，嘎音贾，耐即你，俚即伊之类，阅者自能会意，兹不多赘。"[②]

鲁迅认为，"其实，只要下一番工夫，是无论用什么土话写，都可以懂得的。据我个人的经验，我们那里的土话，和苏州很不同，但一部《海上花列传》，却教我'足不出户'的懂了苏白。先是不懂，硬着头皮看下去，参照记事，比较对话，后来就都懂了。自然，很困难。这困难的根，我以为就在汉字。每一个方块汉字，是都有它的意义的，现在用它来照样的写土话，有些是仍用本义的，有些却不过借音，于是我们看下去的时候，就得分析它那几个是用义，那几个是借音，惯了不打紧，

① 参见李思敬《北京话和京东话的历史渊源再议》，《汉语现状与历史的研究》，中国社会科学出版社，1999年。

② 韩邦庆：《海上花列传·例言》，齐鲁书社，1993年。

开手却非常吃力了”[1]。

张爱玲的看法是，“《海上花》其实是旧小说发展到极端，最典型的一部。作者最自负的结构，倒是与西方小说共同的。特点是极度经济，读着像剧本，只有对白与少量动作。暗写、白描，又都轻描淡写不落痕迹，织成一般人的生活的质地，粗疏、灰扑扑的，许多事‘当时浑不觉’。所以题材虽然是八十年前的上海妓家，并无艳异之感，在我所有看过的书里最有日常生活的况味”[2]。

张爱玲视《海上花列传》为接续《红楼梦》文脉的重要作品，她译此吴语小说为国语，分为两部，名曰《海上花开》与《海上花落》。她说：“百廿回‘红楼’对小说的影响大到无法估计。等到19世纪末《海上花》出版的时候，阅读趣味早以形成了。惟一的标准是传奇化的情节，写实的细节。中国文化古老而且有连续性，没中断过，所以渗透得特别深远，连见闻最不广的中国人也都不太天真，独有小说的薪传中断过不止一次。”[3] 她指的是《红楼梦》在1719年的付印。101年之后，《海上花》分期出版。

我们对照《海上花列传》原文与张译，来看这差别，以下是第十八回中的一段对话：

> 素芬道：“我说要搭客人脾气对末好，脾气对仔，就穷点，只要有口饭吃吃好哉。要是差仿勿多客人，故末宁可拣个有铜钱点总好点。”蔼人笑道：“耐要拣个有铜钱点，像倪是挨勿着个哉。”素芬也笑道：“噢唷！客气得来！耐算无铜钱，耐来里骗啥人嘎？”蔼人笑道：“我就有仔铜钱，脾气勿对，耐也看勿中喲。”素芬道：“耐说说末就说勿连牵哉。”
>
> 素芬道：“我说要跟客人脾气对嘿好，脾气对了，就穷点，只要有口饭吃吃好了。要是差不多客人，那么宁可拣个有钱点总好点。”蔼人笑道：“你要拣个有钱点，像我是挨不着的了！”素芬也笑道：“噢唷！好客气哦！你算没钱！你在骗谁呀？”蔼人笑道：“我就有钱，脾气不对，你也看不中嘿。”素芬道：“你说说就说不连牵了！”[4]

另一部方言名著，是以松江方言杂以苏南、浙北方言写就的《何典》，作者张南庄。鲁迅说他“谈鬼物正像人间，用新典一如古典，三家村的达人穿了赤膊大衫向大成至圣先师拱手，甚而至于翻筋斗，吓得‘子曰店’的老板昏厥过去；但到站直之后，究竟都还是长衫朋友”[5]。

方言写作的价值，只在文学性。我们经常会遇到擅长说话的人，能把方言说到艺术的化境，这种魅力只在口语中，难以抒写，用字音标识记录，也失去语音的生

---

① 鲁迅：《汉字和拉丁化》，《鲁迅全集》第五卷，人民文学出版社，1981年，第555—556页。
② 张爱玲：《张爱玲典藏全集·散文卷四》第六卷，哈尔滨出版社，2003年，第57页。
③ 张爱玲：《国语本海上花译·后记》，《张爱玲典藏全集·海上花落》，哈尔滨出版社，2003年。
④ 张爱玲：《张爱玲典藏全集·海上花开》第十一卷，哈尔滨出版社，2003年，第175页。
⑤ 《〈何典〉题记》，《鲁迅全集》第七卷，人民文学出版社，1981年，第296页。

动。国语运动之初，一位语言学家讲过，谈恋爱宜找同乡，不同方言的人彼此只得说“蓝青官话”，多没意思。文学的那点意思与谈恋爱的意思，也许相若，倡文学而斥方言，没法子成功的。欧洲民族语言从拉丁文独立出来，就是方言化的过程。他们是拼音文字，文字跟着语音走，各国语言的文学于焉成立。

胡适早在1925年有这样的态度：“老实说吧，国语不过是最优胜的一种方言；今日的国语文学在多少年前都不过是方言的文学。正因为当时的人用方言作文学，敢用方言作文学，所以一千多年之中积下了不少的活文学，其中那最有普遍性的部分逐渐被公认为国语文学的基础。我们自然不应该仅仅抱着这一点历史上遗传下来的基础就满足了。国语的文学从方言的文学里出来，仍要向方言的文学里去寻他的新材料，新血液，新生命。”他又说：“假如鲁迅先生的《阿Q正传》是用绍兴土话做的，那篇小说要添多少生气啊！可惜近年来的作者都不敢向这条大路上走，连苏州的文人如叶圣陶先生也只肯学欧化的白话而不肯用他本乡的方言。”[①] 胡适认为，在中国各地的方言之中，有三种方言已产生了不少的文学。第一是北京话，第二是苏州话（吴语），第三是广州话（粤语）。

白话文运动的主将多为南人，不会流利的京白，但下笔皆从北方官话即所谓“国语”。汉字只要依然被使用，方言的势力就始终被限制，此即汉语的“言文关系”。作家学习书面语无非参照文学前辈，而不是口语。这绝非贬低口语，任何方言都是独特生动的，是未被笔墨开发的词语资源，迄今，汉语这座富矿只被利用了很小的部分。钱玄同说：“配得上称为国语的只有两种：一种是民众底巧妙而圆熟的活语言，一种是天才底自由的生动的白话文；而后者又必须以前者为基础。所以我们认为建立国语必须研究活语言。”[②]

各地方言活泼新鲜，对普通话的拙劣模仿则令人惊怵不适，而有些文人笔下的语言，正仿佛类似着“普通话”。汪曾祺说：“普通话不是全国语言的最大公约数，不是把词汇压缩到最低程度，因而是缺乏艺术表现力的蒸馏水式的语言。普通话也有其生长的土壤，它的根扎在北京。要精通一种语言，最好是到那个地方住一阵子。”[③]

与其他地方的作家比起来，北京作家具有天然的语言优势。在方言的书面化上，因为前人的积累而受益良多。吴语和粤语，这方面的积累就差很多，其他方言就更为困难，有的甚至完全写不出来。湖南作家韩少功分析其中的原因道：“我们说老舍、邓友梅、林斤澜、陈建功、王朔的北方话很‘地道’，又说广东、福建、湖南等地作家写的北方话‘不地道’，为什么？因为前者写的实际上是方言，或者是作为方言的北方话；而后者写的是普通话，是作为普通话的北方话。两个‘北方话’不是一回事。前者文化性更强，所以更丰富，更鲜活，更多形象和氛围，更有创新的能量——这都是文化的应有之义。而后者只剩下工具性，文通字顺，意思明白，但是

---

① 胡适：《吴歌甲集序》，《胡适学术文集·新文学运动》，中华书局，1993年，第497页。

② 钱玄同：《通信》，载《国语周刊》，1924年7月5日，第4期。

③ 汪曾祺：《小说技巧常谈》，《汪曾祺文集·文论卷》，江苏文艺出版社，1993年，第40页。

少了很多‘味’，也缺乏更新的动力。”[①] 所谓作为方言的北方话“文化性更强”，因此“更丰富”并不准确。“文化性”如今是被滥用的一个词语，是枚容易贴的标签儿。

方言天然是有味儿的，与干巴巴的普通话比起来相去千里。下面这段话，是网友戏仿王朔的文风，以北京话俚语写成，虽然粗鄙，如果改为普通话说出来，意思也就没了。

王朔是什么人丫自己最清楚。丫属于做买卖挣不着钱，做演员没人愿意看的那种，怎么办啊，码字吧！北京人说的话全让丫记住了，丫也好意思，把北京人说的话全署上自己名字，不就是把北京土语整理得比较顺吗？有什么立意、语言、故事框架上的创意可言？丫利用了民众中间同情弱者、嫉妒有钱有势的人的普遍心理。丫假装和人打起来了，中国人又爱看热闹，一看打起来了全往上凑，呼啦一下聚了一堆。丫的书就是为了看打群架收的门票。丫打完了回家数钱，偷偷摸摸地乐，心想这架打得值，丫上酒吧喝酒去了。这些看客乎乎站那儿，手里拿着瓶儿啤等着再打呢，再看人都没了，散吧，等下一次吧[②]。

六

刘半农曾以江阴方言写过一部白话诗集《瓦釜集》，在自序中他说：“我们做文做诗，能够运用到最高等最真挚的一步的，便是我们抱在我们母亲膝上时所学的语言，同时能使我们受深切的感动，觉得比一切别种语言分外的亲密有味的，也就是我们的母亲说过的语言。这种语言因为传布的区域很小，而又不能独立，我们叫它方言。从这上面看，可见一种语言传布区域的大小，和它感动力的大小恰恰成了一个反比例，这是文艺上无可奈何的事。”[③]

不知是否因为这“反比例”的困境，使人望而却步，在他之后，尝试以方言写白话诗的人，几乎没有。农民诗人王老九，未必能说得好普通话，但他的诗，却也几乎没有什么方言色彩，这是值得思考的现象。当代诗坛上，所谓民间派和学院派，或许对立得厉害，但在使用普通话写诗这点上，还是相当的一致。如果说方言在小说里有时想传达人物独特的风貌或者特色的话，诗却似乎没有这样的需求，再土的诗人，也拽普通话抒情。

1951 年，《文艺报》有过一场“关于方言问题”的辩论，激烈异常。周立波是赞成使用方言的，他说：“我以为我们在创作中应该继续的大量的采用各地的方言，继续的大量的使用地方性的土话。要是不采用在人民的口头上天天反复使用的生动活泼的，适宜于表现实际生活的地方性的土话，我们的创作就不会精彩，而统一的民

① 朱竞编《汉语的危机》，文化艺术出版社，2005 年，第 253 页。
② 王朔：《王朔最新作品集》，漓江出版社，2000 年，第 285 页。
③ 转引自钟叔河编《周作人文类编》第三卷，湖南文艺出版社，1998 年，第 746 页。

族语也将不过是空谈，更不会有什么‘发展’。”[①] 他还举了生动的例子：“我在东北乡下工作的时候，发现农民的谈话里，有一些单字，照着发音写出它的本字来，知识分子不查字典，还不认得。比方‘薅草’的‘薅’字，粗粗一看，好象是个古奥的僻字，但是在除草的季节里，农民的嘴里天天使用这个字。我们的先人创造这个字眼的时候，本是用来描摹用手拔草的这个生产动作的，长久的脱离生产，或是从来没有参加生产的人，不大熟悉这动作，因此也就不大熟悉这个字。它在我们的眼睛里，就成了古字和僻字，其实它是农村之中最活跃的字眼。”[②]

周定一对于采用方言的看法与周立波不同：“假若方言和普通话之间的关系完全是平行的，方言有个什么说法，在普通话里也一定有个意思相等的说法，问题就简单得很，只要一对一地把方言‘翻译’成普通话就行了。可是事实上语言与语言之间，方言与方言之间在词义上的关系总是错综复杂的。”“然而，我们认为，正是因为有这种方言间的错综复杂现象，所以在文艺作品里应当尽量控制方言土语的运用。”“谁都会承认方言之间词义错综复杂的事实，可以从方言本身去考虑，就会得出要尽量采用方言土语来表达的结论；从普通话来考虑，就认为应当要多从普通话里去找办法。我们和立波同志等人的分歧点就在这里。”[③]

周定一还举出周立波《山乡巨变》中的例子：“‘我是一个撑了石头打浮湫的人，还是看年把子着。’‘这段姻缘，当初我就打过破。’我看这样的方言语法，很容易改成普通话的说法，而且一点也不会因此失去‘传神’的效果。”

周立波的小说的确使用了大量方言土语，但在一些研究者看来，与其说出于修辞上的需要，不如说是政治上的需要。“《暴风骤雨》中充斥大量东北方言，但这部描绘土改的长篇小说完全主题先行。作者在前言中毫不讳言他的写作动机来自二十年前毛泽东的《湖南农民运动考察报告》。其中对农民语言的剥离从第一段即露端倪。由于追求‘气息’、‘色彩’，农民语言成为装饰性符号，而且是不断意识到其自身的附补性、装饰性符号；农民语言所设定、所依赖的叙述方式、想象逻辑和生活经验，被作者取消、过滤了。”[④]

沈从文是很特别的例子。他的小说以浓郁的湘西风味和特色见长，但在小说里于方言土语的采用，是非常谨慎和克制的。有论者认为“他的作品中保留了一定数量的方言土语，主要是习焉不察的习惯未能过滤干净所致，而绝非是一种主动的修辞追求”[⑤]。沈从文晚年，有湘西的读者问他，为什么既强调湘西的文化特色，又反对使用湘西的方言土语，他举出《海上繁华梦》做例子，指出使用纯粹的方言写作

---

① 周立波：《谈方言问题》，胡裕树主编《现代汉语参考资料》上册，上海教育出版社，1980年，第147页。

② 同上，第149页。

③ 周定一：《论文艺作品中的方言土语》，胡裕树主编《现代汉语参考资料》上册，上海教育出版社，1980年，第157—158页。

④ 唐小兵：《暴力的辩证法：重读暴风骤雨》，《再解读：大众文艺与意识形态》，北京大学出版社，2007年，第118页。

⑤ 格非：《方言与普通话》，《文学的邀约》，清华大学出版社，2010年，第257页。

具有“致命的危害”[①]。沈从文并没有完全摈弃方言，他在何种意义、何种敏感程度上调理方言，耐人寻味。这是作家的义务，是艺术家的责任。阅读沈从文的作品，读者可以产生这种难以言传的细微体会。

老舍的态度，早期和后来有很大的变化，最终是站在限制方言这一边的。他说：“从前写作，我爱用北京土话。我总以为土话有劲儿。近二三年来，我改了主张，少用土话，多用普通话。”说这话是在1959年。他认为“是不是减少了土话，言语就不那么有劲儿了呢？不是的。语言的有力无力，决定于思想是否精辟，感情是否深厚，字句的安排是否得当，而并不专靠一些土话给打气撑腰。北京的土话可能到天津就不大吃得开，更不用说到更远的地方了。这样，贪用土话本为增加表现力，反而适得其反，别处的人看不懂，还有什么表现力可言呢？”话说到这里，倒与沈从文的意思很接近了，但北京话的情况特殊一些，吃得开的范围不仅大，且似乎还在扩展，随着文学的开拓，得普通话之助，有强劲的势头。所以作家也不必害怕有一两个词部分读者不懂，即使不懂，也不影响理解作品，如果用得恰当，生动传神，普通话里没这个词儿，也可以让它落地生根。这正是语言艺术的过人之处，如果只敢用人人晓得的熟语滥词，只能损害表达的效果了。

老舍最后说：“我知道，割舍摇笔即来的方言而代之以普通话是不无困难的。可是，我也体会到躲避着局限性很大的方言而代之以多数人能懂的普通话，的确是一种崇高的努力，这种努力不仅在于以牛易羊，换换词汇，而也是要求语言负起更重大的责任。负起语言精纯、语言逐渐统一、语言为越来越多的人服务的责任。”[②]

方言和普通话是一对矛盾，追求表现力和遵守规范也是相悖的，普通话是民族共同语和标准语，为它的纯洁和健康而尽职尽责，的确是“崇高的努力”，但也不能忽视，普通话也是需要更新的，它需要从方言土语中吸收有用的词汇和有生命力的表达方式，于作家而言，首要的对于语言的责任乃是创新的责任，增加表现力，试图表达那些从未被表达过的经验，突破那些似乎无法突破的界限，才是尽到了对语言的责任。

书面语毕竟不同于口语，由于汉字的特殊性质，汉语文学具有双重性，既有听觉上双声叠韵带来的和谐韵律，又有视觉上无声的领悟和了然。并不是所有的艺术文字，都适合朗读；也不是只有读上去悦耳的文字，才是好文字。汪曾祺有篇演讲《中国文学的语言问题》说：“我是不太赞成电台朗诵诗和小说的，尤其是配了乐。我觉得这常常限制了甚至损伤了原作的意境。听这种朗诵总觉得是隔着袜子挠痒痒，很不过瘾，不若直接看书痛快。文学作品的语言和口语最大的不同是精炼。高尔基说契诃夫可以用一个字说了很多意思。这在说话时很难办到，而且也不必要。过于简练，甚至使人听不明白。张寿臣的单口相声，看印出来的本子，会觉得很啰嗦，但是说相声就得那么说，才明白。反之，老舍的小说也不能当相声来说。”[③]

---

① 参见王亚蓉编《沈从文晚年口述》，陕西师范大学出版社，2003年，第75—77页。

② 老舍：《土话与普通话》，胡裕树主编《现代汉语参考资料》上册，上海教育出版社，1980年，第165—166页。

③ 汪曾祺：《汪曾祺文集·文论卷》，江苏文艺出版社，1993年，第10页。

汉字和汉文并非不可以听，但它同时也是给人默读的，这是朴素的道理。这个意义上来说，书面语中没有方言。

1922 年，赵元任在《国语月刊》第一卷七期上发表《国语罗马字研究》一文认为，拼音文字与白话文运动是紧密联系在一起的，用汉字写白话文，是暂时将就的办法，汉字是与白话文不相适应的，简化汉字不能从根本上解决问题，完全拼音化才是白话文的逻辑的必要的结果①。

（作者单位：中国艺术研究院）

① 转引自苏金智《赵元任学术思想评传》，北京图书馆出版社，1999 年，第 207 页。

周作人对“扫荡反动老作家”的回应

□李　斌

在进入具体论述之前，有必要最小限度地介绍一下“扫荡反动老作家”事件的前因后果及已有的研究成果。

1943年8月25日至27日，日本文学报国会在东京发起组织第二次“大东亚文学者大会”，片冈铁兵在发言中声称要扫荡中国的反动老作家。同年10月28日，胡兰成撰文称片冈攻击之人就是周作人。周作人看过胡文，但直到1944年3月方去查询片冈铁兵的演说，确认事情属实后，3月15日写《破门声明》，宣布将其亲信弟子沈启无逐出师门，该声明刊于3月23日《中华日报》。3月27日，周作人在该报发表《一封信》，通过日本文学报国会质问片冈的演说“是否为某乙之示意”，与“所谓老作家是否指鄙人”，并且威胁说，如果4月中旬没有得到答复，就跟文学报国会断绝关系。4月10日、13日，周作人先后在该报发表《关于老作家》与《文坛之分化》两文，指责沈启无分裂文坛。5月2日，周作人又在该报发表《一封信的后文》，宣布与日本文学报国会断绝关系。但这一关系并未“断绝”，周作人在9月24日出任了仿照日本文学报国会的组织原则成立的新的华北作家协会的评议员。

对于这一事件，目前的解读有三种侧重。一是周作人《中国的思想问题》一文的读法。片冈在1944年给周作人的信中称，他攻击周作人是由于《中国的思想问题》一文。战后审判汉奸，首都高等法院的起诉书认为该文“颇有见地”，周作人向最高法院申请复判，理由就在于该文被“敌国认为其思想上之敌人”①。这影响了后来的研究者，钱理群、王锡荣对该文就多有着意②。另一种路向是“周沈交恶”。周作人于1944年发表于《中华日报》的几篇文章重点攻击了沈启无，他认为片冈的发言系沈启无授意，于是细述1939年元旦行刺以来沈启无“不逊”的诸多罪状。王锡荣顺着周作人的逻辑，着眼于周作人指责沈启无“事实”的考掘③。第三种是木山英雄的研究。木山先生在《北京苦住庵记》一书的《大东亚文学者大会》中，一方面借助日本人的回忆，一方面借助周作人本人和张深切等人的追述，比较详细地介绍了“扫荡反动老作家”事件的前因后果。

---

① 此处参考王锡荣先生对此事的钩沉。王锡荣：《周作人生平疑案》，广西师范大学出版，2005年，第234—236页。

② 钱理群：《周作人传》，北京十月文艺出版社，1990年，第457—466页；《周作人生平疑案》，前引书，第248—249页。

③ 《周作人生平疑案》，前引书，第238—241页。

与上述三位学者的侧重点不同，本文将焦点集中于“扫荡反动老作家”事件后沦陷区文坛的动态、周作人对此的态度及这一态度的后果，以期对已有研究做些补充和更正。

一

钱理群在《周作人传》中说：“片冈铁兵的发言刊载在日文版《文学救国》第三期上，周作人最初没有看到杂志，自然也不知情。直到几个月以后，《中华周报》副刊发表胡兰成《周作人与路易士》，点明了这件事，周作人这才借来杂志，读完文章，了解了有关情况，立即起而反击。”[①] 这段叙述与事实稍有出入：周作人知道这件事后，并没有“立即起而反击”。

照周作人的叙述，他看到胡兰成的文章是在1943年冬天，当时只是“觉得好笑”（《关于老作家》），“一直也不去查问，就把这事搁下了”（《一封信》）。直到1944年3月，因“近来稍有须得调查的地方”，才“从友人处借来文学报国第三号”（《一封信》）。胡兰成的《周作人与路易士》发表于1943年10月28日的《中华日报·中华副刊》，周作人最迟应该11月初就看到这篇文章了，但为什么直到1944年3月才借片冈文章来看，继而“起而反击”呢？什么是“近来稍有须得调查的地方”呢？周作人本人对后者的解释是：1944年春天，沈启无化名童陀在《文笔》杂志上攻击《艺文杂志》老作家，这才使他明白片冈发言是沈启无所授，因此起而攻击（《关于老作家》）。木山英雄注意到了当时北京文坛存在艺文社和华北作家协会两个不同的组织，及第二届大东亚文学者大会，周作人大概“已经没有了他‘让青年们去’或者‘邀请’的份儿了吧”[②]。木山先生顺着周作人的解释，重点介绍沈启无在《文笔》杂志上匿名攻击周作人，认为“到此，周作人最终下了与沈启无、林房雄公开决裂的决心”[③]，但疑点在于，不过是怀疑沈启无对自己的“不逊”，周作人用得着这样大动干戈吗？难道没有其他原因吗？

我们认为，周作人将清算沈启无、片冈铁兵的时间放在1944年3月，除沈启无化名攻击外，还跟第二届大东亚文学者大会之后沦陷区文坛的一系列变化有关。

沈启无自参加第二次大东亚文学者大会以后，就为建立沦陷区统一的文学组织积极奔走。1943年9月15日，沈启无在一次演讲中称：“中国必须成立像日本文学报国会似的一个组织。”[④] 10月，沈启无、柳龙光给上海的柳雨生打电报约他去南京，电报内容跟组成统一的文学团体有关。11月6日，沈启无、柳龙光给柳雨生、周越然写信，邀请其参加发起“中国文学报国会”[⑤]。11月下旬，以沈启无为团长的

---

① 《周作人传》，前引书，第472页。《周作人生平疑案》中与此说法相似。

② 木山英雄著，赵京华译《北京苦住庵记——日中战争时代的周作人》，三联书店，2008年，第182页。

③ 同上，第187页。

④ 沈启无：《大会的印象》，刊《中国文学》创刊号，1944年1月20日。

⑤ 柳雨生：《关于统一文学团体》，刊《中华日报》，1943年11月6日。

华北文化团体组织京沪观光团，沈启无在南京对记者发表谈话，表示文化界“有欲求”[①]，在上海跟中日文化协会沪分会事务局长周化人“就中日文化沟通及南北文学界团结诸问题，详加恳谈”[②]，并着手筹备成立统一的文学组织。

南方伪国民政府对此事也很积极。1944 年 1 月，南京、上海两地作家在南京商量统一的文学组织的成立问题，伪国民政府宣传部长林柏生出席并讲话。由于交通关系，北京作家没有出席。2 月中旬，宣传部派龚持平、柳雨生、草野心平到华北筹划成立统一的文学组织。代表宣传部的龚持平并没有跟北方奔走最力的沈启无进行沟通。龚持平等人会见了周作人，拟请周作人做即将成立的文学组织的会长，钱稻孙做华北分会的会长，并委托张铁笙、张我军、徐白林、柳龙光负责组织华北文学界的统一团体，还指定 37 人为发起委员。

也许龚持平认为沈启无是周作人的学生，只要拉拢周作人，沈启无就无关紧要了。其实沈启无的身份很复杂，以前的研究仅注意到他是周作人的弟子，没有注意到他跟华北作家协会的亲密关系。“华北作家协会的成立是在 1942 年 9 月，正当准备第一届大会的时候，总之，是根据继日本国内之后再占领区也要着手组织，统制文学者这一军部的意向而产生的。”[③] 华北作家协会的主要成员是从满洲流入北京的一些文学青年，背后是《武德报》，而以周作人为核心的艺文社，背后是“中国文化振兴协会”。华北作家协会“直接与军方的功利性谋略任务相关”，艺文社“受到拥有巨大包容力且带壮士风格的书店老板之庇护”[④]。第二届大东亚文学者大会之后的沈启无，在周作人的弟子和华北作家协会评议员的身份之间，显然更认同后者。2 月 17 日，华北作家协会召开座谈会，对于龚持平等人绕开华北作家协会的专断表示不满，并达成共识：新的文学组织应该以华北作家协会为基础，公推负责人。这次座谈会因为有代表日本报国会的小林秀雄的参加，所以底气十足。3 月 9 日、10 日，华北作家协会召开干事会，准备将该会改组为中国文学协会华北分会，公推评议员沈启无、陈绵、张我军、尤炳圻及干事会柳龙光、张我军、徐白林等七人进行其事，这次会议距离周作人的破门声明只有五天。

促使周作人发表破门声明的除了沈启无等人积极谋求建立统一的文学组织，并意图甩开周作人这一背景外，还有“文学报国”观的盛行。

片冈铁兵在第二届大东亚文学者大会上的演说中要扫荡“弄其独自随意的魅力，丰富的表现，暗嗤诸君，而于新中国之创造不作如何努力”的“反动老作家”，这体现了片冈对文学为“大东亚战争”服务的要求。片冈的文学观获得沦陷区部分文人的附和。沈启无等人积极奔走谋求建立统一的文学组织，目的之一就是像日本文学报国会一样把文学家像军队一样组织起来为“大东亚战争服务”。1944 年 1 月，华北作家协会创办大型文学期刊——《中国文学》，该会干事长柳龙光执笔的发刊词明确

① 《欢迎华北文化团体》，刊《中华日报》，1944 年 11 月 27 日。

② 《中日文协欢宴　华北文化观光团　新联会定今日设宴招待》，刊《中华日报》，1943 年 11 月 30 日。

③ 《北京苦住庵记——日中战争时代的周作人》，前引书，第 177 页。

④ 同上。

要求该刊承担“文学报国”的使命。该刊2月号发表陈鲁风的《战争与文学》，认为“战争才是文学的母胎”，希望在战争的“暴风雨里生长出来”“明日的我们的文学”。3月号发表邱一凡的《大东亚战争与中国文学》，将陈鲁风的所指明确化，提出在“‘大东亚是一家’的原则”下，“中国的文学人自然也该是大东亚文学人的一部分”。除华北文坛外，南京上海的文坛也积极响应这一号召。5月3日，南京《民国日报》发表社论，题目《扫荡反动老作家》即是从片冈发言中来。该社论认为沦陷区文坛多“无聊小品”，连“半部配合时代的反侵略（按：指日本对英美的战争）的作品也没有”，要求“文学界以新的步伐挺进于新的时代，我们应该呼号扫荡中国反动作家，一般以所谓‘名气’遮挡一切而放任颓败的文化人，我们要摒弃了他们，我们要重新占领新的文化阵营”。《民国日报》的社论得到《中国文学》的呼应。陈鲁风在《中国文学》5月号发表《铲除“国民文学”前进途中的障碍》，呼应《民国日报》的社论，号召“扫荡已落伍不能长进的反动分子和帮闲人物，我们要推倒迂晦艰涩的山林文学；顽些无聊小品，谈茶说烟，话古题旧的作家们，都应该摒弃了他们”。

二

对于文坛这样的变化，周作人心知肚明。中日作家联手扫荡反动老作家时，周作人仿佛回到了十年前，“左派文人开始攻击，即以无聊小品为名”（《关于老作家》）。但是，此时情况跟十年前大不相同，十年前的左派不过是随时都有性命之虞的在野文人，周作人可以放心喝“苦茶”。现在“战争文学”的提倡者却有着日本军方的背景，周作人势必做出表态。其实早在1944年1月，周作人就在《中国文学》创刊号上以手稿形式刊出《新中国文学复兴之途径》，开头便说“新中国文学复兴之途径”在于“复兴中国，保卫东亚”，就多少有些靠拢当时舆论的意味。

这篇文章发表后，华北作家协会对于周作人的态度似乎并不在意。龚持平等人来北平商议组织统一的文学者团体之事，绕开华北作家协会直接找周作人。华北作家协会的辛嘉对这种做法表示不满的同时就直接批评了周作人：“所谓名人，我们自然也是佩服的，但是名人的主张，也不一定就是整个文学者的主张，同时也并不是今日文学的正统。”① 辛嘉的看法获得与会人员的赞同。这样的说法自然会引起周作人的注意，这使周作人感到只发表文章表态似乎仍难奏效，于是就有了所谓的“周沈交恶”事件。

周作人提到的沈启无对他“不逊”的事例，不论是真是假，其实早已发生，周作人为什么要等到1944年3月中旬才发表“破门声明”？这不能不让人联想到2月17日沈启无在华北作家协会座谈会上的发言，沈启无针对龚持平直接去找周作人商议文学组织一事，批评龚持平等人“以为一切的进行，仅得某某个人一方面的支援就成了，而对于其他方面，都缺少充分的正式的联络，我们对于这新组织的构成和人选，认为应当由我们的既成的文学团体自发的进行，公开的推举，而他们则以由

① 《关于组织中国统一文学团体座谈会》，刊《中国文学》第2号，1944年2月20日。

上而下指派的方式，这一点和我们的意见，未免背驰，由于意见不同，所以他们此次北来，我们没有与之充分的，具体的讨论”①。“某某个人”指的应该就是周作人。这一说法代表了华北作家协会的看法。所以周作人的“破门声明”，表面指向沈启无，背后却是华北作家协会。事实上“破门声明”也影响了华北作家协会。3月22日，沈启无不再参加华北作家协会的座谈会。座谈会对周作人的态度有了大的改变，柳龙光在这次会议上特别提到周作人的《新中国文学复兴之途径》，认为周作人很久没有发表过这种文章了，所以很受感动，“大家之推戴周作人做这个‘中国文学协会’的主持者，深庆得人。相信在周作人先生主持之下组织起来，一定不会容许为了个人的爱恶或派别的私见而排除异己的事”。张铁笙接着发言，认为柳龙光的观点“是我们大家的意见”②。《新中国文学复兴之途径》1月份就发在华北作家协会的机关刊物上，但他们2月份的座谈会仍对这篇文章视而不见，对龚持平指定周作人出任会长一事耿耿于怀，要求“公推负责人”，现在突然提起这篇文章来，态度大变，这大概应该归功于周作人“破门声明”的威力。

在获得3月22日华北作家协会座谈会的支持后，周作人开始解释“破门声明”，并跟日本文学报国会直接交涉，表现出了相当的策略性。

值得注意的是，尽管周作人对日本文学报国会措辞强硬，实际上处处留台阶，甚至可说是暗送秋波。对于片冈的演说，虽然事实上触犯了周作人，但他把片冈的责任完全转移到沈启无头上，处处为片冈推脱，片冈“不会说中国话，没有读过一册某作家的原书，如何能知道这所玩的是小品大品，或者这作品是有聊无聊呢”。由于片冈不懂，所以“片冈铁兵之提议也是可以原谅”（《关于老作家》）。同时他表示了对日本文学报国会的高度重视，“片冈铁兵我不知这是何许人，他说些什么本来并无计较之意，不过我看重的是日本文学报国会的责任”（《一封信的后文》）。正是在这样的基础上，他表示了跟日本文学报国会立场观点的一致。首先，他并不承认自己的作品“无聊”，“我所写的不知是大品小品，都是有意义的东西，凡对于中国与中国人之命运有关心的人应无不能了知此意，若意见相合与否自然是别一问题”（《关于老作家》）。周作人说自己关心中国，关心中国人的命运，这虽是其一贯的观点，但实际上也是表示自己跟伪国民政府在响应日本文化界日趋强烈的战争意识于1943年10月召开的第二次全国宣传会议中对沦陷区文化界“兴复中国，建设大东亚”的要求一致，同时是对日本文学报国会表示自己的诚意。其次，他指责沈启无“分裂文坛”。这在日方伪方都要求统一文坛的语境下对沈启无冠以这一罪状无疑触目惊心。周作人认为，“北京事变”后文坛虽然寥落，但写文章的人“如或对于国家民族有什么好处，在文学范围内尽其人民之力，也是愿意的。所以文坛虽是没有，写文章的人虽然人数不多，精神意气却是一致，如果没有什么意外的风波，大抵这一角落的平安总是可以保持着的吧”（《文坛之分化》）。但沈启无掀起“意外的风波”，三番五次“分裂文坛”，用他这种“方法做去，中国统一的文坛永不能成立，

① 《关于组织中国统一文学团体座谈会》。

② 《新中国文学的进路》，刊《中国文学》第3号，1944年3月20日。

文人钩心斗角的相争，将无宁日，现今觉得非成功不可的中日文学界的提携联合也必无希望”（《文坛之分化》）。同时，周作人表示自己在“艺文社”事件中顾全大局。言下之意，周作人本人才是日本文学报国会所需要的文坛统一的维系者。再次，周作人对沈启无的学问人品均予否定。尽管周作人指责沈启无分裂文坛，但自从第二次大东亚文学者大会之后，沈启无可以说是为统一的文学组织奔走最力之人，这有当时各报的报道为证。周作人仅仅翻出老账，似乎不足为凭。于是他又找出沈启无的其他缺点。一是徒弟“吃”师傅。从沈启无在周作人被刺时的漠然到以此邀功，从不顾周作人“丧家情状”奔走威胁到在公园水榭召集文学茶话会攻击老师，在在表明沈启无的人品低下。周作人特别点明“日本的朋友闻之感叹更将如何”（《关于老作家》），把自己做给日本人看的意思表露无遗。二是沈启无学问低下，不足担当重任。他说外界传说他有四大弟子，但只有沈启无“继承鄙人贫弱的学问之一部分，至今未能一步出此范围，在此十余年间又在鄙人指导之下担任职务”（《一封信》）。周作人的这一系列解释表明沈启无不忠不孝、不学无术，还有什么资格来领导、筹备统一的文学组织呢？而周作人自己则处处维护大局，大义灭亲，似由他出山组织文学团体更为适当。

由于有南北文化界以龚持平和柳龙光为代表的强力支持，这几篇文章又发在南京伪国民政府宣传部主办的《中华日报》的显著位置上。在为日本文学报国会开脱“罪责”和表明心迹的同时，周作人迫切需要日本文学报国会的承认。他要求片冈铁兵在四月中旬之前对那次演说做一个说明，否则“鄙人自当洁身引退，不再参加中国之文学协会等，对于贵会之交际亦当表示谨慎。（案，犹云谢绝）”（《一封信》）。这个要求并不代表周作人对日方态度的强硬，这是向日方示意：在片冈演说之后，周作人在沦陷区的威望受到威胁，不便领导“中国之文学协会”，这势必影响日方统一沦陷区文学组织的企图，因此日方需要对周作人的威望给予再度承认。

当时各方对这一点也看得比较清楚。4月11日《新中国》报的社论就指出：“周先生在中国文坛素负重望，其言行笃实，尤为人所敬重。对于中日文化沟通工作，亦曾尽极大贡献。今若因此误会而萌发消极引退之念，不仅为中国文坛之一大损失，且亦势必影响中日文化沟通工作之前途。”[①] 强调的就是周作人对日本人统一沦陷区文学组织的价值。同时，《新申报》与日文版的《大陆新报》也有类似的看法[②]。

三

在这种情况下，才有片冈铁兵的回信。片冈的回信申明自己的发言跟沈启无无关，并坚持自己的观点，但表示“特别是近闻先生将出马主持中国文学协会，不禁感慨系之，值此之际，更对那篇演说之措辞感到后悔”，“先生为了协助太平洋战争之文学团体而亲自出马，却又因一无足轻重之片冈铁兵而隐退，这无论是对于中国

---

① 引自《周作人传》，前引书，第475页。

② 参见《周作人传》，前引书，第475—476页。

还是对于日本，都是绝大损失，故务必请先生权当此事为孩子间争闹而不至于混淆公私可也”①。片冈的意思很明显，拒绝承认自己的演说有任何原则上的错误，之所以愿意给周作人写回信，不过是因为周作人愿意出来组织中国文学协会而已。片冈在日本文学报国会中不过是一名普通干事，他的回信并不能达到在沦陷区重建周作人威信的目的。这时在日本文学报国会有影响力的人物武者小路实笃亲自出马，斥责片冈铁兵的发言属于“无稽之谈”，希望周作人“不计前嫌，为中国之年轻作家，为日本与中国之文化而积极劳作”②。

但这些都仅仅是表态而已，周作人威信重建更需要从学理层面进行。此时站出来高度肯定周作人在文学上的贡献的是一户务。据木山英雄的介绍，在第一届大东亚文学者大会的“筹备委员中，‘精通’中国当地情况的是中国文学专业的奥野信太郎、一户务，以及隶属于南京政府宣传部的诗人草野平心等”③。除担任第一届大会的筹备委员外，一户务在第二届大会也比较活跃。1943 年 8 月 28 日《中华日报》对第二届大东亚文学者大会的报道中说：“第二分科委员会议题之一为‘确立中国文学’，片冈铁兵，一户务两氏，对确立中国文学一议题，发言谓：中国近代文学，颇受欧美文化之影响，至文学革命时，此种情形益甚，故吾等必须将东亚固有文化振兴，以便扫除英美色彩之文化，余更以为以中国传统之光辉，文学作品作为吾等之工具，呼吁重庆作家定亦可使彼等参加吾人阵营云云。”④ 显然，这个报道不是依据片冈铁兵的发言，笔者没有找到一户务的演说，也许这条报道是根据一户务的演说而来。要求发扬中国传统文学精神，扫除英美文化的影响，这跟片冈铁兵在“确立中国文学”的方法上显然是两种思路。如果说片冈铁兵从文学题材的角度强调“战争文学”的话，一户务则从更为深层的审美角度上，要求建立脱尽西方影响的东洋所独有的“现代文学”。一户务的思路在沦陷区也得到回应。1943 年 8 月 27 日《中华日报》的社评《祝二届文学者大会》中就认为“从西风东渐以来，东亚的文学，就染上了非常浓厚的西洋色彩。在许多文学作品之中，东亚人已不是东亚人，东亚地方也不像东亚地方，而是充满了西洋情调的地方。流弊所至，竟使千千万万的读者也要把自己洋化起来，而抛弃了他们自己本来的面目，更进一步，也发生崇拜西洋人的心理，而自轻自贱起来；更进一步，则视英美为宗主，视邻邦如寇仇，于是不惜自相残杀，摧残自己的力量，而助长了别人的力量。拖延了六年的事变，一部分未始不是这种英美化的作品所造成的”，所以要清除西洋文学影响，建立东洋人自己的文学。1943 年 10 月 24 日，《中华日报》发表署名司马雷的文章《关于中国文艺复兴》，称“在我们的文艺复兴中，首须将百年来由于英美文化侵略而日渐衰萎了下去的我国固有的民族精神复兴起来”。但由于片冈的思路简单明了，又跟长期中国的文学功利观相承，所以在沦陷区的影响远远超过了一户务。

① 《片冈铁兵致周作人信》，刊孙郁、黄乔生主编《国难声中》，河南大学出版社，2004 年。

② 《武者小路实笃致周作人信》，刊《国难声中》。

③ 《北京苦住庵记——日中战争时代的周作人》，前引书，第 177 页。

④ 《第二届文学者大会达成任务圆满闭幕　并发表第一次大东亚文学奖》，《中华日报》，1943 年 8 月 28 日。

周作人“破门事件”发生以后，日文版的《大陆新报》在4月19日发表《文化直言》，埋怨片冈发言为“仅一知半解之徒的浅薄行为”[①]。武者小路实笃也称“片冈之发言乃哗众取宠之即兴胡言也”。这样，言论界否定了以片冈铁兵为代表的较为简单的文学观念，一户务一派的观点抬了头。一户务毕业于东京大学中国文学科，对中国文化素有研究，日本文学报国会需要从学理上承认周作人在文坛的地位，便由一户务在日本文学报国会主办的中文刊物《大东亚文学》上发表《周作人先生》一文。文章认为周作人出版的《药堂语录》是周作人文章的“顶点”，通过这部集子“先生对于中国新文学早已提示出来了一个新文学的境地。对于晚年之先生，没有想要求之比它更深的东西。我认为《药堂语录》之文学天地不知怎样地更加深化下去，这是我不见想得到的期待”，并认为这是“真正中国新文学精神”所在。文章还说：

> 这是可怕的！周作人亦为时代之宠儿。于西欧文化侵入之怒涛中，享其生，西洋近代化之文化，在中国人之血液中，以各种动态，来跃动着。有人认为只有这位是一点波动没有地真实地将传统中国文化弄成近代化了，可冷静看起来，西洋文化之眼仍是不易驱除下去。周作人虽云为生在东洋之作家，然则，在其前半身，系染有不可抹杀的西洋文化。左翼作家，反倒使先生得到了洗去了西洋文化之导火线，年齿的增加，日渐老来，随着东洋趣味亦加深起来，这也许是事实吧！然则，唯有先生之反语反拨，可说是先生在青年活气之中受到西洋文化之影响的蜕皮吧。

在一户务的笔下，周作人俨然成了抵抗西洋文化的东洋作家之代表。

在中日舆论的同情和支持下，周作人并非像自己在文章中所说，“洁身引退，不再参加中国之文学协会”（《一封信》），而于1944年9月24日出任了仿照日本文学报国会的组织原则成立的新的华北作家协会的评议员。

（作者单位：中国社会科学院郭沫若纪念馆）

① 引自《周作人传》，前引书，第475页。

由新近发现的路遥 1980 年前后给谷溪的六封信看路遥当时的创作与思考

□ 梁向阳

陕西籍已故著名作家路遥一直是我国新时期作家研究的热点。据不完全统计，自 1981 年第一篇关于路遥的专门评论发表后[①]，到目前为止，关于路遥及其作品的各类研究、评论文章大约有上千篇之多[②]，路遥研究的学术专著有近十部[③]。这些论文、论著的研究内容涉及总体把握、意识世界、心理机制、作品研究、人物论、比较研究、影响启示等方方面面，并呈现出系统化与体系化的特点。另外，自 1992 年路遥病逝后，国内出版的路遥研究资料亦有十部左右[④]。这些研究资料的公开出版，为路遥研究的进一步深化提供了可能性。文学史研究实际上是历史研究，正如已故著名学者朱维铮教授所言："我不以为传统考据方法所得结论便等同于历史事实，我也不以为义理一词可以作为历史认识的同义词……任何一种历史研究，那第一步都只能用力于讨论对象'是什么'，然后才能追究'为什么'。"[⑤]

就路遥研究而言，对其作品的意义阐释较为突出，而对其本体研究相对薄弱，路遥"是什么"仍未有效解决。一是，路遥"文革武斗"期间当过延川县的一派造

① 樊高林《读〈惊心动魄的一幕〉》（《当代》1981 年第 2 期），应是国内第一篇关于路遥作品的专门评论文章。

② 马一夫、厚夫主编《路遥研究资料汇编》（中国文史出版社，2006 年）中的《路遥研究资料索引》有详细统计。

③ 据笔者的不完全统计，有：赵学勇著《生命从中午消失——路遥的小说世界》（兰州大学出版社，1995 年）；王西平、李星、李国平著《路遥评传》（陕西人民出版社，1997 年）；宗元著《魂断人生——路遥论》（上海文艺出版社，2000 年）；姚维荣著《路遥小说人物论》（新加坡文化艺术出版社，2000 年）；贺智利著《黄土地的儿子——路遥论》（中国文联出版社，2005 年）；廖晓军著《路遥小说的艺术世界》（三秦出版社，2006 年）；白晓华、姚维荣著《论路遥的艺术观》（中国社会科学出版社，2007 年）；石天强著《断裂地带的精神流亡——路遥的文学实践及其文化意义》（北京大学出版社，2009 年）。

④ 有影响性的路遥研究资料有：晓雷、李星编《星的陨落——关于路遥的回忆》（陕西人民出版社，1993 年）；航宇著《路遥在最后的日子》（陕西师范大学出版社，1993 年）；郑文华摄影集《作家路遥》（陕西人民出版社，2002 年）；马一夫、厚夫主编《路遥研究资料汇编》（中国文史出版社，2006 年）；雷达主编、李文琴选编《新时期作品研究资料·路遥卷》（山东文艺出版社，2006 年）；李建军、邢小利选编《路遥评论集》（人民文学出版社，2007 年）；马一夫、厚夫、宋学成主编《路遥纪念集》（人民文学出版社，2007 年）；申晓主编《守望路遥》（太白文艺出版社，2007 年）；李建军编《路遥十五年祭》（新世纪出版社，2007 年）；马一夫、厚夫主编《路遥再解读》（陕西人民出版社，2008 年）。

⑤ 见王韧《稀缺的学者——悼念朱维铮先生》，《传记文学》2012 年第 8 期，第 35—36 页。

反派“红四野”军长，这在新时期以后一直是他的“原罪”。他小心处世，在公开场合很少谈及当年情况，即使谈也语焉不详。二是，现有的众多回忆文章，是不同的人物按照自身的立场叙述与路遥的交往，既存在“为尊者讳、为亡者讳”的情况，也存在记忆不准以及夸大事实等情况①。因此，就目前看到的众多回忆文章而言，在研究时首先需要花费大量时间辨别真伪。笔者以为，要进一步深化路遥研究，就要在路遥本体研究上做足文章，不断发掘研究资料，还原历史本真。

路遥生活的年代，手机、互联网等新兴通讯媒介还没有在国内出现，连电话都是一般人家的奢侈品，人们交际交流的方式大都采用传统的书信方式。这样，路遥与朋友有大量书信。朋友们给路遥的书信因路遥早逝、夫人回京以及长期照顾路遥创作的兄弟王天乐去世等诸多方面的原因，已经很少能够看到。但路遥成名很早，路遥给许多朋友的书信却因有意与无意的原因，被精心保存，并公开发表②。路遥的书信因其具有凝固情感、穿越时空等原始性特点，理应成为研究路遥的重要资料。

本文所重点研究的六封书信，是路遥 1980 年前后写给其好友、诗人曹谷溪的。这六封书信是谷溪在前几年整理资料时意外发现的，经其授权，笔者第一次正式公开在论文中披露。

一、1980 年前后的六封书信

1980 年前后，“三十而立”的路遥虽然有着“农裔城籍”作家所拥有的普遍烦恼，但他克服了重重困难，进入了创作腾飞的重要时期。一是，他的成名作中篇小说《惊心动魄的一幕》在《当代》杂志 1980 年第 3 期发表，并荣获“全国第一届优秀中篇小说奖”。正是这部小说让路遥为文学界所熟知，为日后《人生》、《平凡的世界》等代表作的创作找到了自信。二是，路遥在曹谷溪、张史杰等朋友的鼎力帮助下，成功运作其三弟王天乐彻底跳出“农门”，成为拥有城市户口的煤矿工人。王天乐后来在路遥的创作中充当“全能后勤管理员”的角色，为其创作起到重要作用。三是，路遥从 1979 年就开始创作中篇小说《人生》，三起炉灶，三易其稿，反复折腾三年才在 1981 年创作完成。路遥在创作过程中，因帮助其三弟王天乐改变命运，故他对我国城乡二元对立的社会形态有更深入的思考，这些思考后来均在小说中得到体现。也就是说，帮王天乐跳出“农门”的事情催熟了路遥创作的《人生》。

在 1979 年 11 月到 1980 年 5 月的半年左右的时间内，路遥先后以“高密度”的方式给其在延安的好友、诗人曹谷溪写了六封书信。这几封书信主要涉及给王天乐找工作的事情，旁及通报自己的创作情况，以及人生感悟等。这些书信是路遥在

① 如路遥三弟王天乐在《苦难是他永恒的伴侣》中回忆他在路遥的帮助下于“1979 年古历八月底”招到铜川矿务局当煤炭工人。而据笔者的考证，王天乐是 1980 年秋天招为煤炭工人的，笔者在本文中有详细分析。

② 广州出版社、太白文艺出版社出版的《路遥全集》之“散文·随笔·书信卷”（2000 年）中共收录了 32 封书信，其中就有其好友海波精心保存的 14 封书信。当然，这些书信仅仅是路遥的部分书信，其他书信仍有待搜集。

"不设防"、没有任何面具的情况下写成的，是研究路遥弥足珍贵的第一手资料。

路遥的第一封信，是1979年11月7日写给谷溪的。

谷溪：

近好。

本来想给你挂个电话，但不知你现在在什么地方。《唱给彭老总的歌》一诗，经过我的一番努力，终于在12月号上用了，现已发稿。诗的挤压太大，很难挤上去，我通过主编室协调了一下，提前发了（本来安排在明年第一季度）。

天乐的事不知办得怎样，我极愿意知道较详细的情况。在去延安的时间上有一个在家乡分粮的问题。去延安在什么地方干什么事，生活的安排能不能维生等等。以及能否较便利地出来，希望你把详细一点的情况告诉我一下。这事拜托于你，是极麻烦你了，非常感谢。

你调动的情况怎样？也同样想知道的详细一些。

小蕾（注：晓雷——笔者）和闻频①都不在，估计半个月以后他们都就回来了，你若抽出空，可来一趟西安。

敬礼！

路遥 7/11

第二封信，是1980年2月1日，即1979年的腊月写给谷溪的。

谷溪：

来信已收读。关于我们之间那些扯淡事最好不费口舌了。你归根结底大概不会相信我是个魔鬼（由我和你的一贯关系为例）。请相信，人们在表达自己的善良和同情心的时候，方式可能完全不一样。正如人们各有各的生活风格。的确我对人的爱，有些时候是一种严酷的爱，主要是想通过这种爱增强被爱者本来的抵抗力，因为我从自己的生活经历里知道，生活道路上的千辛万苦总得自己去克服。当然，如果在我看来我应当做的事一点也不会少，甚至比人们所想的还会多。我相信你会正确看待我的生活观的，我的历史对你是坦白的，并且将来继续会证明我自己的一切。

关于给史洁（注：张史杰，原延川县委书记——笔者）写信要招工指标一事，请你从我的角度考虑一下，的确有些难处。主要是离得远，不摸各方面情况，我怕弄不好会坏事，因为我和这个人的关系终究不是父子关系。当然，我要在延安，我就会拐弯抹角想办法向他提出的，可我过了春节无论如何走不脱，主要是孩子现在无法安置，我母亲一走，林达又没本事，娃娃也小，没办法离开。另外，我有点怕张史洁，因为我不知道你安的那个人是怎样向他提出的，

---

① 晓雷与闻频都是《延河》编辑，路遥与谷溪共同的朋友。晓雷早年大学毕业后在延安工作，闻频早年大学毕业后在延川县工作，两人均在新时期之初调入《延河》编辑部担任编辑。

你一直没有给我解释这件事，史洁在接受这个人的时候态度怎样？我不知道他心里是否怨我给他找了麻烦，如果是这样，我现在再马上写信问他要指标，会不会火上加油，弄得更糟糕呢？因为我以后还要和他打交道，我怕我在他心目中成了个厚脸皮的无赖。由于以上原因，我觉得在这事上神经有点脆弱。你不知道，我和他交往的方式与你不同，我们之间的交往都掩饰自己，尽量都表现出一种在公众事务中应该高尚的面目。因此，太过的行为在我们之间是极不合适的。我因之当时将此事全权交与你和他周旋，因为我觉得，你和他的交往不同，他可能习惯你这样提出问题，而不习惯我提出。请你相信我说的，这一切都是真的。我太了解张史洁这个人了，也太了解我们之间的微妙了。我最肯定，要是我直接提出（相隔时间这么短），他就会认为我是粗鲁的，因为他知道我在他面前提问题的方式，他根本不习惯这样。而你不同了，他敢和你坦率地做这种勾当。你不知道！他暗示要我依他模特儿塑造一个高大的县委书记形象，他是不愿意让我直接看到他的这些不美气的做法的。因此，他就是愿意帮我的忙，也总是在我面前闪烁其词，这就是他为什么愿意接受你这个中间人了。谷溪，我的判断没错，请你全权设法解释这事吧，因为这中间反正存在着我，张史洁明白这一点；如果不是这一点，他原来就不会帮我忙的！不知道你是否充分理解了我以上所谈的这些。我不是怕负责任，因为是为我的亲弟弟办事嘛！我主要考虑怎样办更合适一些。

给冯庄的刊物及信会立即寄出。

另外，关于给你们写文章的事情请缓后一步，因为我最近正在写。再说，我目前的这些文章你这个极端分子恐怕也不会满意的。目前政治局势变动很大，请你谨慎一些。我给张弢[①]写了一信，也提及你和他都要有所注意，如你去甘泉，想必他已经转达你了。

请你随时来信，告诉我情况。我以紧急的心情期待着你伟大的社会活动家所创造的任何奇迹。

深致亲切的敬意！

路遥 1/2

第三封信，是1980年2月22日写给谷溪的，那天正是农历庚申年的正月初七。

谷溪：

新年好。

上次写给你的信，想必年前已经收读了。你也不回信，不知道近况如何。关于明年招工一事，看来大概只招收吃国库粮的，农村户口是否没有指标？详细情况我不太了解，国家现在对农民的政策显有严重的两重性，在经济上扶助，在文化上抑制（广义的文化——即精神文明）。最起码可以说顾不得关切农村户

① 张弢，路遥好友，时任延安地区甘泉县文化局局长，1984年后调入西安电影制片厂担任副厂长。

口对于目前更高文明的追求。这造成了千百万苦恼的年轻人，从长远的观点看，这构成了国家潜在的危险。这些苦恼的人，同时也是愤愤不平的人。大量有文化的人将限制在土地上，这是不平衡中的最大不平衡。如果说调整经济的目的不是最后达到逐渐消除这种不平衡，情况将会无比严重，这个状况也许在不久的将来就会显示出。

我深知道在这种背景下安排我们的事情会有多大的难处。我感到不安的是我不在延安，不能很好有效地和你一块为这些事奔波。我信任你，但我深知这些事的困难。你只尽你的努力办吧，即使弄不成，这也没有什么。我知道，即就有一点成效，你也会是花费了很大功夫才达到的，因为我知道办这些事的“真情”。我当然希望听到好消息，同时又觉一切都很暗淡。

还有一件事，我只想告诉你一下。你给我的一封信，被我弟弟偷看了，在我不知道的时候，他就告诉我妈说：“不知为什么，曹谷溪好像和我哥恼了!”我妈马上急得要昏死过去（这是一个严重神经质的母亲），她说“这是她害的”，接着说了她和你“诉过一次苦”的事，说她实际上也并没什么，当时只是想家和情绪不好，想对别人说说，心里好受一些，说这事是她的“毛病”，对我父亲他也是这样，想不到这下“咋把事情弄坏了”，说“曹谷溪和你哥恼了，肯定再不管天乐的事了”，说“她把我们兄弟害了”等等，头在墙上直碰。事情闹到如此糟糕的地步使我十分痛心。我了解我母亲，她和你母亲不太一样，比较任性，从小时候起就爱感情用事，我大妹妹死后，神经挫伤严重，经常为一些小事就精神紊乱。这把听得不知如何是好，除斥责我弟弟以外，只好尽量安慰她，告诉她我和你的关系不会因这事就断决的，天乐的事你也不会不管，并且假拟了一封你给我的友好的信，给她读了一遍，才算把这事稍微平息了。她执意要我找你解释，我硬是劝说才算罢休，我怕她见你后，精神肯定要错乱的。

为这些事，我是极其烦恼的，一般家庭事很容易酿成重大悲剧。在这纷乱情况下，我除过尽力解决好以外，总还得要干事的。你可能又说我“残忍”了，不，一个理智健全的人，是应该考虑他们负的责任是诸方面的。请你相信，我对母亲在内心上和形式上的孝敬并不比你差。但同时，我觉得你对自己的妻子的关怀是欠缺的，你比她享的福多，至少在我看来是这样的。但我并不因此就认为你对妻子的爱就是不深的，而她也并没就过“非人”的生活。也请你这样理解我吧!

这事从此我不再和你谈了，正像俗话所说“清官难断家务事”。

你的近况如何？最近写什么了吗？我认为，既然你到了文创室，那么就意味着你要把今后的事业放在文学创作上，因此你的意识及其活动的主要基点应放在写作上。大量的写，碰破脑袋的写，不管能不能发表。应该具有高目标，而不要追求红火一时，这个出发点对于搞大事业的人来说是至关重要的。

我是准备长期忍受默默无闻的。去年正式刊物发了四万字的东西，今年打算最少起码不少于这个数字。我手头有十万字的稿子，等孩子一有着落，就准备修改陆续发出去。目前我正在写我的第二个中篇，共十章，已写完三个章节，最近因安抚孩子，暂停下来了，已寄出几个短篇，第一个信息已回来，就是你们所攻击的“买票”，贵报《山花》月刊准备用。这是今年飞回来的第一只“信鸽”。我打算天暖后，见机再回一趟延安，我在这个城市的创作情绪时常是最好的，到时我们再一起逛荡吧！

请你给我回信，并转告张弢的近况。

关于目前的政治气候，想必你已从公开及私下里弄清了内涵。

祝你及全家康安！

路遥 22/2

第四封信是封短信，写于1980年3月4日。

谷溪：

不知什么原因，你老是不给我回信。春节过后已一段时间，天乐他们的事不知有何安排，请你无论如何告诉我情况。我觉得先要找个事干，在现有条件下，尽量先能较为理想地安排一下，不知你有何打算。老实说，这是有求你，也是很麻烦你的事，我因此特别小心，生怕把你碰磕了。这对我来说是很痛苦的。我在内心里祈求你像对待自已的事一样对待我的事，能像张弢一样。你要知道，任何事，求人总是难畅的。如果我在延安的话，我是绝不会麻烦你的。当然，延安还有许多熟人，但比较来比较去，你还是我最信任的人，因此不管怎样，我还得依靠你。你也许还记得，我对你的不论什么事都是尽力而为的，所以总希望你对我也一样。不管怎样，你告诉我你的打算，好让我判断一下。你知道，一个穷人家的二十大几的人掉在空里闲呆着，这是很令人焦急的。我一直相信你总有办法把事情办妥当的，因为我知道你有这方面的才能。

路遥 4/3

第五封信，又是一封长信，是1980年5月1日写给曹谷溪的。

谷溪同志：

好长时间了，不知你近况如何。先谈一下我的情况，我最近有些转折性的事件。我的那个写文化革命的中篇小说《当代》已决定用，五月初发稿，在《当代》第三期上。这部中篇《当代》编辑部给予很高评价，秦兆阳同志（《当代》主编）给予了热情肯定。另外，《山花》第四期已发那个短篇；《雨花》已通知用《马松与小红花》；河南《奔流》也可能用一篇一万多字的小说；《延河》第六期要发一篇特写，叫《病危中的柳青》。今年已经差不多要有十来万字的东西先后问世了。这是我多年不屈不挠追求的结果。现手头正在搞第二部中篇，已经写了三分之二。

我将要用我的劳动成果来回答我的朋友和敌人们。

中篇小说将发在我国最高文学出版单位的刊物上（人民文学出版社）这是

一个莫大的荣誉。另外，前辈非常有影响的作家秦兆阳同志给予这样热情的肯定，我的文学生活道路无疑是一个最重大的转折。

我不知你现在有什么打算没有，我总希望你能努力，争取做出一点事业出来。除过该交的朋友，少交往，少结识，埋头读点书，写点东西，归根结底，人活一辈子，最重要的还不是吃好、穿好、逛好，而应该以辉煌的成绩留在历史上为荣。

前一段听说延安怎样对待你等等，这一半要怨这些人，另一半也是你不太检点造成的。世事不是谁能一铲子铲平的。我们必须注意到，我们是在一定的历史条件下生活和工作的，必须把自己和社会生活摆在相适应的位置，这样可能集中力量搞点事，否则，光这些扯淡事就把生命浪费完了。

天乐来了一信，谈了一下他的情况，看来是很苦的，我很难受，把一个二十来岁的人抛在一个自谋自食境地里，实在不是滋味。我是希望你想些办法的。你也不给我写信，告诉这倒究应该怎么办，你自己又办了些什么，前途怎样等等。我不了解具体的情况，怎样都无法改变这个人的处境，你能不能再活动一下，行吗？

我7、8、9三个月为创作假，将来延安，我要一鼓作气，再写出一些作品来。

你的情况我不太清楚，请你来信告诉我。

紧紧握手！

路遥 1/5

第六封信是1980年5月24日在北京改稿期间写给曹谷溪的。

谷溪：

你好。

我于5月初来北京，在人民文学出版社改那个中篇小说已20来天了，工作基本告一段落，比原稿增加了一万多字，现在6万多，估计在《当代》第三期发（6月发稿，9月出刊）。此稿秦兆阳同志很重视，用稿通知是他亲自给我写的，来北京的第二天他就在家里约见了我，给了许多鼓励……

天乐的事不知近期有无变化，我心里一直很着急，不知事情将来会不会办得合适一些。我已给张弢写过信，让他协助你努力一下，我可能7月份来延安，到时咱们一块再想想办法。

我目前在创作上的想法很多，这些事解决不好，心志是静不下来，请你在可能的情况下助兄弟一臂之力吧。在延安剩下的朋友之中，你和张弢是我唯一可以依赖的了。你是一个有办法的人，但世界上也有许多对有办法的人的限制，坚冰不知能否打破。相信只要有钱眼大个洞，你就能钻进去。

我可能本月底或6月初返回西安，到时想看见你给我的回信。

此信你可叫天乐看看，我不单另给他写信了，让他写信给家里，告诉我的近期情况。

深致敬意!

朋友路遥

24/5 于北京

二、对六封书信的解读

通过路遥1979年末到1980年上半年给朋友曹谷溪六封高密度书信的阅读，我们可以窥见路遥当时的人生状况与创作心情。前四封是“山重水复疑无路”，后两封是“柳暗花明又一村”。

路遥第一封信第一次提及委托曹谷溪给兄弟王天乐办事——即找领导安排工作的事情。

当时，已经是《延河》编辑的路遥已靠自身努力改变了命运，成为“农裔城籍”作家，但他“农裔”的大部队仍在农村。一方面，他是家中长子，也是这个家族站在省城“公家”门上的唯一一人，他必须承担自己的家庭责任。另一方面，他虽然过继给延川的伯父为子，但延川和清涧两方面的事情都要顾及。如他后来在《早晨从中午开始》中所言的那样：“从十几岁开始，我就作为一个庞大家庭的主事人，百事缠身，担负着沉重的责任。”[①] 先说延川养父母这边，路遥的弟弟“四锤”（即王天云，1956年出生），在1972年时也来到大伯的门上生活。在路遥的帮助下，他成为延川县农机局施工队的一名合同制推土机手。这份合同制的工作，还是路遥花费好多周折才办到的。他以后还不断地帮助“四锤”解决问题。从1981年左右的路遥给好友海波的通信中可看到这些情形[②]。再说清涧的亲生父母那边，还有六个孩子——三男三女。当时，农村还没有实行联产承包责任制，家里孩子多，穷得叮咣响。路遥的大妹妹（即王荷，1951年生）因挖野菜在山崖下摔伤，在27岁时离开人世。路遥的大弟“刘”（即王卫军，1954年生）参军去了，总算脱离苦海。而“三弟”“猴蛮”（即王天乐，1959年生），勉强读完高中后，在农村教了一年书，他无法面对一贫如洗的家庭，跑到外面闯荡。他出走到延安城，干起背石头揽工的营生，一干就是两年。另外，路遥还有两个妹妹与一个弟弟，分别叫“新芳”（即王萍，1962年生）、“新利”（即王英，1966年生）、“九娃”（即王天笑，1968年生），当时年龄尚小，在乡村学校上学。在清涧老家中，最让路遥放不下心的就是王天乐，他高中毕业，应该成为家中的顶梁柱，但现在连一份正当的职业也没有。他和这个兄弟只见过两三次面，甚至没说过话，但看到王天乐写给自己的信后，他流泪了，认为王天乐是几位弟妹中最有思想的人。他决心不惜一切代价，帮助这位在老家弟妹们中学历最高、最有前途的弟弟。也就是说，在1978年到1980年之间，路遥除了要搞好编辑工作，并以饱满的激情进行创作之外，还要抽出很大一部分精力来处理老家的

① 见路遥《早晨从中午开始》，《路遥文集》第二卷，第31页，陕西人民出版社，1993年。

② 详见广州出版社、太白文艺出版社出版的《路遥全集》之“散文·随笔·书信卷”（2000年），路遥给海波的书信。

事情。

在如何煞费苦心地帮助王天乐改变命运方面，路遥用的心思最多，他可以说是绞尽脑汁，用尽心计。那个年代打长途电话是一件很奢侈的事情，人们的通讯方式主要靠书信，路遥坐镇西安，通过书信的方式遥控自己的好友曹谷溪等人具体打通关节①。

在当时的情况下，高考制度已经恢复，农村人要跳出“农门”，唯一的途径是参加高考。而王天乐显然不具备高考的实力，他跑到延安城揽工背石头，说明他已经彻底放弃高考的理想了。再一种情况是招工当煤炭工人。当时的情况下，普遍意义上的招工只面向拥有城镇户口的青年。而城镇青年不屑的煤炭工人才有可能轮到农村青年。当煤炭工人虽然又苦又累，但毕竟能跳出“农门”，成为国家的正式职工。成为吃“公家粮”的人后，讨个媳妇也容易。然而，当时大型煤矿在农村招工已经少之又少，没有特别“扛硬”的硬关系绝对办不到。具体到王天乐，他的户口在榆林地区的清涧县农村，要在延安招工，就只能先安户口，再想方设法招工，这个工作更难！要办成这项高难度的艰巨的工作，只能借助大权在握的地方实力派人物。这样，路遥把目标盯到时任延安县县委书记张史杰的身上。张史杰在“文革”前曾任延川县委书记，在延川有口皆碑。“文革”武斗受到冲击时，以路遥为代表的“造反派”——延川“红四野”保护了他，使他免遭大的冲击，他和路遥有特殊的情感。路遥在1978年写成的中篇小说《惊心动魄的一幕》中的县委书记就是以张史杰为原型创作的。这样，路遥和谷溪经过反复协商，决定把宝押到张史杰身上，由路遥遥控谷溪具体实施这项计划。路遥在现实生活中更睿智、更理性，更懂得如何利用关系。第一封信已经明确地提到路遥委托曹谷溪全权办理王天乐的招工事宜②。这也说明，他们在这之前是经过一番精心策划的。

从路遥的第二封长信可以看出，谷溪与路遥在如何帮助王天乐的事情上是有过争执的。谷溪让路遥直接找张史杰要招工指标，而路遥却讲了一大堆理由，认为谷溪最合适，并且鼓励这位“社会活动家”创造奇迹。这封信中还第一次谈到张史杰是小说《惊心动魄的一幕》中县委书记“马建雄”的原型。路遥在第二封长信中，

① 曹谷溪是陕北著名诗人，早在1965年就参加过全国青年文学创作积极分子代表大会，受到周恩来、朱德等人的接见。“文革”的“武斗”结束后，他担任延川县革委会通讯组组长，组织出版延川工农兵创作的诗集《延安山花》，创办县级文艺小报《山花》。他在路遥人生中一直扮演一个亦师亦友的角色：在路遥的文学起步时期，是路遥的文学启蒙老师；在路遥成名后，一直是路遥可以信赖的好朋友。曹谷溪1975年调入延安地委通讯组工作，主要负责延安地区新闻报道工作，仍坚持诗歌创作。1979年末，曹谷溪调入延安地区文艺创作室。

② 2011年7月20日，笔者采访谷溪，据他回忆：接到路遥的信件后，他跑到延安东关桥头揽工汉集中地找到王天乐，把他领回家，并让王天乐敞开肚皮吃饱，洗了澡，还告诉王天乐：“我给你过星期天。”曹谷溪在王天乐的招工过程中不遗余力。此后，每逢星期天，王天乐就到谷溪家中做客、休息，直至招工到铜川矿务局。路遥《人生》中刘巧珍对高加林说“等咱结婚了，你七天头上就歇一天！我让你像学校一样，过星期天……”，就是套用谷溪给王天乐说的“我给你过星期天”。

提及当时的“政治气候”，要曹谷溪与张弢注意[①]。张弢是路遥重要的文学与人生朋友，时任延安地区甘泉县文化局局长。

路遥的第三封长信，是在谷溪迟迟不给回信的情况下以焦虑的心情写成的。在这封信里，他谈到对中国城乡二元社会结构状况下农村年轻人的出路问题。应该说，路遥在给弟弟跑招工的过程中，由弟弟的命运而触动，由此而深入思考中国广大农民的出路问题。他的这些思考，远远超过同时代一般作家的思考。路遥后来创作的中篇小说《人生》和长篇小说《平凡的世界》均把主人公置于“城乡交叉地带”，而着力表现他们作为奋斗者的命运，其现实的逻辑起点即源于他帮弟弟改变命运的过程。路遥在这封长信中，第二次提及当时的“政治气候”，他对“政治气候”过分敏感。他还谈到自己“准备长期忍受默默无闻的”的打算，说明他对创作也较为焦虑，尚未找到有效的创作突破口。

路遥的第四封信也是在无奈中写成的。从这封信中，可看出路遥当时的焦虑与无奈。谷溪是他当时唯一能够依托的交心朋友，他只能委托谷溪帮助办王天乐的事情。

路遥写第五封信时，已接到《当代》要刊登中篇《惊心动魄的一幕》的通知，心情开始好起来，已经有“柳暗花明又一村”的感觉。他谈到中篇小说《惊心动魄的一幕》“将发在我国最高文学出版单位的刊物上（人民文学出版社）这是一个莫大的荣誉。另外，前辈非常有影响的作家秦兆阳同志给予这样热情的肯定，我的文学生活道路无疑是一个最重大的转折”。路遥掩饰不住自己的激动，连续使用“我国最高文学出版单位”、“莫大的荣誉”、“一个最重大的转折”这些极端的词语，来表达他的兴奋心情。这说明路遥在文学突围时期，文学前辈秦兆阳对他的充分肯定，对他提升文学创作信心具有重要意义[②]。他还谈到“我将要用我的劳动成果来回答我的朋友和敌人们”，这是典型的路遥式思维方法。他在此信中提及王天乐给他写信的事情，这封信让他黯然神伤，他不断下定帮助王天乐的决心。

路遥写第六封信时，已到北京的人民文学出版社改稿。路遥在北京改稿时期，还以《延河》编辑部编辑的身份去中国作家协会第五期文学讲习所，全权委托陕西作家莫伸组稿[③]。当然，他当时最关心的仍是弟弟王天乐，他继续鼓励曹谷溪帮助王天乐。

在发出给谷溪的第六封信后不久，路遥于 1980 年 5 月底在《当代》杂志社完成《惊心动魄的一幕》修改工作后，迅速从北京直接去延安，处理王天乐的事情。路遥住在延安城南关街的地区招待所——“延安饭店”205 房间后，他开始四处寻找这位仅见过三次面、基本上没说过话的三弟。后来，终于在一处工地上找到了这位蓬头

① 据谷溪回忆，这个“政治气候”就是因李剑的文艺短论《“歌德”与“缺德”》在《河北文艺》1979 年第 6 期上发表后，国内文艺界掀起的批评浪潮。

② 路遥在创作随笔《早晨从中午开始》中直言不讳地感激秦兆阳，称秦兆阳是他的“文学教父”，“等于直接甚至是手把手地教导和帮助我走入文学的队列”。见《路遥全集》第二卷，第 48 页，陕西人民出版社，1993 年。

③ 见莫伸《永远无悔的牺牲》，马一夫、厚夫、宋学成主编《路遥纪念集》，第 310 页—311 页，人民文学出版社，2007 年。

垢面、衣衫褴褛的亲兄弟，并把他带回旅馆。这时的他已经从王天乐这样农村有志有为的农村青年的苦闷与奋斗的无望而获得创作灵感，以此来思考一个更深刻的人生话题，思考重新创作他数易其稿的《人生》。据王天乐回忆，“见面后，我们长时间没有说话，吃过晚饭后，他才对我说，你可以谈一谈你个人经历，尽可能全面一点，如果谈过恋爱也可以说。于是，就在这个房间里，我们展开了长时间对话，一开始就三天三夜没睡觉。总共在这里住了十五天。他原打算刚写完《惊心动魄的一幕》再写一个短篇小说叫《刷牙》。但就在这个房间里，路遥完成了中篇小说《人生》的全部构思。当时，这个小说叫《沉浮》，后来是中国青年出版社王维玲同志修改成《人生》。通过这次对话，我们超越了兄弟之情，完全是知己和朋友。他彻底了解我，我也完全地知道了他的创业历程，包括隐私。”① 王天乐所说的路遥在这次“激动人心”的兄弟晤面时“完成了中篇小说《人生》的全部构思”，这不是事实。现有的资料证明，路遥早在1979年就开始创作这部中篇小说，不过写得很不顺，一直写写停停。但至少王天乐的人生际遇给路遥创作《人生》提供了灵感，应该是能够成立的。由己度人，由自己的亲兄弟的人生际遇而生发到对整个中国农村有志有为的青年人命运的关注，由此下决心创作这种题材与思考的小说，才是问题的关键。

王天乐的命运在曹谷溪的鼎力相助下，在时任延安县委书记张史杰的全力以赴下，终于得到改变。他在1980年的秋天，以延安县的农村户口被招到铜川矿务局鸭口煤矿采煤四区当采煤工人。此后，路遥又不断竭尽全力帮助与呵护自己的兄弟，后又把他调到《延安报》社当记者，给他提供飞翔的空间。后来，王天乐再调任《陕西日报》社记者。王天乐命运的改变是路遥不懈努力的结果。王天乐在改变命运自食其力后，又不断在生活上与精神上全力帮助路遥创作。1991年，路遥写作六万字的创作随笔《早晨从中午开始》，其前言是“献给我的弟弟王天乐”；在《早晨从中午开始》的第16节几乎用近一节的内容谈王天乐。他说：“此刻天乐已自动从我手中接过了这些负担，为我专门写作开辟了一个相对的空间”，“实际上，《平凡的世界》中的孙少平等于是直接取材于他本人的经历”，“有关我和弟弟王天乐的故事，那是需要一本专门的书才能写完的”②。这些都是对弟弟王天乐多年来追随并帮助他创作的最大褒奖。2007年，王天乐因病去世，享年48岁。

研究路遥1980年前后写给谷溪的六封书信，我们可以解读到一个具有“多面性”性格的作家路遥：一方面，他费尽心机、不择手段地帮助弟弟王天乐改变命运；另一方面，他又从王天乐的处境由己度人，深入思考中国广大农村有志有为青年人的出路问题，催熟了中篇小说《人生》，甚至为日后创作长篇小说《平凡的世界》找到了现实灵感。由此可见，新近发现的这六封书信应该成为研究路遥的重要史料，应当引起研究者的重视。

（作者单位：延安大学文学研究所）

① 王天乐：《苦难是他永恒的伴侣》，马一夫、厚夫、宋学成主编《路遥纪念集》，第331页，人民文学出版社，2007年。

② 见路遥《早晨从中午开始》，《路遥文集》第二卷，第31—32页，陕西人民出版社，1993年。

“激情年代”里的文学叙事
——“十七年”短篇小说的形式意蕴

□ 吴德利

一、“激情年代”的形成：在文本叙述与历史境况之间

新中国成立后“十七年”所造就的“激情年代”不仅是一种历史叙述，如那个年代对青年人的理想主义和革命崇高精神的教育，以及他们响应党的号召所展开的一系列运动；还是一种文学叙述，因为“红色经典”的产生，革命历史小说的主题风格和农村题材小说的新人塑造，以及政治抒情诗等等。更尤甚者，它还成为了今天被不断虚构的一种历史想象，面对当下大众文化传播中更多地复现“十七年”文学、历史经典的电影电视①，当代观众似乎更加确证了关于新中国成立之初“十七年”的“激情年代”的时代本质。

从社会文化心理来看，“十七年”文学的这种时代本质无疑是潜合了一种集体无意识。因为对于能进入 20 世纪后半叶的中国人民来说，他们是幸运的。漫长动荡的战争岁月足以摧毁普通个体生存者的希望，苟活的幸存者难以独自承受这巨大的生命负荷。所以从残酷的战争遗存中逃生的中国人都能接受集体式的激情状态，忘却个体的伤残与痛苦，将战争与不幸带来的个体生活史全都遗忘在无意识的深处，一心要融入集体式的激情狂欢之中，一种对社会主义乌托邦的信念之中。没有谁会轻易地怀疑她的存在，即便是一贯敏感的知识分子，也同样失去了对社会历史发展逻辑的判断。所以，当硝烟散尽、战争帷幕拉上的时候，他们沉浸在一种激情式的、诗意化的、对幸福与光明的向往之中，很少有个人的哀怜与悲吟，这正是建国后书写革命历史与社会现实小说的整体基调。

不仅“十七年”文学的叙述风格强调了这个“激情年代”的本质，一些研究者也强调这一时代风格特有的文学史地位。董之林在论及 50 年代小说艺术类型时强调，50 年代小说中“有的表现戎马倥偬的战争年代；有的反映农业合作化时期的农村生活；有的重在描摹新中国成立初期青年人的思想和情感轨迹；还有的力图再现 20 世纪初中国在由传统走向现代社会过程中动荡、变革的历史风貌等。尽管这些作品描写的内容和表现手法各有不同，但是它们在本质上都富于时代的浪漫气质，也

① 从《亮剑》、《激情燃烧的岁月》到《解放》、《开国大典》等一系列红色影视形成了一股当下的文化热潮。

曾以高昂的理想和热情激励着当时的社会，塑造了一代青年的人生，并构成现代文学向当代演化过程中重要的历史环节”。她继而提出，以“悲凉之雾，遍被华林”的20世纪中国文学史叙述评价来涵盖整个文学史的发展无疑是淡漠了50年代文学作品的“青春气韵、英雄理想、浪漫情怀”的文学叙述风格[①]。

然而，在文学史叙述的另一面，尤其是涉及当代历史和当代思潮史时，我们却常常感受到这一时代灰色和沉闷的生存环境，以及接踵而来的文学批判和意识形态斗争。小到具体的作品批判，如《我们夫妇之间》、《洼地上的战役》、《青春之歌》、《创业史》等；中到创作观念的批判，如“中间人物论”、“写真实”、“人性论”等；大到对胡风文艺阵营的批判、对资产阶级文艺的批判等。这使得整个时代呈现一片噤若寒蝉、如履薄冰的文艺生态。为何这种“激情年代”的文学生长和压抑的文艺生态土壤呈如此相反之势？那个年代的作家作品如何生成？它们之间有何复杂的关联？

从深层的历史逻辑来看，历史的“遮蔽”和历史的“裸露”是对等的，裸露得越多，遮蔽得越深，反之亦然。从“十七年”文学的状况看，文艺生态土壤是“裸露”的，但文艺创作的心理过程却是“遮蔽”的；作品的主题情感是“裸露”的，作品的内在形式却是“遮蔽”的。所以说，在当代作家的意识深处，在当代文学文本的内部，可能存在另一种情感形式。

正因为此，本文意图从“十七年”主流短篇小说创作的形式特征入手，去考察和挖掘一个时代“内面的风景”；着力摆脱文学表面的风格和作家意识的影响，分析一个时代内部如何在激情式的诗意讲述中深藏着作家潜意识中压抑性的情感状态，挖掘一个时代的精神史与形式史的内在联系。

二、革命历史小说的叙述装置：嵌入式回忆

从“裸露”的历史看，“十七年”小说集中于两大题材，即革命历史小说和农村题材小说；同样，不像今天的现代小说追求主题的多义性和丰富性，这个年代的主流小说创作在主题上追求思想的正当性、确定性。

从革命历史小说创作来看，这些革命历史题材的短篇创作多表达出时代幸存者对革命历史记忆的诗意回想。这种回想式的讲述不光是承担宣教式的意识形态功能，而且通过作家个人的选材、剪裁、设置、精心构撰，把对革命历史的理解与强烈情感融注在讲述过程之中。革命历史小说的创作者不再一味地歌颂和塑造伟大的党的领导形象，或者高大完美的英雄形象；而是回到一个个普通的却焕发出最宝贵的生命意义的牺牲者，如默默无闻的小战士、无名的长征者、普通的敌后乡亲等。对战争的回想无疑将革命历史题材深化了，它彰显了作家主体情思的表达功效，体现出他们对革命历史的深层认识和诗意情怀。

就具体的作家而言，峻青的短篇创作多设置一些惨烈的暴力镜头，通过惊心动

① 董之林：《追忆燃情岁月——五十年代小说艺术类型论》，河南人民出版社，2001年，第4-6页。

魄的故事设置，运用情节化的悬念感与动人心悸的高潮来打动阅读者的神经，并以生死的抉择与考验来表现主人公的崇高与悲壮、敌人的凶残与丑陋，从而在小说的讲述过程中回荡着一种浓厚的英雄主义基调；与峻青在情节化的波澜中展示激荡的动感相比，王愿坚更喜欢用一个局部的场景，如一个瞬间、一个细节、一个行动等，来展示人物心灵的无私与伟大、对革命理想的信奉与忠贞。他的小说多通过一种静态的描绘来展示内在的动感，具有一种雕塑性的审美质感。这种艺术手法也同样是为了突出人物形象的精神力度，从而为革命历史的讲述镀上了一层光亮而厚重的金属外壳。

跟峻青、王愿坚直接选取革命典型场景和弘扬革命历史崇高感相比，孙犁、茹志鹃对革命历史的诗意再现是另一种视野。他们从日常生活的细节出发，以小见大，衬托出革命战争背后的人情美和"军民一家亲"的和谐战争画面。

早在解放区时期，孙犁就把中国古典抒情传统很好地融入到对战争生活的描写当中。他的短篇创作善于捕捉日常生活中的诗意，通过叙述普通人的美好生活愿望衬托出人物内心的性格和心灵之美，从而给残酷的战争渗入一缕缕温情的抚慰。这种抚慰体现了根据地人们美好生活的愿望和对民族战争的坚韧；茹志鹃则更倾向于在某一个独特的生活侧面去挖掘有意义的主题，通过捕捉细节化的生活场景，借助于女性的敏感和笔法的细腻来表现时代主题。从艺术形式上比较，孙犁对战争生活的讲述情深意淡，娓娓而谈；茹志鹃的讲述则是以小见大，言短意深；前者自然从容一些，后者刻意表现多一点。但他们都回避了血腥的战争暴力场面，而将革命历史的镜头转向了较为柔和的日常生活场景，并有意将人物与故事染上抒情化、诗意化的色彩。

然而，无论是直接对革命历史的崇高书写，还是从普通的日常场景来呈现革命诗意生活，革命历史小说几乎都落入了惯用的"回忆模式"之中。虽然站在战争结束后的新时代，每个个体的回忆都是独特的，但这些革命回忆几乎一致表现革命历史故事的圆满。他们在小说的叙述模式上都采用一种回忆式的"倒叙装置"，通过设置一个"亲历者"或"旁观者"的叙述人角色，将故事倒回到曾经的革命年代，从而造成一种还原革命历史场景的"真实"效果。如孙犁《山地回忆》中写"我"回忆跟村姑妞儿一家的情感交往传达出革命岁月的温馨；茹志鹃《百合花》通过"我"——一个文工团的战士来完成对一位普通战士的情感回忆；峻青《黎明的河边》的"我"既是故事讲述者，又是故事中亲历革命惨烈险情的武工队成员；王愿坚《粮食的故事》中的"我"则是一个聆听者，通过访问老革命郝吉标，听他讲述革命往事，从而使现实迅速闪回到历史现场。这些回忆式的"倒叙装置"，好像是把每个被讲述的革命历史故事放进了一个安全的匣子，然后又小心地打开给读者观赏。

另外，一些短篇作品撇去故事讲述的回忆圈套，以第三人称的叙述方式，直接进入历史现场展示革命历史的"真实"场景。如峻青《党员登记表》一开始就切入历史现场：

暴风雪在飞扬着。……

1943年的海莱山区，颤栗在凛冽的寒冬里。

而王愿坚对于长征题材的短篇创作也是如此。他本人没有参加过长征，但小说却用长征的战士身份进行讲述，如《七根火柴》的开头：

天亮的时候，雨停了。

草地的气候是怪，明明是月朗星稀的好天气，忽然一阵冷风吹来，浓云像从平地上冒出来的，霎时把天遮得严严的，接着，就有一场暴雨，夹杂着栗子般大的冰雹，不分点地倾泻下来。

卢时勇从树丛里探出头，四下里望了望。整个草原都沉浸在一片迷蒙的雨雾里……

《三人行》的开场也直接运用场景描写和主人公王吉文内聚焦叙述。

表面上看，这些小说均没有用回忆性的倒叙装置，而是直接营造现场感，运用第三人称的内聚焦方式，将故事的叙述和革命历史空间同步；但事实上，我们在阅读中时时感觉到叙述者被放置在历史镜头背后的存在感，充当一个无所不在、无所不知的叙述角色。就像传统白话小说的叙述者一样，作为一个脱离了历史关联的“超人格”叙述者身份来讲述历史发生的故事。而这种脱离了历史关联的叙述者充当了一个“不在场”的在场者。这也正是王愿坚这个没经历长征，但能将长征的革命历史讲述得无比“真切、生动”的原因。从今天的小说观念看，这种小说的构思近似于先锋小说家的“虚构”，但在那个强烈的意识形态管制的年代，却被当成了一种“真实性”的历史讲述。究其原因，则是作家在那个年代里不能充当个人化的革命体验者，只能作为时代代言人角色，被置换成那个“不在场”的叙述者。

这些作品一方面运用第三人称的零聚焦叙述来讲述革命历史的线索，另一方面又运用了太多内聚集的叙述方法来深入人物思想意识，丰富人物的革命性格，力图呈现出革命的“真切、生动”感。从现代叙事学的逻辑来判断，这种将零聚焦和内聚焦方式结合起来的革命历史叙述，只能是由历史的当事人来完成，即日记体小说；但是，革命历史小说家们却将它转化为客观化的历史故事，最终只能是用一种革命式的臆想代替了历史的真实状况，以一种不可能达到的聚焦方式来“虚构”革命历史的真相。

由此我们推断，在精心的艺术裁剪和生动的讲述中，作品期待中的读者只能是不了解革命历史，被动地接受历史故事的人们，或者那些跟革命历史形成“共谋”关系的革命利益者；而对于今天更为成熟的读者来说，其文本“真切、生动”的艺术效果无疑大打折扣。这不仅因为今天的读者站在历史之后的高度，更因为这种灌输式的故事讲述方式缺乏现代文体那种启迪读者、让读者思考的开放性形式。显然，这是“当代”作家在一体化文学生产制度下所遭受的艺术表达上的限制。

由此可见，“十七年”时期革命历史小说的讲述没有注重其个人的历史体验与人处于革命历史当中的生命意识，而过多地强调一种历史结果的正当性；所以，这些革命历史题材的故事讲述多呈现出纵向的连续性，将过去发生的历史故事放置到一个“过去一现在一未来”的框架中，指向一种必然性的结果；同时，又将这种“进化论”式的时间线索放置在一个回忆式的封闭圈套里，保证革命历史故事讲述的圆满，而不至于让它脱离历史的属地逃窜到未来的现实中去，这在作品的形式特征上呈现出一定的封闭性和压抑性。

三、农村题材小说的叙述矛盾：问题小说与巧合模式

社会主义的改造取得胜利之后，新的生产力与生产关系大大激发了中国农民的生产积极性与思想觉悟。50年代中后期，深入到农村生活与生产过程中的作家们开始摆脱早期一味地迎合宣传编写农村新人新貌的趣味故事，从简单化的阶级斗争观念和“解放”主题的套路中脱离出来，寻求新的艺术表现力。他们拉近故事讲述与现实生活面的距离，注重切实地反映社会主义建设过程中农民们的思想面貌和成长过程，着力于对当代农民精神气质的塑造，如《李双双小传》、《耕云记》等。同时，农村生活的广阔前景激发了当代作家对社会现实的参与热情。他们关注新的社会制度下农村的具体生产方式，关注农民的精神生活状态，尤其是批判了那些不能代表先进社会生产力的落后农民形象，如李准的《不能走那条路》表现合作社道路中出现的农民思想倾向问题，赵树理的《“锻炼锻炼”》表现农民在集体主义生产制度下冒出的落后思想状态以及农民干部的工作作风和方法问题，赵树理的《套不住的手》中表现农村工作中出现浮夸、好大喜功的思想倾向，并塑造了踏实肯干、不图虚名的农村干部，西戎的《赖大嫂》反映农村政策失误对农民思想观念与生活态度的影响，等等。这使得农村题材的小说大大贴近了现实生活，虽然不像革命历史小说那样可以给历史染上诗意的、或崇高的美感特征；但是，这种人物塑造的“美丑对照”原则，也激发了阅读者对社会主义新农村、新生活的美好向往。

然而，跟革命历史小说不同的是，农村题材的小说由于贴近现实，写作主体与对象之间很难保持一种文本化的诗意关系，更无法把它放入“嵌入式回忆”的装置里，将现实“想像化”为意识形态的合法性讲述，其每次的选材和主题的形成无不跟现实政治环境的变化相关。从两大题材书写的功能来看，革命历史题材的小说多对残酷、破碎的革命历史发挥“缝补”作用，以发挥对革命意识形态的统一想象，激发人们忘却战争的个体心灵创伤，充满对新中国的热爱；而农村题材的小说则发挥对当下现实生活的“清污”功能，以警戒和号召人们对新社会的统一行动，促使全民到达一个理想的社会形态。

正因为农村题材小说一开始就持有的现实参与态度，所以，“问题小说”的创作观念被继承下来。早在20世纪40年代，农村题材小说的领军人赵树理就坚持“问题小说”的创作观念，他在谈到自己写作主题的形成时说过：“我在作群众工作的过程中，遇到了非解决不可而又不是轻易能解决了的问题，往往就变成所要写的主

题。"[①] 但从历史根源和现代小说形式内涵看，"问题小说"是五四时期文学"为人生"的一种"现代文学"传统，它建立在对现实社会的批判性视野之上。探究社会问题、探讨社会人生，是"五四"启蒙思想的表现形式。其创作观念带有一定的艺术功利性，在创作理论上体现一种思想教育优先原则。当它延伸到"当代文学"领域，在建国初期的创作中仍然表现出"现代式"的开放性意味；因为它针对社会现实的问题而促使作家发挥一种觉醒式的主体表达欲望，同时又给期待的读者以一种主动性的社会思考和启迪。比起革命题材的短篇创作，农村题材的作家更具有一种逾越创作惯例的艺术勇气。由于他们对社会问题的观察与提取是"横断面"式的，对当下现实的反映与探索表现出强烈的干预姿态，所以，"问题小说"形式体现出较多开放性的"现代"写作特征。

然而，"十七年"文学生产的环境毕竟不是"五四"时代，强烈的主体问题意识的介入跟一体化的文学生产体制相冲突。农村题材的小说直面现实问题的"清污"功能，也使得作家们更少塑造农村社会主义新人形象；即便塑造出一两个农村新人典型，也缺乏丰富立体化的人物性格；反而是在专注写"中间人物"身上，农村题材作家发挥了巨大的创作动力和兴趣。但这显然不符合一体化文学生产体制，这使得农村题材作家在高压的时代环境下不断地受到压制和批判，最终在"大连农村题材短篇小说创作座谈会"后遭到全面打压。除开政治思想的原因，"问题小说"本身所具有的开放形式也是遭受批判的深层根源。

但是我们又注意到，农村题材的小说即便受到不断地批判，也一直同革命历史小说一样保有它的主流地位。究其原因，则是在农村题材小说的"问题小说"创作观念背后，大多作家采用了较为封闭性的形式策略，即"巧合"情节的设置。

除开赵树理这位从"现代文学"传统中走过来的老作家，大多农村题材作家的创作在情节设置中都惯用一种叙述上的"巧合模式"。如李准和马烽这两位新中国成立后的多产作家，在运用这种类似性的情节设置上最为明显。李凖的《李双双小传》，一开头设置乡党委书记来村看大字报，无意中看中了李双双这个农村新人，然后全文以此定调，展开对李双双其人其事的叙述；《耕云记》也是一开头设置作为上级的"我们"避雨巧遇气象员萧淑英的情节，然后慢慢拉开对这个新人的讲述；马烽的《我的第一个上级》开头写"我"在街头骑车巧撞一个普通怪老头，没想却是自己的上级老田局长，之后慢慢引出怪老头的很多传奇经历来；《三年早知道》开头也如此，"我"相隔四年来甄家庄，头一个就遇到主人公"赵满囤"，然而"我"却居然忘记了这个印象深刻的主人公姓名，等到说话中提到"早就知道"四个字才想起他的绰号和经历。作者这种故作生疏不识，然后由绰号马上想起人物如此多故事的设置，在今天看来有些故弄玄虚。

这些农村题材小说均以开头设置一个巧遇的场景，然后在叙述中一步步地证实的情节线索，在形式上跟革命历史小说"嵌入式回忆"的情节设置类似，均是一种封闭性的叙述套路，使读者读开头就知结尾，很少给读者积极阅读和启迪的开放式

---

① 赵树理：《也算经验》，《人民日报》1949年6月26日。

文本期待。这让人想到作政治报告时起先“定调”一样，看似巧合，实无悬念。

现代小说的兴起正是对古典生活状态下的叙事形式中千篇一律的巧合与团圆模式的反叛；而真正经典的现代短篇小说（如莫泊桑的《项链》、欧·亨利的《麦琪的礼物》等）所运用的“巧合”是作家心智的体现，是作家对独特生活的一种发现，并非刻意的安排。然而，建国后大多短篇小说作家，由于受到主体创造性的限制，在短篇小说的布局上过多地制造“巧合”的情节安排，结构上表现出简单的完整性和短篇容量。这些过多的“巧合”轻易地显出创作的雷同来。从小说观念看，这种封闭的艺术结构框架强化了线性时间的合理性，而弱化了人性空间的丰富性，它将一切丰富的社会复杂状况和情感生活都扼制在这些形式结构的圈套之中。

显然，“巧合”背后潜藏着强大的意识形态规定性，它牢牢控制了小说的叙事进程和结果，使得小说的叙事不发生偏移，不主题旁出，更不会有丰富、晦涩的含混意义产生；正如革命历史小说的叙述者一样，经常充当“不在场的在场”者，决定着叙述的进程和结果。

四、翻转“十七年文学”的阅读视野

文学形式上的开放或保守决定了一个时代内在的社会性质或精神气质；但我们总是忽略对能够真正反映时代精神状态的文学形式内涵的判断。所以，在文本主题思想和表面风格的影响下，我们把“十七年”中一段相当长的时期称为“激情的岁月”，认为这个时代真实地反映了新中国人们的民族自信心以及他们的理想情感状态。这种“当代人”曾经构想起来的文学记忆当然是不可抹杀的。但是，从更真实的社会文化状况上，我们不能不重新审视“当代文学”的历史想象。

从“十七年”短篇小说创作的两大主流题材的形式意蕴中，我们清楚地知道，在“激情年代”深处，文学的内在形式跟外在的主题思想之间存在反差，“当代作家”处于一种保守和被压制的情感状态和生存处境之中，其作品形式透露了一个时代的精神史。但我们没有必要对这个所谓“激情年代”文学的不实进行指责和抛弃；今天的我们同样可以在新的历史视野之下，翻转对当代文学的“历史想像”。“一切历史都是当代史”，我们站得更高，拥有的视野更开阔，更理性，更开放。所以，今天的阅读比起我们的前代人，少了一些情感上的共鸣，多了一些理智性的历史思考。

这个外表“激情”、内在“封闭”的年代对革命战争的书写虽然不能像欧美文学那样，在二战之后书写战争中失落的哀伤，去深入到个体内心，用悲剧化的艺术手段来治疗战争的心理创伤；只有那种激情的、能体现集体意志和革命信念的人才能具有被讲述的权力。曹文轩在世纪末质疑：“战后的西方，即使是战胜国，也并未因战争的胜利而陷于激动。短暂的兴奋之后，是长久的消沉。战争似乎不仅摧毁了无数的城市和村庄，而且摧毁了西方人全身心投入的宗教理想、政治理想和热情洋溢的生活情趣。……然而，遭受战争创伤最为严重的中国却完全是另一副形象：自豪、骄傲、充满幸福，从城市到农村，到处洋溢着胜利的和建设天堂的激情。”[①]

然而，即便讲述的权力受到压制，大量革命战争题材的小说创作不断涌现却是个不争的事实，而且在那个年代获得无数读者的好评，这反映了新中国成立后相当长一个时期内一种强烈的社会文化心理。当革命战争结束后失去了它的踪迹时，当代作家一方面以讲述者的身份要在意识形态领域内树立一种革命性的合法逻辑，从而为现实文化政治服务；另一方面作为个体生存者，当代作家也需要将那种残酷的创伤转化，通过抒情或崇高化的主观讲述，将内心被压抑的痛苦情感发泄出来，这种创作的愿望使得“革命战争”被转换为作家心灵内在的“风景”的描述，从而让个体创伤的心灵在文本虚构当中得到净化。所以说，阅读和评价革命题材小说的创作也可以从精神分析学来透视一个时代的集体记忆，而不只是单纯地认定它作为意识形态讲述的功能。

而对于农村题材的小说，今天的读者也可以持有一种社会学式的阅读视野。那些在农村题材小说中出现的一批较有特点的农村人物形象，如宋老定、“老定额”林忠、“三年早知道”赵满囤等从传统小农意识艰难转变过来的老式农民；还有“小腿疼”、“吃不饱”、赖大嫂等一贯以家庭利益为中心的旧式农村妇女，充分体现了他们的社会学价值。在那个年代真实的农村状况中，老一代农民有着丰富的生活经验，他们在思想转变上的艰难潜藏着对不切实际的极“左”农村政策的反抗；而农村新生代的青年农民由于存在着生活基础的薄弱和传统家庭观念的压迫，他们的集体主义觉悟来自于社会思想的鼓动和生产利益分配当中得到的切实回报。所以，我们经常会看到一些农村问题小说中，大多数农村新人思想觉悟高，而老一代农民反倒处于落后的思想状态。尽管极“左”思维模式成为了作家在思想主题提炼上的形式动因，但作家本人并没有放过对社会真实状况的反映，没有忽略“落后”农民的真实心理。当我们剥去掩盖在“十七年”农村社会集体主义崇高思想上的面纱，去反思诸多社会主义农村新人形象塑造的社会根源，我们终会明白为什么多子、少劳力的小媳妇李双双在合作化集体劳动中会强烈要求从家庭的束缚中解放出来，表现得对集体劳动那么积极？为什么很多贫农出身的农村干部会大公无私？今天的社会发展足以证明，中国农民的思想改造和精神素质的提高是一个现代化的长远目标，当那个时期的人物在思想觉悟上存在“先进/落后”的二元分流，这显然是意识形态控制作家创作观念和思想表达的结果。

特别是“大跃进”以来，农村题材的短篇小说创作中出现了许多像老田、“老坚决”甄仁、陈秉正、潘永福等这样坚持踏实能干、反对农村浮夸风的老一代实干家形象，更加反映了当代作家对于农村社会发展的认识比极“左”农村政策的幼稚病要清醒得多。

① 曹文轩：《二十世纪末中国文学现象研究》，作家出版社，2003年，第304页。

这些处于新旧交替过程中的老一代农民形象一直比新人形象的概念化塑造要强①，在反映生活的层面上也显得尤为深入。所以，在重新阅读这些作品中，我们努力褪尽习惯上的社会主义“激情年代”背景，倒转历史的镜头，改变一下我们的期待视野，把新中国成立后“十七年”文学中的老一代农民形象认定为一个悲剧性的“主角”，将整个极“左”政治主导下的建设时代看成一个抑制农业现代化的“压抑年代”。也许我们会突然明白，为什么作家对老一代农民形象描写的丰富性会超越刻意地去塑造的农村新人形象。而这正是一种压抑中的艺术，一种潜在的表达，或许连作家自身也没有意识到的、对一体化制度下无法直面现实的一种本能的反抗。

于是，从20世纪50年代两大红火的创作题材的艺术形式中来挖掘“当代人”的真实的情感形式，以及他们在历史境遇中遭受的真实状态，我们会发现远非“激情年代”的历史镜像。当我们从整体上反思整个“十七年”时期主流作家的创作时，无论他们在主题表现的深度上怎样地开掘，在“问题小说”的形式上怎样地直面现实，他们都无法逃避艺术形式上的封闭性和压抑性，远远落后于“现代”以来所本该能拥有的30年艺术经验。而且，那些封闭和保守的文本形式策略，正是当代文学生产体制化压抑的结果，它反映了“十七年”社会文化精神的内在本质；所以说，当新中国成立以来的政治与文艺的生长环境走向越来越封闭和保守的状态之时，这种形式的端倪也不由得显示出来。如果说中国当代的政治与文化在和世界潮流脱节的时候表现了一种“反现代”② 的社会趋向的话，那么，在主流作家的创作形式上也必然表现出这种迹象。然而，值得我们思考的是，这种封闭不是古典式的社会封闭所导致的，而是已经发展半个多世纪以后的现代中国重新退回到一种压抑性状态下的情感化表征。

（作者单位：西南交通大学艺术与传播学院）

① “老农民”形象塑造的现象在“当代文学”的领域里一直较成功。长篇小说里有周立波的《暴风骤雨》里的“老孙头”；赵树理的《三里湾》中的“糊涂涂”、“常有理”等；柳青的《创业史》中的“梁三老汉”。20世纪60年代初，批评者还就“梁生宝”与“梁三老汉”谁是小说最成功的艺术形象展开过争论，见以下论文：柳青的《提出几个问题来讨论》（《延河》1963年第8期），严家炎的《谈〈创业史〉中梁三老汉的形象》（《北京大学学报》1961年第3期），严家炎的《关于梁生宝形象》（《文学评论》1963年第3期），张钟的《梁生宝形象的性格内容与艺术表现——与严家炎同志商榷》（《文学评论》1964年第3期）。

② 唐小兵：《英雄与凡人的时代——解读20世纪》，上海文艺出版社，2001年，第253页。

《在延安文艺座谈会上的讲话》的“经”与“权”

□ 孔许友

《在延安文艺座谈会上的讲话》(以下简称《讲话》)无疑是一篇具有经典意义的文献。《讲话》从它问世的那一天起就对中国文艺界产生了重要而深刻的影响，以至于中国的文艺创作界和理论界至今都要定期开展对《讲话》的学习和研讨活动。可以说，《讲话》70年来的接受史、效果史和研究史是中国文艺70年来发展历程的一幅生动侧影。

尽管《讲话》的文本本身似乎并没有什么深奥难解之处，而是相当浅显易懂，但是如何在当下语境中看待和解读《讲话》，如何认清它的本质和“现代”意义，仍然是当代文艺理论研究者和文艺创作者十分关注的问题，这种关注常常包含着纠结和矛盾的态度。如此浅显的文本引发如此多的关注和如此复杂的矛盾或分歧，这在中国现代文献中似乎不算多见①。这也提醒我们问题可能不是出在对文本本身的理解上，而是出在研究者看待《讲话》的出发点上。直接的关于立场的文献，在现代社会总是容易引起立场上的纷争。

一、文艺的人民性与文艺的自由性

关于《讲话》的纷争大概可以归结为文艺的人民性与文艺的自由性两种意见的分歧，前者的出发点是从革命(或者说从政治)的眼光看待文艺，后者的出发点则是从文艺本身的眼光看待文艺。显然，前者的出发点与《讲话》本身是吻合的。我们知道，《讲话》的核心精神是“文艺的工农兵方向”，即革命文艺家应该深入工农兵，文艺作品应该表现工农兵生活，为工农兵服务，也就是著名的“为什么人写”的问题。《讲话》的这一基本观点似乎可以比较容易地进行“现代”转换。转换的要点是调整服务对象的范围。事实上，早在20世纪五六十年代，学界和政界都已基本认同这样的转换，即将文艺的服务对象由“工农兵”扩展到“各民族的工人、农民、知识分子及其他劳动人民，各民主党派和民主人士，爱国的民族资产阶级分子，爱

① 关于《讲话》的研究史和接受史，可以参见刘忠的《〈讲话〉的接受史研究》(《绥化学院学报》2008年第4期)、邓招华的《辩证而多元的认知：新世纪以来〈讲话〉研究综述》(《河北大学学报》哲社版2011年第2期)等文献。

国侨胞和其他一切爱国人士"所结成的"人民民主统一战线"[①]。这种调整的学理依据在于不同时代"人民"范畴的变化。所以，可以说，《讲话》所谓文艺为工农兵服务的实质含义就是坚持文艺的人民性，或者用当下更"现代"一点——同时也是更暧昧一点——的说法，就是坚持文艺的大众立场或现实主义立场。从这个意义上说，这些年小说界方兴未艾的底层叙事似乎就是符合《讲话》精神的[②]。

《讲话》从革命文艺的人民性逻辑地延伸出文艺从属于政治的观点，而一旦强调了这一点，文艺的自主性、独立性或者说文艺的自身规律就必然或多或少地被忽视了。例如《讲话》"政治标准第一，艺术标准第二"的两点论实际上是突出政治对文艺的支配作用，这是无可避讳的。又如要求文艺作品将进步的政治内容与完美的艺术形式充分结合起来。这种内容加形式的文艺学观点用今天的文艺理论发展水平来衡量无疑过于浅显、过于粗糙了，而且甚至是对文艺自由的横加干涉。因为即便按照内容加形式的模式，文艺的自由显然也不能只是形式的自由而无关内容。简而言之，《讲话》所引起的各种纠结的要害大体上是文艺的人民功利主义立场与一般的文艺学原理之间在某种程度上的不吻合，一般的文艺学原理强调文艺的独立自由性质和自身规律，文艺的人民立场则要求文艺的从属性质，而这两者其实都可以在马克思主义思想资源那里找到理论依据[③]，因此两者似乎都是难以否定的，但又无法同时肯定。于是，对《讲话》的研究出现了一个有趣的现象，持肯定态度的文章往往对文艺学原理闪烁其词，持否定态度的文章则对文艺的人民性避而不谈，或者用"历史局限性"的说法折衷处理，似乎文艺的人民性立场与文艺从属于政治的结论可以从逻辑上分离。这种分离在一定程度上消除了历史上极左文艺思潮所造成的严重负面影响[④]。但是这个问题如果得不到更深入的学理阐释，许多学术争论就仍是彼此错位的，没有落到实处，而对《讲话》的研究也难以继续推进。

二、《讲话》的"权"

如果说粗率的自由派见解同样不是理解《讲话》的客观冷静的进路，那么，有一条不太为人注意的史实也许可以作为深入阐释该问题的一个切入点。据老同志回

---

① 刘忠的《〈讲话〉的接受史研究》，《绥化学院学报》2008年第4期。

② 有学者对这两者做了关联性考虑，参见姜春的《〈在延安文艺座谈会上的讲话〉与底层叙事》（《文艺理论与批评》2012年第1期）。不过，这两者的简单关联是可质疑的。因为目前小说界的底层叙事尽管主要是以底层人物为描写对象，但我们无法断言，这类叙事作品主要是写给底层群众或基层干部看的，更无法说这类作品完全是或主要是为底层人物服务的。在《讲话》中，"写什么人"的问题从属于"为什么人写"的问题，所以"写什么人"的命题不具有独立性。

③ 当然，一般的文艺学原理还可以找到其他现代性思想依据。

④ 最早突破"文艺为政治服务"提法的是邓小平于1979年10月30日发表的《在中国文学艺术工作者第四次代表大会上的祝词》。之后，1980年7月26日《人民日报》发表社论，明确用"文艺为人民服务，为社会主义服务"取代了《讲话》中的"文艺为工农兵服务，为政治服务"的提法。这被视为中央文艺政策转变的重要信号，但如果仅从学理上考量，问题其实并没有发生实质性改变。政治的微妙之处往往在于仅仅是提法的改变也足以说明事实的改变。

忆，《讲话》发表之前，毛泽东曾经征求在重庆的郭沫若等人的意见，郭沫若评价《讲话》是"凡事有经有权"，意思是任何事情都有恒常性道理和一定的权宜，不能一概而论。毛泽东说郭沫若毕竟是"大家"，引此说为知音之评[①]。郭沫若的这一评价看来是切合毛泽东的意图的。接下来的问题是，《讲话》到底是经还是权，或者既是经也是权？经是什么？权是什么？作为著名学者和新诗奠基人的郭沫若，对《讲话》作此评价，明显是侧重于"权"的一面。这提醒我们有必要从当时的历史情境出发来理解延安文艺座谈会的召开和《讲话》的发表。关于延安文艺座谈会召开的经过，不少当事人和研究者都写过专门文章，事实经过大体是清楚的，没有太多分歧。但是一旦分析召开的原因，歧见便纷出了[②]，因为对召开原因的定性不可避免地涉及价值判断。从"权"的角度考量，召开延安文艺座谈会以及发表《讲话》的直接原因或者说基本背景无疑是当时延安革命战争环境下对革命文艺的现实需要。这个"权"的合理性用《讲话》的话说就是"马克思主义叫我们看问题不要从抽象的定义出发，而要从客观存在的事实出发。……现在的事实是什么呢？事实就是：中国的已经进行了五年的抗日战争；全世界的反法西斯战争；中国大地主大资产阶级在抗日战争中的动摇和对于人民的高压政策；'五四'以来的革命文艺运动——这个运动在二十三年中对于革命的伟大贡献以及它的许多缺点……目前在延安和各抗日根据地的文艺工作中已经发生的争论问题"[③]。显然，这里的"许多缺点"和"争论问题"是落脚点，换言之，关于革命文艺的意见不统一，革命文艺不能满足革命的现实需要，才是召开文艺座谈会的真正原因，同时也是《讲话》本身所要解决的问题。正是这些问题促使毛泽东意识到有必要制定统一的文艺政策，从而提出"文艺的工农兵方向"、"文艺工作者与工农兵大众打成一片"作为解决的基本和唯一途径。《讲话》没有（当然也不便于）直接指出当时文艺工作者做了哪些有"缺点"的事情。现在根据一些当事人的回忆文章，我们知道，主要是延安文艺界针对延安的阴暗面发表了一些鼓励批判或带有批评和暴露意味的作品，其中比较典型的有《解放日报》的社论《教条与裤子》、丁玲的《"三八"节有感》、罗烽的《还是杂文时代》、萧军的《杂文还废不得说》、王实味的《政治家·艺术家》和《野百合花》等。这种情况在1942年2月整风运动正式开始到5月份文艺座谈会召开前是比较普遍的，许多作品都发表在《解放日报》（"文艺副刊"）、《谷雨》等重要或喉舌性刊物上，此外，《轻骑队》、《西北局》、《矢与的》等墙报也影响甚大。这些"刺眼之作、逆耳之声，无疑震惊了为了延安现时的安定和平浴血疆场并随时准备献出生命的将领们，无论在感情上还是在理智上，他们都无法接受由这些享受着根据地相对宁静的后方

① 参见马驰、张喜华《宗派主义必须整顿——延安文艺座谈会68周年之际访黎辛》，《学习与探索》2010年第3期。

② 有学者将分歧意见归纳为"革命战线说"、"整风运动说"、"辔头说"以及"平息争论说"四种。参见刘忠《"延安文艺座谈会"召开原因考辨》，《社会科学战线》2008年第9期。

③ 毛泽东：《在延安文艺座谈会上的讲话》，人民出版社，1975年，第9—10页。

生活的‘秀才们’所揭示的真实”[①]。这些文章，用今天的眼光来看并不算过分，但在当时确实影响了根据地内部的精神团结，在外部则给国民党一些宣传上的可乘之机，如对《野百合花》事件的炒作[②]。问题在于当时的延安文艺界缘何出现这种“缺点”？直接或表层的原因是1942年初的延安文艺界还没有充分领会毛泽东开展整风运动的实际意图。而更根本的原因在于这些怀抱着强烈的理想精神和自由热情来到延安的文艺青年们对根据地的战争环境，对真切的革命需要缺乏充分自觉和正确的认识，从而必然导致创作方向的偏差。他们热衷于揭露和批判延安现实，在毛泽东等人看来，其主观意愿并不是为了维护革命，即不是为了革命需要而进行批评与自我批评，所以《讲话》指出：“我们的文艺应当‘为千千万万劳动人民服务’……这个问题似乎是已经解决了，其实不然。很多同志对这个问题并没有得到明确的解决。”[③]既然革命是无产阶级的革命，既然工农兵大众具有革命政权的最高决断权，既然敌我矛盾关系已经显明，既然革命的文艺青年认同革命的合法性（同时也就认同了工农兵大众及其政治代表的政治决断权），那么工农兵大众及其政治代表要求革命的文艺服从革命的需要当然同样具有合法性。但是这样一个清晰明确的逻辑在当时的延安文艺青年心里并不清晰明确（其中最典型的是萧军），甚至在后来的一些《讲话》研究者那里也不清晰明确，因此思想和行为的龃龉也就在所难免。由此也就不难理解《讲话》中的一些被今人视为“历史局限”的说法。如写光明和写黑暗的问题，当然也是从革命的实际需要出发，是一种“权”。因为就当时以敌我矛盾为主要矛盾的战争现实而言，歌颂革命队伍内部的光明比揭露和批判内部的黑暗更有利于革命队伍的团结，更有利于革命本身，这并没有违背革命的合法性，当然也不表明今天的文艺仍然只歌颂现实而不批判现实。

三、《讲话》的“经”

《讲话》有“权”的因素当是没有疑问的。但如果仅仅从“权”的角度来考量，《讲话》也仅仅具有“历史的”价值，更重要的是，文艺的人民性与文艺的自由性的分歧或悖论依然没有解决。如果《讲话》可能存在“经”的维度，那么这个“经”（恒常性道理）应该能够应对这一分歧或悖论。

从延安文艺座谈会召开前和召开过程中的一系列事件来看，既然揭露和批判延安现实的激情不是出于革命者的自我批评，那么，它实际上出于知识分子式或者说

---

① 萧剑南：《延安文艺座谈会的前前后后》，《福建党史月刊》2002年第6期。如王震在看到《矢与的》的墙报后当即表示不满，说：“前方的同志为党为全国人民流血牺牲，你们在后方吃饱饭骂党。”（李言：《对中央研究院整风运动的几点体会》，见《延安中央研究院回忆录》，第184页。转引自朱鸿召《延安文人》，广东人民出版社，2001年，第141页。）又如“贺龙批评丁玲说：怎么我们在前方打仗，你们在后方却骂我们的总司令！”（刘白羽：《延安文艺座谈会的前前后后》，《人民文学》2002年第5期）

② 详参卢毅《国民党眼中的延安整风》，《党的文献》2010年第3期。

③ 毛泽东：《在延安文艺座谈会上的讲话》，人民出版社，1975年，第11页。

文人式的自由民主理想。这一点从萧军在座谈会上的发言看得最清楚[①]，其思想渊源，如其所言，是鲁迅，是罗曼·罗兰。问题在于，无产阶级革命不也是以自由民主为理想吗？以萧军为代表的知识分子式的自由民主理想与毛泽东等人主张的无产阶级的自由民主理想缘何产生冲突？按照《讲话》的理解，冲突的原因在于这种知识分子式自由民主理想的实质是资产阶级或小资产阶级文人的观念，前者是“像鲁迅所批评的梁实秋一类人”[②]，后者《讲话》虽然没有明言，但显然就是指《讲话》的实际言说对象，如萧军、丁玲等人。《讲话》说：“在今天，坚持个人主义的小资产阶级立场的作家是不可能真正地为革命的工农兵群众服务的，他们的兴趣，主要是放在少数小资产阶级知识分子上面。而我们现在有一部分同志对于文艺为什么人的问题不能正确解决的关键，正在这里。”[③] 然而，上文所述那些暴露黑暗的文章主要针对的是延安存在的一些官僚主义、宗派主义等不良作风，而这种作风在这些文人看来是革命者精神不成熟的表现。如萧军早在1940年10月2日的延安日记中就曾写道：“我不再对这些共产党人现在的本身存过高的希求，因为我更深懂得他们了，他们大部分是平庸的，缺乏独立灵魂的，缺乏教养的，被中国旧社会培植太久了的较好的人，他们的能力也只能到达这样的限度了。”[④] 但是，萧军等人显然没有放弃热情，而是试图以鲁迅式的战斗精神为指引，去积极地影响和改变延安的精神现实。萧军在1941年6月8日的日记中写道：“……路上和李又然同行，他讲了一些党内不良的现象……我们共同感到，一旦有了正式政权，有了‘所争’的时候，那一定要有很多可耻可卑可丑的现象出现。总之中国革命是长期性的，更是心灵的革命。”[⑤] 文艺座谈会结束后，萧军甚至试图去开导毛泽东，希望毛泽东接受真正的鲁迅思想。由此来看，萧军等人所作的揭露文章并非如《讲话》所言是“把自己的作品当作小资产阶级的自我表现来创作”[⑥]。

萧军等人的“缺点”与其说是“个人主义”，不如说恰恰是僭越了知识分子的“个人主义”本分。他们试图在革命事业中发挥与政治家对等的独立作用或者说试图在精神上指导政治。王实味在《政治家·艺术家》中的表述最为清晰：“（政治家的）任务偏重于改造社会制度。……（艺术家的）任务偏重于改造人底灵魂。……（艺

---

① 1942年5月2日，在延安文艺座谈会第一次会议上，“毛泽东讲完‘引言’后，便开始大会发言。开始冷场一两分钟。这时，丁玲便对旁边的萧军说：‘萧军，你是学炮兵的（萧曾当过炮兵），你就第一个开炮吧！’萧军是个刚直而狂放的人，这一句鼓动的话语，使他激情澎湃，站起来把袖子一挽开了头炮。他说：我是相信罗曼·罗兰提倡的新英雄主义的，我不单要做中国第一的作家，而且要做世界第一的作家。他又说，鲁迅一直是革命的，世界观和立场不存在什么转变。我从来不写歌功颂德的文章。……说作家是独立的，自由的，鲁迅在广州就不受哪一个组织的指挥，等等。”见孙国林《延安文艺座谈会的台前幕后》，《党史博采》2004年第6期。

② 毛泽东：《在延安文艺座谈会上的讲话》，人民出版社，1975年，第12页。

③ 同上，第13页。

④ 萧耘、王建中主编《萧军全集》（第18卷），华夏出版社，2008年，第335页。

⑤ 同上，第439页。

⑥ 毛泽东：《在延安文艺座谈会上的讲话》，人民出版社，1975年，第14页。

术家）自由地走入人的灵魂深处，改造它。”[①] 简而言之，他们要对革命的干部群众进行现代性启蒙。在这个意义上，或许可以说导致中国现当代文艺史上政治（现实地）支配文艺的重大变故的导火线是文艺企图（精神地）支配政治。政治并不是不需要精神的指导，任何政治和政治家都必然需要这种指导，延安的政治家也不例外，毛泽东有自己的马列观以及鲁迅观作为政治和文艺的指导思想。从这个角度看，延安文艺座谈会反映的是两种指导思想的话语权的争夺。然而，问题在于，就终极的政治理想而言，萧军、王实味等人的民主政治观念与无产阶级革命的民主政治观念有多少本质上的区别是难以言说的，事实上，它们大体表现出来的是一致性。如果不囿于谁更接近真正的鲁迅谁就更正确的逻辑的话，我们会发现，真正的差别在于政治家在实现其政治理想的手段和方式上更切合现实，因为他们更懂得人性和人类社会的实际。正如王实味自己所言：“政治家，是革命的战略策略家。……政治家了解在革命过程中，自己阵营里也是人无完璧，事难尽美；他从大处着眼，要把握的是：历史车轮前进着，光明占优势。”[②] 王实味的“错误”仅仅在于以为政治家的这种见识只适用于指挥“革命底物质力量”，而“革命底精神力量”[③] 的指挥权应该交给艺术家。他不知道真正的政治家自己就是哲人。“人无完璧，事难尽美”是政治和人性双重意义上的真实，因而是无法消除的，可是在鲁迅战斗精神指引下的艺术家们却要义无反顾地“务求尽可能消除黑暗，借使历史车轮以最大的速度前进”[④]，结果却在内、外两方面给革命事业造成损害。所以，我们看到《讲话》在论述动机与效果的辩证关系时强调了效果：“有为大众的动机但无被大众欢迎、对大众有益的效果，也是不好的。……社会实践及其效果是检验主观愿望或动机的标准。”[⑤] 言外之意，某些作家的“好”的动机造成了不好的效果。

延安文人的这种政治激情的实质是要把自己作为知识分子的“个人主义”的独立自由品质以启蒙方式带入社会，带给大众，而这恰恰是不顾后果、不切实际的，因为他们丝毫不愿意为这种独立自由品质“打折”。但是，这种品质的下降对于任何类型的现代民主政治而言都是必须的，因为大众根本无法领会和接受如此高级的“独立自由”，大众的“独立自由”只能以大众的功利主义、大众的自然欲望为基础。由此，我们也可以理解《讲话》为何用相当大的篇幅论述普及与提高的关系。提高当然不是不好，但《讲话》批评“片面地孤立地强调提高”[⑥]，因为如果不从人民群众的实际需要出发来讲提高，那么“普及和提高就都没有正确的标准”[⑦]，而现在人民群众“迫切要求一个普遍的启蒙运动”[⑧]。“某些作品，只为少数人所偏爱，而为多

① 朱鸿召编选《王实味文存》，上海三联书店，1998年，第133－134页。
② 同上，第134页。
③ 同上，第133页。
④ 同上，第134页。
⑤ 毛泽东：《在延安文艺座谈会上的讲话》，人民出版社，1975年，第31页。
⑥ 同上，第17页。
⑦ 同上，第18页。
⑧ 同上，第21页。

数人所不需要，甚至对多数人有害，硬要拿来上市，拿来向群众宣传，以求其个人的或狭隘集团的功利，还要责备群众的功利主义，这就不但侮辱群众，也太无自知之明了。”[①] 太过高级的“独立自由”只能属于极少数人，如果强加给大众，对大众对社会不仅无益，甚至有害。因为大众和社会还需要节制的约束机制，需要团结的精神纽带，而绝对的“独立自由”将对这种约束机制和团结纽带造成冲击。

文艺的人民性与文艺的自由性的关系问题由此也就显明了。文艺的自由性着眼于文艺活动的精神本体，文艺的人民性着眼的却是文艺活动的实际效用。两者着眼点不同，不能简单混淆。任何文艺产品一经问世和传播，都会产生一定社会效应，艺术形式越好的作品社会效应往往也越大。这种社会效应是好还是不好，是有助于敦风化俗，还是败坏社会道德，不是与创作者没有干系的事情。从这个角度说，文艺的人民性应该对文艺的自由性有所制约，只是这种制约是就操作层面而言，而不是针对文艺活动的本体自由。文艺的自由性问题属于一般的文艺学原理研究，它是只有极少数“社会科学”家感兴趣的“科学”探索，纯粹“科学”的研究与“科学”的广泛传播是两回事情，正如核物理的研究与原子弹技术的传播是两回事情。因此，如果说《讲话》存在“经”的维度，那么这个“经”就是文艺的创作和批评实践，尤其是文艺的传播，始终要审慎地考虑接受对象问题和社会效用问题。“说出真理的义务仅限于真理的效用方面”[②]，这应该是文艺工作者自觉的“德性”要求。

有学者为了论证毛泽东对文艺理论的认识程度，试图寻找他在其他地方以书信等十分个人化的方式表现出来的美学观察，“涉及此种情况的有形象思维、新诗发展、民族形式、古典名著评价、毛泽东个人的审美趣味等问题”[③]，从而产生了一个阐释的困难，即毛泽东的个人文艺体认似乎与他在正式的《讲话》中建构的革命文艺思想不尽一致。如果这种不一致确实存在的话，那么恰恰证明作为文艺家的毛泽东对文艺工作之“经”的自觉意识，因为他有意识地不使自己私人的文艺见解丝毫地损害革命的文艺政策。

20 世纪 80 年代初，在胡乔木的授意下，作为《讲话》主要理论来源之一的《党的组织与党的文学》被改译为《党的组织与党的出版物》[④]。这一改译并不简单是原译是否存在误译的问题，而显然与 80 年代初政治意识形态方向的变化密切相关。有学者据此推论：“在延安文艺座谈会上的讲话，其实正是在延安党的出版物座谈会上的讲话。”[⑤] 似乎这样一来就可以给文艺的自由性留出足够的言说空间，使其不受政治的限制和压抑。问题是经过对《讲话》的“现代”转换，革命语境中的工农兵已

① 毛泽东：《在延安文艺座谈会上的讲话》，人民出版社，1975 年，第 25 页。

② 列奥·斯特劳斯：《论卢梭的意图》，冯克利译，见列奥·斯特劳斯《苏格拉底问题与现代性》，华夏出版社，2008 年，第 84 页。

③ 刘锋杰：《从革命的合法性到文化的合法性：论回到原典的〈讲话〉》，《文艺理论研究》2002 年第 2 期。

④ 改译经过参见马驰、张喜华《宗派主义必须整顿——延安文艺座谈会 68 周年之际访黎辛》，《学习与探索》2010 年第 3 期。

⑤ 刘锋杰：《从革命的合法性到文化的合法性：论回到原典的〈讲话〉》，《文艺理论研究》2002 年第 2 期。

经变成当下语境中的人民或公民。面向工农兵以及干部（干部是直接影响和教育工农兵的群体）的革命文艺作品（或者说党的出版物）也自然随之转变为面向人民或公民以及直接影响和教育人民或公民的群体的文艺作品。所以，如果遵循《讲话》之“经”，那么，从“文学”到“出版物”的改译并不能够也并不应该保证为文艺的自由性留出一般所设想的言说空间。在现代语境已经确立的情况下，文艺自由性言说空间的存在不应以取消文艺的社会效用为前提，而有赖于高超的笔法，让不同的人听到各自应该听的声音。

四、《讲话》的现代性

如今，我们仍然面临一个问题，即《讲话》是否具有“现代性”。这是与文艺人民性与文艺自由性关系问题同样密切相关的问题。由于考虑真理的效用方面向来是古典性思路的特征，中西皆然，而显然不能认为《讲话》的底色是古典性，至多只能说《讲话》有意识或无意识地吸纳了某些古典因素①，因此，《讲话》是否具有现代性的问题仍然需要通过其他路径来解释。

在这个问题上，目前大致有肯定和否定两种观点。肯定的观点主要出于“社会现代化和文艺现代化的时代要求”② 而力图将毛泽东的文艺思想从革命语境的研究模式转换为现代语境的研究模式。不过，尽管肯定的观点在出版物中占主流，但由于其不时显露的意识形态说教色彩和学理论证的不足而招致否定观点的有力反驳。“只将曾经隶属于革命化语境的诸种内涵，转移至现代化语境中加以解读即完成解读任务，这实在只是文艺政治化的并不高明的转译而已。”③ 无论肯定的观点还是否定的观点，都以肯定现代性为前提，区别在于对现代性的理解不同。否定的观点认为现代性的要义是个体精神的独立自由，因而文学的现代性就是文学的独立自由，而《讲话》强调文艺服从政治，这正是否定文学的独立自由，因而《讲话》体现的是“革命的合法性”，“不属于现代性的言说系统”④。对此，肯定的观点认为“文艺从属于政治”仅仅具有“提法”上的“历史局限性”，因为这一提法“容易忽略文艺作为特殊意识形态的本质特征。……容易导致否定经济基础这一最终决定意识形态的因素”⑤。换言之，“文艺从属于政治”并没有原则上的错误。肯定的观点坚持的逻辑其实是中国的革命和政治本身是具有现代性的革命和政治事业，因为它的目的是为了最大多数人的独立自由，而作为现代革命和现代社会重要组成部分的文艺活动，最

---

① 吸纳某些古典因素至少在表面上与《讲话》可能具有的现代性不直接相冲突，否则我们将无法理解像卢梭那样的现代民主思想奠基人在其名文《论科学与艺术》中何以大肆抨击科学与艺术，甚至认为科学与社会不相容，较之《讲话》对文艺自由性的限制有过之而无不及。

② 黄曼君：《论毛泽东文艺思想的现代性特征》，《西北大学学报》（哲社版）2001 年第 1 期。

③ 刘锋杰：《从革命的合法性到文化的合法性：论回到原典的〈讲话〉》，《文艺理论研究》2002 年第 2 期。

④ 同上。

⑤ 黄曼君：《论毛泽东文艺思想的现代性特征》，《西北大学学报》（哲社版）2001 年第 1 期。

终也是且应该是为了实现最大多数人（当然也包括文艺工作者自己）的独立自由，所以自然具有现代性。事实上，毛泽东提出的作为新文化标准的“民族性”、“科学性”和“大众性”诸概念无一不是启蒙现代性的基本概念。肯定的观点进而批评持否定观点者只顾自己个人主义的独立自由，用《讲话》的话说，是只“求其个人的或狭隘集团的功利”，其文学是资产阶级或小资产阶级的市民文学。对此，持否定观点者当然否认自己主张的是只顾自己不顾大众的独立自由。否定的观点因此不得不承认“人民文学”在原则上的合法性，只是认为“当‘人民文学’不能真正代表人民与代表文学时，‘人民文学’可能会霉变，不再具有人民与文学的真正内涵”[①]。“人民文学”的逻辑前提应该是“人的文学”，即以一般性的人的独立自由指向为前提的文学。正是由于“人民文学”忽视或忘记了这一前提，才使得其文学实践以革命和政治的名义压制了人的独立自由以及文学的独立自由，“此种‘人民文学’正是反人民与反文学的”[②]。简而言之，“人民文学”的动机是好的，效果却是不好的，或者说动机是现代性的，效果却是反现代性的。不过，按照这一逻辑进一步推理，只要“人民文学”记取其应有的前提，问题也就迎刃而解，“人民文学”也就会成为“合适的，充盈的，自由的”[③]。正反双方的论辩推演到这里，我们发现这一关于文艺人民性与文艺自由性的论争（实际上也是中国当代思想界所谓新左派与自由派的基本论争在文艺理论领域的反映）是分别站在现代性的两个侧面而展开的同一平台上的立场之争，而不是学理之争，因而是永远无法互相驳倒的，甚至是可以统一的。因此，不管怎样，《讲话》本身就其学理性而言无疑是具有现代性的。

这里还要提请注意《讲话》关于文艺家（知识分子）自我改造的要求。在否定的观点看来，这是《讲话》压制个体自由的显证。《讲话》是从阶级分析的逻辑来论证文艺家自我改造的必要性，认为革命的文艺家只有在阶级身份上从小资产阶级转变为工农兵，或者说变成会写作的工农兵，才可能真切地体认工农兵的切身利益，从而才可能真正地为工农兵服务，才是真正的“大众化”。尽管这一“灵魂”改造或者说自我批判对于知识分子是一个极其痛苦的过程[④]，但是一个会写作的工农兵的“自由”仍然是可能的[⑤]。既然否定的观点承认“人民文学”在原则上的合法性，而

---

① 刘锋杰：《从革命的合法性到文化的合法性：论回到原典的〈讲话〉》，《文艺理论研究》2002年第2期。

② 同上。

③ 同上。

④ 如刘白羽当年对照《讲话》的原则写批判自传，一连写了九稿，被否定了八次，在准备向张如心提交第九稿时，他回忆说：“我突然灰心了，我踯躅不前，向下看着那深深的河水，我想，不如跳下去算了。真可怕呀！”当张如心说“祝贺你，刘白羽同志，你造就了新生”，“我胸口一热，眼泪几乎夺眶而出，心里只是念着一句话：我总算通过了！我总算通过了！”见刘白羽《延安文艺座谈会的前前后后》，《人民文学》2002年第5期。

⑤ 刘白羽回忆：“在东北，我真正地走到工农兵中间去。……我感到我和他们血脉相通，心心相印。……我本来已下决心不搞文学，但就在不想搞的时候，那火热的生活，那可歌可泣的战斗，那些质朴而伟大的人物却奔涌而来，令我欲罢不能。”见刘白羽《延安文艺座谈会的前前后后》，《人民文学》2002年第5期。

革命语境中的工农兵也已转变为当下语境中的人民，那么关于《讲话》压制个体自由的论证在学理上也就难以成立，除非自由派的知识分子不愿意成为“人民”。

《讲话》从阶级斗争的逻辑出发，当然不可能发现或承认任何超越阶级、超越时代的身份。按照《讲话》的思路，从知识分子身份到工农兵身份的转变不是一个精神等级的下降过程[①]，而是利益代表的转变过程，即从“资产阶级的、小资产阶级的功利主义”[②] 转变为无产阶级的功利主义。这一“二元论”是所谓两种现代性的由来。换一个角度说，不论是哪一种功利主义，其实都具有现代性，都是以经济思维作为底色，财富分配方式是双方都关切的要害，在这一点上两者高度一致。而恰恰是这种功利主义的政治思维方式，其理性机制不考虑古典意义上的目的理性，而当其自身的理性发展成熟，当其与技术思维相结合，当生产变得“匿名化”，它将逐渐消弭政治本身。“经济思维蕴含着绝对的事务性，仅仅关注实实在在的东西。政治被看成是非事务性的，因为它必定要关注经济价值以外的其它问题。”[③] 如今，我们正身处这样一个经济时代，在这个时代，审美最为稀缺，因而也最多表面的美。

（作者单位：四川省社会科学院文学研究所；中国语言大学博士后流动站）

① 如果愿意从精神秩序的角度来看的话，这一转变反而会被视为一个上升的过程。因为按照唯物史观，代表历史发展规律的经济生产者在根本的等级上高于不直接从事经济生产的知识分子。

② 毛泽东：《在延安文艺座谈会上的讲话》，人民出版社，1975年，第25页。

③ 卡尔·施米特：《罗马天主教与政治形式》，刘锋译，见卡尔·施米特《政治的概念》，上海人民出版社，2004年，第58页。

文学史与思想史：暧昧原因及其出路[①]

□ 杨华丽

文学史与思想史的“暧昧”“构成了中国现代学术史上特有的疑案”[②]，在过去的几年里成了众多学人持续关注的一种现象，也许在未来数年里，会成为学人持续思考的一个话题。对于二者之间的“暧昧”，有人将其原因理解为文学史学者的转向，有人则理解为思想史这个带有学科帝国主义色彩嫌疑的学科在文学研究领域的扩张。本文拟探讨二者“暧昧”表象背后的复杂原因，并呼吁在文学研究中重视文学感受的重要意义，克服文学史写作中的“短板”，走出二者暧昧的误区。

文学史与思想史的暧昧景观

在中国，文学史与思想史的暧昧景观只可能出现在现代学术进程开始之后。因为19世纪之前，中国并没有专门的文学史著作，与文学史相关的材料仅出现在史书附设的“儒林传”、“文苑传”、“艺文志”中，文学史写作的出现，要归功于20世纪初林传甲和黄人为代表的学人在东西方影响下对文学史重要意义的认识与实际操练[③]。或许正是意识到了“文学史之于文学也，犹地图之于地理也”[④] 的重要意义，自林传甲和黄人以降，中国文学史的写作渐渐蔚为大观（尤其是20世纪后半期），“据统计，一百年来出版的各类中国文学史著竟达一千多部，算得上一门‘显学’了”[⑤]。不仅如此，中国文学史俨然成为一门学科，数量众多的学者投入到了对文学史史学的研究与建构之中。如果在中国学术期刊网，选择“中国期刊全文数据库”、“中国期刊全文数据库一世纪期刊”、“中国博士学位论文全文数据库”以及“中国优秀硕士学位论文全文数据库”，以题名“文学史”为检索项，以1995－2011年为检索时间段，我们可以获得学术论文3970篇，其中，共有111篇博士和硕士论文。如果再细分的话，在1995－1999年间，在这几个数据库里，共收录有相关的学术论文

① 教育部青年基金项目“‘打倒孔家店’‘口号’的诞生与衍化研究”（编号11YJC751101）、四川省教育厅人文社会科学重点研究基地四川郭沫若研究中心专项研究项目“郭沫若后期历史小说与初期新生活运动”（项目编号GY2011c02）。

② 张宝明：《人文学：文学史与思想史关系的再诠释》，《文学评论》2008年第2期，第163页。

③ 参见戴燕《文学史的权利》，北京大学出版社，2002年，第1－45页。

④ 吴宓：《希腊文学史·第一章：荷马之史诗·附识》，《学衡》第13期。

⑤ 鲁枢元：《百年疏漏——中国文学史书写的生态视阈》，《文学评论》2007年第1期，第181页。

715篇；在2000－2011年这11年间，就有3255篇论文发表，约占总论文数的83.5%，而前面言及的关于文学史的111篇博士和硕士论文，全都写作于这个时间段。可见，文学史史学的研究，真的正处于方兴未艾的时期。其中，对于曾占据“显学”地位的中国现代文学史来说，无论是文学史的写作还是文学史史学的探讨，都显得尤其活跃。

正是在这种氛围中，有心学者发现了文学史与思想史的暧昧景观：一方面是学者如陈平原、汪晖、张宝明等事实上转向了文学史与思想史的中间地带，在那里孜孜矻矻地耕耘着，后面还有无数跟从者，“到一些大学的中文系，感觉就如同是在哲学系、历史系或者社会学系，学生最热情谈论的不再是文学，而是政治、哲学、文化，甚至经济学。每年的文学博士硕士论文，也大都往思想史靠拢”。这些学者的研究成果“其实‘文学味’很少，满眼都是思想史与文化研究的概念”，前面提及的那些硕博论文，“即使有一点文学，也成了填充思想史的材料”①。然而很有意思的另一个方面是，有的学者认为自己是“一手多拥”②，而在另外一些学者那里，这些学者的研究被严格意义上的文学史家排斥在正宗的文学史研究之外，也被严格意义上的思想史家排斥在思想史研究之外，出现了双向的认同危机。自2001年温儒敏和赵宪章教授在《中华读书报》先后发表表示担忧的文章③开始，张宝明、贺照田、张光芒、林岗、姚新勇、栾梅健、吴兴宇等学者介入其中，一场文学史与思想史关系的讨论在现当代文学学术界展开。迄今已经发表直接相关的学术论文十多篇④，召开过一次大型学术研讨会⑤，引发了学人们对中国现代文学史观、文学史写作与编撰体例、中国现代文学史学科的未来发展与归宿等问题的思考。

---

① 温儒敏：《思想史能否取替文学史》，《中华读书报》2001年10月31日。

② 张宝明：《问题意识：在思想史与文学史的交叉点上》，《天津社会科学》2006年第1期，第122页。

③ 温儒敏：《思想史能否取替文学史》，《中华读书报》2001年10月31日；赵宪章：《也谈思想史与文学史》，《中华读书报》2001年11月28日。

④ 如温儒敏《思想史能否取替文学史》（《中华读书报》2001年10月31日）、赵宪章《也谈思想史与文学史》（《中华读书报》2001年11月28日）、贺照田《为什么转向思想史》（《中国社会科学院院报》2004年2月24日）、张宝明《问题意识：在思想史与文学史的交叉点上》（《天津社会科学》2006年第1期）、张光芒《思想史是文学史的风骨》（《天津社会科学》2006年第1期）、林岗《思想史与文学史》（《天津社会科学》2006年第1期）、温儒敏《谈谈困扰现代文学的几个问题》（《文学评论》2007年第2期）、温儒敏《现当代文学研究中的“空洞化”现象》（《文艺研究》2004年第3期）、栾梅健《让文学感觉贯穿始终》（《文艺报》2007年6月21日）、吴兴宇《思想史不能取代文学史》（《文艺报》2007年6月21日）等文章。

⑤ 此次“中国思想史与文学史”全国学术研讨会由中国社会科学院文学研究所、上海社会科学院文学研究所、华侨大学、福建省古典文学研究会联合主办，华侨大学中文系承办，于2002年元月5日至7日在福建泉州国立华侨大学举行。会议情况见徐华《“中国思想史与文学史”全国学术研讨会综述》，《文学评论》2002年第3期。

文学史与思想史的暧昧：原因探析

暧昧原因之一：学者们的华丽转身？

要探究文学史与思想史暧昧的原因，首先需要考察那些转向了的学者们在思想观念上的变化。他们华丽转身，“纷纷改换门庭，要走出学科”的原因真的如有些学者所说，只是因为他们发现“学科‘拥挤’”[①] 吗？的确曾经有过那么一段时间，人们盛传现代文学研究已经极度繁荣，几乎每个作家、每部作品都已被人研究过，因而再难“挖”出学术成果，所以，一些学者开始转向，试图用新的维度和方式来重新观照中国现代文学，这也是一种符合逻辑的解释。但是，现代文学学科是否真的已经拥挤不堪到无法容纳有学术敏感和创新才能的人才的地步？我想未必。对学者们的转向原因，我们至少可以尝试着从以下几方面来进行打量：

1. 有感于思想史或者文学史研究领域的贫弱状况

一些学者对思想史研究者在研究对象上的遮蔽性选择以及方法论上的缺陷多有微词。他们认为，当下思想史研究界多面对“某一范围内的主流经典或重大历史现象”，相应地舍弃掉了那些“非主流的、民间的、潜在的等像汪洋大海一般丰富多彩、变幻微妙的历史现象与文本材料”。另一方面，“在思想史研究的方法论上也多受实证主义传统的影响，以追踪‘实在性’为主，缺乏重构和想象的能力”[②]。而在以前很长一段时间里，思想界的研究和讨论都是由来自中国古代、现当代、历史研究界等等学科的学者担当的，所以部分中国现当代学者从思想史角度来研究中国现代文学，是在拓宽思想史研究的领地，有丰富其研究成果的意义。

还有学者认为，我们现代文学研究界的绝大多数卓有成效的研究者都是从鲁迅研究起步的，由于“以鲁迅这样一个文学家、思想家作为研究对象，自然就会产生文学史和思想史的双重研究”视野，“这些研究者以后的视野拓展本身也就意味着现当代文学自身资源的单薄与贫瘠”。由于“不满意鲁迅时代，更不满意于那个时代留下的心理阴影，于是那些学科建设的敏感者率先走向了思想史的畛域。从文学史研究走向思想史研究并不断开拓新的研究领域与视野，这充分说明那个时代需要尽快终结”[③]。换句话说，以鲁迅研究开始的学者本身就有向思想史发展的可能，而新的时代语境里鲁迅时代及鲁迅研究时代有破除的可能和必要，于是选择思想史研究成为一种必然。

2. 为了更好地研究文学史

有学者认为，由于研究者缺少对文学性本身做进一步考察和审视的能力，导致了“在如何从深层有力地把文学史研究中‘史’的部分和‘文学’部分加以有效打通方面缺少能力”，“对文学在一时代实际所居位置和所起作用，也不可能有一种真正富于启发性的分析”，所以，“相当一部分学者，他们之所以转向，并不是认为文

① 温儒敏：《思想史能否取替文学史》，《中华读书报》2001年10月31日。

② 张光芒：《思想史是文学史的风骨》，《天津社会科学》2006年第1期，第125页。

③ 张宝明：《从文学史到思想史》，《社会科学报》2004年08月26日。

学研究领域没有什么特别吸引他们的课题了，而是相反，其内在驱动力恰恰是为了更好地理解、把握和思考文学课题”，是“试图为进一步思考和审视文学性本身作准备”，故而“在根本上，不少文学研究者的思想史转向，跨学科只是其表，骨子里则是为更复杂、更有效思考文学问题进行有意识的‘曲线救国’”。而这部分学者的研究，由于“他们在把思想观念史作为切入时代人们感受世界的途径时，也揭示了不少为传统思想观念史研究所忽略、但对准确把握一时代思想和观念的史实必不可少的真实历史要素”①，因而其思想史研究成果备受学界关注和肯定。这种“曲线救国”论把对文学史的研究和提升作为终极目的，部分地道出了学者们转向的心声。

3. 因了问题意识

学者张宝明认为，“问题意识既是我们学术工作者的出发点也是归宿点。如果没有锁定问题的学术意识，那么，我们的学术工作则可有可无。进一步说，有了问题意识，我们所谓的学科也就没有了‘各扫门前雪’的‘怒目而视’。换句话说，只要有利于问题的解决，无论是哪一个学科的‘专利’都可以援用过来。假如文学内部的问题能用社会学或其他方法解释得更准确、更有力量，我们为什么要舍近求远抑或庸人自扰呢?”② 在这种问题意识前提下，由于中国现代文学与中国现代思想史本来就存在的复杂关系，所以可以认为，离开了思想史，来纯粹探讨中国现代文学，是不容易获得良好效果的。

4. 有感于中国现代文学乃至思想文化研究界内外时势因素，尤其是科际整合的影响

温儒敏先生把他的同行重又热衷于多年前摈弃的“外部研究”方法，称为一种可能的“螺旋式的变化”，认为“当然可以从时势的变化来解释”③，那么，这些学者们感受到了哪些“时势变化”，从而自以前固有的、熟悉的研究范式中抽身而退的呢?

有种观点认为，“思想史之所以和文学史纠葛，完全是因为西方批评理论的反思姿态、问题意识、学术范式、研究惯例再次‘西学东渐’到亚洲，特别是中国而形成的”④。把思想史与文学史纠葛的原因全部归咎于西方批评理论的进入，我觉得有失妥当。诚然，无论是“西方学术界对中国社会现代性起源内生性原因的考察”，“儒学与现代关系的研究”，“布罗代尔的长时段历史研究，安德森等人的‘民族国家建构’理论的影响”、“以福柯等为代表的各种后现代理论与文化批评的刺激”，还是域外“东亚研究”⑤，诸如此类的研究成果，都对中国学者研究中国现代文学史具有方法论上的启发意义，但由此不应也不能抹杀掉中国本土学者在中国语境中接受和

---

① 贺照田：《为什么转向思想史》，《中国社会科学院院报》2004 年 2 月 24 日。

② 张宝明：《问题意识：在思想史与文学史的交叉点上》，《天津社会科学》2006 年第 1 期，第 121 页。

③ 温儒敏：《思想史能否取替文学史》，《中华读书报》2001 年 10 月 31 日。

④ 林岗：《思想史与文学史》，《天津社会科学》2006 年第 1 期，第 131 页。

⑤ 姚新勇：《由“文学史”到“思想史”：原因、张力与困惑——关于由文学史转向思想史研究现象之思考》，《天津社会科学》2006 年第 1 期，第 127—128 页。

运用方面的自主性。首先，“富有成就的由文学史研究转向思想史研究的学者，基本都是20世纪50年代前后出生的人”，具有“注重看待问题时的宏观视野”、“强调揭示现象背后所隐含的意义”以及总是“自觉或不自觉地在为文学寻求非‘文学审美纯粹性’的意义支点”等特征，因此“这一代文学研究者的思想史转向至少不会有什么习惯上的障碍”，其次，“新一轮的中国社会的巨大的转型、变革”中，“中国现代文学所涵盖的时间范围”的扩大，中国思想史研究的直接进展①，以及学者们感受到的学科壁垒的存在对学术研究的束缚，都可能导致学者们对跨学科、跨专业研究的一种热切期待。一位敏感的学者曾如此说：“学科问题是目前制约学术研究的一个瓶颈。我们在总结学术史时，很容易发现，1949年之前，学科之间的界限没有分得那么细，人文学方面，出现了一批名副其实的学术大师。现在采取了‘科学管理’，各学科的界限分得非常清楚……这样的学术壁垒，无异于自我封闭，自己将自己的手脚束缚起来。”② 所以，一些学者主张要具有使我们摆脱“体制化的专业眼光和批评话语”的“公共视野”，“或将文学问题纳入新的问题系”，来对文学问题进行讨论，实现“一个双重的改写过程”，这种“自觉的跨越专业界限、学科界限的意识和眼光”，使得学者们“可能不完全被学院体制和学科体制所规训和塑造，并形成某种公共意识”③。

现在，科际整合是大势所趋。我们常常说跨学科的文化研究是应时代课题需要而诞生的一种重要的研究潮流，那么，与文化研究有相通性的思想史研究、现代文学史研究，乃至现在的历史学研究等等，在现代的时势下，要拒绝跨学科的研究范式，不说是虚妄，至少也显得有些不太现实。

综上，学者们的华丽转身不是单一的学科拥挤感造成的，而是其学术敏感和创新才能的体现，他们试图寻找的，是中国现代文学研究新的学术增长点和一种可以带来新局面的思维方式。

暧昧原因之二：文学（史）与思想（史）的必然联姻？

中国现代文学史史学的研究对象是中国现代文学史，中国现代文学史的研究对象则是具体的文学作品、文学现象、文学流派与思潮等等。中国现代文学史研究中的思想史热现象表征着文学史写作中文学性的相对淡出以及思想性的相对凸显。我们观照文学史与思想史的暧昧关系，也许可以从文学史史学与文学史各自的研究对象出发来提问，即：文学研究可以脱离思想角度的观照吗？文学史写作可以摆脱思想史的介入吗？

首先我们来看看在中国现代性进程中的文学与思想之关联。

在中国文学史和思想史上，文学与思想从来没有像在现代这么纠缠不清，这也许恰好证明了中国现代文学的非纯文学性。如果我们承认“思想史和文学史的暧昧、

① 姚新勇：《由“文学史”到“思想史”：原因、张力与困惑——关于由文学史转向思想史研究现象之思考》，《天津社会科学》2006年第1期，第127页。

② 陈平原：《历史学与文学的对话》，《学者的人间情怀》，生活·读书·新知三联书店，2007年。

③ 贺桂梅：《前言》，《人文学的想象力——当代中国思想文化与文学问题》，河南大学出版社，2005年，第7—9页。

缠绵乃至联姻乃是‘五四’新文化运动的产物”[①] 是个有其合理性的判断，那么，承认“思想与文学‘舟车之两轮’是在‘五四’新文化运动腹胎之中才真正孕育的”就应该没有问题。当时那批新文学的开创者们，轰轰烈烈进行的“打倒旧文学”、“创建新文学”的“文学革命”，其背后，正是要在思想上拥护和传播所谓的“德先生”与“赛先生”。具体到《新青年》同人来说，他们“力图将文学革命与思想革命统一起来，用发起运动的方式来促进文学革新。无论是杂志编排，还是话题设计，陈独秀等人都是希望兼及思想与文学。至于周作人的两则名文《人的文学》和《思想革命》，更是将新文化人的这一意图表述得淋漓尽致”[②]。在《思想革命》中，周作人说：“我想文学这事务，本合文字与思想两者而成。表现思想的文字不良，固然足以阻碍文学的发达。若思想本质不良，徒有文字，也有什么用处呢?”所以，“文学革命上，文字改革是第一步，思想改革是第二步，却比第一步更为重要。我们不可对于文字一方面过于乐观了，闲却了这一面的重大问题”[③]。对改革思想必须借重文学的原因，蔡元培先生在《中国新文学大系·总序》中说得简单明了：“因为文学是传导思想的工具。”[④] 这也许有强烈的“文以载道”的痕迹，但我们不得不承认，在当时，这是一个类似真理的认识。

如果我们仔细去考察中国现代的文学史和思想史，文学与思想自从在“五四”新文化运动中建立了密切关系以后，就几乎一直没有中断过。文学作品在人们思想里引发的颤动，有时甚至超过那些理论著作。事实上，“思想”不仅是 20 世纪中国文学产生的观念资源，而且也是文学演进的主要推动力。在“五四”时期，“‘思想文学化’是此一时期文学致思的主要方式”，而“‘五四’以后，革命、救亡、建设、马克思主义、爱国主义、集体主义、共产主义”是这一时期作家通过文学作品着力表现的思想主题。有人说：“现代文学之所以能够将文学的社会功能实现得淋漓尽致，成为人们心目中的一门‘显学’，主要凭借的并不是文学自身的人学本质和审美属性，而是其承载、传达的现代‘思想’观念。”[⑤] 当然，今日的我们可以对思想过分胶着于文学的现象进行批驳，但你不能否认的是，当读者们纷纷从《子夜》中读出“我们现在没有走上资本主义道路，反而更加殖民地化了”这个宏大意义的时候，让文学脱离思想几乎就是一种奢谈。

在面对与思想有着如此密切关联的文学作品的时候，我们是否能抛弃思想维度在解读作品方面的优势呢？我想，我们没有必要，也不可能，如果我们想更真切地解决作品为何建构、怎样建构、建构得如何等等问题的话。比如，研究 20 世纪 30 年代中国思想状况而不研究茅盾的小说《子夜》行吗？“《子夜》表达了当时某种很具有代表性的思想。它比那些纯理论性著作更好地显示了这种思想产生的根源及其

---

① 张宝明：《人文学：文学史与思想史关系的再诠释》，《文学评论》2008 年第 2 期，第 164 页。

② 陈平原：《触摸历史与进入五四》，北京大学出版社，2005 年，第 78 页。

③ 仲密：《思想革命》，《新青年》6 卷 4 号，1919 年 4 月 15 日。

④ 蔡元培：《中国新文学大系·总序》，胡适《中国新文学大系·建设理论集》，上海文艺出版社，1981 年，第 9 页。

⑤ 刘忠：《思想史视野中的中国现当代文学》，上海人民出版社，2006 年，第 13 页。

破绽、局限"[①]。同理，如果要研究抗战至新中国成立这段时期中国知识分子的思想状况，就不应该忽视对何其芳、丁玲、艾青、萧军等去延安后写出的文学作品的研究。如果我们要理解鲁迅当年如何"听将令"的，就不应该忽略对《药》中加上花环那个结尾的考察……陈寅恪曾以唐史证唐诗，又以唐诗证唐史，这在方法论上给我们以启发。我们在研究中国现代文学的时候，不可能拒绝对文学作品的思想的考察而纯粹关注文学作品的语言、结构等等。

接下来，我们考察中国现代性进程中文学史与思想史的关系。

"文学史"的概念和著述体裁，于20世纪初辗转传入中国，经过漫长的嬗变，文学史观念、文学史的具体写作模式、文学史的具体面貌早已经今非昔比。仅就中国现代文学史而言，就有好几种文学史观（文学史观本身就是一种思想史概念）指导下的阐释体系：从盛行于20世纪20—40年代的进化论文学史观指导下形成的进化论阐释体系，到盛行于20世纪50—60年代的阶级论文学史观指导下形成的阶级论阐释体系，到80年代出现并影响至今的启蒙论文学史观指导下形成的启蒙论阐释体系，到80年代出现并从90年代开始盛行不衰的现代性文学史观指导下形成的现代性阐释体系。与此相关，出现了面貌各异的文学史著作。但是，"文学史写作走到了今天，成为现在的这个模样，仿佛一直是在千回百转地寻找那个历史舞台上的贯串性动作。这个'动作'可叫做'进化'，可叫做'革命'、'现实主义'，也可以叫做'现代化'或'现代性'"[②]。这个"贯串性动作"，就是研究者们"从纷纭复杂的历史现象中提炼出"的"'主流'现象"，然后学者们"将其突出（实际也是孤立），认为它就可以支配全体，解释全体。无论是'进化的文学史'、'革命的文学史'或'现代性的文学史'，在这一点上都发生'同构'"。这种"主流型"文学史"最大的弊病就是必然要遮蔽许多不属于'主流'的，或误以为不是'主流'的东西"[③]。当文学史观是阶级论型的时候，我们会不断突出阶级斗争的重要意义，把革命文学、左翼文学、解放区文学作为主流，无限抬高其作家作品的地位，而相应漠视徐志摩、戴望舒、沈从文等等作家及其作品，或者把其人及其作品作为非主流甚至反主流的代表打入另册。当文学史观是现代性型的时候，我们就会把以前忽略的徐志摩、戴望舒、沈从文等请进文学史作为主流，把旧体诗词、通俗小说、新感觉派小说以具有现代性的名义拉入文学史……我们对材料的取与舍，取决于它们是否有助于我们叙述一段单一的、线性发展的历史，而在具体的写作中，过多的思想史因素渗进了"文学"史叙述，以至于文学史成了思想史长编。

在四种文学史观中，如果说"进化论还讲文体的演进；阶级论在政治第一的前提下还有艺术第二"，因而多少还有一点文学感的话，那么，"启蒙论就偏重于思想

① 王彬彬：《中国现代文学研究与中国现代历史研究的互动》，《文艺争鸣》2008年第1期，第69页。

② 吴福辉：《"主流型"的文学史写作是否走到了尽头？——现代文学史质疑之三》，《文艺争鸣》2008年第1期，第60页。

③ 同上，第61页。

了”[①]，至于现代性，“是一个思想文化的问题，具抽象性，属思想史范畴，与‘感性’的、‘鲜活’的文学存在不同。故而对现代性的研究，有用思想史取代文学史的可能”[②]。“它原先毕竟并非从文学史里，而是从思想史里总结出来的，用到文学领域后，所讨论的也偏重于文学的思想性问题，还来不及用它来深入地研究文学自身的问题，便给人以离文学渐远，又回到思想史去，甚至又回到政治问题上去了之感。”[③]在现代性文学史观大行其道的今天，我们的有些学者在观照形形色色的文学史时，产生出思想史有取替文学史的倾向这样的想法，实属正常。

此外，从学科特质来看，比较而言，纯文学更侧重于感性而不是理性，更注重于审美的规律，而文学史由于与“史”相关，更注重逻辑性、思想性、系统性，因而少不了与思想的繁杂纠缠。何况，作为文学史重要组成部分的文学思潮史、文学思想史，也偏重于思想梳理。所以我们认为，在本源上，文学史写作无法摆脱思想史的介入。

文学感受：克服文学史写作“短板”的可行路径

上面我们从研究者以及研究对象两个方面阐释了文学史与思想史出现暧昧关系的必然性，现在，我们有必要追问的是，当所有学者都以思想史研究为荣，都以在文学史里洋洋洒洒地阐释思想的历史为荣的时候，文学史学科因了“文学性”观照的缺失，还有存在的价值吗？对中国现代文学在内的所有文学学科而言，其未来和归宿在何处？

如果真有那么一天，我以为会是一场毁灭性的灾难：文学史成了思想史的跑马场，失去了作为“文学”的“历史”的本质属性，其学科独立性值得怀疑。所以，在这个意义上，温儒敏和赵宪章两位先生首先发出的担忧是非常有必要的，它实际上给了我们以警醒，不管是面对已经出现的文学史著作，还是今后思考与文学史相关的问题的时候。我们关注的不应该仅仅是著者写了什么，怎样写的，我们还应该关注写得怎样，是否立足于文学本身，将其文学性向我们敞亮了。我们有必要解答一部作品为什么能进入文学史，是因为其“史”的意义，还是“文学”的意义，并且进一步追问，如果是因为“史”的意义，那么其文学品格有何缺陷，如果是因为“文学”的意义，那么其文学成就究竟在哪里，在文学性的历史上，它居于何种位置。相应的，围绕具体文学作品的作家生平、时代背景、文化氛围以及艺术影响的研究都应该被处理为背景。只有这样，才能体现文学史对文学性的关注，使文学史书写中的这块“短板”[④]慢慢消失，使“现代文学史被沉重的思想性——可能是社会

---

① 黄修己：《论中国现代文学史的阐释体系》，《学术研究》2007年第8期，第131页。

② 李怡：《“走向世界”、“现代性”与“全球化”》，《南京大学学报》2004年第3期。

③ 黄修己：《论中国现代文学史的阐释体系》，《学术研究》2007年第8期，第131页。

④ 蔡欢江：《文学史的短板——对中国文学史书写中文学性问题的考察》，《华东交通大学学报》2008年第2期。

政治革命，可能是伦理道德，也可能是思想意识——压得喘不过气来”[①] 的现象慢慢成为过往，“无论是把文学放到文化研究或思想史的场域中考察，还是利用文化研究与思想史的方法角度理解文学史，都不是脱离文学，而是研究文学与文化、思想的互动，是从更开阔的背景中了解文学所依恃的思维方式、想象逻辑及情感特质，以及这些文学想象和情感方式如何在特定的历史语境中形成带普遍性的社会心理现象”[②]，达致“跨出文学史，又回到文学史”的良好效果。但是，要想达到这样的效果，一个有着广泛的阅读经验、较高的文学素养和高度的鉴赏能力的著者是非常必要的。在这个意义上，并不是每个从事文学研究的人都能成为文学史家。

吴福辉先生曾说，现代文学史书写的又一轮变动业已开始。他的依据是“最近发表的文学史研究的论文和有些刊物（包括本刊）纷纷组织文学史讨论栏目的动向”，认为这“有点山雨欲来风满楼的架势”[③] 了。我们可以期待新一轮的现代文学史，在著者充分注重文学感受的前提下来写作，有效摈除掉过于浓烈的思想史倾向，成为真正的“文学”的“历史”。或许只有由此出发，我们才有可能尽快解决“现代中国文学思想建设的痼疾”[④]。

（作者单位：绵阳师范学院文学与对外汉语学院）

① 吴兴宇：《思想史不能取代文学史》，《文艺报》2007年6月21日。

② 温儒敏：《现当代文学研究中的“空洞化”现象》，《文艺研究》2004年第3期，第27页。

③ 吴福辉：《“主流型”的文学史写作是否走到了尽头？——现代文学史质疑之三》，《文艺争鸣》2008年第1期，第63页。

④ 李怡：《我们在什么意义上讨论“文学感受”——主持人语》，《中国文学研究》2005年第3期，第4页。

忏悔：现代文人的自省与拷问

□ 商昌宝

“思想解放”以来，思想文化界在对“文革”、“反右”以及新中国成立之初的一系列政治运动不断反思的同时，也将反思的目光逐步转向自身。特别是作为当时政治运动的亲历者纷纷拿起笔来，共同汇聚成一股巨大的反思潮流，并在20世纪末以来达到高潮。这其中，既有李慎之、王元化、李锐、何家栋、李普、韦君宜等“一二·九”一代知识人从自身角度出发深刻反思和反省过去的道路，也有袁伟时、资中筠、茅于轼、沙叶新、刘泽华、王富仁、钱理群、徐友渔、夏中义、丁东、丁帆、李新宇、朱学勤、秦晖、崔卫平、许纪霖、徐贲、陈丹青等一大批教授、学者以思想批判和精神追问的创作和批评紧随其后，还有更为年轻的贺卫方、刘军宁、谢泳、王彬彬、傅国涌、余世存、王开龄、余杰、熊培云、朵渔等学人，在不断展开的历史叙述和反思中添砖加瓦，薪火相传。20世纪初鲁迅所呼唤的“内曜”、“心声”在世纪末的知识分子中得到呼应，钱理群所说的“精神界战士的谱系”也在一定意义上得以承续。

在这股“自省”与“追问”的反思潮流中，一部分当年政治运动的发起者、参与者进行了真正“触及灵魂”式的忏悔和检讨，一时间形成一个规模尽管不大、声势也不是很强，却具有真正“赎罪”意识的忏悔（检讨）潮流，它显然不是1949年以来所开展的持续不断的“改造——检讨”运动的继续，而是对其进行的一种否定与超越，可以说是“检讨的检讨”，在逻辑学上可称之为否定之否定，其结果很可能导致事物由量变而为质变，经历过这个过程，真相一般便会大白于天下，真理也有可能在这时产生。或许是在这股忏悔（检讨）潮流的激发和带动下，针对余秋雨等几个文化明星的思想、文化、人格的“灵魂追问”运动便应运而生。一时间，要求忏悔（检讨）与拒绝忏悔（检讨）的思想交锋成了20世纪末以来思想文化界的一件大事。这次思想交锋绝不仅限于几个文化人之间的笔墨官司，更重要的意义在于它关涉到思想文化界如何认识“文革”、“反右”、“思想改造运动”等系列“极左”政治运动，也关涉到诸如如何评估现代中国知识分子的价值和地位，如何反省自身作为社会道义承担者在历次政治运动中所扮演的角色，如何确立和坚守知识分子话语以应对主流意识形态话语和民间话语的不断挑战，如何认识具有御用文人性质的“新左派”的勃兴及其对“文革”、“大跃进”中的所谓积极、合理因素的重估，以及如何面对当下中国的政治、经济和思想文化的走向及发展趋势等20世纪悬而未决的思想文化问题。

事实上，结合20世纪80年代以来的反思潮流，对思想文化界产生的“自省

——追问”潮流进行一番梳理，便会注意到其中始终存在着这样一种“三足鼎立”的态势，即以巴金、韦君宜、邵燕祥、严秀、戴厚英等为代表的“真诚忏悔派”；以林默涵、浩然、余秋雨、张承志等为代表的“拒绝忏悔派”；还有一种是以沉默来代替回答的“骑墙中间派”。如果按照毛泽东惯用的数字理念，“真诚忏悔派”与“拒绝忏悔派”应各占5%－10%左右，“骑墙中间派”占80%－90%左右。当然，这样简单的界定与划分并不能完全揭示思想文化界的全貌，因为其中的情况太为复杂，每个个体之间都有着完全不同的特质。比如拒绝忏悔者的理由就是多样的，典型的如：我是理想主义者，我不忏悔；在中国，忏悔就要吃亏，所以我不忏悔；忏悔是个人的自由，不用你管；为我的读者着想，我不能忏悔；我不忏悔，因为只有我一个人这样是不够的；别人应该先忏悔，我不能带头；我是小人物，大人物应该先忏悔；我又不是罪魁祸首，凭什么我要忏悔；我也是受害者，我不需要忏悔；我不必忏悔，因为受害者早已宽恕了我；我是沉默者，我没有罪，所以不需要忏悔；全都是罪人，我向谁忏悔；事情已经过去了，忏悔有什么用，重要的是向前看；忏悔的后果是严重的，所以不能忏悔，而且永不忏悔……究竟是什么原因使他们选择沉默或拒绝呢？

20世纪初，孙中山曾积极推行所谓“知难行易”的思想哲学，当时遭到胡适等人的质疑，但似乎一直没有结论。不想这个问题在20世纪末再次被提起，却未经争论便产生了定论，即“知易行难”或“知难行难”。问题的根源自然比较清楚，一个个体的人，经过十几年、几十年家庭、学校、社会教育，并已形成稳定的人生观、价值观和世界观，却要在人民、革命和人类理想的强大推力和诱惑下，决然地推翻此前刚刚确立的具有人类普适意义的价值。同时，一种被宣称为全新的、领先于世界潮流的人生观、价值观和世界观也随之被推广开来，尽管它并不是那么牢靠、具体，据说可参考的切实经验也就那么一个，然而人们还是想当然地为其寻找种种借口予以描述、完善和美化，并将物理意义上的“我”及精神意义上的“我”，作为全部赌注押给一个思想一贯正确的人，说只要默默地紧紧跟随，黄金世界就会指日可待。于是这些虔诚的人开始了向左或“向右”的变速跟跑，直跑得昏天暗地、伤痕累累、再也跑不动、跟不上时，回头一看，竟然发现所谓新的、先进的、正确的、现代的、有特色的、美好的理想状态竟然是腐朽的、落后的、错误的、反现代的、非人道的、血腥的历史乌托邦，否定本身原来是荒谬绝伦的。尽管当下的现实并没有做出迅速、真正、彻底的革命行为，但是历史和现实均已严肃地表明，我们必须要否定上一次的否定，在“痛定思痛”中检讨自己，否则没有退路和出路。这一点决没有任何可商量的余地，然而在一些人那里，仍然拒绝接受这一惨痛的人间悲剧，仍在寻找各种理由以维持那个天大的谎言，甚至不惜堂而皇之或明目张胆地欺骗与暴力，以维持所谓后极权世界的长命百岁。当然，这其中要分辨清楚，因为其中确有人深陷话语陷阱而“不知”，所以固执、僵化，但也有很多看上去不“知”但实际只是装“不知”而已。

无论如何，从现实的情况来看，主动、自发地选择“痛定思痛”的人远不如当年思想“改造——检讨”运动时踊跃，无论数量、规模、声势，都与当时不可同日而语。面对这样一种不尴不尬的局面，我们不禁产生这样的疑问，在正视历史的问题上，是作为个体的人有问题，还是作为整体的民族有缺陷？20 世纪 70 年代初，时任西德总理的勃兰特在波兰访问时，面对二战期间被纳粹屠杀的犹太人陵墓，出人意料地跪了下去。邵建说："跪着的勃兰特，他的脊梁是挺直的，也就是说，他是以人的形状跪下去的，并且跪出了一种内深的人性……那跪着的身形分明高大于身边站着的所有的人。"[①] 当然，也有坚持不跪的，如在日本的非主流思想中，始终有人认为当年的侵华战争是"以优秀的日本人作为代表的亚洲黄种人对以美国为代表的白种人的宣战"。所以战败的日本，承认自己技不如人而甘愿作美国的小学生，却拒绝为战争中的亡灵忏悔，而且坚持为曾经的理想与"主义"献身的所谓"靖国英雄"实行祭拜。我们要时刻警惕这种危险的思想。有人说："在一场场大的灾难过后，人们的目光会本能地固定在记忆的灾难上，但太容易忘记灾难的民族是十分肤浅的。"[②] 朱学勤也在《我们需要一场灵魂拷问》中深刻指出："世界史上的优秀民族在灾难过后，都能从灵魂拷问的深渊中升起一座座文学和哲学巅峰，唯独我们这个民族例外。"[③] 的确，我们都曾痛心疾首地指责灾难的"史无前例"，但却从来没有听到"空前绝后"的承诺。因为问题的症结并没有得到彻底根治，所以谁也不能、也不敢保证病情不再复发，而且副作用的巨大威力和潜在威胁已让人充分领教过了。倘以此出发，进行客观的评估，我们一向固守、弘扬和引以为豪的传统文明实在禁不起推敲，因为那里边从来就没有忏悔的文化因子，从来就没有改头换面的勇气和信念，从来就没有认认真真地检讨并改过自新的履历，以至在真正需要忏悔和检讨的时候，那么多的人都表现得如此陌生和不知所措，与 1949 年开始的那场轰轰烈烈的"改造——检讨"运动相对照，简直可说是天壤之别。即如作家阿来所说："日本人不认错，根子在中国。"因为"日本文化其实从中国摹仿去了很多，包括既自卑又要面子，不反省，不认错，比如'文革'这样的罪恶，我们真正反省了么？"[④] 在这一点上，我们的确可以感受到与斯拉夫文化之间的差异，也不得不承认中国盛产的是精神维度缺席的"乐感文化"[⑤]，而并非是"罪感文化"和"耻感文化"。

中国的知识界作为一个独立的阶层开始于 20 世纪初（以 1905 年废除科举考试为起点），迄今已走过一个世纪。可以说，20 世纪的前半期，刚刚脱离专制体制控制的这一群体，在西方现代性的不断冲击和洗礼中，一定意义上确立了自身的尊严和价值。他们中的一部分确实代表了先进文化和先进生产力，在社会发展的建树和批判中起到了先锋模范带头作用，如严复、梁启超、王国维、蔡元培、黄远生等。但同时，他们中的另一部分，虽也接受了现代的洗礼，然而从娘胎里带来的专制、礼教等传统意识也始终如影随形。特别是在政治、经济体制以及思想文化体制尚不充分、健全的情况下，出现专制意识压倒现代意识的前现代文化综合征现象也就在所

---

① 余开伟编《忏悔还是不忏悔》，中国工人出版社，2004 年，第 21 页。
② 同上，第 241 页。
③ 同上，第 204 页。
④ 转引自马立诚《再谈"对日新思维"》，《南风窗》2004 年 3 月上期。
⑤ 李泽厚：《中国古代思想史论》，人民出版社，1986 年，第 306—316 页。

难免了。例如民国初年的复辟运动、新文化阵营的分裂、1928年专制政权的合法性得到普遍认可等便是明证。这其中知识分子群体多少都存在着鲁迅所说的“帮忙”与“帮闲”问题，只是这“帮忙”与“帮闲”是在一定的思想前提和道德底线之下进行的，在掌握尺度和把握火候上也还说得过去。而且不能忽视陈独秀、鲁迅、胡适、罗隆基、傅斯年、储安平等一批独立思考者的公开批判和抵制，使得那些专制者不得不做出让步和屈服，起码不敢光天化日之下披着合法性的外衣出来招摇撞骗。所以，袁世凯要当皇帝却也不敢明目张胆，曹锟为当总统也是暗箱操作的，甚至独裁者蒋介石在公开场合也高唱自由、民主，承诺在一段“军政”、“训政”之后要“还政于民”，施行民主宪政。可以说，这些事例在某种程度上为20世纪前半期的知识分子挣足了颜面。

对20世纪前半期的知识分子群体的估价如果还可以用喜忧参半、功过相抵来形容的话，那么，20世纪后半期以来的中国知识分子群体，则很难让人恭维，甚至可以说遗憾备至了。这么说，并非空穴来风，只要考察“五四”后的两代知识分子在1949年后的短暂历史中的现实表现，便可一目了然。当然，造成知识分子全军覆没、惨不忍睹的悲剧，主要原因应归罪于残酷的“极左”政治，这一点是谁都会承认的。但如果就此心安理得地将自身所应承担的责任推得一干二净，那简直就是双重惨痛、无可救药。因为，无论是在中国古代，还是有着与我们相似命运的苏联、捷克等国，都可以找出许许多多值得言说的人物和事例。我们绝不是说，在那种“极左”政治环境下，要一个个体的人去充当冲锋的战士而做无畏的牺牲，那样无异于荼毒生命。除非全体知识分子同时做战士，或许可以力挽狂澜，但那又是另外一种幻想。我们所要的是一种相对的英雄，即沉默的英雄、不说假话的英雄、不为保全自己而伤害他人的英雄、能够保有人的基本道德底线的英雄、甚至可以选择“帮闲”但不选择“帮忙”和“帮凶”的英雄……再退一步说，在政治的高压和迫害之下，所有一切违背人性的举措都应该予以理解和原谅的话，那么“新时期”以来，在政治相对舒缓的大环境下，能不能站出来对自己当年的思想和言行做个负责任的交代，应该说不是勉为其难吧。毕竟在那连续不断的浩劫之中，每一个人都有不光彩的一面，每个人也都应该为此承担责任。然而，事过境迁，能够像巴金、韦君宜、邵燕祥、牧惠那样站出来的人实在太少、少得可怜。朱学勤为此总结说：“我们生活在一个有罪恶，却无罪感意识；有悲剧，却没有悲剧意识的时代。……悲剧不能转化为悲剧意识，再多的悲剧也不能净化民族的灵魂。这才是真正悲剧的悲哀！在这片乐感文化而不是罪感文化的土壤上，只有野草般的‘控诉’在疯长，却不见有‘忏悔的黑玫瑰’在开放。”[①] 我以为，在这个问题上，我们还不能“告别革命”[②]，而要继续“投身革命”，像鲁迅那样不断革思想的命、永远革命。

事实上，“知识分子”（intellectual）这个概念在理解和使用上无论国外还是国内都具有不确定性的特点。爱德华·希尔斯主张从宽泛意义上来理解和使用，即指那

① 余开伟编《忏悔还是不忏悔》，中国工人出版社，2004年，第203页。

② 参见李泽厚、刘再复《告别革命——回望二十世纪中国》，天地图书有限公司（香港），1997年。

些从事知识的生产、解释、传播乃至于大量“消费”这些知识或管理这些知识的人。然而更多的学人则不主张这样宽泛地使用“知识分子”的概念。马克思·韦伯主张将其限于“文化瑰宝”和社会群体的精神领袖的范围。路易斯·科塞认为，知识分子必须是“为了思想而不是靠了思想而生活的人”，大学教授在此意义上也不一定是知识分子。法兰克福学派的思想家主张，知识分子“应该是每一时代的批判性良知”①。尼·别尔嘉耶夫认为“知识分子是一个不切实际的阶级，这个阶级的人们整个地迷恋于理想，并准备为了自己的理想去坐牢、服苦役以至于被处死”②。海外的华人学者也基本主张和沿袭后一种观点。殷海光认为“一个知识分子为了真理而与整个时代背离不算希奇”③。他还将知识分子与读书人作了区分。余英时认为，一个知识分子，“如果他的全部兴趣始终限于职业范围之内，那么他仍然没有具备‘知识分子’的充足条件”。他“必须深切地关怀着国家、社会、以至世界上一切有关公共利害之事”④。在国内，对于知识分子的理解和阐释也呈现出多样化的特点。20 世纪 50 年代起国家话语把上过中学甚至上过小学的都算知识分子，而现在的组织人事部门掌握的标准是具有大专以上学历。在知识精英阶层，虽然有时也存在误读、误用的现象，但在具体的论说语境下，很少有人反对“知识分子”应担当良知、正义、责任、公道和自由等公共情怀。即便是陈平原主张“为学术而学术”，也不敢否定知识分子的“人文情怀”。

相对于“知识分子”这一并不严格、明确的概念，“现代文人”的命名则富有更多的意味。说到底，“知识分了”这一概念并不属于传统中国，而是来自西方，其本身就是一个典型的现代概念，在传统中国很难找到与它完全相对应的概念，即便是“士可杀不可辱”、“士为知己者死”等颇富侠义色彩的描述，也与“知识分子”所承当的公共职责存在着精神和本质上的差异。这一点余英时等学者已作过比较精深的论述。至于“中国古代知识分子”、“传统知识分子”、“儒家知识分子”等为学者们频频使用的称谓，则大都是国粹主义的产物，目的也无非是为了表明现代西方的东西我们“古已有之”，只是使用的名称不同罢了。这也因此导致我们在使用、理解和阐释一些现代西方概念时，常常不得不为此花费笔墨作一些艰难的梳理和厘清工作。而“文人”这一概念则是地道的本土产物，其自身就是传统的化身和标志，将其与“现代”搭配虽是不得已而为之的结果，但却恰好体现和印证了现代中国以来的诗人、作家和文艺评论家的特性，即传统与现代矛盾而和谐地共生于一体。说其现代，是因为他们接受思想启蒙的同时，也确实秉承和践行了现代西方“知识分子”的社会责任和公共情怀；说其传统，是因为他们的现代思想还不够完善和彻底，头脑中还存有根深蒂固的封建意识，并不时挤压和排斥着现代意识。这一点，胡适和鲁迅就是最好的现身说法。如果在思想层面谈，他们可以说是现代中国的知识分子，因为他们的思想最接近西方，因而也最现代；但如果在现实生活层面来谈，他们又是

---

① 转引自黄平《知识分子：在漂泊中寻求归宿》，《中国社会科学季刊》（香港）1993 年第 2 期。

② 《中国文化的展望》，中国和平出版社，1988 年，第 584 页。

③ 《俄罗斯思想》，三联书店，1995 年，第 25 页。

④ 《士与中国文化》，上海人民出版社，1987 年，第 2 页。

传统文化的典型衣钵者，传统文人的仁孝观念在他们身上暴露无遗，特别是在面对婚姻和老母的问题上成为后世争说的焦点。这也使得我们在断言鲁迅和胡适彻底反传统与主张“全盘西化”等问题时，常遭到质疑和否定的一个重要原因。现代文人这种与生俱来的双重属性，决定了现代中国知识分子的两栖特点，在某种程度上说，现代文人就是现代中国知识分子的一个典型代表或是缩影和翻版。

如果对现代文人群体进行整体性评价，公正地说，“五四”一代的现代文人群体尽管还不是那么让人满意，但是如果以相对宽容的心态来做评判，无论对于救亡的民族主义者，还是坚守启蒙的自由主义者，甚或进行理想试验的阶级主义者，都还有可圈可点之处。但是1949年之后，现代文人以其群体性的拙劣表演将自身彻底葬送，以致今天在谈起文人时，言说者态度之激烈和愤恨超乎一般。2006年，德国汉学家顾彬在接受“德国之声”采访时，坦率地批评中国作家不敢直面现实，缺乏自己的声音，“胆子特别小，而且互相看不起”[①]。差不多同时，作家残雪发表长文《中国当代作家的自卑情结》，言称当代中国作家“写过两三部东西就空掉了，江郎才尽，用劣质品来蒙骗读者的比比皆是”，而且“自卑情结”极强[②]。尽管上述言论大体上属于实情，但还是引发了文坛一次不小的地震，甚至陈平原这样的学者也纷纷撰文质疑。更甚的是，1998年秋，黎鸣在余杰的新作《铁屋中的呐喊》一书的出版座谈会上，当众宣称：“中国的文人是最卑鄙下流的。”贺雄飞在摩罗《耻辱者手记》一书的序言《酋长话语》中再次引用了这个断言，并进一步批评说：“反思历次重大历史事件中，中国文人的表演，我们不难惊醒地发现：中国文人是一群缺钙的软体动物。”余杰也在其所写的序言中说：“90年代以来，中国文坛的主旋律是欺人与自欺，文人由社会的进步力量退化成帮凶和帮闲，他们左手拉着鲁四老爷、右手拉着假洋鬼子，亲亲热热如同一家人。”[③] 黎鸣在《中国人为什么这么“愚蠢”》中又说：“中国文人从秦始皇灭六国统一中国以来，就已经奠定了行为卑鄙的历史传统”，“是中华民族劣根性的最重要的载体”，是“无耻”、“无格”文化的受惠者同时又是受害者[④]。面对一次次这样的质疑、批判和否定，我们也不得不满怀矛盾、悲痛的心情来阅读和体味来自20世纪的“悼词”[⑤]，而且还要续写“20世纪中国文人的悼词”，以审视那些被封和自封的“人类灵魂的工程师”。

现代文人遭遇这样极端否定的评价，主要原因在于这个群体“缺少独立人格，缺少自信，缺少对真理的持守精神，太容易追随潮流而自我反省、自我调整、自我批判和自我改造”，“他们没有现代知识分子的独立人格，所以往往反抗也激烈，归顺也容易，今天是叛逆，明天就成了惩罚叛逆的打手，显示了与旧时代的弄臣没有

---

① 《重庆晨报》，2006年12月11日。

② 《南方都市报》，2006年12月15日。

③ 《耻辱者手记》，内蒙古教育出版社，1998年。

④ 余开伟编《忏悔还是不忏悔》，中国工人出版社，2004年，第296—298页。

⑤ 葛红兵：《为二十世纪中国文学写一份悼词》、《为二十世纪中国文艺理论批评写一份悼词》，《芙蓉》1999年第6期、2000年第1期。

多少差别的文化性格”①。正是因为他们放弃和丧失自身的现代立场，成为名副其实的传统“文人”，即依附和委身于特权阶层的“文奴”，所以必然会出现“帮忙”、“帮闲”和“帮凶”现象，而1949年以后的社会主义改造运动是这个问题的关键所在。因为在一系列的思想改造后，现代文人群体已基本放弃和丧失了独立思考以及自身所应担当的社会公正和良知的使命，沦为政治的工具或半工具，以现身说法诠释了鲁迅“做奴隶而不得”、“暂时坐稳了奴隶”的预言，而整个社会文化也因此处于一种欺人与自欺、整人与被整的简单二元对立模式中。这其中就有一个问题需要澄清，那就是“五四”以来形成的虽不算多却也不算少的现代文人群体，是如何面对思想改造运动的？也就是说，现代文人群体选择以怎样的态度、怎样的方式来面对政治暴力和诱惑，直接决定着对他们自身的价值估价。正如前面所说，这个自身现代性还不够完善的群体，在历史的考验中没有交出一份让我们说得过去的答卷，却以全体举手投降的方式——检讨，进行了全面而透彻的诠释。从当事人众多的事后回忆和忏悔、检讨的文字来看，在当时的思想改造——检讨中，确有那么多的人是真心的，他们心甘情愿地放弃“五四”启蒙所苦心经营的现代意识，甚至连人类普适性的东西也毫不吝惜地舍弃，以至今日我们仍不得不叹服当年思想改造的深度和力度，因为这种行为确实触及了灵魂，并且泽被了后世。当然，清醒的也有，他们始终没有停止思考或抗击，如陈寅恪、顾准，以及尚不能称为知识分子的张中晓、林希翎、谭天荣、林昭、张志新、遇罗克、王申酉、李九莲等，但遗憾的是，这其中竟没有一个严格意义上的文人作家。以致我们很难断言这究竟是现代文人群体的幸还是不幸？我们不应苛责那些政治运动中的逢场作戏者，也不必要求每个文人都像当年萧军为王实味、吕荧为胡风那样抱打不平，因为对于面对刺刀或翻船坠海的人来说，救出和保全自己确实是第一重要的。但是，我们也要看到，即使是在1949年后的各种政治批判运动中，有些人确实在消极应付，充当沉默的“看客”，如在批判胡风运动中，沈从文、萧干等并未表态；在“丁、陈反党集团”的30多次批判会上也有黄秋耘、陈翔鹤、蔡其矫等一言不发，而他们并未因此受到指责。况且，在1949—1957年间的历次政治运动中，并非每一次都是到了剑拔弩张、伤筋动骨、你死我活的地步。即便是到了你死我活的地步，例如“文化大革命”中批判周扬时，胡风、冯雪峰却没有因为自己受其迫害，而助纣为虐、落井下石、倒打一耙。可见，将一切问题都推之“极左”政治的大门内，并不能解决一切问题。在反思和追问悲剧的原因时，除应继续关注政治和社会等客观原因外，也不应忽略和忽视作为社会人的主观因素。而在作家主体问题的反思上，本文以为，问题的根本症结在于，现代中国虽历经三十余年的发展，但是独立之人格、自由之思想的“五四”启蒙现代性并没有演化为作家群体的本体性和终极性的精神追求和价值准则，或者说在他们思想和精神深处，传统中国的文化基因并没有随着“五四”新文化运动的冲击灰飞烟灭，而是乔装打扮，改头换面地、顽强地潜伏起来，一旦遇到合适环境，便会恣意地、不加收敛地疯长起来。这是现代中国始终面临的问题，也是始终未能解决好

---

① 李新宇：《警惕“自我批判”的陷阱》，《粤海风》1999年第1期。

的问题。诚如德国社会学家费希特所说："你们都是最优秀的分子，如果最优秀的分子丧失了力量，那又用什么来感召呢？如果出类拔萃的人都腐化了，那还到哪里去寻找道德善良呢？"[①] 我们还要问：人的思想可不可以改造？如果可以，那么被改造的人和思想能否再被改造回来？这个问题，当事人是需要也是必须做出回答的，而后来的人也要并且应该继续追问和思考下去。

回眸世纪，历史竟然清晰地呈现出三个标志性的印记。世纪初，"五四"一代学人以决绝的姿态否定了几千年的封建传统而走向现代，并试图以思想启蒙来改造国民的劣根性，确立了以"人的文学"为标志的"五四"新文化；世纪中，现代文人群体在自上而下的罢黜百家、独尊一元的思想改造中，彻底解构了"五四"以来的现代思想而回归封建传统，创造了以"吾皇万岁"与"臣罪该万死"为代表的"检讨文化"；世纪末，在无路可走的边缘世界里，"伤痕文学"的控诉使"人的文学"再次复苏和回归，以巴金《随想录》为标志的"忏悔"文化便获得再生的可能。虽然此时距1915年黄远生的《忏悔录》[②] 有一个甲子年之久，但它毕竟为现代文人群体多少挽回了一些颜面和尊严，也让我们看到中国知识分子的良心与希望。我们同时也要看到，作为一种"高等文化的象征"[③]，它的发展与壮大在被现代的中国却是那样的艰难与漫长，无论是壁垒森严、强大无比的"有物之阵"，还是"叫喊于生人中，而生人并无反应"的"无物之阵"，都是摆在其面前的一座座大山和一道道沟壑。如何将这正义的文化发扬光大，是每一个文化人都要认真面对的问题。冯至先生晚年作了一首他自称为"瓦缶"的小诗《自传》[④]，意蕴深刻和戏谑。现节录于此：

> 三十年代我否定过我二十年代的诗歌，
> 五十年代我否定过我四十年代的创作，
> 六十年代、七十年代看过去的一切都是错。
> 八十年代又悔恨否定的事物怎么那么多，
> 于是又否定了过去的那些否定。
> 我这一生都像是在否定里生活，
> 纵使否定的否定里也有肯定。

这大概就是20世纪中国大陆知识分子心灵和思想史的真实轨迹，也是留给当下的我们一个值得认真思考的迫切问题。诚如史铁生所说："忏悔精神……并不与制度

---

① 费希特：《论学者的使命》，梁志学、沈真译，商务印书馆，1980年，第41页。

② 1915年，袁世凯称帝后，欲聘当时的"报界奇才"黄远生为御用报纸《亚细亚日报》主笔，并作一篇歌功颂德的文章为其造势，陷入窘境的黄远生只好故意拖延，在威逼催讨下，写就了一篇"似是而非"、自以为"并非怎样赞成"帝制的文章以作敷衍。几易其稿后袁不满，命其重作。在"人格上争死活的最后一关"，已"再无可转身"的黄远生选择逃离北京，隐居上海，并声明"此后当一意做人，以求忏悔居京数年堕落之罪"（《致甲寅杂志记者》）。正是在这样的背景下，中国第一部《忏悔录》得以面世。

③ 苍狼：《忏悔还是不忏悔·跋》，中国工人出版社，2004年。

④ 转引自邵燕祥《惟知音者倾听》，湖北人民出版社，2004年，第133-134页。

直接相关，倒是它潜移默化地影响着制度。……忏悔，不仅使人能够反省自己的罪与恶，还能够使人独立，变官本位社会为人本位社会，这才能有民主与法制（应为法治——笔者提示），或民主与法制才有了根基。”①

（作者单位：天津师范大学文学院）

① 王克明：《史铁生与三本书》，《炎黄春秋》2012年第4期。

“士先器识然后文章”

——周作人的文章作法之三[①]

□石 坚

1932年，青年钱锺书在《中国新文学的源流》的书评中指出：

> “诗以言志”和“文以载道”在传统的文学批评上，似乎不是两个格格不容的命题，有如周先生和批评家所想者。在传统的批评上……“诗”是“诗”，“文”是“文”，分茅设蕝，各有各的规律和使命……诗本来是“古文”之余事，品类（Genre）较低，目的仅在乎发表主观的感情——“言志”，没有“文”那样大的使命……这两种态度的分歧，在我看来，不无片面的真理，而且它们在传统的文学批评上，原是并行不背的，无所谓两“派”。所以许多讲“载道”的文人，做起诗来，往往“抒写性灵”，与他们平时的“文境”绝然不同，就由于这个道理[②]。

钱锺书对于“文以载道”与“诗以言志”的上述解释无疑是符合中国传统文论的，它隐含着这样的认识，那就是：同一个人，当他放下载道之文的时候，马上就能做出言志之诗来。然而，这并不是周作人的意思。

一

周作人在写于1934年10月的一篇文章里说：“近代的人用了传统的五七言和古文辞能够做出怎样的东西呢？载道，或者是的，不过这于我没有缘分。要能言志，能真实的抒写性情，乃是绝不容易的事。高明如陆放翁，诗稿有八十卷之多，而其最佳的代表作据我看来还只是沈园柳老不飞绵等几章，其他可知矣。”[③] 这段话里至少有这样一层意思是明确无疑的，即在周作人看来，陆游的诗稿中只有“沈园柳老不飞绵等几章”称得上是言志之作。可是，为什么周作人只认为“沈园柳老不飞绵

① “周作人的文章作法之一、之二”，请参见拙文《“以不切题为宗旨”——也谈周作人的文章作法》（载《中国现代文学论丛》第四卷第1期，上海人民出版社，2009年）、《“从琐屑下手”——论周作人的文章作法》（载《杭州师范大学学报》社科版2010年第4期）。

② 钱锺书：《中国新文学的源流》，《新月》月刊，1932年4卷4期。

③ 周作人：《洗斋病学草》，《苦茶随笔》，河北教育出版社，2002年，第20页。

等几章”是言志之作呢？他所说的“言志”到底是什么意思呢？

我们不妨再拿周作人写于1932年的《姑恶诗话》来对照着看，以体会他的“言志”之意。在这篇文章里，因为陆游的姑恶诗，周作人连带提到了沈园的事情。他在抄录下陆游题沈园的那两首绝句之后写道：“这两首诗收在曾国藩的《十八家诗钞》里，虽然五十六个字没有得到一个圈，我却以为这可以见放翁的真性情，很使人感动。”给出的评价正是陆游在这两首诗里表达的是真性情，是言志。而周作人在行文中特意指出名家诗钞并不看重这两首绝句，也再次提醒我们：周作人的“言志”之意不同于传统文论。接着，周作人就毛晋从《钗头凤》里读到的“啼笑不敢之情”而进一步谈着他自己的感动说：

> 越城东南一隅原也不少古迹，怪山，唐玉潜墓，季彭山故里，王玄趾投水的柳桥，但最令人惆怅者莫过于沈园遗址。有些事情或是悲苦或是壮烈，还不十分难过，唯独这种啼笑不敢之情，深微幽郁，好像有虫在心里蛀似的，最难为怀，数百年后，登石桥，坐石阑上，倚天灯柱，望沈园墙北临河的芦荻萧萧，尤为怅然，——是的，这里怅然二字用得正好，我们平常大约有点滥用，多没有那样的切贴了。

这里，周作人在“悲苦或是壮烈”与“啼笑不敢之情”之间所做的细腻精微的区分值得我们仔细体会。与“悲苦或是壮烈”相比，“啼笑不敢之情”之所以有着最为深刻持久的力量，是因为其中有着挣扎。就如同毛晋在《钗头凤》里读出陆游“孝义兼挚”一样，母亲（礼教）的权威在陆游看来是那么的天经地义，合情合理。如果不是沈园的事情让他看到他自己的感情是那么的真挚热烈，以至于他无法遵从母亲（礼教）的权威而将它放下，那么，他可能永远都不会感受到母亲（礼教）的权威的存在。沈园的事情的意义正在于它使得陆游感受到了自己真挚的感情以及母亲（礼教）的权威对它的否定。

这层意思从整个文章的思路中更可清晰地看出。周作人再翻看了《小演雅》中收录的从宋到明清的十数首有关姑恶的禽言诗后发现，要做得好真是不容易，尤其是明清时期，诗人们的道学气越来越重，姑恶诗也因此越做越荒唐，头几个人都还只是辩称姑并不恶，或者只是小姑不好罢，到了后来两位更是搬出“子为父隐”和“臣罪当诛，天王圣明”的道理直接来教训儿妇。相比之下，宋诗人对于姑恶的话都说得不坏，如东坡石湖还能够体察人情；不过因为他们不敢冲撞礼教，所以诗里还是留有“那一套敦厚温柔的气味”。而陆游“恐怕因为有沈园的事，故不好来做正面的文章，然而那样地做却似乎更有幽怨之意了”。在将明清诗人和宋诗人、宋诗人中的东坡石湖诸人和陆游所做的这番比较中，周作人的言志之意其实已经渐渐地清晰起来：真实的性情在礼教等正统思想的束缚下是很难冒头的；即使是抒写性情，所抒写的性情符合的也是礼教等正统思想的规范，是在正统范围之内的所谓性情而已。而陆游之所以在“姑恶”的话题上能够有所突破，是因为沈园之事对他的触动实在是太深了；反过来，如果不是因为有沈园之事给予陆游如此深切的触动，那么，他也很难表达出超越礼教束缚的思想和感情。

现在，回过头再去读《洗斋病学草》里的那段话，不妨说，当周作人说“近代的人用了传统的五七言和古文辞能够做出怎样的东西呢”的时候，他的意思不仅仅是说用传统的五七言和古文辞这样的形式来言志很难，更是指出了言志本身之难，即“要能言志，能真实的抒写性情，乃是绝不容易的事”。而周作人的言志之意是：只有冲破了正统思想束缚的心声，才是言志。可见，周作人提倡言志，表彰性情，表彰的其实是对正统思想的挣脱，是反抗。

1937年4月，周作人答复包括钱锺书上述书评在内的所有对于他的载道/言志说的质疑之声说：

> 不佞从前谈文章谓有言志载道两派，而以言志为是。或疑诗言志，文以载道，二者本以诗文分，我所说有点缠夹，又或疑志与道并无若何殊异，今我又屡言文之有益于世道人心，似乎这里的纠纷更是明白了……我当时用这两个名称的时候的确有一种主观，不曾说得明了，我的意思以为言志是代表《诗经》的，这所谓志即是诗人各自的情感，而载道是代表唐宋文的，这所谓道乃是八大家共通的教义，所以二者是绝不相同的。现在如觉得有点缠夹，不妨加以说明云：凡载自己之道者即是言志，言他人之志者亦是载道[①]。

这里，“言他人之志”的说法其实是在提醒世人：我们久已没有了自己的思想和感情；我们一直将正统范围内的思想和感情当成了自己的思想和感情而不自知。比起从前“载道/言志”的说法来，“他人/自己”之别确实能够将周作人的意思表达得更明确——周作人之所以要在“载道”和“言志”之间做分别，他想说的并非文章的不同，而是人的不同：不是同一个人，当他放下载道之文之后，就能做出言志之作；而是要写出言志之作，只有首先挣脱正统思想和感情的束缚。周作人指向的是人的成长，即从一个传统的文人，长成一个“个”。这层意思，周作人后来说得更为简洁明确，即“士先器识然后文章”，并且解释说“文章与器识本来是一物之表里耳”[②]——有什么样的器识，才能写出什么样的文章；周作人从来都不会离开“人”而谈论“文”。

二

因为没有领会周作人的“言志”之意，所以在《中国新文学的源流》书评的结尾处，钱锺书还依着自己对“载道/言志”说的理解提示周作人说，明清文人中还有张大复也可纳入他的叙述脉络。钱锺书的原文是这样的：

---

① 周作人：《自己所能做的》，《秉烛后谈》，河北教育出版社，2002年，第4—5页。

② 周作人：《耳食录》，《药堂语录》，河北教育出版社，2002年，第48页。

周先生提出了许多文学上的流星，但有一座小星似乎没有“Swim into his Ken”，这个人便是张大复……他的《梅花草堂集》……我认为可与张宗子的《梦忆》平分“集公安竟陵二派大成”之荣誉，虽然他们的风味是完全不相同的。

对此，周作人在近四年之后，借着张大复《梅花草堂笔谈》重印的机会，专门撰文予以答复。我们也可以从他的答复里再次体会他的“言志”之意。周作人说：“翻印晚明的文集原是一件好事，但流弊自然也是有的……我想这最重大的是假风雅之流行。”他进一步表明他自己的态度说：“我赞成《笔谈》的翻印，但是这与公安竟陵的不同，只因为是难得罢了，他的文学思想还是李北地一派，其小品之漂亮者亦是山人气味耳。明末清初的文人有好些都是我所不喜欢的。如王稚登吴从先张心来王丹麓辈，盖因其为山人之流也，李笠翁亦是山人而有他的见地，文亦有特色，故我尚喜欢，与傅青主金圣叹等视。若张大复殆只可奉屈坐于王稚登之次……”然而现实情况是“世间读者不甚知此种区别，出版者又或夸多争胜，不加别择，势必将《檀几丛书》之类亦重复抄印而后止”。对此，他不客气地预告说，其结果将是“一新鸳鸯蝴蝶派的局面”的出现[1]。

周作人的意思很明确：如果不理解他的“言志”之意的话，那么，对于他的“言志”主张的附和将会导致“一新鸳鸯蝴蝶派的局面”的出现。因此，我们不妨反过来从周作人对于“一新鸳鸯蝴蝶派的局面”的解释里再来体会他的“言志”之意。

1927 年，周作人在答复因《语丝》里有文章谈到苏曼殊而担心会于青年有坏影响的读者来信时谈到他对苏曼殊和鸳鸯蝴蝶派的看法说：“曼殊是一个很有天分的人，看他的绝句与小品文，可以知道，又生就一副浪漫的性情，颇足以代表革命前后的文艺界的风气；但是他的思想，我要说一句不敬的话，实在不大高明，总之还逃不出旧道德的藩篱……”“曼殊思想平常，或者有点像旧日读书人……他的诗文平心说来的确还写得不错，或者可以说比一般名士遗老还要好些，还有些真气与风致，表得出他的个人来，这是他的长处。先生说曼殊是鸳鸯蝴蝶派的人，虽然稍为苛刻一点，其实倒也是真的。鸳鸯蝴蝶派的末流，诚然是弄得太滥恶不堪了，但这也是现代中国在宣统洪宪之间的一种文学潮流，一半固然是由于传统的生长，一半则由于革命顿挫的反动，自然倾向于颓废，原是无足怪的，只因旧思想太占势力，所以渐益堕落，变成了《玉离魂》这一类的东西……曼殊在这派里可以当得起大师的名号，却如儒教里的孔仲尼，给他的徒弟们带累了，容易被埋没了他的本色。”[2] 这里，有一点需要注意，那就是，在周作人的用词里，“颓废”和“堕落”是有区别的。“颓废”里是有反抗在的，“堕落”里则无。周作人之所以批评鸳蝴派的末流，是因为看到其中已没有了反抗。

颓废里有反抗在，是周作人一贯的看法，比如，在他写于 1921 年的《三个文学

---

① 周作人：《梅花草堂笔谈等》，《风雨谈》，河北教育出版社，2002 年，第 137 页。

② 周作人：《答芸深先生》，《谈龙集》，河北教育出版社，2002 年，第 92—93 页。

家的记念》里这样评价波特莱尔说："他的貌似的颓废，实在只是猛烈的求生意志的表现，与东方式的泥醉的消遣生活，绝不相同。所谓现代人的悲哀，便是这猛烈的求生意志与现在的不如意的生活的挣扎。这挣扎的表现可以为种种改造的主义……"[1] 这里有对颓废的正面解释：颓废是猛烈的求生意志的表现，是对不如意的现状的挣扎。需要注意的还有周作人对于"颓废"与"东方式的泥醉的消遣生活"的区分，后者即是"堕落"。

颓废里有反抗在，这层意思在周作人发表于1929年的《新文学的二大源流》里更为明确。在那篇文章里，周作人预言说："中国新文学的趋势，将来当分为二大潮流。用现在的熟话来说，便是革命文学与颓废派。"他解释说，当时中国的现状，"只用非人的生活一句话可以概括下去了"。对此，"除了思想感情都已变坏的人以外，大抵都抱着一种不满与不快，在这源头上就发生那两样的水苗。无论坐在废墟荒草的中间，诅咒他的敌人也罢，临着清水自己鞭挞也罢，躲到象牙的塔里去冥想，麻醉在人工的乐园里也罢，在偶像破坏这一点上我们都能够看出现代的精神，引起共鸣。他们的行为言语尽管不同，却有共通的特色，便是诅咒现制度，反抗传统，蔑视群众……倘若中国可以亡而复兴，那么这样新文学的兴起当是它的第一征候"。"我在这里要重复的声明，这样新文学必须是非传统的，决不是向来文人的牢骚与风流的变相。换一句话说，便是真正个人主义的文学才行。"后面更明确地讲道："据我的曲说讲来，革命文学在根本上与颓废派原是一致，只是他更是乐观，更是感情的……"[2] 这里，周作人将革命文学与颓废派等同看待，认为二者都源于对现状的反抗，都是非传统的。反过来看，当周作人批评鸳蝴派的末流由"颓废"而倾向于"堕落"的时候，就是说他们不再是反抗传统的。

就在《答芸深先生》一文中，还有周作人对于鸳蝴派末流的正面批评。他在结尾处回应读者的忧虑说："事实上，现今的青年多在鸳鸯蝴蝶化，这恐怕是真的。"他分析其原因之一是"上海气之流毒"[3]。而在一年前，周作人正好以《上海气》为题写了一篇文章，里面解释"上海气"说："上海气的精神是'崇信圣道，维持礼教'的。"[4] 也就是说，当他指出"现今的青年"鸳鸯蝴蝶化的倾向时，指的也是他们对传统的妥协。

概括一句，周作人之所以反对堕落的鸳蝴派，是因为在其中看到了对传统的妥协；因此当他将公安竟陵派立于鸳蝴派的反面的时候，他要表彰的其实是公安竟陵派的"言志"之作对于正统思想和感情的反抗。

---

① 周作人：《三个文学家的记念》，《谈龙集》，河北教育出版社，2002年，第16—17页。

② 周作人：《新文学的二大源流》，《周作人集外文》（下），海南国际新闻出版中心，1995年，第347—348页。

③ 周作人：《答芸深先生》，《谈龙集》，河北教育出版社，2002年，第94页。

④ 周作人：《上海气》，《谈龙集》，河北教育出版社，2002年，第91页。

三

周作人的“言志”之意是只有挣脱了正统思想感情的束缚，才有真实地抒写性情的能力。可是如果看不到这一点而附和周作人的“言志”，那么抒写的将是怎样的“性情”呢？我们不妨再从周作人的读书笔记中来进一步体会。正如周作人所说，其读古书就是一个披沙拣金的过程，他随处都在做着辨别的工作，遇到扎眼的沙粒总是随手拈出。如，1932年2月在给沈启无的信中说：“偶阅《复堂日记》，抄起关于《梦忆》及《西青散记》的两则呈览。此公是章太炎先生之师，但仍是才子也，近从杭州买得《群芳小集》，皆是咏叹京都之相公们者，今查出即系复堂手笔……《西青散记》实是江南才子一派。”[①] 在写于1937年9月的《儿时杂事》中，周作人又提到《西青散记》，说：“偶读史震林《西青散记》。此书太漂亮有才子气，非不佞所喜。”[②] 一个月后，在《扬州画舫录》一文中，再次提到谭复堂，说：“乃知天下事无不可书，只要见识趣味文字三者足以胜之，我辈平日所见者多低级的书，但知考较嗓音，赏玩脂粉耳，谭复堂之《群芳小集》尚未能免，他更不必论矣。”[③] 而在写于1同年3月的《谈笔记》一文中，周作人明确地说：“有人要问，那么是否爱那轻松漂亮的一路呢？正如有人说我必须爱读《梅花草堂笔谈》与《幽梦影》，因为我曾经称扬过公安竟陵派的文学。其实这是未必然的……”他再次提到《复堂日记》里对于《西青散记》的赏识说：“谭君于二十五年中四次赏扬《散记》，可知他对于此书确有一种嗜好，可是我却不敢附和……我看笔记也要他文字好，朴素通达便好，并不喜欢浓艳波俏，或顾影弄姿，有名士美人之气……我是不喜欢古今名士派的，故对于史梧冈未必能比张元长张心来更看得重也。《西青散记》的诗文的确写得不坏，论大体可以与舒白香《游山日记》相比，两者都是才人之笔，但《日记》似乎是男性的，有见识有胆力，而《散记》乃是女性的，拉上许多贺双卿的传说，很有点儿粘缠，容易流入肉麻一路去，还有许多降乩的女仙和显圣的关公，难免雅得俗起来了。”[④] “轻松漂亮”、“名士美人”，“文人气”的细目渐渐明晰起来。同样写于1937年的《戊戌奏稿》（1937年）一文表彰的是上书请禁妇女裹足的康有为。想到历史上有这样见识的读书人实在少得可怜，多的是赏玩小脚的杨维桢以及请求恢复裹足、重开八股取士的王渔洋之类的文人，周作人不禁说：“其余多是杨廉夫王贻上一流人物，可以坐灯棚下吹笙歌诗，醉饱而散，无从与谈人世辛苦也。”[⑤] 尤其令人警醒。

1935年，周作人在《古南余话》一文中引用了舒白香的散文《湘舟漫录》里这样一段话，将世俗心中的雅达和他心中的雅达加以区分。他说：“盖雅则贱货贵德，

① 周作人：《与沈启无君书二十五通·一〇》，《周作人书信》，河北教育出版社，2002年，第117页。

② 周作人：《儿时杂事》，《秉烛后谈》，河北教育出版社，2002年，第46页。

③ 周作人：《扬州画舫录》，《书房一角》，河北教育出版社，2002年，第141页。

④ 周作人：《谈笔记》，《秉烛谈》，河北教育出版社，2002年，第128—130页。

⑤ 周作人：《戊戌奏稿》，《书房一角》，河北教育出版社，2002年，第133页。

达则慕义轻生，故可重也。若只如世俗以诗酒书画为雅，以不拘行检为达，至于出处趣向义利生死之关，仍录录茫无择执，亦俗物耳，何雅达之有。"[①] 如果对照历来对于周作人的"言志"之意的附和和反对的两种意见，我们不难在其中看到"以诗酒书画为雅，以不拘行检为达"的态度，虽然从表面上看，它们或是附和，或是反对，是截然相反的两派声音。然而，周作人借助古人的话毫不含糊地告诉我们：雅是贱货贵德，达是慕义轻生；如果于出处趣向义利生死之关无所择执，那不过是假风雅而已。

近些年，周作人所说的"世间读者不甚知此种区别，出版者又或夸多争胜，不加别择"的情况似乎又出现了，而另一方面的质疑和反感也依然强烈。这些都是必然。不过，都与周作人没有关系，它只是反照出了我们自己身上的"文人气"而已。而这也进一步印证了周作人的忧惧：要能言志，能真实地抒写性情，对于有着深长的文人传统的中国人来说，乃是绝不容易的事。

四

关于周作人提倡言志之作的意义，还有一点需要借助鲁迅的批评来予以体会。

鲁迅对于翻印晚明"闲适小品"有一个批评，比如他在写于 1935 年 1 月的《"招贴即扯"》中指出袁中郎被画歪了："中郎正是一个关心世道，佩服'方巾气'人物的人，赞《金瓶梅》，作小品文，并不是他的全部。"[②] 又比如在说到陶渊明的时候，鲁迅指出："除论客所佩服的'悠然见南山'之外，也还有'精卫衔微木，将以填沧海，刑天舞干戚，猛志固常在'之类的'金刚怒目'式，在证明着他并非整天整夜的飘飘然。这'猛志固常在'和'悠然见南山'的是一个人，倘有取舍，即非全人，再加抑扬，更离真实。"[③] 对此，鲁迅的意见是，与其翻印这些小品文，"还不如选几部明人，清人或今人的野史或笔记来印印"[④]。

但是，正如有论者已经指出：其实，和鲁迅的观点几乎完全一致，周作人也同样看重明人小品在"性灵"之外还有"战斗"、"反抗"、"不平"的另一面[⑤]。比如为鲁迅所提到的敢于记载孙可望式的剥皮法的明遗民屈翁山，周作人就曾抄引过他的《广东新语》卷二《地语》中《迁海》一则。它记录的是清朝政府的一纸迁海令背后的血泪史。当时，为了断绝接济台湾之患，清朝政府曾经逼迫粤东滨海居民一迁再迁，致使人民背井离乡，养生无计，死者无数。周作人在抄引全文之后评价说："这一篇可以说是文情俱至了。"[⑥] "文情俱至"是周作人对文章的最高评价，而他给了这

① 周作人：《古南余话》，《苦竹杂记》，河北教育出版社，2002 年，第 87 页。

② 鲁迅：《"招贴即扯"》，《且介亭杂文二集》，人民文学出版社，2006 年，第 14 页。

③ 鲁迅：《"题未定"草·六》，《且介亭杂文二集》，人民文学出版社，2006 年，第 217 页。

④ 鲁迅：《病后杂谈》，《且介亭杂文集》，人民文学出版社，2006 年，第 176 页。

⑤ 郜元宝：《从"美文"到"杂文"——周作人散文论述诸概念辨析（下）》，《鲁迅研究月刊》2010 年第 2 期。

⑥ 周作人：《广东新语》，《苦竹杂记》，河北教育出版社，2002 年，第 106—107 页。

样一篇“时时露出感愤之气”的违碍文章，由此即可看出周作人对于“战斗”、“反抗”、“不平”的欣赏，并不输于鲁迅。

然而，强调“性灵”的一面，而不是“战斗”、“反抗”、“不平”的另一面，似乎是周作人的刻意为之。

1934年6月，周作人撰文介绍明遗民王思任的《文饭小品》。文中提到了围绕着王思任（字季重，号谑庵，又号遂东）是否死节的一场争论。张岱著《有明越人三不朽图赞》，将王谑庵收录进《立言·文学类》，附文表彰他“谑不避虐，钱不讳癖”。李慈铭对此不以为然，并且推断说张岱与王谑庵“生与相接”，但他的图赞中却没有提及王谑庵不食而死之事，可见全谢山说的没错，王谑庵并非死节。周作人却指出，张岱还写有《王谑庵先生传》一文，收在他的《文集》中，里面明确提到了王谑庵死节事；而且张岱《传》中所云与唐九经为《文饭小品》所作序言中所云正好相合。周作人还找来了王谑庵同时代的人邵廷采的《明侍郎遂东王公传》，其中引用了徐沁的《采薇子像》赞，也称赏王谑庵“慷慨从容”。周作人因此总结说：“当时‘生与相接’者之言悉如此，关于其死事可不必多疑，惟张宗子或尤取其谑虐钱癖二事，以为比死更可贵，故不入之《立德》而列于《立言》，未可知也。”① “张宗子或尤取其谑虐钱癖二事，以为比死更可贵”，这可以看作周作人的夫子自况。

那么，周作人为什么要特别强调“性灵”的一面，而不是鲁迅所谓“战斗”、“反抗”、“不平”的另一面呢？

1945年，周作人以《孔融的故事》为题写了一篇文章。文章写道，相传路粹开列的孔融的罪状之一是“与白衣祢衡跌荡放言，云父之于子，当有何亲，论其本意，实为情欲发耳。子之于母，亦复奚为，譬如寄物瓶中，出则离矣”。又或报有子杀母者，融曰，杀父犹可，而杀母乎。按正统的看法，孔融似乎是个很无情的人。而周作人却从孔融与他的孩子们的两则故事中看出孔融才真是一个蔼然富于人情之人。一则故事见于《世说新语》，据记载，孔融被抓的时候，曾向使者请求说：冀罪止于身，二儿可得全不？很是顾念孩子。一个故事见于《古诗源》，书中收有孔融的一首诗，说的大概是他幼殇的小儿子，虽然是“生时不识父”，是他外出后生下来不久死去的，可还是“尔死我念追”，从中很可以看出孔融深厚的天性来，这与路粹所述悖逆的话正是一个好的对照。周作人解释说：“两者都是真的，可以相得益彰，足以看出理知与感情兼具的哲人，只是俗人不能了解罢了。”② 这里，“相得益彰”的说法值得注意，它的意思是说，孔融之所以那么激烈地反对礼教，就因为他是个合理有情之人；因为他是个合理有情之人，他才能够看出礼教里违背情理的地方。简言之，他的反抗精神出于他对人情物理的体察。

《孔融的故事》里还提到了李卓吾对于丘坦之的怀念。在这之前，1939年5月，周作人曾在一篇读书笔记里抄引了整个故事③。周作人之所以两次提及这个故事，也是因为从中能看出李卓吾是个蔼然富于人情之人。周作人对孔融和李卓吾的故事的

① 周作人：《文饭小品》，《夜读抄》，河北教育出版社，2002年，第131—132页。

② 周作人：《孔融的故事》，《知堂乙酉文编》，河北教育出版社，2002年，第7页。

③ 周作人：《寒灯小话》，《书房一角》，河北教育出版社，2002年，第160页。

讲述，都将重心放在了“蔼然富于人情”一点上。其用意正在于指出：只有深切地体察到物理人情的人，才能够洞察到假道学偏道学的伪与矫；而对于物理人情的体察越是深切，他越是能够看到假道学偏道学的伪与矫，于是反抗也就会越激烈。

在这里，鲁迅和周作人显示出不同的落脚点：鲁迅强调的是既有“性灵”的一面，也有反抗的那一面；而周作人要说的是，“反抗”和“性灵”二者其实是一体两面的，即晚明文学中的反抗精神源于其对人情物理的体察。

而周作人之所以要特别强调“反抗”和“性灵”二者其实是一体两面的，一个重要的原因就是在我们的思想传统里，“性灵”的一面一直不被重视，甚至不被接受。在写于1945年的《笑赞》一文中，周作人介绍说，《笑赞》和《芳茹园乐府》都是东林贤者赵南星所作，由此可见其明朗通达，与平常道学家不同。然而，后人却难以接受，不惜多方为他开脱，或者说这些市井谑浪之言恐怕是别人的伪托，或者说这不过是他被贬之时绝恶佯狂之举，当不得真的[1]。这正是我们的道德传统严苛狭隘的地方，只能接受舍生取义杀身成仁，而不肯接受海阔天空天真烂漫。所以周作人对于“性灵”一面的强调，对于我们严苛狭隘的道德传统，实在是有着特别的反抗意义在。

在写于1940年的《关于朱舜水》一文中，周作人讲述了他与朱舜水的相遇。明遗民朱舜水在民国成立前后特别受国人的崇敬，作为大同乡，周作人也买得他的《舜水遗书》一部，但却一直不曾细看，因为“朱君的节义固极可钦，其学问则非我所能懂，盖所宗无论是王伯安是朱仲晦，反正道学总是不甚可解的”——这即是所谓敬而远之，束之高阁的意思。直到后来，周作人在新井白石的《东雅》中看到其中经常引用舜水的说法，这才知道他对于名物大有知识，异于一般的儒者，于是又找书来读。当周作人在朱舜水的《谈绮》卷上看到关于信函笺疏的式样、神主棺木的制法都详细图解，说到孔庙的构造，大有《营造法式》的派头时，周作人指出，舜水带去日本的书籍非常之少，别无参考，可是这里的解说却非常详尽，可见朱舜水所有的这些正统功夫，非常扎实，令人不得不佩服。而在别一方面，周作人也指出，他的常识也非常丰富，卷下辨别名物，通彻雅俗，多非耳食者所能知。周作人还介绍了舜水的门人安积觉的评价，安认为舜水自有大学问大文章，《谈绮》琐屑不足观。对此，周作人评论说：“此是正统的看法，亦自有道理，但是离开了政事与理学，要知道一个人的情性，从有些微小的事情上去看，反能明了真相，也正是常有的事。”在引用了有关朱舜水说乡语的两则记事后，周作人又说：“此二则所记，皆关于言语小事，但读了却有所得，有如小像脸上点的一个黑子，胜过空洞的长篇碑传。文集中的疏揭论议正经文字，又《阳九述略》，《安南供役纪事》等，固足以见其学问气节，但是集里的书牍九卷，答问三卷，《谈绮》三种，其琐屑细微处乃更可见作者之为人，是很有意思的资料。”[2]

在这里，周作人提出了一个观点，那就是：要知道一个人的情性，离开政事与

---

① 周作人：《笑赞》，《立春以前》，河北教育出版社，2002年，第99页。

② 周作人：《关于朱舜水》，《药味集》，河北教育出版社，2002年，第6页。

理学，从微小处去看，更能明了真相。

可是，为什么周作人要特别地考察人的情性能力呢？又为什么认为从日常行事中，而不是仅从学问气节中更能看出一个人的情性能力呢？

1920年，在文学作品的翻译集《点滴》的序言里，周作人这样说："我们平常专凭理性，议论各种高尚的主义，觉得十分彻底了，但感情不曾改变，便永远只是空言空想，没有实现的时候。真正的文学能够传染人的感情，他固然能将人道主义的思想传给我们，也能将我们的主见思想，从理性移到感情这方面，在我们的心的上面，刻下一个深的印文，为从思想转到事实的枢纽：这是我们对于文学的最大的期望与信托。"[①] 这里虽然说的是文学的作用，但是还有一点值得我们特别留意，那就是在周作人这里，他不仅要考察思想（理性）的转变，而且还要格外考察感情（事实）的转变。他认为，任何高尚的主义，只有落实在感情的层面，而不是只停留在思想的层面，才会带来真正的改变。不难看出，周作人对于思想和感情的区分有着他对于掌握了各种新式主义的新文人的观察：这些高尚的主义只停留在语词的层面，对于人，并没有任何影响。所以，除了思想方面，他还要特别考察人的情性能力。

周作人还看到，不仅外来的主义并没有真正在"人"的层面落实下来，而且，我们自己的思想传统也是一样。1936年，在《读戒律》一文中，周作人提到，相比于佛教戒律所显示出的礼意，中国人却显出不足来。他又指出，可是从前并不是这样的，至少在《论语》中，还有着很深厚的感情，只是"到了现在我们同胞恐怕是世间最不知礼的人之一种，虽然满口仁义礼智，不必问他心里如何，只看日常举动很少顾虑到人情物理，就可以知道了"[②]。这里说出的是周作人对于我们的道德传统的一个观察，那就是我们的学问气节与日常行事已经严重脱节。可是，任何学问只有身体力行，贯彻于日常行事中，才是真正的学问。否则它只是教条，而且是对人不对己的教条。

所以，周作人坚持从日常行事等小处（"性灵"），而不是从学问气节等大的方面（"反抗"）考察人的情性能力，还有一个原因就是对于学问气节等大的方面的虚伪性的警戒。

1936年，鲁迅去世之后，周作人应《宇宙风》杂志的约请写了一篇关于鲁迅的学问的纪念文章，讲了很多鲁迅小时候的琐屑事，如他对于书画和小说的兴趣，他的那些记录了很多生趣盎然的生活琐事的日记等，并且指出正是这些奠定了鲁迅"半生学问事业的倾向"[③]。这篇文章在发表的当时即遭到"青年"的指责，此后似乎也从没有得到过太多的重视，然而，它从鲁迅富有人情处去看取其所特有的平凡之伟大的视角，却为我们重建道德传统提供了很重要的启示。

1936年8月，鲁迅在病后写了一篇题为《"这也是生活"……》的文章。文中说道，他在身体略有好转之后，一个夜晚醒来，想要看看他熟识的屋子，于是唤醒许广平为他开灯，然而许广平并没有听懂。到得自己能走动了，鲁迅去翻许广平看的

---

① 周作人：《点滴序》，《苦雨斋序跋文》，河北教育出版社，2002年，第16页。

② 周作人：《读戒律》，《风雨谈》，河北教育出版社，2002年，第142页。

③ 周作人：《关于鲁迅》，《瓜豆集》，河北教育出版社，2002年，第153页。

刊物，果然发现近期的刊物讲的已经全都是可歌可泣的精华，连吃个西瓜也要教人想到我们被割让的土地。鲁迅说，我们以为平凡的枝叶都是生活的渣滓，不值得看。他告诫说："删夷枝叶的人，决定得不到花果。"① 如果联想到此后中国将道德越讲越严苛，即使偶有松动，却总是会反复的历史，那么，鲁迅去世前留下的这篇文章当有着不容忽视的意义。

这里，鲁迅和周作人走到了一起。其实正如周作人指出的，对于"五四"一代来说，他们的"反抗"根本就出于"性灵"。只是因为世事太复杂，需要每个人独自去面对，而语言又是那么的有限，一次说不尽所有的面向意思，所以他们会有显得对立的时候。可是，在挣脱自身的文人气，走向"个"的这条成长之路上，他们始终在一起。

（作者单位：深圳市第六高级中学）

① 鲁迅：《"这也是生活"……》，《且介亭杂文末编》，人民文学出版社，2006年，第142页。

钱锺书研究三题

□谢 泳

二钱与陈衍之关系

二钱是钱锺书和钱仲联。

二钱关系以及和陈衍的关系，今人李洪岩、范旭仑、刘梦芙多有关注。特别是李洪岩《钱锺书与近代学人》（百花文艺出版社，1998年）及刘梦芙《二钱诗学之研究》（黄山出版社，2007年）中涉及相关史实至详至富。二钱关系与陈衍可判断为一个问题的两面。二钱关系，刘梦芙的判断是“疏而不亲”，陈衍在二钱中间。

钱锺书亲近陈衍，一生基本不说陈衍的不是，钱仲联也尊敬陈衍，但时有微词，《梦苕庵诗话》所记甚多，对陈衍编的《近代诗钞》很有意见。陈衍选近代诗，有他自己固定的趣味，但也极重人情，当时即有许多人诟病。诗选中闽人最多，把自己儿子和厨子的诗都选进去了。汪辟疆《光宣诗坛点将录》中曾开他的玩笑，张宗扬被命为“监造供应一切酒醋一员”，评为“此脯椽也，小人张，主人衍”，并引章士钊诗说：“石遗老子吾不识，自喜不与厨师邻。”陈衍是有性情重人情的长者（钱锺书喜欢有性情的人）。其实陈衍何尝不知宗扬诗的好坏，他在《石遗室诗话》续编最后就专门说过“张宗扬读书至不多”，诗话最后一节还评论了张宗扬儿子的诗。于选诗，可认为容有不妥；于人际，则尽在情理。这可能恰是陈衍的可爱处。陈衍《石遗室诗话》续编中对二钱诗均有评价，这已为一般熟悉二钱关系者所熟知，此不具引。

1984年，钱锺书出版《谈艺录》补订本，讲到黄公度的诗时，特别补了一条：“钱君仲联笺注《人境庐诗》，精博可追冯氏父子之注玉溪、东坡，自撰《梦苕庵诗话》，亦摘取余评公度‘俗艳’一语，微示取瑟而歌之意”（该书第347页），委婉表示钱仲联和自己的看法不相同。

1958年，钱锺书著文批评钱仲联的《韩昌黎诗系年集释》，这是二钱正面相遇的唯一公开事实，钱仲联没有正面回答，但也并没有完全接受钱锺书的意见，此后的往来就是相互尊敬和客气了。范旭仑读《容安馆札记》最细，他发现其中有两句对钱仲联的刻薄语，因是私人笔记，更见真实内心。二钱关系，可能从青年时代就约有隐情，或许与陈衍相关。

钱锺书《石语》开篇说：“民国二十四年五月十日，石遗丈八十生辰，置酒苏州胭脂桥寓庐，予登堂拜寿。席散告别，丈怃然曰：‘子将西渡，予欲南归，残年远道，恐此生无复见期。’余以金石之坚，松柏之寿，善颂善祷。丈亦意解。”

陈衍八十生辰，场面极大。《梦苕庵诗话》中有对此的详细记载："乙亥浴佛日，为陈丈石遗八十寿诞。是翁老当益壮，强饭健谈，意态如五六十人。是日四方冠盖往吴门祝寿者，不下数十人。有堂会，其女弟子魏新绿演《文昭关》之伍员及《坐宫》之杨延辉，老伶工贾福堂演《捉放曹》之曹操，赵栖云演《女起解》之苏三，电影明星徐琴芳演陈宫唱《落店》，极一时之盛。"[①]

"乙亥浴佛日"是农历四月初八，公历1935年5月10日，与《石语》所记相合，可见同一天二钱都参加了陈衍的生辰。《梦苕庵诗话》描述了这个盛大场面后，用相当篇幅节引了钱锺书父亲钱基博一篇寿文，这篇寿文多是对陈衍的赞颂，但也有批评。钱基博后撰《现代中国文学史》，大体也是这个意思。陈衍认为"同光体"源自祁寯藻、程恩泽（《近代诗钞》首选祁寯藻），钱基博则以为"同光体"是由桐城派的刘大櫆、姚鼐到曾国藩一路下来，这才是"同光体"的诗学门径。这个学术见解，钱仲联和钱基博相同。所以钱仲联才说"此段论石丈诗至当，然亦不无弦外之音"。这个"弦外之音"即"观其选定《近代诗钞》，意岂不欲开户牖、设坛坫者。何意嗣响无人，遂贻论同光体者以数典忘祖之讥"[②]。

钱锺书喜欢陈衍，除了个人交往和个性方面的原因外，与他们二人均喜"谈艺"相关。钱锺书的特点是特别善于从中外大量文学艺术活动以及人类的一般精神活动中总结规则，发现相同或者相异的现象并进行深入阐释。此点与陈衍的艺术趣味接近，当然也与陈衍在当时中国诗坛的地位相关。《石遗室诗话》实为中国近代诗史，当时各派大小诗人刊印诗集，多数有陈衍题签题词和序文，此点钱锺书也未能免俗。

陈衍当时每周往无锡国专讲学一次。《梦苕庵诗话》记载："石遗丈老矣，而精神矍铄，卜居吴门胭脂桥。每来复日，犹能来无？锡国学院讲学，与唐蔚师有同年之谊也。丈故学者，诗特余事。然所著《石遗室·诗话》三十二卷，衡量古今，不失锱铢，风行海内，后生奉为圭臬，自有诗话以？来所未有也。近于三十二卷之外，复有续辑。海内诗流，闻石丈续辑《诗话》，争欲得其一言以为荣。于是投诗乞品题者无虚日，至有千余种之多。以杖朝之年，而办此苦差，名之累人如此。"[③]

陈衍评价钱锺书时说过："钱默存近作，余已略话一二，兹得其所印今年初刊诗一小册，有甚工者数首。"此即指钱锺书当时自印的《中书君诗初刊》，可判断为是钱锺书送给陈衍指正的。钱仲联对陈衍的看法却很复杂，他认为《诗话》续编中"前编所未收者，多见于此编"，也一一指出了许多人，包括他自己和王蘧常，但没有提钱锺书的名字。钱仲联接着说："欲知近十余年来诗风者，于此求之足矣。丈自言海内诗人奇到之集，已阅过者，殆满一间屋，而架上案头，有已选佳句不及收入者，尚不可胜计。限于时间与篇幅，徒呼负负。俟补《续近代诗钞》时，当次第收入云。丈谓余诗多隽句，雅似其乡何梅生，又甚似海藏。此则丈但见余已刻之《二仲诗》，故为此言。后此所作，风格大变，殊不愿在闽人门下讨生活也。"这后一句话，对陈衍的不满溢于言表，似也可读出一点言外之意，陈衍喜欢钱锺书。

① 张寅彭主编《民国诗话丛编》第6卷第284页。
② 同上，第285页。
③ 同上，第272页。

二钱均为中国极有成就的大学者，但治学趣味有异，为人处世不同，彼此尊重，但也时显个性。知二钱与陈衍关系亲疏，也可略见近代中国诗坛人事之复杂及趣味之高雅。

钱锺书的“代笔”之作

国内关于钱锺书早年文字生涯的史料线索，多数是范旭仑、李洪岩、刘桂秋等几位学者最早给出的，虽然当时因为发现史料的条件有限，下结论和判断非常谨慎，但现在看来，他们的判断多是准确的。比如钱锺书为其父钱基博“代笔”一事，刘桂秋《钱锺书为钱基博“代笔”考》一文，坐实了五篇钱锺书的“代笔”之作[①]；李洪岩《智者的心路历程》所举三例，当时二例可以坐实，而认为《箫心剑气楼诗存·序》也是钱锺书手笔，未下确切断语。李洪岩抄录原序后说：“请读者来判断这篇序是不是钱锺书的作品，我们这里不下结论。”[②]

《箫心剑气楼诗存》是无锡孙颂陀的诗集，孙颂陀名肇圻，字北萱，号颂陀、蒲石居士，是钱基博的表兄，工书善画，精于诗词，晚年避居上海，著有《箫心剑气楼诗存》等诗文集，另有《箫心剑气楼纪事诗》一卷，1943 年铅印，此集由其兄孙保圻作序，以律诗叙生平，实为诗传，我曾在旧书肆购得一册。据孙颂陀诗中注释，他当时还有《癸丁剩稿》、《劫余草浣》、《蒲抱石轩诗稿》、《春水词》、《蒲石词》、《朴园笔记》等未刊著述。

《箫心剑气楼诗存·序》作于 1931 年，署名钱基博，据傅宏星《钱基博年谱》说，曾在无锡当地报纸刊出过。李洪岩判断为钱锺书“代笔”之作，主要依据是序言对中国古代诗歌的独特见解，完全符合钱锺书的观点和文风。李洪岩引述原序中有这样一段：“窃见近世之称诗者，多诵西江，其不然者，高谭盛唐。然而诵西江者，以主生涩为奥峭，而不知弓燥固贵乎柔。言盛唐者，以庸肤为高亮，而不知大含尤蕲细人。斯诚诗道之穷，莫若捄以清新，清则不涩，新则不腐。……然而清新之过，其敝为滑易，袁枚是也。诚以为宋贤黄、陈之前，先以宛陵、荆公，由凄婉出清新，斯不涉于倾泻。唐贤李、杜而外，饶以右丞、孟氏，由清新得深远，乃不失之寒俭。工而入微，迹象浑然。”

陈声聪《兼于阁诗话》中有一节《孙颂陀》，也引了《箫心剑气楼诗存·序》中此段。陈声聪对孙颂陀诗的评价是“诗近平衍”，而对那篇序言却大加赞赏，认为“序文极高朗，论诗宗旨，尤契我心”[③]。陈声聪在文章最后说：“钱氏自谓不能诗，顾乃眼力过人，所论尤深中清季诗人之弊。”

陈声聪对中国近代诗坛艺文、掌故极为熟悉，阅尽沧桑，见多识广，本是诗人，又与老辈多有交往，他对这篇序言的评价，换个角度，可以理解为是出自钱锺书手笔的一个旁证，至少是一种判断角度，因为此等识见，出自钱锺书手笔更顺理成章。

---

① 见王玉德主编《钱基博学术研究》，华中师范大学出版社，2008 年，第 39 页。

② 李洪岩：《智者的心路历程》，河北教育出版社，1995 年，第 71 页。

③ 陈声聪：《兼于阁诗话》，上海古籍出版社，1983 年，第 201 页。

1934年，钱锺书自印《中书君诗初刊·跋》中曾说："旧作答颂陀丈有云：不删为有真情在，偶读如将旧梦温。"可见钱锺书对孙颂陀的感情。有这样的感情，为其诗集代写序文，当是情理中事。

钱锺书的科举观

我印象中，20世纪90年代前，中国社会一般观念中，极少赞美科举制度，一个经典的例子是由国文到语文教材中，《范进中举》始终是入选篇目，这不是偶然的，在相当大程度上体现了国人对科举制度的基本态度，这个影响至今还存在于人们的普通观念中。20世纪90年代后，主要是在学术界，更多提到的则是科举制度的好处，而对它的坏处则很少议论了。

凡一种制度在稳定周期内长期存在，必是好处多于坏处，因为人类智慧一般是择善而从。1905年，科举为新教育制度取代，也说明这个制度本身的历史终结，表明这种制度的坏处多于好处了，这个大判断，一般不会因为小事实而改变。科举是在端方和张之洞手中废除的，而他们恰是科举中最成功的士人，他们看清了历史的大势。从隋唐创立科举制度到晚清废止，一千多年间，这个制度在不同的时期本身也在变革，但变到最后，依然逃不出终结的命运，这是时代使然，没有办法的事。

科举制度最为人称道的好处有两点，一是相对公正，为所有读书人提供了平等向上流动的制度保障；二是知识训练和道德养成合一的教育方式，让读书人的荣誉感真正成为一种内心需求。齐如山在《中国的科名》一书中曾讲过，明清两朝，进士出身的官员中，贪官污吏较少。唐代名相刘晏的著名判断是"士陷赃贿则沦弃于时，名重于利，故士多清修；吏虽廉洁，终无显荣，利重于名，故吏多贪污"。宋代名相王曾对流内官与流外官的著名论断为："士人入流，必顾廉耻；若流外，则畏谨者鲜。"

不管怎么说，科举废除后，一般的历史观察还是认为这个选择顺应了历史潮流，如今想从科举中发现好处的用心可以理解，但想要挽回这个制度的心理则不免迂腐了。

钱锺书对科举制度的判断非常鲜明，以为荒唐处甚多，这并不意味着他不知道这个制度在不同时期、不同阶段里的好处，而是他更多看到了这个制度的坏处。钱锺书从不说科举的好话。他在《谈艺录》中，对学业与举业多有议论。他的明确评价是："古代取士有功令，于是士之操术，判为两途。曰举业，进身之道也；曰学业，终身之事也。苟欲合而一之，以举业为终身之学业，陋儒是矣；或以学业为进身之举业，曲儒是矣。"①

1935年，钱锺书在苏州和陈石遗聊天，记为《石语》。陈石遗是举人出身，他说："科举之学，不知销却多少才人精力。今人谓学校起而旧学衰，直是胡说。老辈须中进士，方能专力经史学问，即令早达，亦已掷十数年光阴于无用。学校中英算

① 钟锺书：《谈艺录》，中华书局，1996年，第353页。

格致，既较八股为有益，书本师友均视昔日为易得，故眼中英髦，骎骎突过老辈。当年如学海堂、诂经精舍等文集，今日学校高才所作，有过无不及。以老夫为例，弱冠橐笔漫游，作幕处馆，穷年累月，舍己耘人，惟至欲动笔时，心所疑难，不得不事翻检。然正以无师自通，亦免于今日学生讲义笔记耳学之弊焉。”[①]

钱锺书此处下一批语：“所见先辈中，为此论者，惟丈一人，通达可佩，惜学校中人未足当此也。”

钱锺书在《谈艺录》中还引徐震《照世杯》第一种《七松园弄假成真》的话：“原来有意思的人才，再不肯留心举业……那知天公赋他的才分，宁有多少，若将一分才用在诗上，举业内便少了一分精神；若一分才用在画上，举业内便少了一分火候；若将一分才用在宾朋应酬上，举业内便少了一分工夫。所以才人终身博不得一第，都是这个病症。”[②] 此段意思和陈石遗所见完全相同，足证钱锺书对科举的观念。他把这种观念带到了《围城》及他的一切文字中。

钱锺书对博士的看法，可以理解为是对科举的另外一种评价。他说方鸿渐到了欧洲：“第四年春天，他看银行里只剩四百多镑，就计划夏天回国。方老先生也写信问他是否已得博士学位，何日东归。他回信大发议论，痛骂博士头衔的毫无实际。方老先生大不谓然，可是儿子大了，不敢再把父亲的尊严去威胁他；便信上说，自己深知道头衔无用决不勉强儿子，但周经理出钱不少，终得对他有个交待。过几天，方鸿惭又收到丈人的信，说什么：‘贤婿才高学富，名满五洲，本不须以博士为夸耀。然令尊大人乃前清孝廉公，贤婿似宜举洋进士，庶几克绍箕裘，后来居上，愚亦与有荣焉。’方鸿渐受到两面夹攻，才知道留学文凭的重要。这一张文凭仿佛有亚当、夏娃下身那片树叶的功用，可以遮羞包丑；小小一方纸，能把一个人的空疏、寡陋、愚笨都掩盖起来。”[③]

这是钱锺书间接的评价，还有更直接的。方鸿渐和唐小姐说：“现在的留学跟前清的科举功名一样，我父亲常说，从前人不中进士，随你官做得多么大，总抱着终身遗憾。留了学也可以解脱这种自卑心理，并非为高深学问。出洋好比出痘子，出痧子，非出不可。小孩子出过痧痘，就可以安全长大，以后碰见这两种毛病，不怕传染。我们出过洋，也算了了一桩心愿，灵魂健全，见了博士硕士们这些微生虫，有抵抗力来自卫。痘出过了，我们就把出痘这一回事忘了；留过学的人也应说把留学这事忘了。像曹元朗那种念念不忘是留学生，到处挂着牛津剑桥的幌子，就像甘心出天花变成麻子，还得意自己的脸像好文章加了密圈呢。”[④] 《谈艺录》中也引过《儒林外史》第十一回鲁小姐的话：“自古及今，几曾见不会中进士的人可以叫作名士的。”

《宋诗选注》序言中对宋代科举制度的评价是“又宽又滥开放了作官的门路”。书中介绍文天祥早期的诗，认为大部分草率、平庸，都是些相面、算命、卜卦的，

---

① 钟锺书：《石语》，中国社会科学出版社，1996 年，第 42 页。

② 钱锺书：《谈艺录》，中华书局，1996 年，第 355 页。

③ 钱锺书：《围城》，人民文学出版社，2003 年，第 9 页。

④ 同上，第 81 页。

顺便说到“比他早三年中状元的姚勉《雪坡舍人稿》里有同样的情形，大约那些人都要找状元来替他们做广告”[①]。钱锺书提到科举、状元一类人事，向不以为然，似可见出他对科举制的基本判断。

（作者单位：厦门大学文学院）

① 钟锺书：《宋诗选注》，人民文学出版社，1958年，第311页。

反抗与浸染：鲁迅与怨恨

□张 克

拙文《怨恨及其表达：鲁迅的“国民性”批判》（载本刊第11辑，2012年）援引怨恨现象学的理论资源重新审视了鲁迅的“国民性”批判。本文接续前文，就鲁迅本人正有着怨恨式的精神类型这一诘问做出回应。从鲁迅身处的境遇、个人的生命历程，到所倾心的情感方式及其表达方式、艺术癖好……都似乎足以使我们得出怨恨的毒害同样侵蚀着鲁迅心灵的结论，个中情形究竟如何，还需要细究踏勘，谨慎分析。

一、反抗怨恨

先看鲁迅之于现代中国的怨恨境遇。前文曾提到北冈正子注意到的鲁迅“不在奴隶及其主人关系的主从位置转化中寻求救国之道，而在以人类精神进化为基调的新价值体系的创造中寻找出路”的做法。鲁迅旨在通过对人的精神重塑，即建立起一种现代人格的意志力量来回应现代中国的民族危机：“是故将生存两间，角逐列国是务，其首在立人，人立而后凡事举；若其道术，乃必尊个性而张精神。”[①] 对鲁迅这种以“立人”为核心的早期思想，如今人们给予的溢美之词可谓多矣。但也应该看到，“立人”从来就不是在一种没有特定文化土壤的真空中进行的，如果没有适宜的文化土壤，也只能是一种浪漫心灵的想象而已。鲁迅本人不就痛心“个人一语”进入中国的变形[②]、“新潮之进中国，往往只有几个名词……”[③] 的现实吗？而中国的文化土壤呢？在鲁迅看来，不过是一“黑色染缸”而已：“每一新制度，新学术，新名词，传入中国，便如落在黑色染缸，立刻乌黑一团，化为济私助焰之具，科学，亦不过其一而已。”[④] 一个缺乏现实文化土壤支持的方案一方面显现了他对现代中国怨恨境遇的超越，而另一方面又何尝不是过于高远的迂回呢？甚至从鲁迅阐述自己的“立人”思想的那个时期对各种以“进化论”为理论根基的“恶声”的攻击里，也不难看到怨恨心理的影影绰绰。况且，“立人”的核心应是建立一种现代意义上的

---

① 鲁迅：《坟·文化偏至论》，《鲁迅全集》第1卷第57页，人民文学出版社，1981年。

② 同上，第50页。

③ 鲁迅：《译文序跋集·〈现代新兴文学的诸问题〉小引》，《鲁迅全集》第10卷第291页，人民文学出版社，1981年。

④ 鲁迅：《花边文学·偶感》，《鲁迅全集》第5卷第480页，人民文学出版社，1981年。

个人人格，一个强大的充盈着生命力的“自我”意识，但“自我”真的就可以作为人的生命的坚固的支点吗？不必援引西方后现代哲学对“自我”、“主体性”解构的众多理论，鲁迅在1925年的《导师》一文中明明白白告诉我们：“我现在还想斗胆转一句，虽然有些杀风景，就是：自己也未必可靠的”，“或者还是知道自己之不甚可靠者，倒较为可靠罢”①。笔者认为，恰恰是鲁迅构建的这种深刻然而迂远的理想方案加重了他对现实中国认知和体验中的悲观和绝望。所以，那种仅仅以“立人”思想来统摄鲁迅全部思想的做法并不令人安宁。当然，鲁迅关于“要中国得救”，如何获得中国的“主体性”，还有着种种的表述，但总体上是在两个方向上：在否定性的方向上就是要从根子上改造国民性，正面的回应就是提倡“拿来主义”。

鲁迅的“拿来主义”，心仪的是汉唐因强健而闳放的气魄：“汉唐虽然也有边患，但魄力究竟雄大，人民具有不至于为异族奴隶的自信心，或者竟毫未想到，凡取用外来事物的时候，就如将彼俘来一样，自由驱使，绝不介怀。一到衰弊陵夷之际，神经可就衰弱过敏了，每遇外国东西，便觉得仿佛来俘我一样，推拒，惶恐，退缩，逃避，抖成一团，又必想一篇道理来掩饰，而国粹遂成为孱王和孱奴的宝贝。”② 鲁迅对“汉唐”的“遥想”和对“一到衰弊陵夷之际”的描写，让人联想起上文提到的舍勒借用西美尔的“雅人”和“俗人”的概念对基于人的价值体验结构的不同而划分的两种大的精神类型。“汉唐”就像“雅人”一样拥有着价值自信，而“一到衰弊陵夷之际”的时代势必会产生文化心理上的怨恨现象。鲁迅的这些分析不可谓不深刻，但笔者以为还没有真正解决处在怨恨情境中的现代中国的主体性的建构问题。因为我们感到困惑的问题是，“汉唐”的“闳放”怎么就会变成了后来的处于“衰弊陵夷”中的卑怯了呢？按照鲁迅的理解，这和“我们生于大陆，早营农业，遂历受游牧民族之害，历史上满是血痕……”③ 有关。这应是对历史的进程中弱肉强食的原则的点醒。这不也正是鲁迅所说的“中国人对于异族，历来只有两种称呼：一样是禽兽，一样是圣上”④ 吗？“汉唐”的“气魄”难道不也是视异族为较弱的“禽兽”时的那种“圣上”的感觉吗？如果说“汉唐”的魄力毕竟是以它的实力为支撑的，而处于“衰弊陵夷之际”的衰败的中国，该怎么办呢？诚如鲁迅所说，“我想，要中国得救，也不必添什么东西进去，只要青年们将这两种性质的古传用法，反过来一用就够了：对手如凶兽时就如凶兽，对手如羊时就如羊！”⑤ 但没有实力的支撑却梦想能采用这种和实力相应的处理方式恐怕没那么简单。在接受严复的进化论的过程中，鲁迅已经不满这种以西方的“学理”形式出现的想在奴隶及其主人关系的主从位置转化中寻求救国之道的“保卫汉种的话”（前文引章太炎的用词），但鲁迅的困境正在于他试图超越这种弱肉强食的原则而不能，笔者在前面提到的鲁迅的那种“既与现代中国的‘怨恨境遇’同步振荡又对其反抗”就是这个意思。

---

① 鲁迅：《华盖集·导师》，《鲁迅全集》第3卷第55—56页，人民文学出版社，1981年。
② 鲁迅：《坟·看镜有感》，《鲁迅全集》第1卷第198页，人民文学出版社，1981年。
③ 鲁迅致尤炳圻的信，《鲁迅全集》第13卷第683页，人民文学出版社，1981年。
④ 鲁迅：《热风·随感录四十八》，《鲁迅全集》第1卷第336页，人民文学出版社，1981年。
⑤ 鲁迅：《华盖集·忽然想到》，《鲁迅全集》第3卷第61页，人民文学出版社，1981年。

笔者认为没有什么放之四海而皆准的现代民族国家的主体性的建构方法，但是每一种方法和特定的境遇却必须有着内在的关联。如果说严复的“进化论”是直接回应衰败中国的“怨恨境遇”的话，鲁迅则体现出另一种较为复杂的情状。在个体层面上，就其核心来讲，鲁迅是在咀嚼自己的失败感甚至是绝望感中反而拒绝失败、绝望进而建立起自己强大和自由的主体性的。竹内好把鲁迅的这一做法上升到东方世界在回应强势的西方的过程中如何实现自身的现代化的一种模式：“通过反抗，东方实现了自我现代化。”

反抗的持续即意味着失败感的持续。欧洲每前进一步，东方便后退一步。这种后退是伴随着反抗的后退。这种前进和后退在欧洲看来是世界史的进步和理性的胜利。而这一切在持续的失败感中通过反抗运用到东方身上时，这种失败就变成决定性的了。也就是说，东方的失败是在失败感中被东方发现自己的。

失败在失败感中被发现是经历了一个过程的，而持续的反抗则是它的条件。没有反抗就还会产生失败，即使有了反抗，如果不持续下去也不会产生失败感。失败只是一次性的东西。失败这个一次性的事实和自己处于失败中的感觉是不直接发生联系的。毋宁说，失败是引导自我忘却失败的事实，使自己再次面对自我，因此决定了更多的失败，所以在这种情况下不会产生失败感。失败感是在因否认面对自我再次失败而产生的又一次抵抗过程中被意识到的。因此这种反抗具有双重性，即拒绝失败和拒绝承认失败，或者说是忘却失败的反抗①。

竹内好指出的这种立于失败感上的做法是一种极为特殊的处于弱势的“怨恨境遇”中的做法。失败感就是舍勒所说的那种“无能的体验”，但它与真正的怨恨的分道扬镳处却恰恰在如何对待这种“无能体验”的方式上。怨恨始于这种“无能的体验”，但它并不承认这种体验本身，而是试图以各种隐忍的、价值幻化的借口和手段来抑制它。相反，这种立于失败感上的反抗并不压制这种失败感，持续性的反抗恰恰还得以这种失败感为前提，在失败感与反抗的动态互动中拒绝的其实是失败的命运本身。鲁迅这种对现代中国的怨恨境遇的回应，一方面使他的“失败感”深深地打上了怨恨境遇的烙印，可以说只要现代中国所处的弱势的地位不发生根本的变化，这种失败感的存在就是不可避免的。对那些试图以各种借口掩饰这种弱势的“怨恨境遇”和“失败感”的做法，鲁迅都极尽攻击之能事，他要最入骨地呈现出这个实存的生存现实本身，打破人们“瞒”与“骗”的迷梦。而另一方面，正是对这种失败感的赤裸裸的、刻骨铭心的体认而非卑怯的掩盖又使鲁迅避免了陷入到怨恨心理的泥沼中，这无疑充满着吊诡。笔者忧心的是，随着当下中国经济实力的累积，在所谓大国崛起梦想的鼓舞下，人们还能体味鲁迅的这种“失败感”吗？

二、怨恨的浸染

从鲁迅的个人生命经历上看，他简直具备形成怨恨心理的各种条件。因少年时

---

① 竹内好：《何为现代——就日本和中国而言》，霍颖译，录自张京媛主编《后殖民理论与文化批评》第448页，北京大学出版社，1999年。

的家庭变故其幼小心灵所遭受到的侮蔑和创伤，鲁迅一生都难以释怀，这也成为了他的文学世界中内在的情绪源泉。他对此也毫不忌讳，譬如说他也承认自己对中医的偏见里就有着“私怨”：“到现在，即使有人说中医怎样可靠，单方怎样灵，我还都不信。自然，其中大半是因为他们耽误了我的父亲的病的缘故罢，但怕也很挟带些切肤之痛的自己的私怨。”[①] 而他青年时期在日本对浪漫主义文学的喜好也让我们想起前述舍勒关于浪漫型心灵多怨恨的论述。更重要的是在这一时期还发生了影响他一生的事件——《新生》杂志的失败。如果说他的学医还受着日本明治维新大半发端于西方医学这样一个外在事实的影响的话，创办《新生》则是他真正第一次寻找自我价值实现方式的行动。事后鲁迅对《新生》的失败的不断咀嚼产生了别样的“寂寞”：

我感到未尝经验的无聊，是自此以后的事情。我当初是不知道其所以然的；后来想，凡有一人的主张，得了赞和，是促其前进的，得了反对，是促其奋斗的，独有叫喊于生人中，而生人并无反应，既非赞同，也无反对，如置身毫无边际的荒原，无可措手的了，这是怎样的悲哀呵，我于是以我所感到者为寂寞。

这寂寞又一天一天的长大起来，如大毒蛇，缠住了我的灵魂了[②]。

鲁迅对这种寂寞的形象化——如“大毒蛇”似的缠绕，多么契合前文引述的舍勒在描写怨恨的自我心灵毒害时关于激情受挫之时，“紧缩拢来，宛如缩成一团有毒物质，形成一个毒源”的一段描写。此后至“五四”运动的长达十年的过程中，鲁迅中间虽有辛亥革命时的兴奋和激动，但就其整体来说，他一直处于这种“寂寞”的心境中。在古籍的钩沉和校勘中，在佛教义理的浸染和麻醉自己灵魂的平常日子里，他原本激越的批判热情无疑是在不断的压抑中隐忍了下来。他的无爱的婚姻、兄弟不和的家庭生活均充满了“怨恨境遇”所具有的形式特征。不用讳言，鲁迅在前引《寡妇主义》中对“不得已而过着独身生活者”的阴毒的怨恨心理的深入分析也应该有着自己的滋味在里面。他和朱安女士形式上是婚姻关系，而实际上自己却过着独身生活。1919年他对一首不相识的少年寄来的题为“爱情”的诗的激烈反映让人嘘唏不已。他老实承认“爱情是什么东西？我也不知道”，他给予了“本来也没有罪，做了旧习惯的牺牲”的女性一方充分的理解，他选择的道路里有着惨烈的隐忍、压抑和痛苦：

我们既然自觉着人类的道德，良心上不肯犯他们少的老的的罪，又不能责备异性，也只好陪着做一世牺牲，完结了四千年的旧帐。

做一世牺牲，是万分可怕的事；但血液究竟干净，声音究竟醒而且真[③]。

---

① 鲁迅：《坟·从胡须说到牙齿》，《鲁迅全集》第1卷第249页，人民文学出版社，1981年。
② 鲁迅：《呐喊·〈呐喊〉自序》，《鲁迅全集》第1卷第417页，人民文学出版社，1981年。
③ 鲁迅：《热风·随感录四十》，《鲁迅全集》第1卷第322页，人民文学出版社，1981年。

至于鲁迅与周作人之间从兄弟怡怡到反目成仇，“成为参商”，以致鲁迅晚年坚执“一个都不饶恕”[①] 的过程中，多少心灵的创伤、多少愤怒的隐忍、多少心灵的自我毒害是怎么估计都不过分的。笔者的直觉是，鲁迅的小说《弟兄》原本可以给这种情绪的宣泄提供一个较为直接的渠道，但是鲁迅过于理性的控制使这篇小说只以梦境的形式提供了几片思绪碎片而已，而这只能是内心世界的冰山一角。周作人倒是认为鲁迅宣泄自己这种情绪的是他的小说《伤逝》。《伤逝》里涓生对子君惨烈的忏悔中有着难以隐忍的为自己的命运选择辩解的痛苦，同时又直接揭露出了自己在命运选择时不能承受压力、将其转移至子君的懦弱和卑怯。这是一种怨恨和忏悔的奇特结合，或许是周作人从中看到了鲁迅身上的某些面影吧，也或许是他从中得到了自己心灵所需求的东西吧，他又何尝不是一个怨恨之人呢?

鲁迅在“五四”新文化运动中集深沉与激越于一身的文风与他长期的“寂寞”有着莫大的关系。自“五四”新文化运动起，鲁迅在其落潮时，在其转向为革命文学的过程中，在20世纪30年代围绕着文学与政治和左翼文学作家、自由主义知识分子、国民党御用文人的论争中，莫不体验着他的寂寞、他的愤恨和他的文字的无力。总而言之，似乎怨恨的毒液要将他坚强的心灵侵蚀殆尽。鲁迅在《野草·希望》中有这样的文字：“倘若我还得偷生在不明不暗的这‘虚妄’中，我就还要寻求那逝去的悲凉漂渺的青春，但不妨在我的身外。因为身外的青春倘一消灭，我身中的迟暮也即凋零了。”[②] 这种身体内外之间的奇特关系同样让我们想起前引舍勒笔下怨恨的心灵自我毒害导致的身体的负性特征。

就鲁迅本人的“文明批评”和“社会批评”来说，似乎也多契合“怨恨批判”的特征。譬如“五四”新文化运动时期，出现了繁多的新思想的口号，鲁迅也使用诸如“人”、“进化”、“科学”、“爱”等新的词语，但鲁迅的使用方式有着某种特色。正如木山英雄所说的那样：“在鲁迅来说，这些词语只不过是在与之相反的中国现状中被逆向性地规定了的，专为否定用的相反概念而已。”[③] 这正是那种指责鲁迅只是批判而没有明确的建设性的系统理论的一个论据。而鲁迅本人也毫不忌讳，诸如如下的自我评价同样不胜枚举：

---

① 鲁迅在1936年9月5日写作的《死》一文可视作遗嘱一样的文字，文尾在交代亲属如何处理自己的后事的七个事项后，接着写道：“此外自然还有，现在忘记了。只记得在发热时，又曾想到欧洲人临死时，往往有一种仪式，是请别人宽恕，自己也宽恕了别人。我的怨敌可谓多矣，倘有新式的人问起我来，怎么回答呢？我想了一想，决定的是：让他们怨恨去，我也一个都不宽恕。”（鲁迅：《且介亭杂文末编·死》，《鲁迅全集》第6卷第612页，人民文学出版社，1981年。）此处鲁迅的强悍和决绝也许令人不舒服吧。笔者想提醒的是，在尼采看来，和怨恨者针锋相对的“高尚者”在前者看来恰恰有着“‘野蛮人’的图象”，“‘凶恶的敌人’的图象”，“高贵种族的‘勇敢’表现得疯狂、荒谬、突然，他们的行动甚至不可捉摸、难以相信……他们对安全、肉体、生命、舒适的淡然和蔑视，对毁灭一切行为的使人悚然的热衷，对胜利和残酷的痴醉和痴迷……”（尼采：《论道德的谱系》第24页，谢地坤译，漓江出版社，2000年。）

② 鲁迅：《野草·希望》，《鲁迅全集》第2卷第178页，人民文学出版社，1981年。

③ 木山英雄：《文学复古与文学革命——木山英雄中国现代文学思想论集》第5页，赵京华编译，北京大学出版社，2004年。

你的反抗，是为了希望光明的到来罢？我想，一定是如此的。但我的反抗，却不过是与黑暗捣乱[①]。

我的可恶有时自己也觉得，即如我的戒酒，吃鱼肝油，以望延长我的生命，倒不是尽是为了我的爱人，大大半乃是为了我的敌人，——给他们说得体面一些，就是敌人吧——要在他的好世界上多留一些缺陷[②]。

在鲁迅的这种自我评价中，不难看到前引“俗人”的怨恨那种自我价值“只在对自身价值与他人价值之间相互关系的领悟这个基础上进行”的特点。

在鲁迅的“文明批评”和“社会批评”中，他创建了现代意义上的“杂文”文体。关于鲁迅的杂文文体，人们对其的界定仍曲说繁解，聚讼不已。鲁迅的论敌和对鲁迅敬而远之的人们大都对鲁迅为文极尖酸刻薄之能事的杂文笔法心有余悸，诸如“刀笔吏”、“毒辣”、“有一股怨恨之气”的评价代不乏人。笔者想提出的问题是，杂文是否就是一种“怨恨”文体呢？杂文最为本质性的特征，集中体现在鲁迅对杂文的如下表述里：“说得自夸一点，就如悲喜时节的歌哭一般，那时无非借此来释愤抒情，现在更不想和谁去抢夺所谓公理或正义。你要那样，我偏要这样是有的；偏不遵命，偏不磕头是有的；偏要在庄严高尚的假面上拨它一拨也是有的，此外却毫无什么大举。名副其实，‘杂感’而已。”[③]“偏要”正是杂文的本质特征。杂文语调的讽刺揶揄，笔致的正言若反，行文的逆锋起笔、左顾而言他等等相应的杂文笔法，归根到底应该归结于杂文的“偏要”这一文体特征上。那么，“偏要”究竟又是什么呢？“偏要”其实就是一种刻意的“价值倒转”机制。这种“价值倒转”不正是前述“价值体验”（价值偏爱）结构的转型（价值位移）吗？李欧梵在分析鲁迅的杂文《长城》时曾触及这一问题。他指出：“通过精妙的价值倒转（ reversal values ），他把这有名的古迹变成了颓败的封建文化的象征……”李欧梵还认为鲁迅的两篇论雷峰塔的倒塌的杂文运用了“象征物价值倒转”（ symbolic values ）的技巧。其阅读的最终效果是“在每篇阅读的终了，我们初读时的概念和印象也往往完全‘倒置’了过来”[④]。问题是，鲁迅的这种“价值倒转”是否就是怨恨者的那种正负价值的升降调控和颠倒呢？如果说答案是肯定的话，那么相应的杂文无疑就是典型的“怨恨”

① 鲁迅1925年5月30日致许广平信，《鲁迅全集》第11卷第79页，人民文学出版社，1981年。

② 鲁迅：《坟·后记》，《鲁迅全集》第1卷第4页，人民文学出版社，1981年。

③ 鲁迅：《华盖集续编·小引》，《鲁迅全集》第3卷第183页，人民文学出版社，1981年。

④ 李欧梵：《铁屋中的呐喊》第137—138页，尹慧珉译，岳麓书社，1999年。

文体了[1]？如果不是，二者又有什么样的区别呢？

笔者认为二者是一种异质同构的关系。因为就其“倒转”本身来讲，二者并没有实质性的区别。二者的区别在于，怨恨的价值颠倒是在一种价值幻化的情状中完成的，这种价值幻化并没有改变真实的价值情状本身，所改变的价值对象与幻化的价值之间不存在内在的关系，只是蒙上了假象价值的阴影而已。譬如阿Q在遭到别人嘲弄他的癞疮疤时把它看做是“一种高尚的光荣的癞头疮，并非平常的癞头疮了”，在挨打时把自己当作是“第一个能够自轻自贱的人”，和状元同属于一个价值级别。在这一怨恨的心理机制中，“癞头疮”与“光荣”的价值，“自轻自贱的人”与“第一个”的价值等级之间并没有切实的联系。而鲁迅的价值倒转则不同，鲁迅笔下实现“价值倒转”的对象有着内在的合理性。譬如长城这一有名的古迹与颓败的封建文化、雷峰塔与道德意识对本能的压抑之间有着内在的联系，与其说鲁迅是在做“价值倒转”，不如说是在挖掘这种内在的真实的价值联系。实际上，鲁迅所做的“价值倒转”正是要将人们习以为常的那种价值眼光和评价体系给颠倒过来，他要打击的可以说恰恰是基于各种原因导致的价值幻象，而这其中，因为怨恨心理产生的更是层出不穷。所以，看似“怨恨”的杂文文体却是怨恨心理的解毒剂，这不能不说又是一个吊诡。

给人以怨恨印象的自然还有鲁迅在艺术上的偏好。从艺术营养的吸收上看，就外国来说，与鲁迅在精神上更为相似的无疑是俄国的文学了。而俄国的文学，舍勒认为“没有任何文学比年轻的俄国文学更充满怨恨了。陀思妥耶夫斯基、果戈理、托尔斯泰笔下的主人公大多满怀怨恨。这一情况是上百年来独裁统治对人民压抑的一个后果，是由于缺乏议会和言论出版自由而造成的激情阻塞——这里的激情指在权威影响下产生的激情”[2]。就中国古典文学来说，与鲁迅在精神上更能沟通的则是以屈原为代表的楚辞和魏晋时期的文学。对于前者，鲁迅在《汉文学史纲要》中的《汉宫之楚声》一文中指出：“楚汉之际，诗教已熄，民间多乐楚声……盖秦灭六国，四方怨恨，而楚尤发愤，誓虽三户必亡秦，于是江湖激昂之士，遂以楚声为尚。”[3]可见，楚辞的力量和魅力正是来自于它在“怨恨”中的“发愤”。魏晋时期尤其是阮籍、嵇康为代表的竹林名士的文学就更是“一个独裁对人民压抑的一个后果”了。所以，从鲁迅接近的中外两方面文学资源看，鲁迅都更接近于那些渗透怨恨情绪的

---

① 就杂文本身的文体渊源来看，不能说没有“怨恨”的因子。刘勰《文心雕龙·谐隐》中对“诽谐”文的论述中就提到了“内怨为俳”：“夫心险如山，口壅若川，怨怒之情不一，戏谑之言无方。昔华元弃甲，城者发睅目之讴；臧纥丧师，国人造侏儒之歌，并嗤戏形貌，内怨为俳也。”鲁迅对这些“诽谐”之作也有注意，不过评价并不高。譬如对他称之为“后来诽谐文字之权舆也”的《笑林》，对属于此类的《启颜录》，就认为“事多浮浅，又好以鄙言调谑人，诽谐太过，时复流于轻薄矣”，对唐宋的众多“诽谐”之作也并不看好，“惟托名东坡之《艾子杂说》稍卓特，顾往往嘲讽世情，讥刺时病，又异于《笑林》之无所为而作矣”。（参见鲁迅的《中国小说史略》，《鲁迅全集》第9卷第64—66页，人民文学出版社，1981年。）

② 舍勒：《道德建构中的怨恨》，罗悌伦译，录自刘小枫编选《舍勒选集》（上）第426页，上海三联书店，1999年。

③ 鲁迅：《汉文学史纲要》，《鲁迅全集》第9卷第385页，人民文学出版社，1981年。

文学。

从艺术倾向上，鲁迅更倾心于厨川白村所说的“生命力受了压抑而生的苦恼懊恼乃是文艺的根柢，而其表现法乃是广义的象征主义”①。就是在对人的生命激情的表达中，鲁迅又是主张“感情正烈的时候，不宜做诗，否则锋芒太露，能将‘诗美’杀掉”②。鲁迅的这些艺术上的倾向与他个人独特的人格、性情——极热和极冷的结合有关。鲁迅的挚友许寿裳在谈到鲁迅何以伟大的原因时，就曾说过：“鲁迅的人格和作品的伟大稍有识者都已知道，原无须多说。至于他之所以伟大，究竟本原何在？依我看，就在他的冷静和热烈双方都彻底。冷静则气宇深稳，明察万物；热烈则心中博爱，自任以天下之重。其实这二者是交相为用的。经过热烈的冷静，才是真冷静，也就是智；经过冷静的热烈，才是真热烈，也就是仁。鲁迅是仁智双修的人。”③在鲁迅的“冷静和热烈双方都彻底”的“交相为用”中，出于个人性情、社会因素等等原因对激情的隐忍和深度压抑后的迸发给人留下了极为深刻的印象。正如他在《野草·题辞》中所描写的那样，“地火在地下运行，奔突；熔岩一旦喷出，将烧尽一切野草，以及乔木，于是并且无可腐朽”④。这些对野性的生命力、对激情深度压抑的情状，无疑是容易滋生怨恨的。

三、复仇情结与怨恨气质

从艺术表达的主题上看，最能使我们感到鲁迅的怨恨气质的应是他的复仇情结。鲁迅把孔子所谓“没齿而无怨言”的美德作为心悦诚服地充当奴才的例证加以批判⑤。他对浙东文化中的“报仇雪耻”的精神更是念念不忘，对诸如明末王思任的“会稽乃报仇雪耻之乡，非藏垢纳污之地”的宣言更是喜欢⑥。他以为真正的宽恕里必有怨恨：“全然忘却，毫无怨恨，又有什么宽恕之可言呢？无怨的恕，说谎罢了。”⑦ 他给予了复仇的灵魂以最高的评价：“……带复仇性的，比别的一切鬼魂更美、更强的鬼魂。”他从“横死的怨鬼”的出场仪式的那种“格外紧张严肃”里竟然能看出许多的趣味来的⑧。不过，鲁迅对复仇有着复杂的体验，并非简单的一个怨恨所能了结。在鲁迅的文学世界中，集中探讨复仇主题的主要有这样几部作品：《彷徨》中的小说《孤独者》，《故事新编》中的《铸剑》，散文诗《野草》中的《复仇》、《复仇（其二）》和《颓败线的颤动》。下面我们就依次分析这几部作品。

---

① 鲁迅：《译文序跋集·〈苦闷的象征〉引言》，《鲁迅全集》第10卷第232页，人民文学出版社，1981年。

② 鲁迅1925年6月28日致许广平信，《鲁迅全集》第11卷第97页，人民文学出版社，1981年。

③ 许寿裳：《怀亡友鲁迅》，《挚友的怀念——许寿裳忆鲁迅》第77页，河北教育出版社，2001年。

④ 鲁迅：《野草·题辞》，《鲁迅全集》第2卷第159页，人民文学出版社，1981年。

⑤ 鲁迅：《华盖集续编·死地》，《鲁迅全集》第3卷第266页，人民文学出版社，1981年。

⑥ 鲁迅：《且介亭杂文末编·女吊》，《鲁迅全集》第6卷第614页，人民文学出版社，1981年。

⑦ 鲁迅：《野草·风筝》，《鲁迅全集》第2卷第184页，人民文学出版社，1981年。

⑧ 鲁迅：《且介亭杂文末编·女吊》，《鲁迅全集》第6卷第614—615页，人民文学出版社，1981年。

《孤独者》中魏连殳的复仇是绥惠略夫式的复仇。作为一个觉醒的知识分子，魏连殳也曾试图以更为人道的方式来处理与弱小者的人际关系，其结果却是，他像陀思妥耶夫斯基小说《白痴》里“无辜”的、“彻底美的人”——梅什金公爵在现实生活中却被认为是个“白痴”一样，陷入到了无以生存的境地。魏连殳最终回归到了他所深恶痛绝的社会的权力等级秩序中，并且利用这个秩序的等级制度本身给社会以报复。同时，在这一报复的过程中，在自我心灵毒害的作用下，魏连殳留下了一具被怨恨的毒源掏空了的奇怪的尸体撒手人寰。《孤独者》中，魏连殳再三强调自己对自己祖母命运的重复，似乎预感到自己的生存必将遭到某种报复。这是典型的怨恨心理机制。正如舍勒指出的那样，“报复感越是向长期被感受为‘受伤害’和引发了受伤害者的意志力的情状转化，受伤害者愈是被感受为命运，报复感便愈是转化为怨恨。当个人或群体已经把自己的此在和所在感受为似乎得报复的什么东西，这一转化就最为强烈”①。鲁迅对魏连殳的那种绥惠略夫式的复仇在理智上自然是并不认同的。正如他指出的那样，“然而绥惠略夫临末的思想却太可怕。他先是为社会做事，社会倒迫害他，甚至于要杀害他，他于是一变而为向社会复仇了，一切是仇仇，一切都破坏。中国这样破坏一切的人还不见有，大约也不会有的，我也并不希望其有”②。但是鲁迅对魏连殳对于命运的预感、对魏连殳的心灵深处的痛苦却有着深切的体认和同情，或者说魏连殳就是鲁迅自己的一个面影，而魏连殳所遭受的心灵的自我毒害就是鲁迅自己身上的“毒气和鬼气”。鲁迅在《孤独者》中对魏连殳的既批判又认同的复杂性来自于魏连殳的人生困境其实就是鲁迅本人的人生困境。魏连殳的悲剧折射的是一个觉醒的有良知的现代知识分子最终难以逃脱被现代中国这样一个“怨恨境遇”吞噬的命运。对于鲁迅来讲，他自然主张对这一“怨恨境遇”复仇，以改变其人吃人的现状，但他在理智上又难以接受魏连殳那样怨恨式的报复，然而魏连殳的命运表明，如果这种报复不采取那种“怨恨”的形式，也难有真正的作用。更令人绝望的是，不管复仇采取何种形式，其结果都是一样的，所谓反抗的过程就是逐渐被这一“怨恨境遇”本身吞噬的过程，正如鲁迅在《这样的战士》一文中描述的那样，反抗的战士在一次一次地反抗着形似“无物之阵”的“怨恨境遇”本身后，“终于在无物之阵中老衰，寿终”③。魏连殳留给这个“怨恨境遇”的，只不过是主人公“我”对其命运的一次记录和记录过程中对其命运的感慨唏嘘罢了。

但也许并不尽然。笔者提醒读者注意《孤独者》结尾的描写，它要交代的是主人公“我”在面对魏连殳的悲剧性的一生时那种“为了忘却的记念”和自己人生道路的选择：

> 我快步走着，仿佛要从一种沉重的东西中冲出，但是我不能够。耳朵中有什么挣扎着，久之，久之，终于挣扎出来了，隐约像是长嗥，像一匹受伤的狼，

① 舍勒：《道德建构中的怨恨》，罗悌伦译，《舍勒选集》（上）第406页，刘小枫编选，上海三联书店，1999年。

② 鲁迅：《华盖集续编·记谈话》，《鲁迅全集》第3卷第357页，人民文学出版社，1981年。

③ 鲁迅：《野草·这样的战士》，《鲁迅全集》第2卷第215页，人民文学出版社，1981年。

当深夜在旷野中嗥叫，惨伤里夹杂着愤怒和悲哀。

我的心地就轻松起来，坦然地在潮湿的石路上走，月光底下[①]。

“我”的这一声长嗥不正是魏连殳在其祖母入殓后的深夜里的那一声长嗥的延续吗？《孤独者》中对前后这两声长嗥的描写用语是完全一样的：“像一匹受伤的狼，当深夜在旷野中嗥叫，惨伤里夹杂着愤怒和悲哀。”“我”的这一声长嗥不正是表明了自己对魏连殳那种命运的延续吗？二者的区别在于，如果说魏连殳在面对自己与祖母的命运的重叠，感到自己的命运将遭到某种神秘性的命运的力量报复时陷入了不能自拔的痛苦的“怨恨心理”泥沼中的话，“我”则因看到自己也并不配拥有比魏连殳更好的命运反而“心地就轻松起来”。这自然是一种置之死地而后生的轻松和坦然，虽然仍有着愤怒和悲哀，但它也确实祛除了魏连殳那样的心灵的自我毒害。

《铸剑》同样展示了这种复仇需借用“怨恨”的形式并最终归于自戮的结局，这是“宴之敖者”式的复仇。为什么复仇必用怨恨的形式呢？《铸剑》给出了鲜明的回答。像眉间尺那样的更为敏感、柔弱的心灵在反抗强权的战斗中是无济于事的。眉间尺，一个多感的、优柔的16岁的少年，通过母亲讲述其父亲铸剑后被大王所杀的故事，立刻改变了优柔的性情决心报仇。在去报仇的路上，情绪是“全身一冷，但立刻又灼热起来，像是猛火焚烧着”。而在街市上遭遇到一些挑衅他的情形之时，“怒不得，笑不得，只觉得无聊，却又脱不开身”。总之，这是一种在热烈焦躁的复仇之心和自己原本柔弱无力之间的紧张情绪。而在“天色愈暗”的时候，眉间尺也愈加感到恐惧和危险，在得知仇人已经下令捉拿自己时“不觉伤心起来”。这个时候，眉间尺处在一个人生的十字路口。要么他依然以他的柔弱之躯去进行毫无希望的复仇行动，要么选择退却。如果为保全性命选择退却，他将如何面对母亲给予自己的使命？如果选择退却时，还找出种种的理由和借口为自己的柔弱辩护，那无疑又是一个始于“卑怯”的怨恨心灵。正是在这个时候，黑衣人“宴之敖者”的出现帮助眉间尺摆脱了这一选择的两难处境。因为只有黑衣人“宴之敖者”才能像他歌里唱的那样“克服怨敌，怨敌克服兮，赫兮强”！“宴之敖者”似乎是一个复仇的精魂。在他眼里，“仗义，同情，那些东西，先前曾经干净过，现在却成了放鬼债的资本。我的心里全没有你所谓的那些。我只不过要给你报仇”。“宴之敖者”似乎要堵住任何通往人的更具“人道”性质的那些情感形态，只保留复仇的精魂。但“宴之敖者”的复仇的决绝又是如何形成的呢？他向眉间尺说的话透露出了个中奥秘：“聪明的孩子，告诉你罢。你还不知道么，我怎么地善于报仇。你的就是我的；他也就是我。我的魂灵上是有这么多的，人我所加的伤，我已经憎恶了我自己！”[②]“宴之敖者”的复仇力量和他的善于报仇正是来自于他的灵魂上“这么多的，人我所加的伤”和他对自己的憎恶。可以想见，“宴之敖者”原先也曾遭到过不少的外来打击，内心遍布着创伤与痛楚，而他说“人我所加的伤”也表明了这种创伤更有着来自自我的

① 鲁迅：《彷徨·孤独者》，《鲁迅全集》第2卷第107—108页，人民文学出版社，1981年。

② 鲁迅：《故事新编·铸剑》，《鲁迅全集》第2卷第425、426页，人民文学出版社，1981年。

折磨。从“你的就是我的；他也就是我”一句来看，“宴之敖者”也曾有过眉间尺那样优柔和处于相同困境的抉择时刻。而从后一句“我已经憎恶了我自己”来看，我们可以推测，“宴之敖者”同样曾有着严重的怨恨心灵的自我毒害，这一推断恐怕不是信口胡言吧。可以说，“宴之敖者”同样是从像眉间尺那样柔弱的少年时代开始，在创伤、隐忍和怨恨的心灵煎熬中把自己锻炼成为一把复仇之剑的。在这里，“宴之敖者”如同他的奇怪的歌里所唱的那样，以“爱青剑兮一个仇人自屠”的方式去完成了他杀死残暴的大王的使命。如果说怨恨是心灵的自我毒害，那么这种“自屠”应该是怨恨的极致了。

《野草》中的《复仇》、《复仇（其二）》、《颓败线的颤动》中莫不有怨恨的自我心灵毒害。在《复仇》中，一对裸身的男女持刀对峙于广漠的旷野，面对路人的那种等待鉴赏他们将要杀戮的嗜血欲望，他们全然不动，干枯地立着，“以死人似的眼光，赏鉴这路人们的干枯，无血的大戮，而永远沉浸于生命的飞扬的极致的大欢喜中”①。这又是一个以“自屠”的方式实现的怨恨式的憎恨和复仇。与其说他们是“沉浸于生命的大飞扬的极致的大欢喜中”，不如说是他们在对自己心灵内部自我毒害的汹涌的毒液进行玩赏。鲁迅后来在致郑振铎的信中对这种怨恨式的憎恨和复仇有所修正，他说：“此亦不过愤激之谈，该二人或相爱，或相杀，还是照所欲而行的为是。”② 说修正也许不是很准确，严格地讲，这两种主张在鲁迅对于复仇的态度中始终是纠缠着存在的。《复仇（其二）》重新描写了《圣经》里耶稣被钉十字架的经典故事。在鲁迅的笔下，耶稣的复仇呈现出在不同方向上的不同情态：“较永久地悲悯他们的前途，然而仇恨他们的现在。”而在自我心灵内部，耶稣将“悲悯和诅咒的痛楚的波”压缩在了一起，“碎骨的大痛楚透到心髓了，他即沉酣于大欢喜和大悲悯中”③。耶稣的复仇的最大特征在于他直接以万分的清醒去体验那惨烈的痛苦本身，同时在惨烈的痛苦中确认自己的价值信仰（“悲悯他们的前途”）。这正是鲁迅基于自己那种置之死地而后生的反抗绝望式的复仇意识之上对耶稣被钉十字架故事的重述。这也应该是鲁迅理想中的复仇的情态。它已经完全祛除了怨恨因素，没有任何的隐忍，只有复仇情绪极度的张扬和对强悍的生命力的礼赞。

但这也只是鲁迅理想中的复仇的情态而已。在怨恨的境遇里，复仇从来都是与屈辱紧紧相连的。而与屈辱相连的复仇中，怨恨有时使得心灵的自我毒害已经达到了无以复加的地步。《颓败线的颤动》正是这样。它以梦魇的形式描写了一个含辛茹苦的颓败的老妇人的奇特复仇行为。她为了自己儿孙的生存，在“饥饿、苦痛，惊异，羞辱，欢欣”这样几乎是濒临一个女人心灵边界的体验中出卖自己瘦弱渺小的身体，反而在自己垂老的时候遭到成年的子女“怨恨鄙夷”，那口无遮拦的孙儿更是喊出了“杀”。此时此刻，面对子女的“怨恨鄙夷”甚至是仇杀的隐秘企图，“那垂老的女人口角正在痉挛，登时一怔，接着便都平静……”可以想见，在这一口角的痉挛、登时一怔到平静之间，她将多少的屈辱、愤激强行隐忍下来，迅速聚集成强

---

① 鲁迅：《野草·复仇》，《鲁迅全集》第2卷第172页，人民文学出版社，1981年。

② 鲁迅1934年5月16日致郑振铎信，《鲁迅全集》第12卷第415页，人民文学出版社，1981年。

③ 鲁迅：《野草·复仇（其二）》，《鲁迅全集》第2卷第174、175页，人民文学出版社，1981年。

大的仇恨的毒源。老女人并没有将这种仇恨的毒源迅速释放到子女身上，而是在强行的隐忍中将它发酵、加速，最终将她自己的身体浸蚀成一个雕塑式的怨恨的皮囊。老女人正是以自己的身体为媒介，发出了最为奇谲的仇恨的声音，天地为之动容。在老女人对天地人间的“肉搏”中，我们同样可以看到鲁迅的精神面影。鲁迅在《野草·希望》中的那种在青春耗尽之后“只得由我来肉搏这空虚中的暗夜”的表述与老女人的举动何其相似。《颓败线的颤动》传达了鲁迅对自己的生命在后来者那里可能遭到诋毁的疑惧和诅咒。正如在《孤独者》中表达的那样，鲁迅对自己不配享有更好的命运有着清醒的认识，他同时也有着强烈的牺牲精神。他那著名的“自己背着因袭的重担，肩住黑暗的闸门，放他们到宽阔光亮的地方去；此后幸福的度日，合理的做人”[①] 的自我定位，可谓忍辱负重。鲁迅自然知道牺牲的惨痛，“做一世牺牲，是万分可怕的事情；但血液究竟干净，声音究竟醒而且真”[②]。但鲁迅更知道即使牺牲也不会有好的功效：“凡有牺牲在祭祀前沥血之后，所留给大家的，实在只有‘散胙’这一件事了。”[③]“死者倘不埋在活人的心中，那就是真真死掉了。”[④] 所以鲁迅也常常反抗这种牺牲，在他宣称“我又不学耶稣，何苦替别人来背十字架呢”中隐忍着多少的屈辱，也只有他自己咀嚼了[⑤]。对于包括笔者在内的后来者来说，又将如何面对鲁迅与怨恨的纠缠呢？我们如何避免《颓败线的颤动》中子孙对于老女人的那种“怨恨鄙夷”甚至是“杀”的企图呢？难道这阴暗的“怨恨”是无解的吗？

首先，笔者想到鲁迅的一句话：“假使我的血肉该喂动物，我情愿喂狮虎鹰隼，却一点也不给癞皮狗们吃。”[⑥] 所谓“狮虎鹰隼”，是指那种有着充沛的生命力和不屈的斗志，敢于面对任何残酷的血淋淋的现实人生的勇士吧，而“癞皮狗们”无疑是卑怯和狡猾的一类。对我们来说，应做精神强大的“狮虎鹰隼”，敢于承认并面对鲁迅本人被怨恨的毒源侵蚀的并不那么令人舒服的心灵。相反，那些以各种借口为尊者讳的，或与之相反因某种动机刻意指责鲁迅的种种不是的做法，都只不过是始于卑怯的怨恨行径而已，而这正是鲁迅在批判国民性心理中着力抨击的。如果说鲁迅和他笔下极力抨击的国民性心理中的“怨恨”机制在自我的心灵毒害上并没有本质的区别的话——鲁迅自己都说“有一种自害的脾气”[⑦]，那么二者之间在怨恨形成的动因上却存在着本质性的差异。对于鲁迅来讲，他对魏连殳那种、对“宴之敖者”那种、对《颓败线的颤动》中的老女人的那种怨恨式的复仇虽也有清醒的审视，但更多的还是感同身受的认同，因为他们那种怨恨的心灵在自我毒害时昂扬的却是人的生命的尊严和力量。但是，鲁迅毕生对那种始于卑怯的，尤其是还要将怨恨之火

---

① 鲁迅：《坟·我们现在怎样做父亲》，《鲁迅全集》第 1 卷第 130 页，人民文学出版社，1981 年。

② 鲁迅：《热风·四十》，《鲁迅全集》第 1 卷第 322 页，人民文学出版社，1981 年。

③ 鲁迅：《热风·即小见大》，《鲁迅全集》第 1 卷第 407 页，人民文学出版社，1981 年。

④ 鲁迅：《华盖集·空谈》，《鲁迅全集》第 3 卷第 280 页，人民文学出版社，1981 年。

⑤ 鲁迅：《而已集·“意表之外”》，《鲁迅全集》第 3 卷第 496 页，人民文学出版社，1981 年。

⑥ 鲁迅：《且介亭杂文末编·半夏小集》，《鲁迅全集》第 6 卷第 597 页，人民文学出版社 1981 年。

⑦ 鲁迅：《华盖集续编·〈阿 Q 正传〉的成因》，《鲁迅全集》第 3 卷第 376 页，人民文学出版社，1981 年。

撒向更为弱势的人的那种怨恨感到极度的愤慨，而他极力抨击的怨恨严格地讲也应该是仅限于这种类型的。当然，鲁迅的怨恨也像舍勒在分析怨恨心理时提到的那样，始于一种无能的体验——用竹内好的用词来讲，就是“失败感”。这种无能的体验对于任何一个置身于衰败中国这样一个怨恨境遇的知识分子来讲，都会因其追求变革欲望的强烈而愈加强烈。鲁迅对自己的无力感，诸如“讲话和写文章，似乎都是失败者的征象。正在和运命恶战的人，顾不到这些；真有实力的胜利者也多不做声”[①]这样的表达不胜枚举。但鲁迅并没有在这种无能与追求之间的紧张中退却，从而走上始于“卑怯”而终于粉饰和讨巧的歧途，而是一直置身于这种紧张的易于滋生“怨恨”的情境中，展开了对自己心灵的“抉心自食”的自我解剖。鲁迅所做的国民性批判，正是建立在这种“抉心自食”的自我解剖之上才可能具有巨大的精神感染力量，否则他对种种国民性心理中的怨恨表现的展示和批判也只不过是讨巧的机智而已。

对于国民性心理中的“怨恨机制”，鲁迅似乎也并没有像尼采和舍勒那样给出一个一劳永逸的解决办法。尼采以“权力意志”的高扬取消了奴隶们生存的合法性[②]，而舍勒以恢复基督教的“爱的回返”的价值等级理念重新奠定人生存的价值根基。

---

① 鲁迅：《华盖集·后记》，《鲁迅全集》第3卷第177页，人民文学出版社，1981年。

② 尼采对以“法律秩序”的创制来屏蔽怨恨的双方，“从而遏制了逆反情绪的膨胀，强制性地达到一种平衡”的做法不以为然，他称之为这是一种想在“怨恨的基础上”“追寻正义之起源的尝试”。他以生命哲学为最高旨归，认为这种做法本质上是“敌视生命的原则，是对人一种毁灭和分解，是对人的未来的谋杀，是通往虚无的秘密途径”，因为“就生命发生本质的作用而言，也就是说，只要在生命的基本功能中还有伤害、强奸、剥削、毁灭等行为发挥作用，没有这些特征就不可能想象生命，那么，伤害、强奸、剥削、毁灭等行为从其自身而言，自然就不是什么‘非法的’”。（尼采：《论道德的谱系》第51—53页，谢地坤译，漓江出版社，2000年。）尼采对“法律秩序”的看法给笔者的启发是，鲁迅自己体认的“就是思想上，也何尝不中些庄周韩非的毒，时而很随便，时而很峻急”，反而“读得最早，最熟”的“孔孟的书”“似乎和我不相关”的原因（鲁迅：《坟·写在〈坟〉后面》，《鲁迅全集》第1卷第285页，人民文学出版社，1981年），需要在鲁迅回应“怨恨机制”的思路上才能得到切实的理解。儒家虽讲“以直报怨”，但这“直”是以“礼”为理据的，结果是以礼屏蔽压抑“怨”，道家以回归自然的方式试图融化“怨”，其实儒道两家在仰仗成圣的方法消抑“怨”的做法上骨子里是一致的。法家则以残酷的制度设定来规训和压制“怨”，只不过是扯去了儒家的礼乐遮羞布。比较之下，鲁迅对“怨恨机制”的批判没有尼采高扬生命意志那样的决绝，当然也没有走上舍勒那样的皈依上帝信仰的道路。尼采与舍勒在怨恨问题上的双峰对峙一直困扰着笔者。笔者深觉，如何看待“怨”，如何设定“怨恨”心理机制中现代的人性论，避免悬置于尼采与舍勒之间的两极振荡，是现代中国“价值体验结构”建构的核心问题，而这也涉及对于鲁迅多“怨”、“太凶”的评价问题，鲁迅自己曾明确回应说：“我的杂感集中，《华盖集》及《续编》中文，虽大抵和个人斗争，但实为公仇，绝非私怨……”（鲁迅1934年5月22日致杨霁云信，《鲁迅全集》第12卷第423页，人民文学出版社，1981年。）所谓“公仇”和“私怨”，涉及的正是怨恨的个体的“价值体验结构”与“社会结构”。近来笔者有意接纳同样是身处从古至今的社会转型期，但较为温和的苏格兰启蒙思想家休谟的思想，尤其是其《人性论》，以资拓展眼界，当然未有奢望假以时日将鲁迅与苏格兰启蒙思想做生硬不堪的拼贴，此处言及仅为提醒些许有心人而已。休谟的温和由以下文字可见一斑，且有和尼采不类却与鲁迅的自我认知存在着相通之处：“一个怀有伤害我们的真正意图的人，如果他的意图不是发生于憎恨和恶意，而是发生于正义和公道，那末他并不因此引起我们对他的愤怒，如果我们还有理性的话，虽然他是我们痛苦的原因，而且是它的有意识的原因。”（休谟：《人性论》第387页，关文运译，商务印书馆，1980年。）

鲁迅呢？他所提出的“一要生存、二要温饱，三要发展”① 的理念也很难算得上什么高深的价值等级的奠基吧。至于他早年提出的“立人”思想恐怕也不能成为我们解决此问题的救命稻草。如果说，对于反抗现代中国这样一个怨恨境遇的贡献，对于中国文学在谋求人的价值体验结构的转型和重塑、从而实现其现代性的贡献，我们只能说，作为一个现代知识分子，鲁迅对中国的国民性怨恨心理的揭露和批判，他对自己精神困境的体验和传达，让我们这些同样身处这种困境中的后来者可以在他的话语世界里一遍又一遍地激起相类的体验，从而提醒我们不能滑入“卑怯”的怨恨中去，从而寻找民族振拔的精神力量，如此而已。而且，即使这种作用也仅仅是以可能性才能完整地存活在鲁迅的话语世界中，因为当鲁迅的话语世界和现代中国的形形色色的话语共处时，势必会发生一个互相涂抹和改写的问题，就在这种涂抹和改写中，又有着多少始于卑怯的那种怨恨的话语表演呢？这已经是死去的鲁迅无暇顾及的了，这正是我们需要直面的问题。

（作者单位：深圳职业技术学院人文学院）

① 鲁迅：《华盖集·忽然想到》，《华盖集·北京通信》，《鲁迅全集》第3卷第45、51页，人民文学出版社，1981年。

从 Stale Mates 与《五四遗事》看张爱玲的再创作策略

□ 布小继

Stale Mates 发表于 1956 年 9 月 12 日美国 *The Reporter*（《记者》）双周刊杂志。《五四遗事》又名《五四遗事——罗文涛三美团圆》，1957 年 1 月在夏济安主编的台湾《文学杂志》上发表。张爱玲在《续集自序》一文中交代，“Stale Mates（《老搭子》）曾在美国《记者》双周刊上刊出，亏得宋淇找出来把它和我用中文重写的《五四遗事》并列在一起，自己看来居然有似曾相识的感觉。故事是同一个，表现的手法略有出入，因为要迁就读者的口味，绝不能说是翻译”[①]。实际上，这篇文章即是典型的改写改译，其间作家对不同语体文本的处理也较好地体现了她对中英两种语言的直觉和把握。分析此二文的改写改译有助于我们进一步厘清张爱玲是如何在两种语言间穿梭，表达自己的思想的。同时，借助该分析，可以探寻到她的语际文化观和叙事策略，触摸感受她的“五四”情结。

一、版本比较

在中英文版本的仔细比对中，依照文章段落顺序，可以发现以下不同。

（1）“新嫁娘戴蓝眼镜”[②]，英文无。

（2）“难得说句笑话，打趣的对象也永远是朋友的爱人”，“薄施脂粉，一条黑华丝葛裙子系得高高的，细腰喇叭袖黑木钻狗牙边雪青绸夹袄，脖子上围着一条白丝巾”[③]，“西湖在过去一千年来，一直是名士美人流连之所，重重叠叠的回忆太多了。游湖的女人即使穿的是最新式的服装，映在那湖光山色上，也有一种时空不协调的突兀之感，仿佛是属于另一个时代的”[④]，英文无。

（3）中文主人公之一郭，英文为 Wen。

（4）“担任的钟点不多，花晨月夕，尽可以在湖上盘桓。两人志同道合，又都对新诗感到兴趣，曾经合印过一本诗集，因此常常用半开玩笑的口吻自称‘湖上诗

① 张爱玲：《续集自序》，《重返边城》，北京十月文艺出版社，2009 年，第 155 页。

② 张爱玲：《五四遗事——罗文涛三美团圆》，《郁金香》，北京十月文艺出版社，2006 年，第 325 页。

③ 同上，第 326 页。

④ 同上。

人'，以威治威斯与柯列利治自况。密斯周原是郭君的远房表妹，到杭州进学校，家里托郭君照顾她，郭请她吃饭、游湖，她把同学密斯范也带了来，有两次郭也邀了罗一同去，大家因此认识了"，"混得熟悉了，两位密斯也常常联袂到宿舍来找他们，然后照例带着新出版的书刊去游湖"[①]，英文中略过不写。

(5)"郭与罗与两个女友之间，只能发乎情止乎礼，然而也并不因此感到苦闷。两人常在背后讨论得津津有味，两个异性的一言一笑，都成为他们互相取笑的材料。此外又根据她们来信的笔触，研究她们俩的个性——虽然天天见面，他们仍旧时常通信，但仅只是落落大方的友谊信，不能称作情书。——他们从书法与措词上可以看出密斯周的豪爽，密斯范的幽娴，久已分析得无微不至，不可能再有新的发现，然而仍旧孜孜地互相传观，品题，对朋友的爱人不吝加以赞美，私下里却庆幸自己的一个更胜一筹。这一类的谈话他们永远不感到厌倦。"[②] 英文中为"Wen and Luo had to be content with discussing the girls interminably between themselves, showing each other the girls' carefully worded letters, admiring their calligraphy, analysing their personalities from the handwriting."[③]（文和罗之间曾没完没了地讨论这二位女孩，给对方看看自己女友的娟秀的字体，钦佩她们书法的工整，从她们的笔迹中分析她们的个性。）

(6)"船到了平湖秋月，密斯周上岸去买藕粉，郭陪了她去。罗与密斯范倚在朱漆栏杆边等着，两人一直默然。"[④] 该句是对罗、范心理加以刻画，英文无。

(7) "Ancient scholars had named the seven conditions under which a wife might justifiably be evicted from her husband' house."[⑤]（古代道学家所谓的妻子可以被合法地驱逐出婆家的七个条件。）中文无。

(8)"家里只是置之不理"，"乡下一时议论纷纷，都当作新闻来讲"[⑥]，英文无。

(9)"'Family Law' was a euphemism for the plank used for flogging."[⑦]（"家法"是用木板抽打违犯家规者的委婉说法。）中无文。

(10)"他母亲病了，风急火急把他叫了回去……他母亲想念儿子，渐渐的不免有些后悔。这一年她是整生日，罗被舅父劝着，勉强回来拜寿。这一次见面，他母亲并没有设法替儿子媳妇撮合，反而有意将媳妇支开了，免得儿子觉得窘。媳妇虽然怨婆婆上次逼她到书房去，白受一场羞辱，现在她隔离他们，她心里却又怨怼，

---

① 张爱玲：《五四遗事——罗文涛三美团圆》，《郁金香》，北京十月文艺出版社，2006年，第326页。

② 同上，第327页。

③ Eileen Chang, "Stale Mates" in The Reporter, September 1956.

④ 张爱玲：《五四遗事——罗文涛三美团圆》，《郁金香》，北京十月文艺出版社，2006年，第328页。

⑤ Eileen Chang, "Stale Mates" in The Reporter, September 1956.

⑥ 张爱玲：《五四遗事——罗文涛三美团圆》，《郁金香》，北京十月文艺出版社，2006年，第329页。

⑦ Eileen Chang, "Stale Mates" in The Reporter, September 1956.

而且疑心婆婆已经改变初衷，倒到那一面去了。"[①]"这几年家里就只有婆媳二人，各人心里都不是滋味。心境一坏，日常的摩擦自然增多。"[②] 英文无以上情节。

(11)"(tianfang) room filler, a wife to fill up a widower's empty room."[③]("填房"即房间填补者，嫁给鳏夫做老婆的女人。)中文无。

(12)"郭在旁边竭力打岔，罗倒越发站了起来嚷着：'恭喜恭喜，敬你一杯！'他自己一仰脖子喝了，推开椅子就走，三脚两步已经下了楼。郭与密斯周面面相觑，郭窘在那里不得下台，只得连声说：'他醉了。我倒有点不放心，去瞧瞧去。'跟着也下了楼，追上去劝解。"[④] 英文无以上情节。

(13)"因为她的战斗根本是秘密的，结果若是成功，也要使人浑然不觉，决不能露出努力的痕迹"[⑤]，英文无。

(14)"倾家荡产，总算官司打赢"[⑥]，英文无。

(15)"轮到她还请，因为客人回去不方便，只好打通宵，罗又嫌吵闹。"[⑦]"出去的时候穿的仍旧是做新娘子的时候的衣服，大红大绿，反而更加衬出面容的黄瘦。罗觉得她简直变了个人。"[⑧] 英文无。

(16)"而且打了这些年的官司，冤仇结得海样深"[⑨]，英文无。

(17)"事先王家曾经提出条件，不分大小，也没有称呼，因为王小姐年幼，姊妹相称是她吃亏"[⑩]，英文为"No agreement had been reached as to the mode of address between the two women, who were understood to be of equal status."[⑪](两个女人间没有达成如何称呼的协议，可以看作是处于平等地位吧。)

(18)"现在他总算熬出头了，人们对于离婚的态度已经改变"[⑫]，英文无。

(19)"而他拥着三位娇妻在湖上偕隐"[⑬]，英文为"living with three wives in a rose-covered little house by the lake."[⑭](和三位妻子一起住在湖边开满蔷薇花的小房子里。)

---

① 张爱玲：《五四遗事——罗文涛三美团圆》，《郁金香》，北京十月文艺出版社，2006年，第330页。

② 同上，第330页。

③ Eileen Chang，"Stale Mates" in The Reporter，September 1956.

④ 张爱玲：《五四遗事——罗文涛三美团圆》，《郁金香》，北京十月文艺出版社，2006年，第332页。

⑤ 同上，第334页。

⑥ 同上。

⑦ 同上，第335页。

⑧ 同上。

⑨ 同上，第336页。

⑩ 同上。

⑪ Eileen Chang，"Stale Mates" in The Reporter，September 1956.

⑫ 张爱玲：《五四遗事——罗文涛三美团圆》，《郁金香》，北京十月文艺出版社，2006年，第337页。

⑬ 同上。

⑭ Eileen Chang，"Stale Mates" in The Reporter，September 1956.

对于以上不同之处，可以从语际文化差异、话语策略和叙事控制两个方面来辨析。

二、语际文化差异的考量

不同语言之间的文化差异是显而易见的。要考辨这种差异，我们必须先行认清如下事实。第一，语言是思想的直接现实。语言的差异意味着思维方式的差异，用不同的语言写作，就是要在不同思维方式之间进行思想的切换。这种切换有时以比较清楚的形式在作品中表现出来。第二，对外国人讲中国文化，对中国人讲外国文化，直接投身于文化交流的工作中，这是“五四”时期许多文化先驱做过的事。譬如鲁迅、周作人兄弟，他们将国外文化介绍到中国来，目的是要进行思想启蒙；而张爱玲所羡慕的作家林语堂则是向外国人介绍中国文化，帮助他们了解中国。林语堂自己也是这样认为的[①]。张爱玲到美国后，很长一段时间内与林语堂有着相同的追求。第三，文化差异的客观存在使得作家在采用目的语写作时必须弄清楚隐含读者可能需要什么，应该给他们什么，否则就会出现接受障碍。譬如林语堂，他在向西方人介绍中国文化时是摸准了西方人的脉的，其作品《吾国与吾民》（*My Country and My People*）比较系统地向西方人介绍中国，引起了极大的反响，“开辟了中西文化交流的新纪元”，不能不说是林语堂深刻地把握了西方人重逻辑、重推理的习性[②]。作为一位双语作家，只有清楚以上区分，才能获得在不同语际环境中写作成功的可能性。不同语际环境不但意味着思考空间、思考模式和思考自由度的差异，而且对接受对象的理解程度必然也要有相应的考量，还要了然如何“取一奉十”。

刘禾在专著《跨语际实践——文学，民族文化与被译介的现代性（中国，1900—1937）》中，提出了跨语际实践的观点，其目的在于“重新思考东西方之间跨文化诠释和语言中介形式（Linguistic mediation forms）的可能性”[③]。刘禾是要借机来探讨跨文化实践何以成为可能以及这种可能性如何转化为现实性，并在中国现代文化建设中发挥作用的问题。文中借用这个概念是想说明张爱玲如何运用小说这种文学手段来进行跨语际实践的，并分析其得失和意义。恰如前述，张爱玲创作伊始就进行着这种跨语际实践，如前期的中英文作品，尽管目前还没有足够资料表明其英文作品影响如何，但并不妨碍我们对她跨语际实践成就做出论断。

人类文化到底有没有公约性，有多大程度上的公约性，这是学术界一直关注的问题。而要进行跨语际的文化实践，首先必得承认公约性，然后再努力去寻找和扩大这种公约性的边界。翻译是跨文化实践中的主要方式之一，也是沟通人类文化理解的桥梁。在翻译界有可译不可译之说。一般认为，中国文化中那些注重意会、领悟、神韵的思想很难为普通的西方读者所理解和接受，因而不可译。翻译是翻译者

---

① 王兆胜：《林语堂　两脚踏中西文化》，文津出版社，2005年，第106页。
② 同上，第127页。
③ 刘禾：《跨语际实践》，宋伟杰等译，北京三联书店，2002年，第1页。

之再创作，有时文章可读性强往往是译者的表达好，切合了目的语国家读者的胃口，满足了他们的需要，并非一定是原作好。这也就牵涉到翻译中的归化和异化问题。所谓“归化”，主张译文应尽量适应、照顾目的语的文化习惯，为读者着想，替读者扫除语言文化障碍。“异化”提倡译文应当尽量去适应、照顾源语的文化及原作者的遣词用字习惯①。张爱玲在跨语际实践中的姿态表明她作为一个成熟的双语作家，对于这两个问题都有所顾及并且做了回应。

她在写给林以亮的回信中曾说：“写英文时，用英文思想，写中文时，则用中文思想。可是对白却总是用中文想的，抽象思想大都用英文。这种习惯之养成恐怕与平时所读的英文书有关。”② 这里至少表露了几层意思。第一，在张爱玲这里，中西是可以互通的，而且也可以进行相对自如的思维切换；第二，在进行包括 Stale Mates 等文章在内的英文创作时，作家是用英语进行西方人式的思考，在思维模式上与他们趋同，在改写（改译）为《五四遗事》等中文作品时，又回归到中国人的思维模式上；第三，由于前期生活的积淀和写作素材的规定性，人物对白用中文思想要比英文思想来得自然。而西方文化中重逻辑、重推理的特征和英文在表达抽象思想方面的优势又使之在思想抽象时毫不犹疑地选择了英文。作为英文的跨语际改写，许多表达式上不再保留有英文特征，而回归到了中文。具体来说，像英文中被省略的（1）句“新嫁娘戴蓝眼镜”，中文里是与“交际明星戴眼镜”和“连咸肉庄上的妓女都戴眼镜，冒充女学生”并列对举，形成中文特有的铺排句式，英文如果也这样表达，会有累赘突兀之嫌。对（3）句中的情况，张爱玲解释道：“英文中的 Wen 改成中文姓郭，理由是英文要避免罗马拼音读法为读者歪曲，读者容易读错，而且读出来不是相近的声音，所以取名为 Wen。译成中文时，如取名温或文，太像一个知识分子。如姓闻，倘使不用引号，闻，容易混入句中其他文字，而中文又没有大写，所以改一个一看就知道是姓的郭。”③ 此处，张爱玲表现出了对不同语言细微差异的高度敏感。在（7）、（9）、（11）中，张爱玲分别对“七出”、“家法”、“填房”等中国封建社会中的特殊规则作出注解和说明，以免西方读者无法理喻。而“tianfang”在英文中既无对应的表达法，又为了避免越解释越乱的后果，作家就直接用了中文读音。这种处理，张爱玲也自有其道理，“中文繁，英文简，二篇不同是因为英文需要加注，而普通英文读者最怕文中加小注。如果不加注，只好在正文里加解释，原来轻轻一语带过，变成郑重解释。轻重与节奏都因此受到影响，文章不能一气呵成，不如删掉，反而接近原意”④。还有一点，在母语环境中，读者有相关文化背景，理解起来不易有障碍。（17）句，中英文本的区别，除了能用前面张爱玲的“中文繁，英文简”来说明外，对王家的交代，亦凸显了人际关系的错综复杂和人物之间的暗自较量，明显是要通过这种方式挽回一些面子。但英文背景的读者难以领

---

① 许建平、张荣曦：《跨文化翻译中的异化与归化问题》，《中国翻译》2002 年第 5 期。

② 林以亮：《从张爱玲的〈五四遗事〉谈起》，苏伟贞主编《鱼往雁返——张爱玲的书信因缘》，台北允晨文化，2007 年，第 49 页。

③ 同上，第 48 页。

④ 同上，第 49 页。

会这种微妙，就以陈述语出之。且此二处与英文中的区分还在于异化与归化之不同。(19) 句中，“拥”表明罗之心满意足，是无意间被成全的“好事”；“偕隐”一词能够令人联想到北宋诗人林和靖“梅妻鹤子”的典故，但又含有讽刺意味。英文仅是回归事实。

显然，在改写改译时，必须充分考虑到东西方接受者观念意识的差异在文本理解上可能产生的影响和如何把中国传统文化信息巧妙传递给西方读者的问题。在细节上尤其用工改造，运用相应技术手段，希图获得不同语言环境中的可读性。

三、话语策略和叙事控制

话语，按照福柯的理解，是一种思考权力、知识和语言之间关系的方法。从某种意义上说，它试图避免在使用意识形态概念时所带来的许多困难①。使用什么样的叙事话语，话语在何种场合下使用，关系到作家如何运用他/她的思考权力的问题。这也可以看做是叙事话语策略的问题。弄清张爱玲在 Stale Mates 和《五四遗事》中的话语策略，有助于我们进一步理解张爱玲是如何行使自己的话语权力进行跨语际实践的。

对张爱玲在英、中文本的话语表述上的不同处理，可以作如下分析。(2) 中三句话。前句，隐含意思是，同性朋友（罗和郭，范和周）之间是无话不谈的，相互间没有秘密，也没有笑柄；各自的爱人则不同，他们对另外一个异性来说永远是秘密的所在，打趣既不易使之不高兴，因为是朋友的朋友，也不易冷场，因为年轻人天性爱笑。这是中国人典型的人际观，保持适度距离又无伤大雅。“说笑话”也和当时社会潮流合拍，见出“五四”时期读书人的一般特色。中间一句对密斯范的描写，是典型的“张爱玲体”。对衣着和色彩的敏感，“犯冲的颜色”，黑白分明的对照，“五四”新潮女性的打扮。由衣着来引证其“静物的美”。末句则是两层意思。其一，西湖的历史文化积淀沉厚，又是一个最易发生艳情外遇的所在。仅一个《白蛇传》就令多少文人仕女唏嘘慨叹不已，换到过多少同情的泪水。故事被安排在这个特定的地方发生，很能让读者浮想联翩。其二，西湖背景下女性着装的悖论。想穿最新式的服装，是女性的天性，但与游览西湖不协调，因为西湖是属于厚重历史的；穿的服装不新式，与时代女性的身份不协调，因为时代女性总是要走到时代前列的，也只有服装最能体现这一点。所以，游西湖的女人要么返回古代，即穿与西湖历史相谐和的服装；要么穿最新式的服装而不游西湖。可偏偏是穿新式服装游西湖，这就成了悖论之悖论。这样的悖论只有中国才可能出现，只有中文读者才可能理解。所以，张爱玲不厌其烦地点出来，是获得共鸣的需要。(10) 中所叙述的可以归结为两件事：罗与妻子继续冷战和婆媳间误会加深。母亲以生病为借口，让儿子回家，这是最为古老的“欺骗”手法。在孝道的支配下，几乎没有人能够拒绝，即使明知

① ［英］阿雷温·鲍尔德恩等：《文化研究导论》，陶东风等译，高等教育出版社，2004 年，第 31—32 页。

有诈，也只能服从。母亲让罗回去的真实目的是与妻子相见、和好。妻子一方也希望罗能回心转意，所以盛装见夫。妻子在当时语境里显然是一个被动的存在，无法赢得丈夫就意味着在家庭中的地位岌岌可危，没有了合法性。这也是在中国社会里才会出现的问题。母子连心，母亲在规劝无效的情况下顺从儿子，妻子就更显出了弱势。中国家庭中的婆媳矛盾，也是独特的。往往是媳妇弱势。双重弱势又越发注定了妻子/媳妇的身份难保，加上摩擦，唯有被驱逐一途。这和结尾的大团圆构成一个悖论式的反讽。(13) 是对密斯范的交代，它深刻地刻画出了一个年华渐大而待字闺中的女人的处境。说是"战斗"，当然有大词小用的意味，但也见出了女人命运的悲哀。她"战斗"的目的无非是"为悦己者容"，保持姣好的面容以获得男人垂青。但这种战斗又是寂寞和痛苦的，它的尽头难以看到，也无法预知结果。而且"战斗"的对象是残酷和磨人的时间，又不能令人知道自己在"战斗"，因为那会引来别人的讶异、不解乃至讥笑，个人的私事会因此成为公开的秘密。密斯范的努力是对一个女人耐性和心理的最大挑战。密斯范成功了，她成功在最终与罗结为眷属；可她又失败了，因为她在目的达成之后就彻底放弃了与时间对抗，成为时间的俘虏。(18) 是对罗的交代。"熬"也极见匠心。罗熬赢了时间，熬赢了当初反对他的众人，当离婚不再是舆论瞩目的焦点话题时，即表明了罗的胜利。

就为西方读者而写的 Stale Mates 而言，张爱玲的目的就是要交代一个以西湖为背景的中国式的恋爱故事。主人公是受"五四"革命思潮影响的新一代，但他们的所言所行最终与"五四"精神要义——一夫一妻、自由恋爱背道而驰。故事的反讽性质由于语际环境和文化区隔而无法得以有效地体现，它淹没在绝大多数接受者的话语障碍里。而就《五四遗事》而言，读者对故事的理解会在背景知识的支撑下获得。

根据以上分析，可以归结出如下话语策略。

第一，消解。众所周知，"五四"新文化运动是以输入西方民主、科学、自由、平等理念为发端的，而且深刻地影响了几代中国人。自由恋爱、男女平等、妇女解放、婚姻（一夫一妻）自主便是题中应有之义。受到洗礼或者风闻其影响的青年们，多以满口西方的新名词、新理念为炫耀的资本，试图在生活实际中身体力行。换句话说，"五四"新文化运动就是一场在文化领域全面性输入西方话语的运动，是用西方话语取代中国传统话语的努力和实验，是西方现代话语在场和中国传统话语被驱逐的过程，这一过程一直持续到新中国建立后。张爱玲在 Stale Mates 和《五四遗事》中，力图对西方话语进行消解——妇女地位和命运并没有实质性的改变，她们依然和《倾城之恋》中的白流苏、《留情》中的敦凤、《等》中的太太们一样，要依靠男人才能生活下去；自由恋爱也是颇多周折，密斯范和罗的最后胜利是以青春年华的流逝为代价；一夫一妻式的婚姻自主尤其成为了一个笑话，因为罗收获的是"三美团圆"。不过，对西方话语的消解并没有必然指向中国传统的高明，罗的看似大团圆，合乎古人理想，但实际上，亦被经济上的困窘、妻子的冷嘲热讽和袖手旁观所包围。

第二，拒斥。拒斥建立在文化思考的基础上，二文本中均隐含了中西文化价值观比较的内容。Stale Mates 中，对罗及其前妻之间的婚姻冷战、与王小姐家的官司交代较少，也忽略了一些人际关系的描述，突出的是罗和密斯范的恋爱故事。在西方语境里，个人自由是神圣的，恋爱婚姻也是个人的私事，如果遭到了亲戚外界的诸多干扰，就是明显的对个人权利的粗暴干涉。但在中国，却是合法的、天经地义的，这样的情景西方读者无法想象，就此而言，作品说出了中国特定时期人们生活的某种真相，构成了对西方价值观的拒斥。《五四遗事》中则兼顾到了上述忽略的方面，且加以了强化。与第一任妻子纷争的六年之痒，与第二任妻子官司的五年较量，不仅说明了中国人离婚比结婚更不自由，更多困难，也说明了中国人生存之艰难，为自己谋幸福之不易，进而说明中国传统的价值观之保守和腐朽，是必须改变的。尽管文本中亦交代了罗熬出了头，是因为“人们对于离婚的态度已经改变”，但十几年的时间已经过去了，可见要改变传统价值观又是何等艰巨的任务！

第三，悖论。应该说，两文本中许多地方都充满了悖论，除了上述所提到的细节部分外，就整体而言，罗的离婚——结婚——再离婚——再结婚，就是一出以悲剧为内核的喜剧，无疑也是充满悖论的。结婚是为了生活，离婚是为了更好的、质量更高的生活，与密斯范旧情复炽而与王小姐离婚，显然是试图获得罗自己最想要的生活。而真的与密斯范结婚后，仍然无法获得自己最想要的生活，因为她完全不再是原来的样子，换了个人。辛辛苦苦的追求得到的是无穷无尽的苦恼。罗虽然最终三美团圆，也阻挡不了实际生活带来的无限烦忧。而且即便诉苦，也无法找到同情者，别人只是艳羡他。可见，故事所形成的巨大悖论就使张爱玲在解构形而上和避免俗套（简单恋爱故事）方面取得了十足的成功。

叙事控制，就是叙事者在叙事过程中对文本叙事节奏的有效把握和拿捏。为了分析的方便，这里借用叙事学的理论①从以下几个方面来对文本中叙事话语控制的有效性展开论述。

第一，概略。概略表现的是背景信息，或是连接不同场景的适当手段。句（4）、（8）、（9）、（14）就属于该种情况。尤其是句（4），按部就班地让人物出场，头绪清楚，亦见出张爱玲的中国传统笔法之一斑。句（8）显然是要令读者知道罗离婚之艰难程度，阻力之大，非同一般。句（14）叙述离婚后罗付出的代价，照应前文。表现背景信息，也是为了让读者在理解时不致有太大障碍，使故事可以流畅地展开。《红玫瑰与白玫瑰》中对佟振保留洋情况的交代，《茉莉香片》中对聂传庆母亲与言子夜恋情的交代，均属此类。在 Stale Mates 中，背景信息几乎没有，这既可以看作张爱玲在跨语际实践中对西方读者的不信任——无法理解中国错综复杂的人际关系，也可以理解为对西方读者心理的到位了解——不关心太多的背景信息，更需要单刀直入式的叙述，以满足他们的“窥视”和好奇心理。

第二，场景。对一个延伸事件或系列事件的交代，往往依赖于场景。句（12）、（15）即是此类。前者不仅详细地描述了罗因眼见爱人即将飞走的强烈反应，更见出他内心的苦痛。与后面的结局对比尤其鲜明。后者通过两件事表现了密斯范的慵懒

① ［荷］米克·巴尔：《叙述学》，谭君强译，中国社会科学出版社，2005 年，第 122－126 页。

和恶俗，一改以前的清纯。反差之大，令人瞠目。这两个场景不但强化了十年辛苦换来的自由恋爱的无意义，而且还暗示了中国人生活的疲惫，与所谓的幸福相距甚远。再联系全文来看，虚无感油然而生。英文文本中，缺少了此二场景，读者自然无法体会到主人公心态的复杂，理解他们生活质量的低下。

第三，减缓。一个短暂的减缓出现在场景范围内，此时，主观性的追述得以加强。叙述者可以插入对人物的必要交代，以使读者能够清楚了解与人物相关的事件或感受。句（5）、（6）在游玩西湖的过程中顺理成章地插入。张爱玲无意去描写西湖美景及其在他们四人心中引起的反应，而是宕开一笔，减缓了故事进程。（16）句是在叙述罗与密斯范婚后吵闹过程中的减缓。不断减缓的结果，就使张爱玲能够突入人物心理，仔细揣摩人物的感受，从而有理解的同情、微带机锋的讽刺、不动声色的评述，左右叙事流程。

总体上看，《五四遗事》中叙事控制之运用较好地凸显了作家的创作意图。可以把它与《留情》略加比较。后文所叙的米先生与敦凤之事几乎是在几个小时内完成的，大部分被放在敦凤舅母杨老太太家这个特定空间中进行，也几乎都用到了以上叙事控制手段。故事以米先生夫妇的平淡生活始，又以平淡生活终。其间依次穿插了二人坐车见闻、敦凤回忆打麻将事、米先生前妻事，但通过对话推进的整个故事进程紧凑从容，与故事中人物的感受，即“生在这世上，没有一样感情不是千疮百孔的”[①] 构成对照。也就是说，叙事控制和故事进程并不匹配，前者抑制、降低了后者的演进速度，从而使“留情”的主题得以昭彰——米先生和敦凤虽然共同生活，可并不爱对方，都把自己的感情留给先前的爱人去了。《五四遗事》故事进程缓慢，不断借助时间标记（“这是一九二四年”、“这样来往快一年了”、“离婚的交涉办了六年之久”、“一星期后”、“前后费了五年功夫”、“这已经是一九三六年了”）来推进离婚的故事情节，叙事控制显然配合了这种时间节奏，不断被拖延的时间意味着事件发展的不顺利，也不断强化了故事的戏剧性，最后以出其不意的笔法煞了尾，即罗在历经重重波折后突然峰回路转，收获了前所未敢想、前所未能想的。落差之大，几乎颠覆了读者的想象，造成了众芳竞放般的艳异效果。

将《五四遗事》与 Stale Mates 相比较，Stale Mates 没有对罗和密斯范心理活动的详细描写，也没有交代对英文读者来说不太重要的背景信息，故此，叙事上（除了必要的注解外）旁逸斜出的地方少，表达显得简练，头绪清楚，故事完整。换个角度说，张爱玲在 Stale Mates 中更多的是为讲故事而讲故事，没有充分调用能够丰富文本内涵的艺术手段，诸如细腻传神的心理描绘、独到具体的细节书写、机智警醒的语言等等，以至于“张爱玲体”在英文文本中不易觅到。当然，这或许与张爱玲所理解的西方读者的接受水平相关。

（作者单位：红河学院人文学院）

① 张爱玲：《留情》，《倾城之恋》，北京十月文艺出版社，2006 年，第 24 页。

诗性的回归：游移在果园、都市和西方之间

——傅天琳诗歌论

□周　航　吴林俐

曾与舒婷齐名的傅天琳，是成熟于新时期的著名女诗人。其前后期先后出版了《绿色的音符》（1981）、《在孩子和世界之间》（1983 年）、《星期天山就长高了》（2007）、《柠檬叶子》（2009）等多部诗集，其中《绿色的音符》获全国首届优秀诗集奖，《柠檬叶子》获得第五届鲁迅文学奖（2010）。

迄今为止，对傅天琳诗歌的研究大致包括以下几个方面。一，对傅天琳诗歌总体风格的研究。不少学者从人文地理学的角度去解读傅天琳的诗歌，如李敬敏在《重庆地域文化与重庆文学》中就傅天琳的诗歌指出，“地域审美观的形成，既可以是自觉的，又可以是非自觉地”；又如李怡在《巴渝文化与诗人傅天琳》中认为，“重庆，锻造了傅天琳那独特的诗魂，赐予她丰富的灵感，又始终牵动着她的感情，浸润着她的思想”。二，对傅天琳诗歌主题的研究。张中宇在《传统选择呈现的当代风景》中认为，傅天琳的女性、儿童和母爱诗歌是“传统选择呈现的当代风景”，研究者以独到的视角细致解析了傅天琳诗歌中所展现出来的另一种传统女性角色的双重身份，即女性和母亲。日本著名诗人、诗评家佐佐木久春先生在选评傅天琳的诗集《结束与诞生》时，将其诗歌主题演进的脉络清晰地分为了四个时期，这是颇有创见性的。唐榆晴在《〈麦地中的一种情形〉所吟唱的“朦胧之歌”》一文中，对傅天琳《麦地中的一种情形》一诗中所蕴含的多种现代主义符码和多意蕴的指向进行了剖析，指出傅天琳在对现代文化进行反思时，同时展现出其独特的女性形象意义。三，对傅天琳诗歌进行纵向比较研究。张中宇在《近 30 年新诗形式流变与诗性流失——以傅天琳前后期诗歌创作为例》一文中，将傅天琳的诗歌放置于近 30 年的诗歌流变的历史进程中，对其前后期的诗歌进行对比研究，探寻她诗歌流变的轨迹，很有深度。这类研究是宏观之下的微观，是诗歌版图与坐标意义上的定位。此外，张用生的《清丽中的多维意象与果味里的生命哲思——傅天琳的诗歌赏评》，对傅天琳的诗歌内容和意象进行了比较具体的解读，为我们研究傅天琳诗歌的意象和哲思有很大的启发。

以上几方面已有的研究，为我们体验傅天琳的诗歌打开了一扇扇窗口，尤其是从人文地理学的角度来解读，最具特色。不过，傅天琳诗歌流变过程中所蕴含的深刻的社会与精神的矛盾性，往往为人所忽视。从大的时代语境来说，当工农业文明

发生明显的更替与变异时，诗歌内质饱含矛盾冲突是必然的，只是傅天琳将其作为文化表征凸显了出来，并赋予其特殊的时代特征。本文正是从诗歌发生学的角度与时代因素来进一步探析傅天琳的诗歌，进而解析一个“果园诗人”的创作历程。

一、萌芽：果园里播下诗歌的种子

1961年，毕业于重庆电力技术学校的傅天琳被分配到重庆北碚缙云山农场种果树，当时只有15岁的她，开始初步接触诗歌。傅天琳没有受过诗歌方面的专业教育，接触诗歌纯属偶然。但是，作为果园生活中唯一的娱乐，诗歌从一开始便已成为她生活中不可或缺的内容。很多人认为真正的诗人肯定是得到上天的厚爱，对语言的驾驭能力与生俱来，就像海子能用极其朴素却充满诗性的言语轻易地俘获我们的心。然而，在傅天琳的诗歌人生中，除了些许天赋外，更多的成功则是来自于她的执著和努力。用她自己的话来说，她做人作诗向来都是如果树一般的不屈。在她的坚持和努力下，1981年出版了第一本诗集《绿色的音符》。读着《绿色的音符》，便仿佛置身于她的果园，感同身受着她的生活，体验着她的喜怒哀乐。在《雨滴》这首诗中，她这样描写道：“它亲吻闭着小嘴的樱桃花蕾/它抚摸伸着小手的香樟叶子/在散发着芳草气息的地里/在奔溢着青春活力的涧水里/它笑着，唱着，跳着。”我们仿佛就是那一滴滴欢乐的雨滴，笑着、唱着、跳着，在果园里亲吻樱花，抚摸树叶。那时的诗虽然写得缺乏技巧，但词句充满了泥土的清香，读来别有一番滋味。

诗歌创作不可避免地要受到时代、地域以及诗人本身因素的影响，从而呈现出时代、地域和个人的特色。诗是某一时代的产物，必然要受到某一时代的政治、经济、文化以及诗歌本身发展状况的影响，从而不可避免地烙上时代的印记。从大处讲，傅天琳所处的时代，是一个农业文明向工业文明过渡的时代。果园在某种程度上来说，可看作农业文明的一个符号。傅天琳作为一个诗人，来自果园，她作为诗人的气质，以及她诗歌的气质都是在果园中得到滋养和锻造的。这片果园便是她的“诗的王国”。《月下》的《橘子林》“从春天走向秋天，从碧绿走向金黄……”，《绿叶》四季更替变成《落叶》。当《黎明，闪耀在山桃树上》，诗人骑在山桃树上，看“年年抽新的枝叶伸出绿色的手，接住一片又一片不灭的希望”。在《天就要黑了》的时候，她叹息着“我还剩，还剩一小块地……”《太阳河》流过这片果园，“红了荔枝，黄了菠萝，绿了槟榔”。所有的一切，都是她的果园情思。在这里，有《根的爱情》和《妈妈的爱》，还有《果园姐妹》，它们共同构筑起这个“诗的王国”。当傅天琳构筑起她诗的家园，她便寻找到了栖居的诗意，拥有了自己的精神家园。因此，即便当她身处被工业文明所开辟了的土地，她还是保留着她自己所构筑的那个王国。例如在《港口情思》中，她这样写道：

> 分明是第一次来到海港/却又像回到熟悉的家乡/……/多少个滴银的果园之夜/飞翔着我们美好的愿望/那运送果实的远方港口/曾多少次飞进我的梦乡/

……/今夜，我蘸一滴黄埔的江水写信/姐妹们，我又看见你红红的脸膛……

诗中，作者离开果园，第一次来到海港。对于成长在果园里的傅天琳来说，这里是另一个世界，另一种文明。此时，身处大都市的作者，所钟情的还是她的那一片果园，所寄情的还是她的果园姐妹。纵览傅天琳的诗集，我们可以清楚地看到，她早期的诗歌一直把果园作为描写对象，而没能有新的突破。傅天琳写果园的四季更替，写果园的草长莺飞以及她作为果园一分子的喜怒哀乐，即便她的爱情，也扎根于果园，是《根的爱情》。造成这种"果园现象"的原因有两方面：一方面是由于诗人的精神家园已经建立起来，所以无论身处何种喧嚣之中，她的精神家园还是保留着那一片宁静。据傅天琳自己所述，诗就是她的生活，生活就是她的诗。写诗最初是她生活的一部分，到后来成为了她生命的一部分。这也是她一直能坚持到今天的理由。另一方面，她的诗路和诗情受到果园的局限。这种局限是时代性的、地域性的。早期的傅天琳受各种因素制约，接触外界的机会较少，面对新事物，她需要拓展新的诗路和诗情，而她恰恰缺少这些新的东西。

在工业文明无可挽回地冲击农业文明的大时代背景之下，文学不可避免地会留下痕迹。傅天琳的诗，此时已透散出这种强烈的冲击。在《我的小鸽子放出去了》、《鸟，快振奋你的翅膀》等诗中，都或多或少地呈现了这种冲击的强烈。例如，在《我的小鸽子放出去了》一诗中，她这样写道：

我把我的小鸽子放出去了/……/你将要越过山的阻险，云的浩瀚/你将要收到风的追逐，雨的袭击/你还要遇到猎人的火枪，你要机灵些/……/那么多的期盼、祝福和那么多的忧郁/你会载满信念和爱飞回来的/一定会的！这是命运的不可违抗的旨意……

诗中的小鸽子便是诗人的自况。此时的傅天琳正值青春年少，对万事万物都感到新奇，对果园以外的世界更是充满好奇，她渴望着外面的世界。因此，不论是"阻险"，或是"袭击"，她还是"期盼"和"祝福"，觉得"这是命运不可违抗的旨意"。时代变迁，"落后"的农业文明受到"先进"的工业文明的冲击，代表着农业文明的果园自然一定程度上也受到代表着工业文明的都市的冲击。正是在这种工农业文明相互交融与更迭的情形之下，傅天琳开始了探寻外面世界的灵魂历险。

对于傅天琳早期的诗歌，不少学者从人文地理学的角度去解读和研究，这是很有道理的，也是有效的。无怪乎李怡认为是"重庆，锻造了傅天琳那独特的诗魂，赐予她丰富的灵感，又始终牵动着她的感情，浸润着她的思想"[①]。重庆的地域文化与精神对傅天琳的人生和诗歌创作确实有着莫大的影响。这种影响不仅体现在傅天琳早期的果园诗歌中，在她中后期的创作中这种影响更是发挥了持久绵远的力量。

① 李怡：《巴渝文化与诗人傅天琳》，《涪陵师专学报（社会科学版）》1999年第1期。

正是巴渝人坚毅、向上的品质培育了傅天琳的这种做人作诗的“果树的方式”[①]，也正是这种“果树的方式”，才使得傅天琳这“果林一条河”永远浸润着她的果园。

二、成长：都市和西方的风雨

20世纪80年代初，傅天琳从果园调到了北碚区文化馆，新的环境给她的创作带来更多的挑战和机遇，让她有机会走上另一个台阶。在文化馆工作两年后，傅天琳又被调到了重庆出版社工作。离开果园之后的傅天琳，有了更多体验生活的机会，可以到祖国各地去走走看看，甚至还有机会出国，新的经验与感受给她的精神建构带来了新的元素。

离开果园的傅天琳，生活不再局限于果园，诗歌也开始向更宽广的领域拓进。她来到工业文明浸染的土壤，接触了新生活，也开始了新的创作道路。国内外的游历，给她带来了前所未有的生活体验，因之而写的诗歌以《音乐岛》和《红草莓》为代表，反映出来的正是她这一时期的心境。这时期的诗歌语言具有浅唱低吟的音乐美，同时更注重内心情感体验的抒发，可以看作诗人自我意识的觉醒时期。同时，对西方的关注，对现实的关注，引发傅天琳更加多维地选取诗歌的意象，尽管仍然关注果园，却不仅仅只是关注果园。随着生活体验的丰富，此时傅天琳的诗歌在内容情感的表达上更加充实，在技巧和表现手法的运用上也更加娴熟。

(一) 都市中，她坚守着那一片果园

傅天琳作为一个社会个体的诗人，身处社会转型时期，无法逃离当时社会的矛盾和冲突，并且，这种矛盾和冲突必然在她的诗歌中有所体现。新事物的成长壮大和旧事物的萎靡消亡是一个或显或隐的漫长过程，当这个过程关乎两种文明，关乎民族与国家的振兴，那么这个过程中的冲突将会显得更为剧烈而复杂。在历来以农业文明为基础的中国，工业文明具有新生事物本应具备的强大生命力，但拥有强大旧势力的农业文明终不会骤然消逝，甚至那种回光更令人着迷与眷恋。当工业文明作为新生事物势不可挡地冲击农业文明并试图取而代之时，必然要经历相当漫长与痛苦的一个时期——磨合期。傅天琳所处的时代正是这两种文明交替冲击的磨合期。因为两种文明之间可能存在某种此消彼长的态势，那么，当其表现在文学上时便具有了一种游移性，傅天琳的诗歌恰恰表现出了这种游移性。

读傅天琳早期的诗集，其中不乏表达对外面世界向往的诗篇。身处果园，即身处农业文明之中的傅天琳固然热爱着她的果园，然而对作为新生事物出现的工业文明的另一个世界也是好奇与渴望的。因此，她才希望《鸟，快振奋你的翅膀》，“带着多么甜蜜的向往/……/这是没有希望的不可估量的希望呀/这是没有价值的无以计算的价值/飞吧，鸟，快振奋你的翅膀/——快飞过，快飞过沼泽地”。然而，多年后，处在工业文明那片天空下的傅天琳，回望她的那片果园，又陷入沉思了。不同文明之间的矛盾，也让她矛盾起来。在这种背景下，身处都市的傅天琳开始回望她

① 兰世秋、王甜：《傅天琳的诗歌观》，《重庆日报》2012年1月26日第4版。

的果园，写下了不少都市中的果园诗歌。

同傅天琳自己早期的果园诗歌相比，其都市中的果园诗在表现手法和技巧的运用上更加趋于成熟。果园姐妹作为傅天琳生命中不可或缺的一部分，在她的诗集中不止一次地被提到。例如早期的《果园姐妹》一诗：

我的姐，我的妹，我的真正的果园姐妹。我用山风一样不羁的自由自在的节奏，我用小鸟一样野性的不经训练的嗓门唱一支歌/……/我们骄傲地裸露着和土地一样颜色的臂膀，挑着和我们的窈窕的身姿极不相称的大木桶，跌跌撞撞，我们身上散发着泥土、芳草、牛粪、汗水和雨混合的气息/……/种下了人生最宝贵的，种下了人生最宝贵的少年时代和整个青春的韶光，种下了鹅黄色的，玫瑰色的梦和梦一般的愿望，种下了我们烂漫、无邪而又朦胧，神圣的爱/……

诗中连用三个“种下了……”的句式组成排比句来增强诗歌的韵律感和节奏感，同时，通感和比喻的修辞手法使用频繁，如“小鸟一样野性的不经训练的嗓门”、“玫瑰色的梦”等。此外，部分附加修饰语多重叠加，使得诗句更有意味，正如日落时的余晖、风起时的云景。不过，除了这些普通的修辞手法之外，诗句很少有其他雕饰的技巧。诗歌在表现手法上也显得不太成熟，只是选取生活中司空见惯的事物如“大木桶”、“泥土”、“汗水”等组合成意象，平铺直叙地描写了她的日常生活。对比后期的另一首选材相同的诗《老姐妹的手》：

这双沾满花香的手，亮丽的手/……/被泥巴，牛粪，农药弄得脏兮兮的手/树皮一样，干脆就是/树的手/……/满手是奶，满手是粥/一勺，一勺，把一座荒山喂得油亮亮的/把一坡绿色喂得肉墩墩的/……/一辈子谦逊地向果树学习/渐渐地变得像个哲人/懂得该开花就开花，该落叶就落叶/……/这双空空荡荡的手，即将被考古的手/……/一时间无所事事/在空中乱飘，乱飞/飞五指成风

同样是以果园姐妹为题材的诗，傅天琳后期所作的这首《老姐妹的手》首先在选材方面就比《果园姐妹》更胜一筹。《老姐妹的手》能够以小见大，而不至于太泛。同时，在语言运用方面，诗歌斟字酌句，选词更加细腻，语言更加精炼，营造了更具跳跃性的意境，从这一双双老姐妹的手中，我们仿佛看见了老姐妹们的一生：曾是一双双青春靓丽的手，在山林间劳作、生活，整日与泥土、牛粪和农药为伍。日复一日，年复一年，青春渐渐逝去，老姐妹的手变成了一双双树的手。苍老了的是一双双的手，青翠了的是一个个的山坡。而如今，不需要再劳作的这双手，却找不到了归宿，只能在空中随风乱飘。最后，整首诗的结尾处更是充满凄凉与无奈之感，引人深思，从而也使诗歌更带有生命存在的纵深感。傅天琳前后期的果园诗歌，不仅是岁月沧桑留下的痕迹，更是诗艺日趋纯熟之后的显现。

（二）都市中，她寻觅新的精神家园

如果果园是傅天琳早期所构筑的一个“诗的王国”，那么儿童世界便是她在都市世界里的“诗的王国”。这两个“王国”并非各自独立存在，而是相互依存的，甚至在某种程度上来说是共通的。就她的儿童诗而言，写作的灵感来源于她生活中的外孙。她先是以一位外婆的角度审视儿童的世界，进而进入到童真的世界中去。例如《星期天山就长高了》诗中的一节：“还没有山的时候/我就喜欢山/我就等着它长啊长啊长/一直长到星期天/星期天山就长高啦/山上的树叶都红啦/我爬啊爬啊爬/爬上山顶/我比山还高啦。”作者用活泼的想象把普通的事物变得童趣盎然，用儿童的视角为我们展现出一个新奇的世界。在这里，傅天琳为自己创造了另一片天空，一个现代化都市中的精神家园——儿童世界。她想在工业文明的天空下寻找她的那一片果园，她自己的王国。就如梭罗一般，身处工业文明的大都市多年以后，毅然决定独自隐居于瓦尔登湖畔，作一次“诗意的栖居”，寻找自己的精神家园。然而，傅天琳不是选择了如梭罗一般的隐去，而是在都市中寻找一方净土，那就是童心。童诗的创作，不仅突破了她自己的创作局限，更给她带来了意想不到的收获。童诗是傅天琳的一种创作，也是她的一种生活，保持着一颗童真的心，就好像“去了生命源头作洗礼”①。作为文人骚客，通常当现实与理想产生差距时，这种精神世界与现实世界的沟壑是难跨越的。海子在现实世界中找不到那所“面朝大海，春暖花开”的房子，所以选择了带着《瓦尔登湖》卧轨。虽然顾城说黑夜给予他黑色的眼睛是为了用来寻找光明，但他却没能寻找到光明，无奈之下，他选择了永久的黑夜。傅天琳面对现实世界也是困惑的，但她却选择在儿童的世界中寻找自己心灵的慰藉，终满载而归。所以，傅天琳的童诗也是她“诗的王国”的一部分。后来的傅天琳，作为母亲和外婆，在与孩子接触的过程中，她创作了不少优秀的儿童诗，诗集《星期天山就长高了》自出版以来就广受好评，其中原因，看似复杂其实简单。

（三）西方意识影响下的果园诗人

20世纪80年代后期，国内新诗开始了汹涌的“废韵”、“散文化”的浪潮。这与西方文化思想再次在中国的大规模传入有着十分紧密的关系。其时，傅天琳增加了许多国内外游历的经历，使她能够大面积地接触或直接吸收西方的文化思想，这种来自西方的影响，不仅引导了中国的诗歌潮流，也改变了傅天琳的写作姿态。同样的，这与当时的社会大环境相关，有的诗人有限度地退却，有的诗人以积极的姿态融入，从而使自己的写作发生蜕变，傅天琳属于后者。作为具有代表性的女诗人舒婷和傅天琳，在这场浪潮影响下却持两种完全不同的立场。坚拒这场浪潮的诗人，舒婷首当其冲。后来她主要“写散文随笔，只敢于无声处想想诗”②，后期更是“放弃了诗歌创作，以作无声的抵制”③。与舒婷不同，傅天琳以她自己独有的“永远的果树的方式”来面对这场“散文化”的潮流。受“散文化”潮流的影响，90年代以后，傅天琳的诗歌有进一步“散文化”的趋势，不再讲求“用韵”。如她的《结束与

---

① 兰世秋、王甜：《傅天琳：柠檬那宁静的充满祈愿的姿态，应该就是我的诗》，《重庆日报》，2012年1月26日。

② 舒婷：《舒婷诗文自选集》，漓江出版社，1997年，第345页。

③ 张中宇：《近30年新诗形式流变与诗性流失》，《西南大学学报（社会科学版）》2009年第3期。

荒诞》：

……月亮落了/太阳升起了，日子/总是在水中交替/当缀满星光的海面/月又升起/当我再一次变成一只鸥/以日为镜/以泪净身/我会懂得/强烈的火总脱身于射水中/天琳，路的结束/方是人的诞生

这首诗不讲究“韵头”和“韵尾”，只是以浅唱低吟的独语来抒发诗人内心的情感体验。以较为散文化的语言来揭示自己的心路历程与时代之变，是当时不少诗人的做法，也反映出诗人与诗歌的普遍困境。不可否认的是，这不仅是中国诗人寻求艺术突破的努力，也是诗人们深受西方意识影响的结果，傅天琳亦如是。

中国加速了由农业文明到工业文明的转型，傅天琳从果园到都市践行了这一转变过程。随着生活环境的改变和生活阅历的增加，在中外文化交流与相互影响的外力、内力的双重推动之下，这位以生活为诗的诗人的生活和诗路同时发生了变化，其间傅天琳写下了不少国内外游历的诗歌，其中以《音乐岛》和《红草莓》为代表。受西方现实主义启发，傅天琳的诗歌表现出逐渐增多的现代生命体验，她开始“更多的思考人生”。在《果园诗人》一诗中，诗人自我反思，回望走过的人生，认识到自己的渺小与轻薄，最后发现自己“更愿意回到果园去”、“走一条浅显的路”。与西方一度流行的现代性联系起来看，傅天琳的回望果园，也正吻合了某种西方的现代性意识，当然也是诗人本能的天性体现。傅天琳的诗和她的人生，都是诗意绵长、韵味隽永的，就像那《果林一条河》，虽不浩浩荡荡却从春流到冬，从青葱流到龙钟。

三、回归：在果园的宁静中彻悟生命和诗

一路走来，诗坛辉煌时诗歌成就了她，诗坛落寞时她坚守着诗歌。不过，傅天琳自己却认为，她能够在诗歌的道路上走到今天，谈不上“坚持”。在她看来，我们眼中的她的坚守，不过是她的率性而为，随心而作。

傅天琳被称作“果园诗人”，因为她的诗，来自果园，也因为后来，傅天琳“更愿意回到果园去”。在《果园诗人》这首诗中，她这样自我表白：

最后我发现我更愿意回到果园去/回到柠檬、苹果、桃子、杏一样的人群去/……/我深深明白：这片林子是和我的青春/一起栽种，和我的幸福一道萌芽的/……/曾经以为仅仅作你的诗人，太小/这是何其难得的小啊/我又是何其轻薄/果园，请再次接纳我/……

这首《果园诗人》可以看作一首傅天琳为自己正名的诗。“最后我发现我更愿意回到果园去”，这是她诗的理想，亦是她人生的理想。在工业文明已经极其发达的今天，农业文明的气息已宛若游丝。诗人站在工业文明的这片领土上，却没能感觉到

一丝文明进步的欣慰，反而为某些美好的丧失而感到痛苦。真正的情形似乎是，在科技和经济迅猛发展的同时，人类却丢失了精神上本应固守的东西。是应该展臂欢呼工业与城市的现代文明，还是坚守宁静而诗意的乡村故园，这确实成为多少年来每一个诗人无法挣脱的精神悖论。作为一个诗人，自然有着敏锐的触觉和细腻的感悟，所以诗人在我们眼中总是那么多愁善感。傅天琳认为，诗是世界上最美的语言，也最能呈现人的情感，不是每个人都要成为诗人，只要你愿意去读诗、写诗，它就会离你心灵最近。正因为傅天琳是用了更接近心灵的诗语在思考人生，所以她一直在找寻一个更能接近她心灵的地方。现实世界并不能给她精神家园的乐土，所以她选择回到果园去，选择去"生命的源头作洗礼"[①]。或许，回望才更属于诗，它与喧嚣是背道而驰的。

作为一位诗人，其诗歌的特色尤为重要。诗人的诗歌特色，不仅仅包含了时代和地域所赋予它的特色，更重要的是个人特色。果园成就了傅天琳诗歌的特色，更成就了她的诗歌人生。"曾经以为仅仅作你的诗人，太小/这是何其难得的小啊"，正是这片果园的"小"，成就了她作为一位诗人的"大"。在傅天琳的这片果园中，孕育的硕果无数，独有那一片柠檬最惹人注目。"漫山桃红李白，而我一往情深地偏爱柠檬。它永远痛苦的内心是我生命的本质，却在秋日的田野反射出橙色的甜蜜回光。那宁静的充满祈愿的姿态，是我的诗。"[②]

傅天琳一生都钟情于柠檬，以至于她把一本诗集命名为《柠檬叶子》。2010年10月19日，在鲁迅先生逝世74周年纪念日当天，傅天琳凭借诗集《柠檬叶子》获得第五届鲁迅文学奖诗歌奖。鲁奖诗歌终评委员会副主任雷抒雁如此评价："她内心世界的平和、善良与质朴，在那种富于青春活力与成熟思考的刚性语言里，流溢和散发着一种奇异的色彩和气息。"[③] 这是对傅天琳诗歌的充分肯定，更是对傅天琳诗歌人生的一种肯定。

这部诗集中有首《柠檬黄了》，她这样描写道：

> 柠檬黄了/请原谅啊，只是娓娓道来的黄/黄得没有气势，没有穿透力/……/请鼓励它，给它光线，给它手/……/它就这样黄了，黄中带绿/恬淡，安静/……/哦，柠檬/这无疑是果林中最具韧性的树种/从来没有挺拔过/从来没有折断过/……/绝不屈服地/ 把一切遭遇化为果实/……

柠檬黄了，正如傅天琳自己的人生一样。从发芽到开花结果，活得恬淡安静。黄得没有气势，不是灼灼逼人的黄，而是娓娓道来的黄，绵延不绝持久的黄。"它就这样黄了"，黄得不需要特殊的条件，黄得只要给它些光线和鼓励即可，其中虽有丝丝无奈，但更蕴含着包容一切的淡定。傅天琳钟情于柠檬，钟情于它永远痛苦的内

---

① 苏瑷：《世有天之林》，《文学自由谈》2011年第1期。

② 傅天琳：《果树的方式以及水的方向》，《涪陵师专学报》1999年第2期。

③ 兰世秋、王甜：《傅天琳：柠檬那宁静的充满祈愿的姿态，应该就是我的诗》，《重庆日报》2012年1月26日。

心，诗人关注现实与生命，内心何曾不与柠檬一样，也是痛苦的呢？

傅天琳后期的诗歌，越来越关注现实，这种有意识或无意识的关注是时代和诗人自身双重作用的结果。她开始“更多地思考人生”，泛着阵痛的独语似乎更能表现她的内心，如柠檬一样痛苦的内心。傅天琳后期诗歌对现实的关注和她诗歌的回归，有两点值得注意。一方面，这表现出她对现代工业文明的一种反思。对现实世界的思考、理想人生与现实世界的矛盾冲突，这些只能在诗歌中得以倾诉。现实中的不尽如人意，却在傅天琳所开辟的精神世界的一方净土中得以均衡。所以，她才会说：“最后我发现我更愿意回到果园去/回到柠檬、苹果、桃子、杏一样的人群去。”她的回归，不是一种逃避，而是对自己精神家园的珍视和捍卫。她要如梭罗一般，在她的“瓦尔登湖”畔作“诗意的栖居”。另一方面，随着傅天琳的人生进入到老年阶段，“落叶归根”的意识越发强烈了，所以，她才想回到她最初热爱的地方去。一种诗人主观上的宿命感在傅天琳诗性的回归中又得以显形。

作为一个诗人，需要眼光与胸怀，需要阅历与体验，从一个起点摆出前行的姿势出发，或许很长时间都是行走于路上，且行且歌。但犹如日之升落、月之圆缺，最终会回首，甚至会再次回到起点，傅天琳的回归似乎是情理之中的事。但是，在某种意义上说，傅天琳的诗歌又何谈回归？在她的诗歌人生中，果园的精神依赖又何谈远离？或许，无论是“果园”，还是“儿童世界”，哪怕期间经历过一些风雨波折，都无不是她诗歌王国中的一隅，都是形成一个整体的不同部分。

结　语

毋庸讳言，傅天琳的诗歌创作道路是有着一个明显的发展历程的。这个过程，明显受到时代、地域和生活经历的制约，不可避免地带有社会发展而留下的精神痕迹。她的诗歌，虽然一直游移于果园、都市与西方之间，但其一颗永葆诗情的心一直以来都是坚定的。她虽然未尝离开过现实，甚至一度仅为了照顾外孙女而三年不动笔，但一切无不在孕育之中，一旦萌芽，就阻挡不住地茁壮成长。傅天琳的诗性回归，其实带有某种生命存在的哲学意义，是游移之后的回归，这不仅是时代的、社会的、诗人的，更是诗的。它超出了诗歌本身，而带有某种生命指向性的意义。

（作者单位：长江师范学院文学与新闻学院）

作家研究

一座待挖的富矿：中国当代煤矿文学的类型研究初探[①]

□ 钱晓宇

中国当代煤矿题材作品，无论在矿工形象塑造、创作和阅读群体，还是发表阵地、评奖体系上均已形成了庞大的规模，但是对这一复杂而深刻的文学现象进行学理上的梳理和研究还处于起步阶段，创作实绩与文类研究呈现出不对等的状态。从整体上考察中国当代煤矿文学的研究几近于零。不少研究者根据煤矿从业者的背景，将其归入“底层写作”的范畴，与农民题材、打工文学并列。由作为国民经济重要支柱产业的煤矿业衍生的“煤矿文学”甚至连“工业文学”都称不上。这在 1997 年 9 月刊载于《郑州大学学报》的贾玉民的长篇论文《20 世纪中国工业文学的历程和展望》中就可以体现出来。作者没有正面提及“煤矿”创作问题。矿工形象的缺席注定了这篇反映百年工业文学的论文具有先天不足之兆。

早在 1954—1955 年，中国煤矿工会全国委员会宣传部连续编辑了期刊《煤矿文艺汇集》，但是影响甚微，最后销声匿迹。随后的研究也是零星为之。当下的研究主要通过散见的单篇论文形式出现在关注者的眼前。像一些以写煤矿题材起步的知名作家如周梅森、刘庆邦等，因为其社会影响力的提升、作品的广泛流传等综合原因，吸引了不少研究者的目光。以“周梅森”为主题，探讨其煤矿题材作品如《黑坟》等的论文出现了。对“刘庆邦”的研究相对来说更加丰富，但要看到在几百篇论文中明确探讨刘庆邦与煤矿文学的却并不多见。

2003 年 12 月的《江汉论坛》发表了罗俊华《论当代煤炭诗潮的形成》。论文从古典诗人苏轼的《石炭诗》、于谦的《咏煤诗》，到现代诗人郭沫若的《炉中煤》、艾青的《煤的对话》，牵引出中国当代诗歌创作中“煤炭诗”大量涌现的现实，对于煤炭诗创作群体、乌金诗派、黑美诗潮的形成原因、文学史意义、诗歌美学价值和未来走向进行了阐述。这是研究者较早关注煤矿文学中的一支——煤炭诗歌的一个表征。

用新世纪的最新研究理念和方法进行研究，发掘这样一个巨大的文学富矿，无疑是填补学术空白的积极举动。那么，如何真正进入这样一个丰富的文学矿区，又不至于眉毛胡子一把抓呢？首先可以清理一下进入的路径和可行的研究角度。

① 本文为华北科技学院 A 类课题成果，获中央高校基本科研业务经费资助。

一、以“乌金奖”为辐射中心的研究思路

由中国煤矿文联和中国作协共同举办，每5年评选一次的全国煤矿文学“乌金奖”，在文学界一直享有很高的声誉。它与文化部“文华奖”、戏剧“梅花奖”、话剧“金狮奖”、电视“飞天奖”、“金鹰奖”、曲艺“牡丹奖”、音乐“金唱片奖”、舞蹈“荷花奖”以及“孔雀奖”等奖项一样，同属国家级专业大奖。“乌金奖”虽然不能囊括所有优秀煤矿文学，至少可以作为当代优秀煤炭文学的风向标。煤矿题材的诗歌、散文、小说、报告文学和相关文论都被纳入该奖项的评选范畴，那么，围绕着“乌金奖”，追踪而去，将掀起不可思议的幕帘。

比如1983年首届“乌金奖”就有6部中篇小说、49篇短篇小说、14篇报告文学、15篇散文、38首诗歌获奖。1992年的第二届“乌金奖”一等奖作家作品有中篇小说《瓦斯》（蒋法武）、《沉沦的土地》（周梅森）、《东家》（刘庆邦）；短篇小说《爱》（刘云生）、《冷屋》（张枚同、程琪）、《我们的老六》（孙少山）；报告文学《今天，谁是最美的人》（严阵）、《让男人佩服的是女人》（黄静泉）、《煤海魂兮》（周培玉、王和岐）；散文《不敢敲门》（陈建功）、《心心相印》（范圣辉）；诗集《孙友田煤矿抒情诗选》（孙友田）、《沉重的阳光》（秦岭）。

1996年第三届“乌金奖”获得一等奖的有诗集《好雨轩吟草》（梁东）、《深情》（刘欣）；中篇小说《家道》（刘庆邦）、《归去》（焦祖尧）；短篇小说《屠妇老塘》（刘庆邦）、《家事》（刘欣声）；报告文学《抓住历史的契机》（李从林）、《世纪光明行》（姚喜岱）；文学评论《季风与地火》（雷达）。

2001年第四届“乌金奖”一等奖有中篇小说《渴望出逃》（刘宝生）；短篇小说《老黑鱼号的短暂航程》（谢友鄞）、《蓝蓝的山桃花》（刘云生）、《父亲和鹞鹰》（李连杰）；长篇报告文学《走出地平线》（马泰泉）；中篇报告文学《心灵的密码》（李从林）、《壁立千仞》（章成）、《黑锅》（谢春阳）；散文《脸上有煤》（栾晓明）、《大地的心》（徐迅）、《面对死亡》（陈琳）；诗集《回声》（胡建平）；组诗《叶臻的诗（五首）》（叶臻）；文学评论《珍惜生命》（唐达成）、《花报一枝春》（毕长吾）。

到了2006年第五届“乌金奖”的评选，评委会收到了700余件作品，最后49件作品获奖，其中有短篇小说《牛铃摇春光》（王德林）、《烈日舞蹈》（元平英）等。最近，2011年6月15日的《中华读书报》以“第6届全国煤矿文学乌金奖‘煤味儿’浓郁”为题，介绍了第六届全国煤矿文学乌金奖的评选结果。卢国成的《黄钟不弃》等获长篇小说奖，徐站夫的《爱了又爱》获中篇小说奖，陈年的《胭脂杏》等获短篇小说奖，已故作家高扬文的《我当煤黑子的头》和张超的《征尘路》获特别荣誉奖。文章对近年来煤矿文学强劲的创作态势进行了一个简略的梳理，对刘庆邦、荆永鸣的小说，徐迅、夏榆的散文，叶臻、刘欣的诗歌，在当代文学的影响力给予了正面评价，还对21世纪以来煤矿作家的创作数量进行了不完全统计。

从历届“乌金奖”名单不难发现，如果以这些获奖作品为研究对象，既可以进行不同文类的煤炭题材研究，还能循此线索，进行辐射性深入，挖掘出更多同时期

的优秀作品。显然，要进入这个领域，中国当代煤矿文学“乌金奖”是绕不开的节点。

二、中国当代煤矿文学传统的梳理

毫无疑问，“煤矿”题材既是一个当仁不让的创作传统，还是现当代文学领域一个隐而未显的创作资源库。当代中国煤矿文学的传统可以从文学史角度来谈，也能从地域和产业角度来谈。

前者可以追溯到古典诗人苏轼的《石炭诗》、于谦的《咏煤诗》。他们是中国煤矿文学的鼻祖。在中国现代文学史上，出现了诸如郭沫若、艾青这样第一批吟咏煤炭的诗人。郭沫若曾创作过燃烧着的煤，与艾青的求燃之煤虽无同一的指向，但都是表达了一种自主精神。郭沫若诗句中“重见天光”的黑煤为了“心爱的人儿”——“年轻的女郎”——眷念着的“祖国”，甘愿燃尽自己，袒露火般的“心肠”（见《炉中煤》）。艾青则与古老而沉默的煤在一问一答之间，于“你已死在过深的怨愤里了吗？/死？不，不，我还活着——/请给我以火，给我以火”中表现出逆转生死常态的淡定与洒脱（见《煤的对话》）。

在小说创作中，著名“七月派”代表作家路翎在代表作《饥饿的郭素娥》中也曾塑造过那个时代典型的矿工形象。苗培时（《矿工起义》）、萧军（《五月的矿山》）、康濯（反映湖南煤矿工人生活的作品）三人还被誉为中国煤矿文学之祖。令人欣喜的是，苗培时在1945年创作的短篇小说《矿工起义》作为反映煤矿工人的第一篇小说已经在长治市发现了原稿。

当代作家路遥80年代完成的百万长篇巨著《平凡的世界》，一般来说被认定为全面展示当代城乡平凡人日常生活的长篇小说，各阶层的普通人形象汇聚其中，各层面的生活、工作遭遇也都有所呈现，但是作品对孙少平等矿工形象的塑造，对煤矿工作的细致描述无疑是这部作品具有强大感染力的重要原因之一。

后者就涉及煤矿行业的文学创作传统问题。中国当代煤矿文学作家群具有很强的地域性。根据中国矿产资源，尤其从煤矿资源分布来看，大型的产煤基地都涌现了大量的煤矿文学创作者。1996年，平庄煤矿被确定为中国煤矿文联文学创作中心。停刊了多年的《黑海潮》文艺期刊又重新复刊，为矿区的作者提供了文学发表的阵地。

以矿区为中心，以矿工创作为主体的《中国煤炭报》、《山西煤炭报》、《广东煤炭报》、《当代矿工》、《安全为天报》、《平顶山矿公报》、《焦作矿工报》、《大同矿工报》、《双鸭山矿工报》、《邢台矿工报》、《兖州矿工报》、《鸡西矿工报》、《肥城矿工报》、《铁法矿工报》、《赤峰矿工报》、《煤田地质报》、《鹤岗矿工报》、《石嘴山矿报》、《永棠矿工报》等报刊上就集中了大量煤矿文学题材的作品。再以四川川煤广旺集团为例，自成立的20多年来就培养出上百位煤矿文学爱好者，多部文学作品被收入《中国当代煤炭诗歌选》、《全国优秀企业歌曲选》、《四川煤炭优秀作品选》，并有部分作品分获各个级别的奖项。

这也就是说，企业旗下的各类刊物成为许多矿区从业人员最初发表作品的园地。当然其中不乏顺应企业文化发展思路，遵循精神和物质文明建设号召的响应派作家。不过，大多数还是来自一线的煤矿工作者，是对煤矿生产、生活有直接体验的人士。他们同时还是一群文学爱好者。他们参与煤矿文学创作之后，首先在一个团队中获得承认，继而激发出更高的创作热情，从矿区走向更广阔的世界，进而积累了全国范围内的影响力。陈建功、孙少山、周梅森、谢友鄞、刘庆邦、蒋法武等一批知名中青年作家，都是先后从各矿区走出来。目前，从矿区文化建设到个体矿工创作实践的发展态势仍具有相当的活跃性和持续性。

其实，进入地域性、产业化范畴来探讨中国当代煤矿文学，还仅仅是一个起点，因为这其中牵涉到很多具体而复杂的问题。首先，为什么矿工朋友比其他行业的产业工人具备更强烈的创作动机，其心理机制的形成必须加以充分考虑。其次，面对集中度如此高的创作现象，与工作环境、生产流程等外在因素有何必然关系？这样，展开对相关心理层面和产业特性的追踪和分析将成为接近当代煤矿文学的又一有效路径。

三、当代煤矿文学领军人物谱系的构筑

要创建一个完整的当代煤矿文学代表作家谱系并不是件易事。许多作家除了对这一题材有涉猎外，还有其他很多创作实践。入选的标准成为必须首先解决的问题，既要明确这类作家与煤矿文学以及矿区生活的关系，也应兼顾他们的作品，尤其是代表作品在主题内容和细节叙述上与煤矿题材的直接联系。在此，按照从事煤矿文学创作的早晚，先尝试将部分重要作家填充进这个谱系。它远不能涵盖所有相关作家，但却是一份具有很强延展性的名单。名单上的每一位都有丰富的行业经验和创作成就，作为个案，他们都有被继续研究的价值。他们聚在这样一份名单上，同时还能使人感受到当代煤矿文学创作真实的、如燃煤般的火热。

新中国成立后较早进行煤矿文学创作的有周为松。他 50 年代就从淮南煤校毕业，被分到谢一矿当一名机械维修工。他创作的灵感被矿区工作点燃，一首小诗便在 1957 年的《淮矿工人报》上发表了。接着，他的短篇小说《一言为定》发表在省级刊物《江淮文艺》上。一个普通的煤矿工人能在省级文学刊物上发表作品，对周为松的鼓舞很大。从此，周为松的文学创作一发不可收，在近 40 年的文学生涯中，有人统计过，他一共创作并出版总量超过 400 篇的小说、散文和报告文学。

孙友田则是 1957 年 8 月由淮南煤矿学校毕业后被分配到江苏徐州一个煤矿工作，一干就是 16 年。他于 1958 年出版了第一部诗集《煤海短歌》。此后坚持煤矿诗歌创作，先后又出版了如《矿山锣鼓》、《石炭歌》、《金色的星》等 11 部诗集。

李冰牧的诗作《矿山大嫂》曾获首届“乌金奖”，歌词《大嫂保媒》还获得了全国第二届乌金奖。王占君从 60 年代开始进行文学创作。这位最初的煤管局徒工创作的长篇小说《蝎子沟暴动》曾获首届全国“乌金奖”，长篇小说《黑玉》获第六届全国“乌金奖”。与共和国同龄的作家陈建功，当过北京矿务局木城涧煤矿工人，还进

过北京大学中文系学习。他的小说集《迷乱的星空》、《陈建功小说选》、《丹凤眼》、《前科》，随笔集《从实招来》、《北京滋味》等有不少煤矿生活、生产元素。

刘庆邦是中国当代著名作家。50年代出生的他当过农民、矿工和记者，还曾任中国煤矿作家协会主席，北京作家协会副主席，一级作家，北京市政协委员，中国作家协会全国委员会委员。创作出长篇小说《断层》、《远方诗意》、《平原上的歌谣》、《红煤》，中短篇小说集、散文集《走窑汉》、《梅妞放羊》、《遍地白花》、《响器》等二十余种，还出版了四卷本刘庆邦系列小说。获第二届鲁迅文学奖的短篇小说《鞋》被视为代表了煤矿作家创作获得的最高成就。中篇小说《神木》获第二届老舍文学奖作品。中篇小说《到城里去》和长篇小说《红煤》分别获第四届、第五届北京市政府奖。他的煤矿文学作品曾六度获《北京文学》奖，三度获《小说选刊》奖，两度获《小说月报》百花奖、《十月》文学奖、《人民文学》奖。他更是全国煤矿文学"乌金奖"四度获得者。根据其小说《神木》改编的电影《盲井》还斩获了第五十三届柏林电影艺术节银熊奖。刘庆邦可以说是当代煤矿文学创作领域影响最大的作家之一。

多年来在涟邵矿务局工作的林家品凭着《热雪》获第三届"乌金奖"长篇小说第一名。他的中篇小说《沉重的相思》获第二届"乌金奖"。长篇小说《野魂》描写了大革命前夕锡矿山矿工、土匪、矿商、军阀之间激烈的血腥斗争。

50年代出生的刘欣曾是徐州矿务局夹河煤矿的掘进工、机电工。他于1974年开始发表作品。1999年加入中国作家协会。长诗《奔流之歌》获第一届乌金奖优秀奖，报告文学《为了祖国遥远的海岸》获第二届"乌金奖"三等奖，叙事诗《矿长》获全国总工会庆祝建国40周年珍酒杯三等奖，诗歌《万棚手之歌》、《地下蘑菇园》、《生命的另一种形象》均获1987年－1989年《中国煤炭报》太阳石文学征文一等奖，诗集《深情》获全国第三届"乌金奖"一等奖。

同样是50年代出生的赵瑜，他多年来致力于煤矿题材的报告文学创作。他在80年代创作的《新形象之诞生》，被安徽矿区评为"煤炭工人最喜爱的作品"，很快被《报告文学选刊》选载，改编成电视连续剧《深层》，并获"乌金奖"。生于1958年的荆永鸣曾有20多年的煤矿生活、工作体验，他的作品也获过全国煤矿文学创作"乌金奖"。

60年代出生的王德林，凭中篇小说《裸体巷道》荣获全国煤矿文学"乌金奖"后，其短篇小说《牛铃摇春光》又荣获第五届"乌金奖"。同为60年代生人的萧习华曾是华蓥山下的采煤工，80年代开始发表作品的他还是中国煤矿作家协会理事。2011年，四川文艺出版社出版了他的最新诗集《大地听歌》，收录了他从2005年以来的重要诗作，如《歌唱的煤》等。

来自煤矿基层一线的作家还有王成祥和王传钧。王成祥在一线工作了10年，又从事煤炭行业的宣传工作20年，是《中国作家》杂志的签约作家。其纪实文学《无底的暗洞》，取材于煤矿一线的事迹，对于煤矿生产生活的特殊环境有真实而传神的描述。作为70后的王传钧则是山东济宁运河煤矿一线矿工，他是目前行业内部知名的"矿工心理系列"稿件的作者，有"首席农民矿工写手"之称。2009年他的《地心深处那束光》出版，成为中国第一部专门针对矿工心理的励志通俗读物。

1985年后才开始发表作品的王韵涵是“煤文化”概念的提出者。作为一名年轻的煤矿文学作家，其散文《村宅》获得了第五届“乌金奖”。他还擅长创作报告文学。长篇报告文学《见证轮回》就是他的“煤文化”系列作品之一。

如果一直这样罗列下去的话，最多只能算梳理，离谱系构筑还有很大距离。这也就提醒研究者必须在搜集、梳理的基础上，清楚地意识到文学研究仍然离不开对文学创作群内部的观照。那么，尽量将有影响力的煤矿文学代表作家的创作实践厘清，这一步看似简单实际上很重要。因为煤矿文学作为类型文学一直没有得到应有的重视，许多优秀作家作品散落在不起眼的矿区，或是大大小小的各级报刊中，集中汇聚的最大作用是更直观地展示此领域的创作实绩。显然，无论在数量，还是质量上，当代煤矿文学都积累了令人信服的成绩。一一细读、解读之后，谱系概念将呼之欲出，并构筑出煤矿文学创作群体的框架。那么，在对内在联系与个体差异进行分析的同时，整体研究也就有可能达到较完美的状态，而中国当代煤矿文学类型研究本身的应有之意也正在于它的整体观上，否则仍无法摆脱零星、单一的文本分析或个案研究的老路，一直以来不成体系的研究现状也无法改观。

当然，中国当代煤矿文学类型研究并不是一个“乌金奖”，一个相对封闭的圈子就能支撑起来的。以上几种进入类型研究的路径算是初级构想，更是开掘各种可能性的尝试。

（作者单位：华北科技学院）

寄希望于献身革命的热血青年
——重读《灭亡》、《新生》和《爱情的三部曲》

□戴 翊

在《灭亡》、《新生》、《爱情的三部曲》中，看不到无政府主义的说教，巴金致力的是对以杜大心、陈真和李佩珠等为代表的一群献身革命的热血青年的活动和心灵的揭示，在他们身上寄托着作家对中国革命的希望。

巴金不止一次地表示他爱这群热血青年，如对杜大心，他明确表示“我虽不是杜大心的信徒，但我爱他”①。对陈真，他也表示“我并不崇拜他，因为他并不是一个理想化的典型人物，但我爱他”②。他还说：“没有一个人能够了解我是怎样深切地爱着这些小说里的那些人物。”③ 爱他们的什么呢？爱他们“有良心，有热情，想做出一点有利于大家的事情，为了这他们牺牲了他们个人的一切”，爱“他们的牺牲精神，他们的英雄气概，他们的洁白的心”④。《爱情的三部曲》中的敏说：“只希望有一天得到一个机会把生命献出去。”这可以说是大家共同的心声。杜大心、张为群、德、明、敏、雄、高志元、方亚丹等等，有的舍身去行刺反动军阀，有的为保护战友与敌人搏斗，有的被敌人严刑拷打坚贞不屈，有的被捕后英勇走向刑场……他们都无畏地献出了宝贵生命，正如李佩珠所说的：“许多年轻人到我们里面来，但是很快地就交出生命走了。”陈真虽然死于车祸，但他抱病拼命工作，甘愿为目前的工作牺牲未来，同样把生死置之度外了。尽管杜大心、敏等舍身行刺反动军阀的做法并不可取，但他们的献身精神无疑是值得赞颂的。这些年轻人的献身当然不是儿戏，而是有着崇高的目的，这就是为着摧毁黑暗，建立光明社会的信仰。

杜大心对“各地连年战争，军阀鱼肉人民，流氓与土匪横行，外国人在中国土地上作威作福，以及革命党人被屠杀等等”的黑暗现实，对压迫者的无比憎恨是溢于言表的。但他同时又说：“对于那些吃菜根，吃树皮，吃土块，吃小孩，以至于吃自己，而终于免不掉死得像蛆一样的人，我是不能爱的。”这只能理解为哀其不幸、怒其不争，因为他对人民的爱也是显而易见的。他看见秘书长的车子压死无辜平民，却毫不在意扬长而去时，怒不可遏地骂“那秘书长，那该死的东西，那狗”，却对自己无力帮助受压迫者改变这丑恶的现实而痛哭。

---

① 巴金：《〈灭亡〉作者底自白》，《灭亡》，上海人民出版社，2008年。

② 巴金：《〈爱情三部曲〉总序》，《巴金全集》（第6卷），人民文学出版社，1988年。

③ 同上。

④ 同上。

杜大心参加了一个社会主义的团体，抛弃了学业，离开了学校，抱病全力以赴地投入了革命活动。他搞工会工作，印发传单，编辑《工人旬刊》，写作其中的大部分文稿。他甚至把家里寄给他的钱除了留下一点维持自己最低限度的生活外，其余一概充作团体费用。为了工作，他拼命抑制自己的爱情，不允许自己恋爱。为了启发那些“被吃、快被吃的人不要像羊羔一般地送到敌人底口里”，而站起来奋斗，“像狼一样奋斗而死”，他毫不顾惜自己短促的一生。难怪他的朋友李静淑感到他“有着一个高尚的灵魂，一颗黄金似的心”。他后来为了替战友张为群复仇，而去舍身行刺反动军阀旅长，是毫不奇怪的。《爱情的三部曲》里的那群热血青年也组成了战斗团体，开展革命活动。他们开展工作的人缺少与敌人作长期的“壕堑战”的韧劲。他们中许多人都曾“恨不得把这个世界一拳打碎”，想“费一天功夫把整个社会改变了面目”，或者相信那美满的世界“在最近的将来，甚至一两年内就会到来”。所以他们在大夜弥天的现实中，往往不能忍耐。当他们遇到挫折时，个别人甚至会丧失理智地走极端，不必要地献出生命。但是，在斗争实践中，他们也逐渐地成熟起来，他们中的领袖人物李佩珠、吴仁民已经理解“罗马的灭亡不是一天的事”，现在需要的是长期“能够忍耐地沉默地工作的人”，人都是在革命的“大洪炉里锻炼出来的”，“没有理由轻易牺牲”。后来在与敌人的枪战中壮烈牺牲的方亚丹也深刻地认识到“个人的恐怖没有好处”，一时的痛快只会摧毁自己的一切。他们从挫折中看到了自己的弱点：“我们没有严密的组织，又不好好准备，那么还会有更大的损失。”而对敌人的疯狂屠杀，他们决定撤退到农村去，另外换一批人来继续斗争。可以想见，这批献身革命的热血青年，一定会在长期的斗争实践中真正地成熟，融入中国革命的伟大洪流中，所以巴金把希望寄托在他们身上。

《雨》中那个在国外喝了洋墨水，回来发发“要做个革命家起码也应该在外国图书馆里读几年书”的“高论”的张小川，显然是热血青年们的对立面，这是不言而喻的。值得注意的是，巴金也把《雾》中的周如水的形象，作为那群献身革命的热血青年的对立面来塑造。因为这个人物在思想基础和性格特点上，都与后者格格不入。

周如水在思想感情上深受封建道德礼教的制约，他满脑子就是封建社教的“孝”和违反人性的“义”。当他的爱情幸福与“孝”和“义”冲突的时候，他的行动就完全被不要因为不听长辈的话回家做官，而被人骂为“不孝的儿子”，和不要因为抛弃由父母作主娶的自己根本不爱的妻子，而被人骂为“不义的丈夫”的念头所控制。他觉得假如照自己的意愿去做了，就会与家庭断绝关系，“这太残忍了”，就是没有“良心”，就“在道德上破了产，会成为被社会唾弃的人”，而“这个打击太大了，他实在不能忍受”。在个人的爱情追求与所谓的“良心”和陈腐的“社会舆论”之间，他始终屈服于后者。他最后忍受着痛苦拒绝张若兰的爱情，是毫不奇怪的。他的“土还主义”的政治主张，和回到乡村去“办农场，办学校，办合作社，办民团”等等的“改良事业”的抱负，也被他父亲一封斥责的信击得粉碎。他的思想基础加上他似乎是优柔寡断的性格，就使他永远陷落在无穷无尽的矛盾和苦恼之中。怎能想象这样的人也会义无反顾地献身革命？巴金在塑造这个形象时，明确看到这“并不是一个独特的例子，在中国具有这种人是不少的”，这是“一种典型”，这种典型与在他心里寄托着希望的那群热血青年是相对立的。巴金把他作为小说的主人公，也是为了给这类人树立一面镜子。

巴金说过："我们那一代人的资产阶级和小资产阶级知识青年都或多或少地跟个人主义有关系。"[①] 从小资产阶级知识分子成长为成熟的革命者并不是一蹴而就的，阻碍他们献身革命的一个敌人，就是个人主义思想。《新生》的主人公李冷和《雨》的主人公吴仁民的成长过程，就生动地体现了作者的这个观念。

读着《新生》，恐怕读者们起先都会对李冷的冗长的心理揭示感到惊异。但是细想下来，这个人物在革命青年面前时的复杂心态又不难理解。出身于大官僚富裕家庭的李冷虽然也受到过新思潮的洗礼，但并没有像杜大心们那样建立起牺牲个人的一切，为打碎旧世界，为人民创造美好的明天而努力的信仰。他承认自己"没有信仰，没有目的"，"心里没有一件值得崇敬献身的东西"，"无论如何我是不能够奉那愚蠢的人民为上帝的"。他的个人主义的核心，就是"我只知道我自己"，"我对于我是至高的存在"，在"我底世界中我当然是中心。等我灭亡的时候，世界也就不复存在了"。他奉行着这样的信条，过惯了富裕平静安逸的生活。他恨杜大心，因为杜大心的思想感染了妹妹和情人，使她们走上了到工人中去进行革命活动的道路，搅乱了他的生活。他看到她们在贫民区的清苦生活，感到不能接受，认为她们是"故意找苦吃"，这样故意受苦救不了人，救不了自己。而杜大心由于不正确的复仇方式送了性命，更从反面刺激了他否定革命活动。他不理解杜大心的信仰的崇高，只是看到杜大心"身子已经腐烂，而他所憎恨的一切依然存在"，所以杜大心的道路是不可取的，"我要为自己而存在"。他就这样在个人主义的泥潭里越陷越深。这就是李冷在思想上反反复复很难转弯的根本原因。虽然他后来终于认识到自己是一个"自私的利己主义者"，虽然他在内心中两种思想的矛盾中痛苦得只想毁灭，在他的妹妹、情人和他的献身于事业的朋友们的苦口婆心的启发下，在他们的实际行动的感染下，在妹妹、情人被捕带来的痛苦中，他最终还是认识到"如今需要的是信仰，就是坚定的信仰"。李冷终于踏上了新生的道路，到A地投入了火热的工会运动，最后英勇地献出了生命。可是这个从个人主义者成长为革命战士的过程何其漫长，经过了多么艰难反复的思想斗争啊！小说《新生》的意义就在于生动地启示我们，小资产阶级知识分子要彻底抛弃个人主义，真正走上革命道路，绝不是一蹴而就的事情。

《雨》中的吴仁民是另一种类型。他不能忍受"黑暗、专制、罪恶，一切仍旧继续着狂欢"，又不能忍受地下工作的沉寂，埋怨工作太迂缓，说什么文字宣传没有用，"只是知识阶级手淫而已"，"即使你把书本堆成山，那也只有喂蠹虫吃"。他向往"热闹、激动"，"把生命孤注一掷"，"轰轰烈烈地做一番事业"。这当然是不切实际的，所以他感到孤独、寂寞，感到"这个城市就像是一个大沙漠"，常常问道："究竟还要忍耐多久呢?"为了摆脱这种孤寂，他竟然产生了"暂时在女性的温暖的怀里"，"休养这疲倦的身体来预备新的斗争的荒唐念头。他失去了自动力，即使爱情是一个深渊，他也只好让自己陷进去"，"甘愿为了一刹那的心的温暖就把自己毁

① 巴金：《谈（新生）及其他》，《巴金全集》（第20卷），人民文学出版社，1988年，第395页。

掉”，于是他就沉醉在爱情的缠绵里。只有在战友们默默的工作和苦斗面前，他才感觉到“别人为着信仰忙碌着，甚至受着压迫的时候”，自己不应该把精力完全浪费在爱情上面。他受到了义务观念的“责备”，认识到应该担负起“打击整个旧的组织，看着他破碎”的责任，应该为此“牺牲个人的一切享受”。然而接着他又动摇了，想“先在女性的怀里休息一些时候，再以饱满的新的精神从事工作”，于是他仍旧在爱情里度日。他与李冷一样，处在这种反反复复的矛盾心态中。只有当黑暗势力夺去了他先后两个爱人的生命时，他才彻底醒悟过来，理解到“这个黑暗世界的确潜伏着一种如此巨大的力量”，他应该做一个舞动鞭子打压整个旧的社会制度上面的人，应该“甘愿牺牲一切个人的享受去追求那光明的将来”。他不再把精力浪费在爱情的悲喜剧上面了，他终于成熟了。在《电》里，他到A地里投入了斗争，并成为了那群热血青年的领袖人物。吴仁民的成熟过程，同样显示出巴金对小资产阶级知识青年成长为成熟的革命战士的复杂性的思考。

与创作《激流》三部曲一样，巴金创作《灭亡》、《新生》和《爱情的三部曲》同样有着坚实的生活基础。他回顾开始写《灭亡》时的情景时说，自己在巴黎的孤寂生活中，受到“过去回忆”的折磨，他“想到在上海的活动的生活”，“想到那些在苦斗中的朋友”，于是他便开始把“从生活中得到的一点东西写下来”①。小说里“许多事都是我见到过，听说过的”②。至于《爱情的三部曲》里的人物有生活原型的，就更多了。更重要的是，这些作品体现了当时作为一个寻求革命真理的年轻作家自己的思想感情。所以巴金说：“横贯全书的悲哀是我自己的悲哀。”③ 小说《新生》里李冷的日记“的确有作者自己的东西”，他常常叫嚷“孤寂、矛盾”，那是作者自己的痛苦的呼声④。巴金说，李冷就义前那个“把个体的生命联系在群体的生命上”，“在人类的向上繁荣中找到个人的新生”的信念，“不仅是李冷的，它也是我的”⑤。作品的生活基础和对那群献身革命的热血青年的生动刻画，使其能够在当时的青年读者中产生巨大的影响，激励他们投射革命。这是巴金用艺术创作为中国革命作出的贡献。

（作者单位：上海市社科院文学研究所）

---

① 巴金：《写作生活底回顾》，《巴金全集》（第20卷），人民文学出版社，1988年，第554页。

② 巴金：《〈灭亡〉序》，《巴金全集》（第4卷），人民文学出版社，1987年。

③ 同上。

④ 巴金：《谈〈新生〉及其他》，《巴金全集》（第20卷），人民文学出版社，1988年，第395页。

⑤ 同上。

理想与现实主义的光芒：巴金的《火》与《寒夜》

□罗　梅

“抗战三部曲”《火》（共三部，第二部又名《冯文淑》，第三部又名《田惠世》），是巴金在抗战爆发初期开始创作的三部连续小说。《火》第一部反映1937年上海“八一三”后爱国青年冯文淑、刘波和朝鲜流亡青年的抗日热情和除奸活动，展现出上海人民同仇敌忾地保卫乡土、开展救亡运动的生动场面。青年学生刘波，抗战的炮火将他从平静的课堂走向抗日爱国的街头，他去街头卖报纸募捐，他热情而又诚恳地帮助几个朝鲜的爱国青年以消灭共同的敌人，他为了工作，毅然送走了自己热恋中的女朋友素贞。受刘波影响走上抗战道路的冯文淑是一个富家的千金小姐，这个纯洁的乖乖女在参与抗战中遭遇了很多阻力，她父亲反对他到医院工作，要她在家规规矩矩地埋头读书，她母亲也不理解他，但冯文淑并没有退缩，她鼓起勇气，勇敢地冲破了家庭的封锁，投身到抗战当中。通过对这些青年学生热心抗战的描写，巴金力图向社会传递抗战的“烈火”正在中国燎原的希望。《火》的第二部完稿于1941年，描写了冯文淑、朱素贞等一群青年参加以曾明远为首的“战地工作团”的活动情况。上海沦陷后，他（她）们到了后方，住在一个破碉堡里，过着比大上海要为艰苦、朴素的生活。但是他（她）们毫不气垒，到人们中间去演戏、演说、贴自己做的招贴画，向群众宣传抗战的道理。《火》的第三部完成于1943年，作者塑造了田惠世这样一个基督教徒的形象，写了一个老人的生与死，表现了“一个基督徒和一个非基督徒思想感情的交流”[①]。此外，作者通过法西斯思想的奴才张翼谋、绰号“野玫瑰”的新交际花王文婉、鼻子下面留着一小撮希特勒式小胡子的黄文通和发国难财的温健等人的形象，在一定程度上揭开了当时“蒋管区”阴暗的社会生活。与前两部作品相比，第三部增加了对抗战阵营内部阴暗面的描写，作者说“我不能睁开眼睛撒谎，这不是宣传。我得讲真话，才能够取信于读者”[②]，小说的风格有所改变。

“抗战三部曲”洋溢着巴金的爱国热情，表现出他努力为抗战服务的思想。他将这三部小说定位为“宣传的作品”，“不仅想散发我的热情，宣泄我的悲愤，并且想

① 《巴金全集》（第7卷），人民文学出版社，1988年，第614页。

② 同上，第620页。

鼓舞别人的勇气，巩固别人的信仰”[①]。但巴金并不认为这三部作品是成功的作品，主要的弊病便是“草率”，“生活不够，感受不够，只好避实就虚，因此写出了肤浅的作品”[②]。如果将《火》与其之后创作的《憩园》、《寒夜》相比，巴金的这种自责并不是谦虚。在今天看来，《火》三部曲是巴金从早期理想主义的“激情”写作到后期现实主义的“沉郁”写作的过渡作品，当他带着“激流三部曲”的激情来书写沉重而残酷的抗战，生活积累的不足、对战争天真的认识以及不合时宜的“小布尔乔亚”情调，都让小说与抗战显得有些格格不入。此时，巴金的“理想主义”便不再是横扫腐朽家庭的进步力量，而有点“少年不知愁滋味”的天真。

《火》的第一部创作于抗战的早期，故事发生在著名的“淞沪会战”前后。这一时期的巴金，和很多中国人一样，热情地欢迎抗战，洋溢着爱国主义的情怀，但对于抗战的残酷性并没有（也不可能有）理性和深切的认识。在今人的眼光中，《火》第一部的情境和格调与淞沪会战的惨烈极不相称。淞沪会战（又称“八·一三淞沪战役”），是中国抗日战争中第一场重要战役，也是规模最大、战斗最惨烈的战役，会战前后共历时3个月，日军投入9个师团和2个旅团，共计30万余人，宣布死伤4万余人；中国军队投入75个师和9个旅，共计75余万人，自己统计死伤30万人。淞沪会战预示着抗战的艰难和惨烈，为了组织这场会战，全国的军队陆续从各地开赴上海，数万中国将士献身异乡。但在《火》第一部中，淞沪会战的惨烈变成了青年学生“隔岸观火”的浪漫情怀：

> 他不能够往对岸多看一眼，单是一小股火头也会使他的身子战栗，使他的血沸腾。他不相信这眼前的一切全是真实，他不相信暴行会战胜正义。但是火焰掩蔽了他的信念。黑焰在他的眼前扩大了[③]。
>
> 你还记得火中的凤凰吗？它们从火中得到新生。我们也应该在火中受洗礼。这是我们的困难……苦难可以锻炼我们……[④]
>
> 枪声停止了。河那边好像又安静下来了。四行仓库依旧高耸在对岸。那一面颜色鲜明的旗帜毫无损伤地在屋顶上飘扬。刘波忘了自己地小声说：“谢谢你们，你们为我们举起了希望。”他怀着一颗颤抖的心走了[⑤]。

我们不能否认刘波、冯文淑、朱素贞等人的爱国热情，也毫不怀疑他们投身抗战洪流的决心和意志，但由于他们都没有亲身参与和体验战争（即使是近在咫尺的淞沪会战，他们也只是在租界中观望），因此表现出的浪漫和天真，只能用不合时宜来形容。对于巴金来说，他要进行的“宣传”无疑也充满了天真色彩，他所醉心的抗战热情不过是青年知识分子的“浪漫情怀”，而这并不能成为抗战的坚定力量。

---

① 《巴金全集》（第7卷），人民文学出版社，1988年，第173页。

② 同上，第620页。

③ 同上，第94页。

④ 同上，第95—96页。

⑤ 同上，第114页。

《火》的第二部，冯文淑、朱素贞等人在“战地工作团”的生活，依然充满了理想主义的色彩。这部小说与其说是抗战小说，不如说是一部充满小布尔乔亚情调的旅行小说——作品扑面而来的不是抗战的艰辛，而是青年学生们从城市到乡村、从日常到战时的奇遇与亢奋。“战地工作团”的驻地首先就充满着梦幻色彩——破旧的碉堡——这对于“战地工作团”长期的工作来说基本不太可能。“战地工作团”的生活也充满了浪漫色彩：为宣传抗战到处演讲、演舞台剧，深入百姓中间讲抗战道理，享受着群众的拥戴和欢迎，中间不乏爱情的花絮；而从城市到乡村的转变，也全然没有生活的落差，反而激发了他们的英雄主义情结，乡村的美丽、宁静与质朴也成为他们抗战工作额外的收获。我们可以看一段小说对乡村的描写：

> 蟋蟀的寂寞的叫声点缀了碉堡中的静夜。外面是广阔的世界。月光照亮了山野。稻田涌起了银浪[①]。

多么美丽的乡村景象呀！由此我们可以感知所谓“抗战工作团”的生活并不艰辛也不沉重，反而有一种诗意的朦胧。这种描写，只能说是作者不熟悉生活，或者说不了解抗战吧！

正如巴金自己所讲，《火》的第三部写到了抗战当中出现的“阴暗面”，譬如“我写了知识分子受歧视，写了人们向钱看，写了学生看不起老师等等等等”[②]。这种转变可以视为巴金对抗战认识逐渐加深的过程——这也是中国知识分子对抗战认识的普遍特征——在这一时期，国统区文学界曾经出现过“暴露与讽刺”的论争。不过，巴金对于“黑暗面”的态度也充满了理想色彩，他将希望寄托在宗教对人的净化上。不能否认，在抗战的苦难当中，宗教对于中国人民有着不可取代的慰藉作用，但将对抗黑暗、对抗苦难的全部希望都寄托在宗教上，无疑高估了宗教的力量。抗战的胜利必须依靠全体人民奋起抗争、浴血奋战。

巴金创作的蜕变发生在抗战后期，八年艰苦抗战涤荡了一切不合时宜的浪漫和理想，将悲苦和残酷的现实留给中国人，这对于一直充满了理想主义的巴金来说，无疑是痛苦的炼狱。正是如此，相对于其他作家，巴金创作的转变显得格外明显：理想主义的激情没有了，变成了现实主义的沉郁；表现时代的宏大叙事不见了，剩下了个人现实体悟的小叙事；带有青春气质的抒情消失了，换来了人到中年之后的冷静和思考。有评论家认为巴金在抗战后期创作的小说，是其一生创作的高峰，这种判断有它的合理之处。

《寒夜》是巴金在抗战后期创作的代表作品。小说主人公汪文宣和曾树生是一对大学教育系毕业的夫妇。年轻时曾经编织过许多美丽的理想，希望能用自己的知识和力量办一所“乡村化、家庭化”的学堂，为国家为人民做点有益的事情。但抗战爆发后，他们逃难到重庆，汪文宣在一家半官半商的图书文具公司当校对，曾树生

---

① 《巴金全集》（第7卷），人民文学出版社，1988年，第319页。

② 同上，第620页。

在大川银行当“花瓶”。汪文宣的母亲为了减轻儿子的生活负担，赶来操持家务，但汪母与曾树生婆媳关系不和，汪文宣夹在中间两头受气，又患上肺病，家庭经济非常拮据。最后，曾树生跟随银行年轻的经理乘飞机去了兰州，汪文宣在抗战胜利的鞭炮声中病死，汪母带着孙子小宣回了昆明老家。两个月后，曾树生从兰州回到重庆，但已物是人非，伤感不已。

与巴金早期热烈激情的文字相比，《寒夜》透出一股令人窒息的“寒气”。不过，这种“寒气”正是经历抗战长期折磨后知识分子生存现状的真实写照。抗日战争爆发后，伴随着正面战场的节节败退，不想当亡国奴的中国知识分子首先经历了痛苦的“逃亡”之旅，在颠沛流离中他们不仅感受到生存的艰辛，有时还要经历亲朋离去、生离死别的意外打击。在《寒夜》描写的“陪都”重庆，虽然作家们得到了短暂的稳定，但物资匮乏和通货膨胀导致的生活贫困还是萦绕着他们，很多著名作家都是由于生活极度贫苦而英年早逝。从现实的层面看，《寒夜》不过是抗战时期大后方知识分子梦魇的一个缩影。

不过，《寒夜》并不是简单地对大后方知识分子生存境况的描摹，在透过纸背的“寒气”背后，是巴金对大后方种种黑暗现实的批判，也有对知识分子自身的反思。《寒夜》悲剧的背后，有现实和历史的社会原因。譬如，同样在抗战当中，汪文宣一家过得异常困苦，而陈主任却过着花天酒地、体面奢华的生活，这当然是因为陈主任掌握着国家资源。这足以反映国统区生活的不公正现象：掌握国家资源者作威作福，滥用职权，大发国难财，一般老百姓只能在困苦中苦苦挣扎。当然，这种不公也可以归因于战争对正常社会秩序的破坏，但这还是反映出这个国家和这个政权的文明程度和执政能力，如果在战争中连基本的社会秩序都无法维护，又怎能和强敌进行战斗呢？与此同时，汪文宣和曾树生这样的知识分子在抗战中的命运也有值得反思之处。知识分子在一个国家中的重要性无需多谈，但为什么只要一旦进入到战争的特殊时期，知识分子的命运就会被无情地抛弃呢？汪文宣悲惨命运后的大背景，是整个知识行业在抗战中垮塌，而国家对于知识分子也没有任何保障措施，这看似是表面现象，却反应出了中国知识分子一贯的命运，他们永远是社会中的依附者，当社会一旦陷入危机，他们就会被无情地抛弃。正是知识分子长期的依附者地位，知识分子的精神世界也失去了本该拥有的沉着、坚毅和强大，汪文宣和曾树生便是值得反思的个案。

汪文宣是一个被不合理的社会所压垮的知识分子。当年他也是一位意气风发的青年，读大学时雄心勃勃地希望通过办教育来改造社会，有教育救国的理想。之后，他与同学曾树生恋爱、同居。可以想见他当年追求个性解放、蔑视传统礼俗的热情与勇敢。但是，现实生活彻底改变了他，使他成为一个唯唯诺诺、畏首畏尾的庸人。他的性格和心理已经具有了某种病态。他对周围世界充满惊惧，反应高度敏感，总是没有根据地胡思乱想和猜测。例如，他看见上级注视的目光，便疑心上司对他不满；听到上司说话，他也要琢磨半天；甚至连上级轻声咳嗽，他也要疑心是否有怪罪自己的意思。同样，他对自己与妻子的感情也充满了担心，时常为猜测所苦恼，但却没有勇气与妻子交流。当他发现妻子跟一个年轻男子一起走进咖啡厅时，他想问个究竟，却又“不敢迎着他们走去”，想等他们出来再说，又怕妻子难堪，也使自己难堪，最后犹豫再三，“只有垂头扫兴地走回自己的办公地方去了”。汪文宣的前后反差固然可以认为是社会对人的压迫，但用其后期的懦弱审视其前期的勇敢，其精神结构的内在缺失便不难被发现。汪文宣早期的勇敢是理想主义——甚至可以说是脱离生活的，之所以这样说，是因为他的理想和抗争并不是来自对生活的深切感受，而是对一种生活观念的认同；不是着眼于现实的考量，而是发自内心的冲动。正是因为存在着这种缺失，所以当理想遭遇到现实，他便节节败退难以止步，可以说他的懦弱并不是因为抗战才出现，而是一直深藏在他的身上，没有被发掘到而已。

曾树生是小说中刻画得最有深度的人物，她的性格有复杂的多维性，在作品中与汪文宣形成互补的效果。与汪文宣有所不同，她是女性，且年轻美丽，有充沛的活力，思想开放，然而内心藏着孤独与苦闷。这苦闷除了社会环境的压迫，也和其身心要求得不到满足有关。她爱自己的丈夫，也曾经想遵循传统道德的规范，做安分守己的妻子，但一回到家，面对病入膏肓的丈夫，内心便控制不住地恐惧和压抑。所以在年轻而又健壮的陈主任的引诱下，她惶恐而无法拒绝，本来潜藏在内心的苦闷浮现出来，并终于驱使她离开了丈夫，跟随了陈主任。曾树生在形象上与汪文宣的反差，并不在于她的内心有多么强大，而是因为她拥有一个美丽的身体，可以让她在知识分子的光环失效后，成为另一个生存的资本——这是汪文宣不能拥有的。但是，与汪文宣的懦弱一样，依靠女性身体换来的自信，同样不是基于现实生活的积累，因此，当这种自信一旦失去了警惕，许多不切实际的理想、许多对现实生活的不满便不可避免地纠缠在一起：她让儿子去读不合时宜的贵族学校，她嫌弃汪文宣不能像陈主任一样精力充沛、充满力量，她没有意识到她所追求的一切和她嫌弃的一切，都不过是一些不切实际的想法而已。在本质上，汪文宣与曾树生并无二致，他们都是可怜的人。

在艺术上，《寒夜》无论在情感还是文字上，都表现出“节制”的力量：作者不再为主人公代言抒发他们的情感，注意发掘人物内心的冲突；作者不再使用大量铺叙的语言，而是在不露痕迹的刻画中表现思想。譬如在小说的结尾处，也是整部小说情感的爆发点，作品的处理却异常冷静：

> 死的死了，走的走了。就是到了明天，她至多也不过找到一个人的坟墓。可是她能够找回她的小宣吗？她能够改变眼前的一切吗？她应该怎样办呢？走遍天涯地角去作那明知无益的找寻吗？还是回到兰州去答应另一个男人的要求呢？
>
> 她只有两个星期的假期。她应该在这两个星期内决定自己的事情。……至少她还有十二三天的功夫，而且事情又是不难决定的。为什么她必须站在地摊前忍受寒风的吹打呢？
>
> “我会有时间来决定的。”她终于这样对自己说。她走开了。她走得慢，然而脚步相当稳。只是走在这条阴暗的街上，她忽然起了一种奇怪的感觉，她不时掉头朝街的两旁看，她担心那些摇颤的电石灯光会被寒风吹灭。夜的确太冷

了。她需要温暖[1]。

小说这种描写，无疑夹杂了复杂的感情——既有斥责又有同情，这个追求自己幸福的女人最终收获了她的苦果，她不能——甚至永远也不可能——收获到她的亲情，但这一切都是她的罪过吗？这种特殊的感觉，正是《寒夜》带给我们的阅读体验，这是一位经过苦难磨砺的作家的生命诉说。

（作者单位：四川大学文学与新闻学院）

① 《巴金全集》（第8卷），人民文学出版社，1988年，第702页。

郭沫若的缙云诗文缘

□蔡　震

重庆在抗战期间是大后方，也成了一个文人荟萃的都市。北碚是许多学校、文化部门聚集之地，北碚的缙云山、缙云寺便成了文化人时常寻访、出游的去处。

1939年9月初，在乐山沙湾老宅为父亲守丧两个月的郭沫若返回重庆。几天后，卢子英邀其往北碚游览，并请他在嘉陵江三峡实验区署作了当前战争形势的报告。在卢子英陪同下，郭沫若游览了北温泉、缙云山、缙云寺，这是他初次到北碚、缙云山。为记下这次游缙云山、缙云寺，郭沫若以《七用寺字韵》为题，作有一首七言诗：

> 麓有温泉山有寺，缙云氏犹遗姓字。相传旧有相思竹，寺号相思犹足异。峻崇不敌峨与岷，石像古远香色闇。四天王像余半身，背负龙子驯乎驯。罗汉摩崖不计载，仅存十五尊犹在。中无伏虎与降龙，余一浑如泥入海。秋初往访谢公卿，批萝戴网见之惊。山崩石坠像颠倒，刻者永远佚其名①。

缙云山虽然“不敌峨岷”崇峻，但缙云寺的悠久历史和传说，缙云寺遗存的石刻造像、摩崖罗汉，令郭沫若不禁生出思古之幽情，大为感慨，留下了深刻的印象。

在缙云寺，郭沫若还应邀到汉藏教理院，作了题为《燃起佛教革命烽火》的讲演②。汉藏教理院是由太虚法师创办并主持的，郭沫若与太虚法师此前是否相识，没见到相关史料记载，但他们之间是有文字缘的。那就是太虚曾就郭沫若关于佛教思想的观点，专门撰写过一篇文章《评郭沫若论文化》。

郭沫若在作于20世纪20年代的《中国文化之传统精神》和《论中德文化书》两文中曾经论述到佛教思想。他在比较我国传统思想文化与外来传入的佛教思想文化的关系时说：“我国的文化在肯定现世以图自我的展开，而佛教思想则在否定现世以求自我的消灭。”儒家思想“是动的，是进取的精神”。道家思想的“无为”、“恬静”也并非不进取，是任由“人类的创造本能自能自由发挥而含和光大”的“活静”。“活静与死静不同：活静是群力合作的平衡状态，而死静则是佛家的枯槁寂灭。”③

---

① 诗文据手迹，见《郭沫若书法集》，四川辞书出版社，1999年。

② 讲演词发表于《海潮音》月刊1939年第20卷第12期；《觉音》（1939年）第12期。

③ 《论中德文化书》，1923年6月《创造周报》第五号。

太虚认为，郭沫若是受梁漱溟“死静”说的影响，曲解了佛教思想。他在文章中写道：“自梁漱溟说佛法为‘反身消灭’之后，不少的人皆受了他的暗示，动不动都看成佛法是以消灭人生世界为究竟的。郭沫若的中国文化之传统精神与论中德文化书，对中国的儒、道文化，原有许多说得很好的地方；但因不彻了大乘佛法的缘故，其论佛法亦受了梁漱溟的影响，说佛法为死静、为否定现世以求自我的消灭；故根本与孔、老的进取活动，及肯定现世以求自我的展开者不同。其实，孔、老能破除迷信的神，而理想化曰道、曰易。佛尤能彻底破除神的迷执，而谓之阿赖耶。孔、老善言生生，而佛则从缘生明即无生，从无生而明即缘生，故曰生无生，无生生，同明生生，不过孔老为素朴的，佛为批评的。死于其批评的无生句下，非善知佛者也。”①

太虚法师在佛教界是一位与时俱进的人物，他一直坚持佛教革命的主张。郭沫若当年未必读到太虚评论他的见解的文章，那时他正在北伐军旅中，但他对于太虚主张佛教革命这一点，想必是了解的，所以，他会把“佛教革命”作为在汉藏教理院讲演的主题。郭沫若在讲演中首先称：“对于佛教素来都是抱着一种研究的态度、尊敬的态度。”然后以他所见到的事实，批评当前的佛教“堕落了！腐败了！和尚们都是些有名无实，大多数做了酒肉朋友！他们不但是对于佛教的真理不懂得，就连经文的句读，能够弄得清楚的，实在是很少很少！”他认为“佛教当然是有整顿改革之必要”，“这种不景气的现象，须要加以大大的改革，把佛教的真理发扬光大，才可适应现代需要佛教的社会人心”。针对社会现实中佛教界那些“堕落了！腐败了”的现象，郭沫若以儒家思想和西方哲学思想做比较分析，主张“在人的生活上，不可偏执‘道心’，也不可太偏执‘人心’，要使人心和道心调和，即‘中’，方可达到平衡的发展，也就是中庸之道”。

转过年来，1940 年 6 月的一天，郭沫若与田汉、应云卫、左明等人一起往北碚游览，陪同他们的是正住在北碚的《弹花文艺丛书》主编赵清阁。他们先访问了育才学校，校长陶行知亲自接待他们，然后一行人又登缙云山，游缙云寺。郭沫若返回城里后作五绝一首，并题写条幅赠送赵清阁。诗云：“豪气千盅酒，锦心一弹花。缙云存古寺，曾于共甘茶。”②

郭沫若在重庆期间，一度与当时的法国驻渝领事、对中国文学深有研究的杨克维及夫人“过从很密”。也是在这一年的 7 月 31 日，郭沫若偕杨克维夫妇、郑用之以及魏鹤龄夫妇再游缙云寺。寺中正在展示太虚法师率佛教参观访问团出访缅甸、尼泊尔、印度、锡兰等国所携回之法物及纪念品。在观看这些展品后，郭沫若从留言册上发现了田汉此前来参观时所作的一首诗：“太虚浮海自南洋，带得如来著武装。今世更无清净地，九天飞锡护真光！”吟咏一番，郭沫若即步田汉诗韵，作和诗一首。

郭沫若的和诗云：“无边法海本汪洋，贝叶群经灿烂装。警报忽传成底事？顿教

① 《评郭沫若论文化》，《海潮音》月刊 1927 年第 8 卷第 11、12 期合刊。

② 赵清阁《行云散记》，《作家在重庆》，重庆出版社，1983 年。

白日暗无光!"诗成作跋语，谓："廿九年七月卅一日，偕法国总领事杨克维夫妇，用之及鹤龄夫妇来游，见此册前有寿昌题诗记，遇警报，正拟用其原韵和之，锣声忽传，继而有飞机声，又有轰炸声甚近，盖炸北碚也，日光忽为暗淡。"[①]

郭沫若在缙云山再次留下诗文是1942年7月。那是他前往缙云寺拜访太虚法师所作，诗题为《奉和太虚法师》。诗云：

内充真体似寒泉，淡淡情怀话旧缘；长忆缙云山下路，堂堂罗汉石惊天[②]。

两人在那里"淡淡情怀话旧缘"，应该是忆及了20年代的那段关于佛教思想各自主张的文字缘吧。

这些有关郭沫若行迹的记载，多未记入现有的郭沫若年谱中，而几篇诗文，均不曾收入郭沫若的作品集，甚至有不为人知者，当然也就没有记录在他的著译系年中。而所有这些史料，对于郭沫若生平史迹的叙述都是很重要的，特别是他与佛教思想、与太虚法师相关的几项资料。

（作者单位：中国郭沫若纪念馆）

---

① 田汉诗载《觉音》1940年第17期。郭沫若和诗并跋亦载《觉音》1940年第17期，另据手迹补正跋诗文的疏误。

② 《奉和太虚法师》，《海潮音》月刊1942年第23卷第8、9期合刊。

郭沫若书法管见

□［日本］河内利治（君平）

一、引　言

在 First World Congress of the International Guo Moruo Academy（IGMA）（首届郭沫若国际研讨会）开幕之际，日本的冈山县立美术馆也恰好举办了“日中友好的桥梁——郭沫若”展。笔者于 2009 年 6 月 19 日观看了此展，郭沫若的几件作品给我留下了深刻地印象。首先来做一简单的介绍。本次展出是由冈山县立美术馆、山阳新闻社、郭沫若纪念馆（北京）、日中友好交流促进协会等单位共同主办的。展出分为前后两期，前期为 2009 年 6 月 5 日（星期五）至 7 月 12 日（星期日），后期为 2009 年 7 月 17 日（星期五）至 8 月 23 日（星期日）。展出场所为冈山县立美术馆地下 1 层的展览室，入场券为 300 日元，时间为 9 时至 17 时。

众所周知，郭沫若（1892－1978）出生于中国四川乐山。曾于日本大正 3 年（1914)至大正 12 年（1923）留学日本。1914 年就读于东京第一高等学校预科班，1915 至 1917 年就读于冈山第六高等学校，1918 至 1923 年就读于九州帝国大学医学部，毕业后回国。后来，因被蒋介石追杀，在内山完造等人的援助下于昭和 3 年（1928）流亡日本，居住于千叶县市川市，直到中日战争爆发前夕的昭和 12 年（1937）回国。他的一生大约有四分之一的时间是在日本度过的。在战后的昭和 30 年（1955)，他作为中国学术文化视察团团长来日，在各地进行交流，其中也造访了冈山大学。另外，他于翌年赠送两只丹顶鹤给冈山后乐园之事也被传为美谈。

本次展览由郭沫若纪念馆（北京）提供书画作品 36 件、郭沫若生前爱用的文房工具和照片 140 多张（全期展出/部分展品有替换），以及散逸于日本国内的物品、能体现他和冈山关系的各种资料，并特设专栏加以介绍的展品（仅限前期展出）等。

在此，我想对在实际鉴赏中印象特别深的作品加以论述。

《悼鲁迅》 34cm×96cm/1936 年 10 月 19 日夜

这幅作品是郭沫若在惊闻文豪鲁迅先生逝去的噩耗后而起草的充满情感的祭文。虽在有些地方虽用墨进行了涂抹修改和用小字插入词句，但笔墨却显得酣畅淋漓。

也许有一些人认为这件作品不能被称之为严格意义上的纯粹艺术品，然而草稿被当作优秀作品的例子在书法史上也为数不少。如王羲之《兰亭序》、孙过庭《书谱》、颜真卿《争坐位帖》等，特别是在行草作品中更是不胜枚举。另外，用现代汉语来书写作品也颇有意思。在吐露真情实感这一点上，它的确应该被称为书法艺术品。

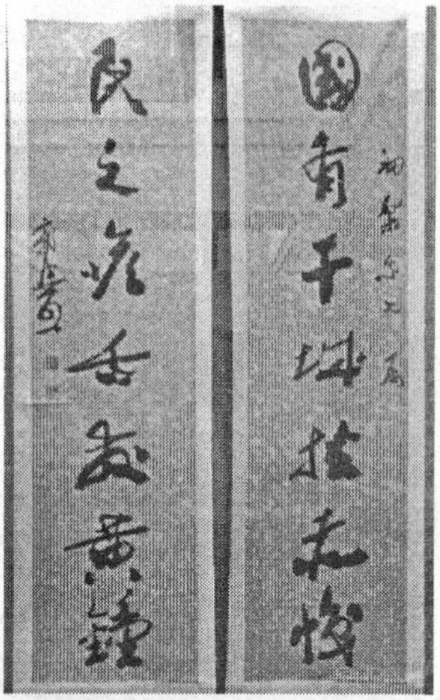

《七言联》166cm×41cm×2/1949 年

释文为“国有干城扶赤帜，民之喉舌发黄钟”。这副对联中用典故颇多，耐人寻味。所谓“干城”是御外卫内的城池（国家的守卫），借指将军（军人）。“赤帜”在此处是表示共产党的旗帜吧。“喉舌”是古代的御史之类的言官（文官）之意。如在《诗经·大雅·烝民》中有“出纳王命，王之喉舌”之句，在此用作代言者之意。“黄钟”是指古代乐律十二律中的第一律（也指乐器）。如屈原《卜居》中有“黄钟毁弃，瓦釜雷鸣”之句。通过如此典雅的联句，郭沫若在上款上落了“初梨”二字。“初梨”即李初梨（1900—1994），郭沫若称赞他为文武双全的国家栋梁是可以理解的。但也有他说，即这副对联是赠送给李一氓（1903—1990）的。这是因为在《郭沫若年谱·上卷》578 页“1949 年 1 月 22 日”词条中有“为李一氓书对联一副：‘国有干城扶赤帜，民之喉舌发黄钟。’载 1979 年 6 月 10 日北京《光明日报》，由辑录者题为《书为李一氓联语》”这样的记录。总而言之，这副作品书体宽博厚重、雍容大度，可以说是郭沫若的行书对联的代表作。因为在既刊的作品集中皆有收录，它是以颜真卿书法为基调而书写的正统式的作品。

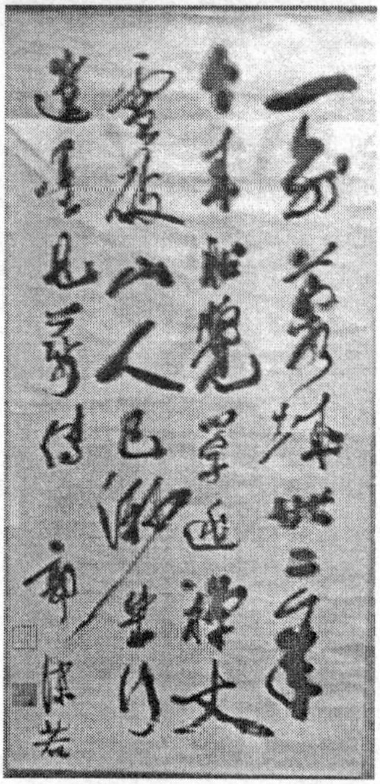

《访昭觉寺（七言绝句）》137 cm×65cm/1955 年 4 月

释文为“一别蓉城卌二年，今来昭觉学逃禅。丈雪破山人已渺，几行遗墨见薪传”。句中的“蓉城”是四川成都的别称。“卌二年”即从 1913 年起时隔 42 年之意。郭沫若曾于 1913 年时考入四川高等学堂理科和天津陆军军医学校，虽被录取但并未入学，是为了在年末时东渡日本留学之故。此处指从那时起从未回过故乡之意。“昭觉”指昭觉寺，在成都市城北的青龙乡。原为汉代眉州司马董常的府宅，在大唐贞观年间被改为佛刹“建元寺”，因僖宗乾符四年（877）禅宗曹洞宗的休梦禅师任住持而改名为“昭觉寺”。

在《郭沫若年谱·下卷》124 页“1955 年 4 月下旬”的词条中有“由成都市长李宗林陪同参观文殊院，应该院要求题七绝一首。又，参观昭觉寺，亦题七绝一首。后面一首手迹载 1979 年《中国书画》一期”这样的记载。依据这一记载，这件作品应是 1955 年 4 月下旬，在访问昭觉寺时挥毫书写的。不管怎么说能够清晰地看到用“宿墨（隔夜墨）”所表现出的水墨效果是这件作品的魅力所在。在“一”、“年”、“人”等字处墨色的洇渗强烈，“渺”字的撇画修长而舒展，给人留下了深刻的印象。

此外，进入 20 世纪 50 年代后，落款“郭沫若”的书写方式也开始发生变化。至 60 年代以降才逐步稳定下来。即起初的“郭沫若”三字连绵，宛如用一笔书的草书一挥而就，很明显能够看出 60 年代以后的“郭沫若”三字变成字字分离的行书。这件作品落款的书写方式也是那个时期过渡性的字体。

《故宫藏猫蝶砚拓本题字》 80cm×35cm/1962 年

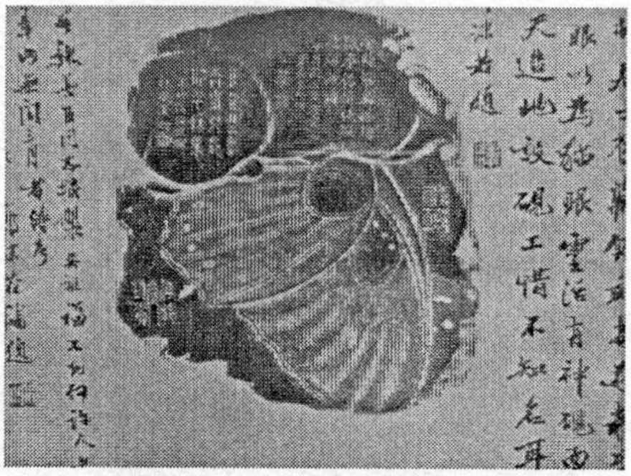

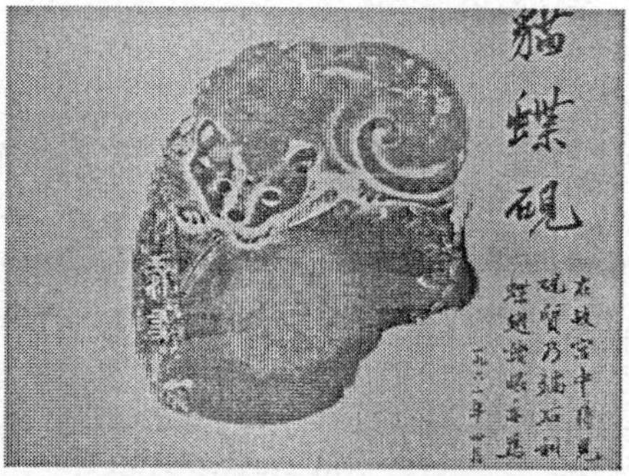

这是一件关于为故宫博物院收藏的端砚题字而书写的作品。在端砚中有所谓有“眼”的即为佳砚之说，这方砚石中有“鸜鹆眼”，并被巧妙地运用于猫的两目和蝴蝶翅膀的斑纹上，堪称逸品。

释文为“在故宫中得见此砚，原江村居士旧藏。镌刻甚为精巧，砚质乃端石，利用二鸜鹆眼以为猫眼，灵活有神。砚面蝶翅诸眼亦为石眼，可谓天造地设。砚工惜不知名耳。1962 年 4 月 15 日晨，郭沫若题。/考古研究所魏善臣同志拓制。吴祖谦不知何许人，考有清一代丁酉年内无闰三月者，待考。1962 年 6 月 17 日晨郭沫若补题。”这是以考古学者的态度来作题跋考证。“江村居士”是指撰写《江村消夏录》的清人高士奇（1645—1703，字澹人，号江村。钱塘人，原籍平湖）。在砚台背面除蝴蝶外，还刻着“丁酉闰三月庚寅，韦斋吴祖谦”的字样。“吴祖谦”身份不明，正如郭沫若所言“不知何许人”。同时还刻有“江村居士”和“潮吟堂珍藏”之印。

提起北京的故宫就会立刻想起“故宫博物院”的题字。这件题字是郭沫若的书法，至今依然被悬挂着。除此之外，他还留下不少给大学、博物馆、研究机关等单位的匾额、题字。

二、“郭体”书法的渊源

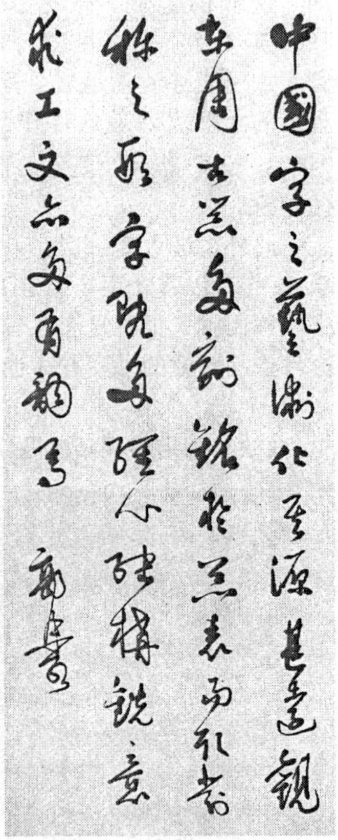

在现代中国，郭沫若是被作为书法家的。从20世纪80年代后期他的书法被评为“书法植基颜真卿而不落古人窠臼，自成面目，精小楷，尤擅行草，飞扬洒脱，不拘绳墨”[①]，及“书法颜真卿，而有其个人面貌，迥异时流”[②]。在现代日本，“其书被称为‘郭体’的行草书广为人知。他擅于巧妙地处理笔锋的开合，用笔纵横捭阖，书风自由奔放。早年学颜真卿，继习书谱，并对包世臣的理论也进行了悉心研究。虽然他的运笔变化多端，但仍能让人感觉到在线条中所凝聚着的笔力，这是颜法的恩赐吧”[③]。可以说两国的评价几乎是一样的。如下，笔者将试着对郭沫若的笔法特征进行分析，同时也对“郭体”书法以颜法为渊源的这一点进行一些探究。

1988年3月，四川美术出版社出版了《民国时期书法》，分为上、中、下三册。中册有郭沫若的书法作品①草书轴《中国字之艺术化》、②行书轴《大好河山几战场》、③草书轴《晨朝盈耳溢清音》、④草书联《百粤大云摇梅色，千山静气压渔场》等四件作品被收录[④]。其中①、④、③三件作品在《中国书法鉴赏大辞典》[⑤] 中作为A《论书轴》、B《百粤千山联》、C《致子易诗书轴》进行了鉴赏分析，本文也试着加以参照进行研究。

A《论书轴》：①草书轴《中国字之艺术化》

释文为“中国字之艺术化，其源甚远，观东周古器，多刻铭于器表，而取对称之形。字既多经心结构，锐意求工，文亦多有韵焉”。郭沫若的书法，有早年学颜真卿的证据。他在《洪波曲》第六节中亲自写道：“我从前也学过颜字，在悬肘用笔上也是用过一番功夫的。”这件作品中这样的色彩就较浓重。

① 《中国书法鉴赏大辞典》，大地出版社，1989年，下册第1460页《小传》。

② 《中国美术家人名辞典》，上海人民美术出版社，1991年，第952页。

③ 《中国书人名鉴》，二玄社，2007年，第227页。

④ 《民国时期书法》，四川美术出版社，1988年，中册，第282、283、284、285页。

⑤ 《中国书法鉴赏大辞典》，大地出版社，1989年，下册，第1460—1461页。

B《**百粤千山联**》：④草书联《百粤大云摇梅色，千山静气压渔场》

所谓的上联“集李沧溟”是指明代的诗人李攀龙。

C《**致子易诗书轴**》：③草书轴《晨朝盈耳溢清音》

释文为“晨朝盈耳溢清音，经雨乾坤万籁吟。始识孤臣何所藉，卅年慰得寂寥心。/子易先生正，郭沫若”。

作品C和上述B《百粤千山联》的书风相似。与其将B和C称做颜法，还不如说是王羲之体系的书法，它们各自的形体修长。而颜法则被认为具有圆劲之意，再加以雄浑之趣。和行草不同，1965年所书写的楷书作品五言联《摧翻经石峪，压倒逍遥楼》则完全由颜法而成。

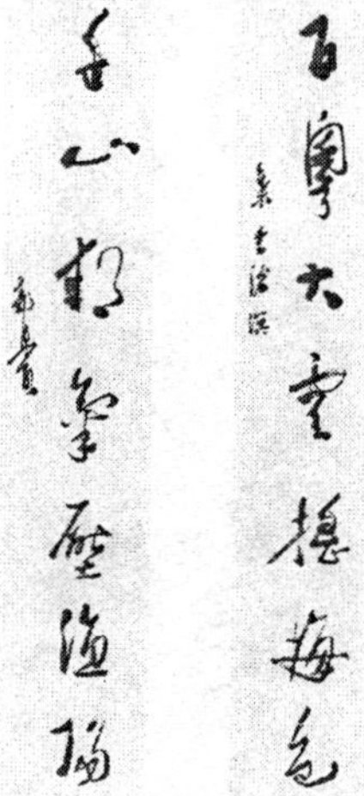

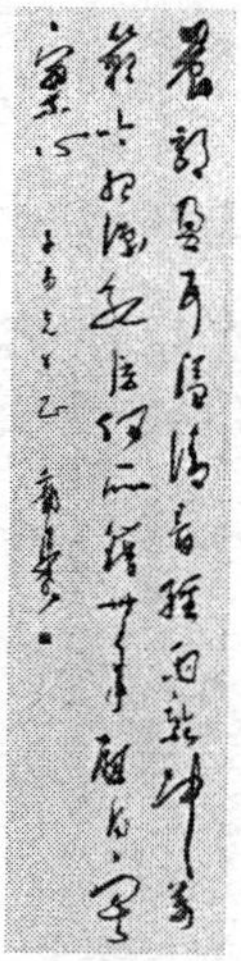

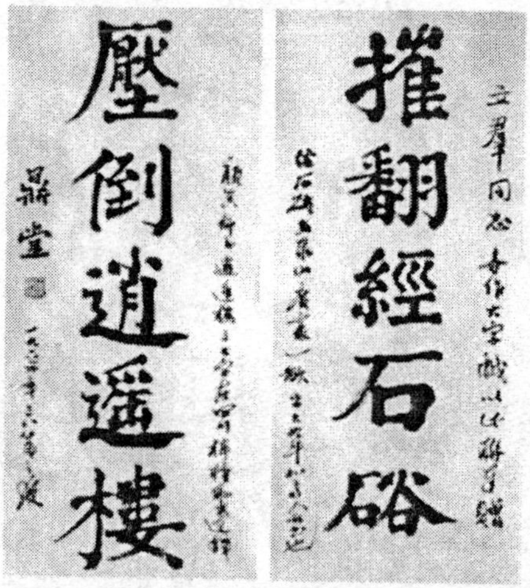

A、B、C三件作品因为没有书写年代，所以并不清楚准确的创作时间。但若从上述“郭沫若”署名和收录作品的出版物上来看的话，应为50年代以前的民国时期作品。

所谓“郭体”，是指什么呢？下面试举《咏武则天》（93.5cm×220cm/1961年）为

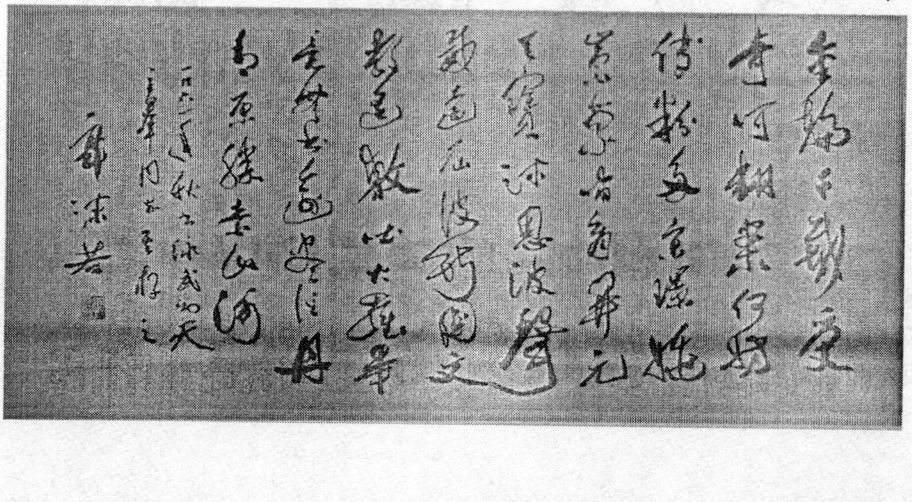

例。首先在造型上值得注目的是最后一笔的夸张。第1行的“载”字、第5行的“声”字和第7行的“敷”字，虽然这三个字在整个作品中显得字形较大给人以醒目的效果，但决定成败的却是在“载”字的撇、“声”字的竖钩和“敷”字的捺之类最后一笔的夸张上。这种夸张非常洒脱而强劲。这是由文字的大小和线条的粗细变化造成的效果。变化越多看起来越洒脱，因而扎实的间架给人以安定之感，从审美的角度而言，正如上述A《论书轴》一样，这件作品在整体上具有颜法的圆劲所带来的“沉着”感，以及如B《百粤千山联》和C《致子易诗书轴》那样具有略显修长的王法所带来的“洒脱”感，可以说是这两种特征的融合体。

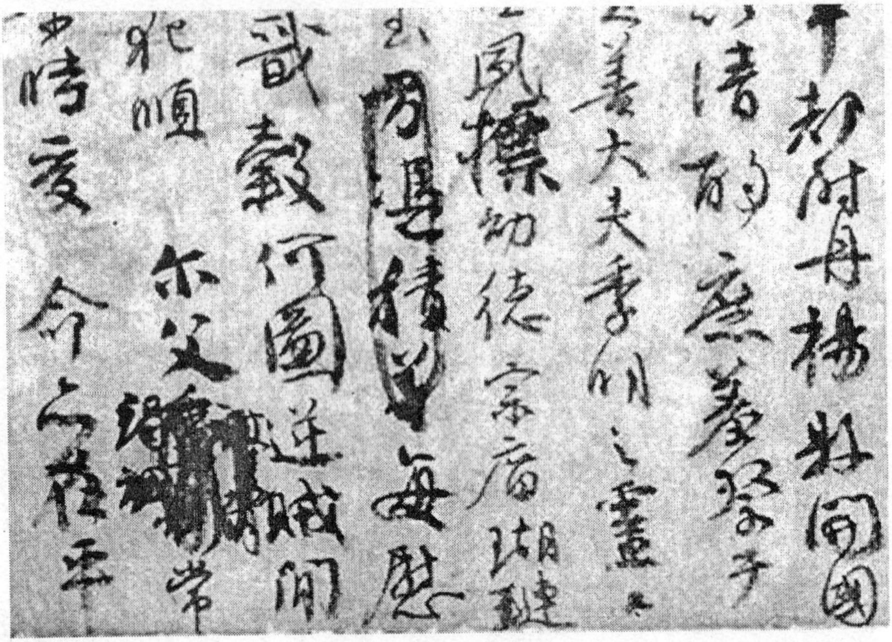

颜真卿《祭侄文稿》（部分）

東晋　王羲之《集字聖教序》　唐　顏真卿《祭侄文稿》　唐　顏真卿《争坐位帖》　郭沫若A《论书轴》

关于“郭体”的渊源，如比较一下上图的“国”字，就可看出他曾学过王羲之的《集字圣教序》、颜真卿的《祭姪文稿》和《争坐位帖》等痕迹。可以说在王法的修长造形中，融入了颜法的端方圆劲。也可以说这种学书方法是传统的正宗手法，学书过程也是极其自然的正面进行式。

三、郭沫若和中日的书法交流

1993年4月，冯亦吾主编的《中国书法今鉴1949—1990》由中国旅游出版社出版，在开篇的编年体中有“书坛记事”一项。以下是从中整理出的关于郭沫若的全部记载。

1956年9月1日	世界和平理事会在北京举行了给书画家齐白石颁发国际和平奖仪式。世界和平理事会副主席郭沫若主持颁奖仪式，他说：“齐白石先生不仅精通绘画，也擅长刻印，他的书法出类拔萃。”
1958年5月21日	以丰道春海为团长的日本书道家代表团一行14人访中，周恩来、郭沫若、楚图南等先后会见了代表团成员。
1960年9月6日	由日本书道文化联合会、日中文化交流协会、每日新闻社、全日本书道联盟共同主办的《第2届现代中国书法展》在东京开幕。中岛健三、丰道春海、土岐善麿、片山哲、野间宏等人出席了开幕式。共展出郭沫若、梅兰芳、郑诵先、金禹民、杜襄、商衍瀛、赵质伯、陈云诰、孙荣彬、许以粟、马晋、孙诵昭、俞家骥、潘伯鹰、溥雪斋、章士钊、许宝蘅、李惺、胡佩衡、溥惠、张公制、李鼎遗、翟奉南、曹家麒、顾颉刚、张慧中、萧钟美、宁伯龙、萧龙友、老舍、王传恭、陈叔通、殷伯衡、林志钧、都锦春、邓以蛰、周琪、沈尹默、惠孝同、周谘度、黎葛民、田名瑜、姚抚屏、徐之谦、徐伯清、刘博琴、杜嘉、陈椿元、郭味蕖、康伯藩、康殷、吴兆璜、何炎、靳志、黎泽泰、陈半丁、吴仲超、谢无量、董立言、宁斧成、单文质、魏长青、顿群、秦仲文、王继光等64件作品。
1962年6月	日本书道文化联合会等共同主办的《中国书法展览》在东京开展。共展出郭沫若、何香凝、梅兰芳、老舍、齐燕铭、陈叔通、朱光、陈云诰、溥雪斋、惠孝同、丰子恺等74件作品。
1965年5月22日	郭沫若在《文物》杂志上发表了题为《由王谢墓志的出土论到〈兰亭序〉的真伪》一文，他认为“《兰亭序》是依托的，它既不是王羲之的原文，更不是王羲之的笔迹”，“文章和墨迹就是智永所依托”。郭沫若的文章发表以后，在学术界展开了激烈的争论，许多赞成和反对的论文也在报纸和杂志上陆续发表。
1966年2月11日	由日本书道文化联合会、全日本书道联盟等共同主办的《中国现代书法展》在东京开幕。共展出郭沫若、何香凝、溥雪斋、唐兰、老舍、赵朴初、王个簃、容庚、潘天寿、启功等126件作品。
1972年5月	郭沫若在《文物》杂志上发表了题为《新疆出土的晋人写本三国志残卷》一文，再次引发《兰亭序》真伪问题的争论。
1976年7月2日	由日中文化交流协会、每日新闻社、日本书道文化联合会共同主办的《现代中国书法展览》在东京开幕。共展出赵朴初、王个簃、顾廷龙、麦华三、于立群、启功、金禹民、徐之谦、段绍嘉等140件作品。（无郭沫若之名。）
1978年6月3日	郭沫若在北京逝世，享年86岁。

从上述的年表中可窥见的是，他对于中国书法史上的名品——王羲之书《兰亭序》真伪问题的提出（1965/1972），和作为活跃于《现代中国书法展览》最重要成

员这两点上。郭沫若除1957年11月《第1届现代中国书法展》在东京开幕时好像没有出席外，但是从1960年第2届以后的62年和66年他的名字已排列于首位。

郭沫若（左）和丰道春海（右）

和“日本书道访中团”见面

另外，从他遗留下来的照片中可知：1964年7月13日在家中和丰道春海畅谈；1966年4月11日和“日本书道访中团”见面；在“中日建交正常化”前夕的1972年9月28日陪同田中角荣首相参观故宫时，在米芾的《苕溪诗卷》前进行讲解。

陪同田中角荣首相参观故宫

四、结　语

关于郭沫若的书法，本文仅仅从书法作品、“郭体”的渊源、中日书法交流等三个侧面，同时有效地利用作品、文献、照片进行简单地介绍而已。其中，在第三节的中日书法交流中，郭沫若的存在非常重要，欲稍加论及。如果本文稍有一些价值的话，就在于提出了在中日书法交流史上给郭沫若进行定位这一点。在现代日本，管见所及的范围内，几乎没有专门研究郭沫若书法的学者和书家。在这个意义上，希望通过本文抛砖引玉，将来哪怕是多一位书道同仁从事郭沫若书法研究，是我之心愿。

（作者单位：日本大东文化大学）

“副文本”审视下的郭沫若译诗序跋及其观念与意义①

□ 罗文军　傅宗洪

1915年郭沫若于日本冈山译出海涅《〈归乡集〉第十六首》②，此为其西诗汉译之肇始。据已有统计资料，截止1959年3、5月间编译成《英诗译稿》，诗人期间共译诗238首，涉及德、英、俄、美等八国诗人诗作③。在这些翻译活动发生时，郭沫若以附白、小引、感言等方式留下了大量相关言说。它们所涉内容丰富，前后时间跨度较大，一方面表明郭沫若译诗成就之著，另一方面也隐含了更多的西诗汉译问题。

郭沫若作出的译诗序跋文字，更是以集中、显明的方式呈现了他的译诗观念、择取标准、功用目的，以及这些内容与文学观念、文学语境之间的复杂关系。当这些文字被同时代和后来的研究者摘引或阐述，它们也就进一步丰富了诗人的文学史形象，促进了诗人及其诗作的经典化。但是除开这种摘引和阐述，研究者至今没有给予郭沫若译诗序跋更多重视，整体性的关注更是没有。在郭沫若翻译研究的述评资料中，译诗序跋研究的缺失也没有被提及④。事实上，郭沫若的这些文字既是难得的文学史料，又是审视郭沫若翻译问题时需要扩展的空间。

一、“副文本”与郭沫若译诗序跋

郭沫若的译诗活动虽然开始得很早，但他第一部明确得以出版的译诗集《鲁拜集》，却是出自1924年的上海泰东图书局。只不过，该集是对1922年12月发表于《创造》季刊1卷3期《波斯诗人莪默伽亚谟》的修订⑤，其卷首“导言”、卷尾“附白”都没有什么改动。从诗集序跋的位置和形式来看，相关文字在此前刊物中已得到传播，诗人也是早有了这方面的意识并对这些内容给予了重视。此后，1926年出版的《雪莱诗选》，1928年出版的《浮士德》第一部，1929年出版的《新俄诗选》，

---

① 中国人民大学重大基础研究项目“中国现代翻译文学及评介编年史（1898－1949）”，编号12XNL007；国家社科基金项目“清末民初西诗汉译研究”，编号11XZW037。

② 1920年3月3日，郭沫若致宗白华函，《三叶集》，安徽教育出版社，2000年，第86页。

③ 俞森林、傅勇林、王维民：《郭沫若译著详考》，《郭沫若学刊》2008年第4期。

④ 于立得：《郭沫若与文学翻译研究述评》，《郭沫若学刊》2008年第2期。

⑤ 《鲁拜集》卷末注明：“1922年9月30日完稿，1923年5月28日改正。”

1942年出版的《赫曼与窦绿苔》，1947年出版的《浮士德》、《沫若译诗集》（上海建文书店版）等，以及1949年之后部分诗集再版时，郭沫若都以“小序”、“小引”、“简论”、“译后”、“书后”等形式，为译诗集留下了序跋内容。

从法国叙事学理论家杰拉德·热奈特（Gerard Genette）的“副文本”理论来看，序跋正是研究者拓展文本领域、接近历史现场的重要思考对象。在《隐迹稿本》一文中，热奈特不满于自己此前所说的“广义文本”，采用更为宽泛的说法提出了“诗学的对象是跨文本性”，即“所有使一文本与其他文本产生明显的或潜在关系的因素”。在这种跨文本性所带来的超越和涵括中，标题、副标题、章节名、前言、后记、告读者、插图、护封，以及作者亲笔或他人留下的标记等，都为文本“提供了一种（变化的）氛围，有时甚至提供了一种官方或半官方的评论”[①]。这些“副文本”内容分散在正文周遭，丰富并延长了整个文本，以致热奈特将之比喻为“门槛”、“前厅”，是通向正文必不可少的途径。正如研究者所认为的，这些内容构成了“一道诗学奇观”，要求后来者“遵循从边缘到中心的批评路线，先在正本外层的副文本生态圈经历一番批评行旅，再渐次抵达文本中心地带——网状迷宫叙事结构”[②]。尽管理论的传播和接受总是遭遇变形，具体的研究对象也并非完全吻合这些言说，以上郭沫若的译诗序跋在这种审视之中，却是同样具有了“副文本”的诸多功能。

苏珊·巴斯奈特（Susan Bassnett）20世纪90年代分析翻译学近况时，也指出其中有一种发展，表现在“通过一个时期的翻译者在序言、书信、文章中谈及他们的译作时所用的比喻，探讨当时的翻译观”[③]。这种发展根植于翻译文学研究的“文化转向”，它最终也是将意识形态、文化语境、社会历史等问题作为了思考的向度。从文化层面进行的研究，将翻译文学置入译入语文学系统之中，使得有关翻译文本的理解远远超出了传统的语言转换层面。在这种研究视野之中，郭沫若的译诗序跋也就占据了突出的位置。当然，序跋所含的内容及其关联问题，并不仅仅停留于一种“翻译观”的显现。其实，它们为译者及其他执笔者留下了较为广阔的叙述空间。翻译活动发生的缘由，有关原作的认识或者比较，译者的翻译策略与实践及其自我审视，甚至整个文学观念以及产生干预或操纵作用的各种影响因素，都可以在其中得到显现。对这些方面的重视，也正是副文本研究与翻译研究的重合之处，由此“副文本”也就成为了翻译文学研究一种不可忽视的对象[④]。只不过序跋是将问题引向了更为具体的对象，且以较为明确的范围将该类问题导入了集中的思考。

由此再来审视郭沫若的译诗序跋，它们所包含的译诗观念、文艺思想以及与文学思潮、文化语境之间的关系，也就更值得注意。郭沫若的译诗活动十分丰富，而且伴随了他对西方诗歌的接受历程。从“太戈尔式”到“惠特曼式”，再到“歌德

---

① ［法］热拉尔·热奈特：《热奈特论文集》，史忠义译，百花文艺出版社，2000年，第68—69、71页。

② 朱桃香：《副文本对阐释复杂文本的叙事诗学价值》，《江西社会科学》2009年第4期。

③ 陈德鸿、张南峰编：《西方翻译理论精选》，香港城市大学出版社，2000年，第190页。

④ 该问题也可参见郑玮《副文本研究——翻译研究不可忽视的一环》，《杭州电子科技大学学报》2011年第2期。

式”的“三四段的变化”，从接受泛神论、个性主义、浪漫主义等，到“从前在意识边沿上的马克思、列宁不知道几时把斯宾诺莎、歌德挤掉了，占据了意识的中心”[①]，译诗序跋在其中都成为了一种表现方式，同时也成为了一种显现空间。从这一角度来看，这些序跋处于现代文学兴起、探索的历史之中，也正应和了整个文学思潮、社会语境的一些变化。而且，郭沫若将译诗汇录成集出版，对自己的翻译活动显然也是给予了相当重视。明确设置的序跋内容，自然也会成为其所思所感的载体，而且会成为译诗这种精炼的正文之外更为自由的叙述空间。翻译观念与文艺思想以及文学思潮、历史语境等，在其中都会留下影响的痕迹。“副文本”、“文化转向”带来的双重审视，也就将郭沫若译诗序跋置入了更为复杂的问题关联。

二、序跋与翻译观念的显现及历史变化

“我在上面叙了一长篇的冒头，我的目的只是在想介绍一位波斯诗人莪默伽亚谟（Omar Kyhayyam）。”这是作于1922年9月的《波斯诗人莪默伽亚谟》一文第二部分的开端，郭沫若于此对原诗人给予了介绍。有关其出生、求学、生活等的记载原本较为模糊，但郭沫若还是尽量给予了详细叙述，甚至将其预言“吾墓所在之地，北风会吹蔷薇花来复罩”的传说也一并写出[②]。不管是发表于《创造》季刊，还是明确作为1924年单行本的序言，此文的该部分都明确发挥了向国内读者引介国外诗人的功能。对于文学翻译，郭沫若不仅早早开始了积极尝试，对其价值也是早有认识。1920年12月20日，在给《时事新报·学灯》编辑李石岑的信中，他即表示“翻译事业于我国青黄不接的现代颇有急切之必要”[③]。1922年1月11日，他撰文谈论儿童文学，也认为翻译“在青黄不接的时代，是一便法。一方面更能指示具体的体例以供作家的观摩”[④]。不过，郭沫若心目中的“翻译”对译者有着明确要求。1920年1月29日为《屠尔格涅甫之散文诗》所作之“序”，郭沫若即强调译者不译则已，译则“总要前不负作家，后不负读者，总要使自提的译品成为典型的译品”[⑤]。在1921年11月6日给郁达夫的信里，他也指出译者应做到“不负作者，不负读者，不欺自己”[⑥]。发表《波斯诗人莪默伽亚谟》一文之后不久，他再次强调译者“对于原书要有理解”、“对于作者要有研究”[⑦]。由此看来，在101首“Rubai”译诗之前对诗人作出介绍，也正是郭沫若翻译观念的一种表现。他至少是采取了较为慎重的态度，注重了原诗人形象的呈现，尤其是所涉对象为一位国内读者还十分陌生的波斯诗人时。

① 郭沫若：《创造十年》，《沫若文集·七》，人民文学出版社，1958年，第68、166页。

② 郭沫若：《波斯诗人莪默伽亚谟》，《创造》季刊，1卷3期，1922年12月。

③ 郭沫若：《论诗三札》，《沫若文集·十》，人民文学出版社，1959年，第203页。

④ 郭沫若：《儿童文学之管见》，《沫若文集·十》，第155页。

⑤ 郭沫若：《〈屠尔格涅甫之散文诗〉序》，《郭沫若集外序跋集》，四川人民出版社，1982年，第213页。

⑥ 郭沫若：《海外归鸿》“第二信”，《创造》季刊，1卷1期，1922年3月。

⑦ 郭沫若：《讨论注译运动及其他》，《沫若文集·十》，人民文学出版社，1961年，第254页。

此前1919年2月28日，胡适曾翻译有Rubaiyat，收入《尝试集》时也注明一句："译英人Fitzgerald所译波斯诗人Omar Khayyam（d. 1123 A. D.）的Rubaiyat（绝句）诗第一百零八首。"[①] 相较而言，郭沫若给出的信息显然丰富得多，这一方面是因序跋所能容纳的空间更大，一方面也是郭沫若的翻译观念使然。

面对彼时国内译界，郭沫若认为"借译书以糊口，借译书以钓名，借译书以牟利的人，正是滔滔者天下皆是"，要挽救这"一缸混水"，在译者方面一是"应该唤醒译书家的责任心"，二是"望真有学识者出而从事完整的翻译"[②]。这种观念在郭沫若的译诗序跋中得到了互文性的反映，他的确是多处给予了实践和印证。介绍莪默伽亚谟生平之后，他不仅注明自己资料的来源，即"大抵取材于费兹吉拉德的《波斯的天文学家兼诗人莪默·伽谟》一文中"，而且还介绍了《鲁拜集》的原本内容，费兹吉拉德的英译本版本情况，以及"Rubai"这种诗形的特征。此外，他还将荒川茂的日文译本拿来比较，表明自己所译最终依据的版本为费兹吉拉德英译第四版。花费篇幅来表述这些信息，注重到原文内容、所据版本、诗形特征等，郭沫若翻译的认真、郑重态度由此可见一斑。事实上，1926年泰东图书局出版的《雪莱诗选》所附雪莱"年谱"，以及该年谱在1923年2月发表于《创造》季刊第4期《雪莱的诗》之后，它占据的可谓是一种"跋"的位置，也正好弥补了"小序"对原诗人没有详细介绍这一情况。尽管雪莱在中国已得到较多译介，此期《创造》季刊也辟出"雪莱纪念栏"，同时收入张定璜《Shelley》、徐祖正《英国浪漫派三诗人》两文，但以年谱形式介绍雪莱仍然极有价值。郭沫若在"附白"中同样交代了资料出处，而且自谦地表明"费了两礼拜多的功夫"编成，"对于读者诸君稍微有点贡献时，我也可以自慰了"[③]。

对于译介最多的诗人歌德，郭沫若在1928年《浮士德》诗剧第一部的"译后"，并没有给以太多介绍。不过他表明翻译是始于1919年，不少章节在期刊上已有发表。于此短暂期间，郭沫若1922年翻译出版的《少年维特之烦恼》，广为传播，再版达十余次[④]。在其"序引"中，郭沫若对歌德的思想、创作缘由、生平事迹等已有详细叙述。加之歌德在中国已是广为人知，因而翻译《浮士德》时不再给予诗人更多笔墨，也是情理使然。这并不意味着郭沫若译诗序跋内容上的缺失，他转而更多介绍的是翻译经过及其译诗观念。而且，1947年《浮士德》全译本出版时，郭沫若还于卷首加上长文《〈浮士德〉简论》，将之纳入序言位置。他首先表明"这是一部很难理解的作品"，刚译完的第二部"难解得更是惊人"，不过这"仍然是有一贯的脉络"，"是一部灵魂的发展史，一部时代精神的发展史"，因而接下来概括了整部作品的"故事的进展"[⑤]。随后，他还进一步叙述对作品思想的再认识。尽管这种认识

---

① 胡适：《尝试集》，亚东图书馆，1920年9月再版，第48页。

② 郭沫若：《波斯诗人莪默伽亚谟》，《创造》季刊，1卷3期，1922年12月。

③ 郭沫若：《〈雪莱年谱〉附白》，《创造》季刊，1卷4期，1923年2月。

④ 截止1927年11月郭沫若作《浮士德》"译后"，《少年维特之烦恼》，上海泰东图书局已出9版，创造社出版部已出4版。见上海图书馆编《郭沫若著译书目》（上海文艺出版社，1980年），第122页。

⑤ 郭沫若：《〈浮士德〉简论》，《沫若文集·十三》，人民文学出版社，1961年，第509页。

与译第一部时已有很大变化，他对读者接受的注重于此仍然可以见出。这正应和了他早在1922年的看法，即译者“对于读者有指导的责任”[①]。1923年，谈及翻译中读者方面的问题时，他也提有如此要求：“应该从教育着手，劝智识未备的青年先从事基础智识的储备。”[②] 从译诗序言的角度来看，该文仍然发挥了叙述空间方面的优势，保持了译者一以贯之的认真态度。1954年人民文学出版社重版《浮士德》，郭沫若又另加小引，表明“趁这个机会把译文全部琢磨了一遍。有些地方核对过原文，改正了错误”[③]。这种序跋方式，再次印证了郭沫若的翻译态度，的确不失为通向其翻译世界的“前厅”。

郭沫若在情感、思想方面与西方诗人诗作的共鸣，也是译诗序跋重要的显现对象。择取什么样的诗人诗作、为何如此择取等问题，于此也获得了一些较为可信的回答。《沫若文集》搜录《波斯诗人莪默伽亚谟》一文，郭沫若就作了如此说明：

> 这篇文章本是《鲁拜集》的序引，在一九五七年人民文学出版社出版的《译诗集》中，我已把第一章删去了。这儿仍然保留着它，以表示我在三十几年前所想不通的思想。
>
> 沫若1958年11月23日

这段文字有意义的地方在于，郭沫若对于第一部分“读《鲁拜集》（Rubaiyat）后之感想”并不愿意舍去。其中原因，诗人已然表明是因此前那“想不通的思想”。其实，该部分并没提及莪默及其诗作，郭沫若只是在表述人生的苦痛，科学、哲学、宗教的有限，以及屈原、歌德等的生活态度，并摘引中国古诗来印证“消极的享乐主义”，最后给以了评说：“这种人的态度，不能以功利的尺度去测量，不能以道德的标准去批评，不能以酒精的毒害去威胁，他们正于饮酒的行为之中，发现出一种涅槃的乐趣。”[④] 但这一“长篇的冒头”，反映的正是诗人当时的一种思想。其时郭沫若再次寓居日本，刚开始的创造社活动也受到了国内文学研究会的讥评，在积极应战的另一方面，孤寂的心理以及醉酒的生活也正伴随着郭沫若、郁达夫等人。这种现实遭际使得郭沫若读及《鲁拜集》，正容易生发思想、情感上的共鸣。因为该诗集充满了人生如寄、哀乐无常的思想，并且对宗教、僧侣多有谴责，消极的享乐于此也充满了人生哲理的意味。其艺术上的强烈感染力，很容易将读者导向类似的感悟。郭沫若在“导言”结尾表示，“读者可在这些诗里面，看出李太白的面孔来”，其实这之中正有着自家的面孔。

完成于1921年12月4日的《雪莱诗选》“小序”，也早以序言的形式表明了此点。郭沫若开篇即表示雪莱是其最敬爱的诗人之一，随后又以诗一般的语言表示了对雪莱的情感：“男女结婚是要先有恋爱，先有共鸣，先有心声的交感。我爱雪莱，

---

① 郭沫若：《论文学的研究与介绍》，《沫若文集·十》，人民文学出版社，1961年，第135页。

② 郭沫若：《讨论注译运动及其他》，《沫若文集·十》，人民文学出版社，1961年，第255页。

③ 郭沫若译，《浮士德》，“小引”，人民文学出版社，1954年，第1页。

④ 郭沫若：《波斯诗人莪默伽亚谟》，《沫若文集·十》，人民文学出版社，1961年，第164、170页。

我能听得他的心声，我能和他共鸣，我和他结婚了。”[①] 至于《浮士德》第一部的“译后”，虽然没有更多交代，但在此前《少年维特之烦恼》的“序引”，郭沫若已然表明“我译此书，于歌德思想有种种共鸣之点”。对于这种共鸣郭沫若归纳了五个方面：“主情主义”、“泛神思想”、“对于自然的赞美”、“对于原始生活的景仰”以及“对于小儿的尊崇”[②]。每一方面他都给予了详细解说，这即是对歌德思想的介绍，同时也是自身观念的显现。因而，在《浮士德》第一部“译后”，郭沫若对于完成译稿的整理深表“愉快”，“好象飘泊了数年又回到了故乡来的一样”。其感受，与歌德《浮士德》“献词”所歌咏的整理旧稿的“那种心情实在相差不多”[③]。这其中因缘是早已结下，且在序跋中产生了前后的关联。

这种关联不仅仅有承续的一面，也包含了现实遭际和历史语境触动下诗人的思想变化。1924 年前后寓居上海，随着“与水平线下的悲惨社会略略有所接触”[④]，郭沫若对国内经济、政治的困窘现实有了更多了解，他对马克思主义思想逐渐产生兴趣。生活经历和社会环境在诗人身上“发生的影响”，便是“社会的要求不再容许我们笼在假充象牙的宫殿里面谈纯文艺了”。1924 年 4 月再次东渡日本，他细读了河上肇《社会组织与社会革命》一书，并用 50 天时间将“那部二十万以上的大著译完了”。其中的马克思主义经济学以及社会发展理论，对郭沫若的思想产生了重要影响。“这书的译出在我一生中形成了一个转换期”，“使我对于文艺怀抱了另外一种见解”，在给成仿吾的信中郭沫若如此表述。他的文艺观逐步转向了“今日的文艺”，该种文艺即是“我们现在走到革命途上的文艺，是我们被压迫者的呼号，是生命穷促的喊叫，是斗志的咒文，是革命预期的欢喜”[⑤]。

1924 年 11 月归国之后，郭沫若还一度准备翻译《资本论》，并与创造社成员一起开始了明确的革命文学运动。除开自己的创作，他的文学翻译也汇入了这种转变之中。在新译出版的《新时代》“序”里，他表明喜欢这部书的理由之一即在于“这书里面所流动着的社会革命的思潮”，而且认为该书内容可以说“是把我们中国的事情去改头换面地做过一遍的呢！”[⑥] 在《〈约翰沁孤的戏曲集〉译后》，他也指出原作者在作品中同情的人物“都是下流阶级的流氓和乞丐”，剧本虽然没有给出积极的进取精神，但至少指示了“这个虚伪的，无情的，利己的，反复无常的社会是值得改造的”[⑦]。1926 年出版的译作《争斗》，其序也如此评说高尔斯华绥：“他的戏曲可以说都是社会剧，他不满意于现社会之组织，替弱者表示极深厚的同情，弱者在现社会组织下受压迫的苦况，他如实地表现到舞台上来，给一般的人类暗示出一条改造

---

① 郭沫若：《雪莱的诗》，“小序”，《创造》季刊，1 卷 4 期，1923 年 2 月。

② 郭沫若译，《少年维特之烦恼》，“序引”，创造社出版部，1928 年，第 3—8 页。

③ 郭沫若：《浮士德》“译后”，创造社出版部，1928 年，第 1、4 页。

④ 郭沫若：《〈文艺论集〉序》，《沫若文集・十》，人民文学出版社，1961 年，第 3 页。

⑤ 郭沫若：《创造十年续编》，《沫若文集・七》，人民文学出版社，1961 年，第 164、182、183、185 页。

⑥ 郭沫若译，《新时代》，“序”，商务印书馆，1927 年再版，第 3—4 页。

⑦ 郭沫若译，《约翰沁孤的戏曲集》，“译后”，商务印书馆，1926 年，第 2 页。

社会的路径。”[①]

当然，这种转变并不意味着郭沫若文艺思想趋向了单一。重要的问题在于，译诗序跋对这种变化给出了较为直接的回应。《鲁拜集》、《雪莱诗选》虽然初版于1924、1926年间，其序言却是作于1921、1922年，故而仍属于没有“清算”之前的“所谓个性的发展，所谓自由，所谓表现”的阶段[②]。但是，在1929年的《新俄诗选》“小序”中，郭沫若强调的内容显然有了不同。与李一氓合译该集是因为“国内的人很渴望苏联的文学作品的翻译”，所选的诗作虽然“只是革命后四五年间初期的作品”，“不足以代表苏联的精神”，但“我们从这儿总可以看出一个时代的大潮流和这潮流所推动着前进的方向”。而且，郭沫若还一再表现出了摧毁旧世界的意识：“历史是进展着的，一切旧的分子被消化或被排除而升华成更新的产物”，“以历史的眼光去观察事物，是人生中最切要的事”[③]。

《浮士德》不同版本的序言，更是因为时间上的跨度，极为明显地呈现了诗人翻译观念的变化。在1927年所作的《浮士德》第一部“译后”[④]，他即已表明这部“十年以前的旧稿”，其“内容和我自己的思想已经有一个很大的距离，这是用不着再来迁就的”[⑤]。1947年《浮士德》全译本出版，郭沫若在“译后记”里解说了第二部翻译中遇到的障碍，虽也零星译过，在此之前却“终没有勇气和兴趣来把它完成”。其中最主要的原因，是在于“壮年歌德乃至老年歌德的心情”，“我不大了解——否，不仅不大了解，甚至还有些厌恶”。按照此前与译作之间总是存在情感共鸣这一点来看，如此心境下的郭沫若自然是“无法继续翻译”。与“五四”时期郭沫若心境产生共鸣的，是青年歌德“狂飙突进”的精神，他也“差不多是在一种类似崇拜的心情中”译完了第一部内容。歌德在《浮士德》第二部表现出的悲剧情绪、中世纪意识以及乌托邦式的幻想，显然正是导致郭沫若迟迟不能萌发翻译兴趣的因素。但为什么他最终又将第二部译出，而且是以实际所用时间不足一月的速度译出呢？在译后记中，郭沫若对此也明确给予说明：翻译兴趣的增加，是因为自己的年龄和阅历与壮年至老年歌德“已经接近”。他从作品所讽刺的德国现实以及浮士德的艰难历程中，感受到了“实实在在和我们今天中国人的情绪很相仿佛”，而且“在这蜕变艰难上得到了共感了”[⑥]。对于曾经热爱、崇拜的歌德，郭沫若也更为理性地指出他“并不是一个革命家”，“不仅没有可能超越时代，而且更没有充分脱掉中世纪的意识”。完整译出《浮士德》，最终的精神取向是其中“包裹着一团有时是火一样的不知满足的近代人的强烈的冲动”[⑦]，最终的落脚点是将其精神置于执笔时的现实需要：

---

① 郭沫若：《〈争斗〉序》，《郭沫若集外序跋集》，四川人民出版社，1982年，第250页。

② 郭沫若：《创造十年》，《沫若文集·七》，人民文学出版社，1961年，第166页。

③ 郭沫若：《〈新俄诗选〉小序》，李一氓、郭沫若合译《新俄诗选》，光华书局，1929年，第2页。

④ 该文作于1927年11月30日，《浮士德》第一部初版于1928年2月1日。郭沫若所标“译后”及校读时间，误为了“民国十七年十一月三十日”、“民国十八年一月十日”。

⑤ 郭沫若译，《浮士德》，“译后”，1928年，第6页。

⑥ 郭沫若：《〈浮士德〉第二部译后记》，《郭沫若集外序跋集》，四川人民出版社，1982年，第283－285页。

⑦ 郭沫若：《〈浮士德〉简论》，《沫若文集·十三》，人民文学出版社，1961年，第516－517页。

在中国的浮士德，他是不会再老，不会盲目，不会死的。他无疑不会满足于填平海边的浅滩，封建诸侯式地去施予民主，而是要全中国成为民主的海洋，真正地由人民来作主[①]。

此时的郭沫若，已多次参与民主革命活动，成为了无产阶级革命文学的一种象征，被称为“革命队伍中人”，是继鲁迅之后“新文化运动的主将”、“带着大家一道前进的向导”[②]。在进一步译介《政治经济学批评》[③]、《艺术作品之真实性》[④]、《德意志意识形态》[⑤] 等马克思主义经典之后，他的序跋也更习惯于以“封建意识”、“资本主义”、“社会关系”、“辩证法”等术语、观念来展开评说，因而浮士德的最终结果是被“封建残余的势力”吹瞎而倒地升天，歌德在创作中“是把辩证法的精神把握住了”[⑥]。新中国成立之后，他又在政府中担任各种要职，将自身文艺思想主动汇入时代大潮之中。因而，1954 年《浮士德》改版重印时郭沫若所作“小引”，对浮士德“不知满足的个性发展要求”给予了再次强调，因为自满而成为恶魔的俘虏的“教育意义”也再次被提及。面对政治氛围的微妙变化，郭沫若还以列宁流放西伯利亚时仍携带着《浮士德》的事例，来强调自己的翻译在政治上的正确性，因为列宁之举“可保证了这部作品的生命”[⑦]。译者新的遭遇和感受，显然进入到序跋文字之中，有了蛛丝马迹式的显露。再次追溯“前前后后绵亘了差不多三十年”的《浮士德》翻译，郭沫若翻译思想、择取重心的变化显然可见，他所留下的序跋也为这些变化提供了特殊的表现空间。

三、有关诗歌翻译的认识及其语境关联

1920 年为《歌德诗中所表现的思想》一文添加“附白”，郭沫若即提出了“风韵译”一说。这种译诗观念在其自家文字中有着多次重复，如 1922 年《批判〈意门湖〉译本及其他》一文所示：“我始终相信，译诗于直译、意译之外，还有一种风韵译。字面、意义、风韵，三者均能兼顾，自是上乘。即使字义有失而风韵能传，尚不失为佳品。”[⑧] 如 1923 年《讨论注译运动及其他》一文所言：“我们相信理想的翻译对于原文的字句，对于原文的意义，自然不许走转，而对于原文的气韵尤其不许

---

① 郭沫若：《〈浮士德〉第二部译后记》，《郭沫若集外序跋集》，四川人民出版社，1982 年，第 285 页。

② 周恩来：《我要说的话》，《新华日报》1941 年 11 月 16 日。

③ 郭沫若译，《政治经济学批判》，神州国光社，1931 年初版。

④ 郭沫若译，《艺术作品之真实性》，东京质文社，1936 年初版。

⑤ 郭沫若译，《德意志意识形态》，言行出版社，1938 年初版。

⑥ 郭沫若：《〈浮士德〉简论》，《沫若文集・十三》，人民文学出版社，1961 年，第 517 页。

⑦ 郭沫若：《〈浮士德〉小引》，《郭沫若集外序跋集》，四川人民出版社，1982 年，第 289 页。

⑧ 郭沫若：《批判〈意门湖〉译本及其他》，《创造》季刊，1 卷 2 期，1922 年 6 月。

走转。”[①] 后来者也多注重这一说法，将之视为一种典型的翻译观。在“信、达、雅”，“归化”、“异化”，“意译”、“直译”等说法之外，“风韵译”的确不失为一种具有代表性的说法[②]。但值得强调的是，该说法本质上意指的是诗歌艺术的理解。郭沫若先是表明“诗的生命，全在他那种不可把捉之风韵”，然后才“所以”得出“风韵译”这种“译诗的手腕”。事实上，这也是郭沫若译诗序跋所含观念的一个显著特征。他并没有停留在“译”本身，而总是将翻译与有关诗歌的认识联系在一起，背后总有着促进诗歌创作的现实意图。

在《雪莱诗选》“小引”中，郭沫若有关诗歌的看法几乎包围了他的译诗观，他显然是想将两者更为有机地融合起来。“诗不是从心外来的。不是心坎中流露出的诗通不是真正的诗”，“是诗的无论写成文言白话，韵体散体，他根本是诗”。这样的叙述，也正是郭沫若此时诗歌观念的复现。在此前致宗白华的信中，他就有了极为相似的文字：“我想我们的诗只要是我们心中的诗意诗境底纯真的表现，命泉中流出来的 Strain，心琴上弹出来的 Melody，生底颤动，灵底喊叫，那便是真诗，好诗”，遇到这样的诗“无论是新体的或旧体的，今人的或古人的，我国的或外国的，我总恨不得连书带纸地把他吞了下去”[③]。在此处序言中，郭沫若又以如此观念来认识雪莱，称其为“真正的诗的作者，是一个真正的诗人”，由此将自己与雪莱“合而为一”，明确表示“他的诗便如我自己的诗”。既然如此，翻译雪莱也就成了自己诗歌观念的再次显现，所以“译雪莱的诗，是要使我成为雪莱，是要使雪莱成为我自己”，“我译他的诗，便如象我自己在创作的一样”[④]。后来在《浮士德》第二部“译后记”中，郭沫若也称自己翻译第一部时“仿佛等于自己在创作的一样”[⑤]。1954 年在全国文学翻译工作会上讲话，他仍然坚持这种看法，指出“翻译是一种创作性的工作，好的翻译等于创作，甚至还可能超过创作”[⑥]。如此理解翻译与创作的关系，的确使得郭沫若的译诗观念包含了更为丰富的内容。

在郭沫若的译诗序跋里，此点首先就表现在有关翻译目的的表述上。正如读雪莱的《致云雀》，郭沫若“于此窥见诗之妙诀”[⑦]，翻译雪莱诗歌也有着针对诗歌创作的用意。该时期，他多次表示对国内诗坛的不满，认为“通俗的白话韵文，加上几个断粘半脱的新式标点，分写成几条行列”便叫着“诗”，这种“滥吹诗竽”的人近来实在不少[⑧]。谈及英国葛雷（Thomas Gray）一生较少诗作的现象，他也不忘对国内诗坛讥刺一笔：“我们目下幼稚的新诗坛上也尽有几天之内便能做出一部诗集出来

① 郭沫若：《讨论注译运动及其他》，《创造》季刊，2 卷 1 期，1923 年 5 月。

② 参见陈福康《中国译学史》第三章“民国时期的译论”（上海人民出版社，2010 年）。

③ 1920 年 1 月 18 日，郭沫若致宗白华函。《三叶集》，安徽教育出版社，2000 年，第 10 页。

④ 郭沫若：《雪莱的诗》，“小序”。

⑤ 郭沫若：《〈浮士德〉第二部译后记》，《郭沫若集外序跋集》，四川人民出版社，1982 年，第 283 页。

⑥ 郭沫若：《谈文学翻译工作》，《沫若文集·十七》，人民文学出版社，1963 年，第 272 页。

⑦ 1920 年 3 月 3 日，郭沫若致宗白华函。《三叶集》，安徽教育出版社，2000 年，第 99 页。

⑧ 郭沫若：《儿童文学之管见》（1922 年 1 月 11 日），《沫若文集·十》，人民文学出版社，1963 年，第 149 页。

的作家。”[①] 由此看来，翻译雪莱“真正的诗”，并强调诗歌的本质是什么，于郭沫若来说也同时是对诗坛的有感而发。在《雪莱诗选》序中强调“做诗人有绝对的自由”、诗歌“体相不可分”，也正是在“心坎中流露出”真诗这一前提下，对诗歌创作再次发表意见。《赫曼与窦绿苔》“书后”的开篇叙述，也表现出了郭沫若促进诗歌创作的用意：“国内近来颇有叙事诗和长诗的要求，为技术的修养起见，我想到了这首有名的长诗，便把它翻译了。”对于该诗利用故事结构节省构想劳力的做法，他还付与一笔：“这层或者是值得我们学习的。”[②] 在序跋中表述“译者的苦心”[③]，因其居于诗集的“副文本”位置，正有利于读者更好认识译作的艺术魅力，从而提升自己的创作能力。其实，郭沫若的其他译作序跋也证明了这种意图，如 1926 年所译的《争斗》，其“序”便有如此说法：“我国社会剧之创作正在萌芽期中，我以为象戈氏的作风足供我们的效法。”[④] 1936 年译完《华伦斯太》，郭沫若也有言：“本剧原是诗剧，但几乎全部都是无脚韵的‘白行诗，’这种形式在中国是没有的。”[⑤]

正是因为总包含着促进创作的意图，郭沫若的译诗序跋才有了对“精神”、“风味”、“风韵”的注重。《鲁拜集》“导言”在比较荒川茂、费兹吉拉德两种译本时，看重的即是“诗中所流贯的精神，大体相近”，认为“翻译的工夫，做到了费兹吉拉德的程度，真算得和创作无异了”[⑥]。《新俄诗选》“序”评说李一氓的译笔，郭沫若也认为从中“多少总可以挹取一些原作的风味”[⑦]。《赫曼与窦绿苔》的“书后”，也表示“自信于原文风韵及辞旨没有什么大的损坏”[⑧]。既然重心在此，逐字逐句的直译就必然不会被郭沫若认同[⑨]。“译诗不是鹦鹉学舌，不是沐猴而冠”，《雪莱诗选》“小引”中出现的这两句，早已表明他不主张直译的做法。“译文学上的作品不能只求达意”，“要求自己译出的结果成为一种艺术品。这是很紧要的关键”，“我的译文是尽可能的范围内取其流畅的”……出现在《浮士德》第一部“译后”中的这些言说，进一步证明他将译诗视为了一种艺术创作。如此，增删变动诗句在翻译时也就必然会出现了。如译诗剧《华伦斯太》，其“译文是全部把它译成了韵文”[⑩]，译《赫曼与窦绿苔》“无韵脚”的 Hexametor（六步诗），为了保持“诗

---

① 郭沫若：《英国诗人葛雷的〈墓畔哀歌〉》，“小引”，《创造》季刊，2 卷 2 期，1924 年 2 月。

② 郭沫若译，《赫曼与窦绿苔》，“书后”，文林出版社，1942 年，第 181 页。

③ 郭沫若：《〈浮士德〉第二部译后记》，第 286 页。

④ 郭沫若译，《争斗》，“序”，商务印书馆，1926 年，第 2 页。

⑤ 郭沫若：《译完了华伦斯太之后》，《华伦斯太》，生活书店，1947 年版，第 219 页。

⑥ 郭沫若：《波斯诗人莪默伽亚谟》，《沫若文集 · 十》，人民文学出版社，1961 年，第 175 页。

⑦ 郭沫若：《〈新俄诗选〉小序》，《新俄诗选》，光华书局，1929 年，第 1 页。

⑧ 郭沫若译，《赫曼与窦绿苔》，“书后”，第 182 页。

⑨ “诗的翻译，假使只是如象对翻电报号码一样，定要一字一句的逐译，这原是不可能的事。因为这样逐字译了出来，而译文又要完全是诗，这除非是两种绝对相同的语言不行。两种绝对相同的语言是没有的，如果有时就无须乎翻译了。”郭沫若在《古书今译的问题》中表述的如此看法，也印证了他译诗序跋中的观念。

⑩ 郭沫若：《译完了华伦斯太之后》，《华伦斯太》，第 219 页。

的形式”，“不得已我便通同加上了韵脚”，“然因译文有韵，又须牵就步数之故，于原文不免时有增损”[①]。由此再读《浮士德》第一部“译后”所言“我对于原文也是尽量地忠实的”，“忠实”在这里的指向也就不言自明了，它指的其实是诗歌精神与艺术魅力的传达。

用郭沫若自己的话来说，翻译应该是在“翻译作品时涌起创作的精神”，这样才能实现翻译的效果，因为“翻译家在他的译品里面，如果寄寓有创作精神；他于移译之前，如果对于所译的作品下过精深的研究，有了正确的理解；并且在他译述之时，感受过一种迫不得已的冲动；那他所产生出来的译品，当然能生出效果，会引起读者的兴趣”[②]。对于诗歌翻译，他更是有明确的表述：“诗的翻译应是译者在原诗中所感得的情绪的复现。”[③] 这些言论虽然没有直接出现在译诗序跋之中，却呼应了序跋所含的译诗观念，并且使之分享了共同的文学语境。

具体说来，类似言说大都是因郭沫若与文学研究会的翻译论争而出现，其中又隐含了文学观念、文坛圈子等问题。1920年12月20日，郭沫若在致李石岑的信中，将翻译比为“媒婆”、创作比为“处子”，认为“处女应当尊重，媒婆应当稍加遏抑”，由是引发了与文学研究会之间的有名论战。双方在“翻译”问题上你来我往，在文艺观念上互有攻守。创造社不满于文学研究会在国内的影响，对其大力提倡翻译之时一定程度上造成的错乱更是难以忍受，故而有意要标高“创作”，其中不乏宗派团体意气的使然[④]。当然，对于“创作”给以更多强调，也正符合创造社及郭沫若此时期重艺术、贵才气的文学观念。不过，透过这些有所偏激的言语应该看到的是，郭沫若的本意并不是否定“翻译”，“翻译”与“创作”也并没有产生真正的对立。他不仅以实际行动证明文学翻译之重要，随后还发表不少重视翻译的言论。其译诗序跋中有关译作价值的评说，也即是表现之一。在郭沫若的意识中，不满的其实是文学研究会对翻译的“太看重”，因为这不仅“凌越创造、研究之上”，而且“因之诱起青年许多投机的心理，不想借以出名，便想借以牟利”[⑤]。“译书家今天译一部威铿，明天译一部罗素，今天译一部太戈儿，明天又译一本多时妥逸夫司克”，或者“只看书名人名可受社会的欢迎，便急急忙忙抱着一本字典死翻”，这在郭沫若看来正是“滥译横流的时代”[⑥]。因而，在翻译中强调“涌起创作的精神”，在译诗序跋中表示“象我自己在创作”、“要求自己译出的结果成为一种艺术品”，这些观念的形成及延续，于此也正寻得了一种思想上的根源和现实意图。

1947年8月27日，郭沫若为即将重新结集出版的《沫若译诗集》作“小序”，留下了总结性的一笔：“这些译诗大抵是按着时代编纂的，虽是翻译，从这里也可以

① 郭沫若译，《赫曼与窦绿苔》，“书后”，第182页。

② 郭沫若：《论文学的研究与介绍》（1922年7月21日），《沫若文集·十》，人民文学出版社，1961年，第136页。

③ 郭沫若：《古书今译的问题》，《沫若文集·十》，人民文学出版社，1961年，第58页。

④ 王向远、陈言：《二十世纪中国文学翻译之争》，百花洲文艺出版社，2006年，第150页。

⑤ 郭沫若：《论诗三札》，《沫若文集·十》，人民文学出版社，1961年，第203—204页。

⑥ 郭沫若：《讨论注译运动及其他》，《创造》季刊，2卷1期，1923年5月。

看出我自己的思想的变迁和时代精神的变迁。”纵观郭沫若留下的译诗，其中也许存在他自己所说的现象，“并不是都经过了严格的选择，有的只是在偶然的机会被翻译了”[①]，但整体上确是其思想和精神变迁的一种反映。再看其译诗序跋，它们也正为“变迁”之一表现，不仅呈现了诗人的翻译思想、译诗观念，一定程度上也表现了不同时期的文学语境及变化。可以说，它们的确是以“副文本”的方式，为审视郭沫若的译诗问题提供了一条历史线索，成为了通向郭沫若翻译文学世界的一道“门厅”。

（作者单位：西华师范大学文学院）

① 郭沫若：《〈沫若译诗集〉小序》，《郭沫若集外序跋集》，四川人民出版社，1982年，第364页。

斯坦纳翻译四步骤视野下的《女神》日文全译本浅析

□ 史瑞雪

2011 年 4 月 11 日，即日本大地震发生整整一个月后，《女神》第一个日文全译本初版印刷，23 日出版发行。这不禁使《女神》全译本的诞生多了别一番意义：似乎在呼唤着山体崩塌后的“女神之再生”，预演着一场颠沛流离后的“凤凰涅槃”。作为译者的日本学者藤田梨那，其双重文化背景和特殊身份是如何在整个翻译活动中体现的，译作文本又有什么特点？本文拟援引乔治・斯坦纳提出的四步骤翻译理论，以彭银汉、须田祯一的日文选译本及巴恩斯和勒斯特合译的英文选译本为参照，对《女神》全译本做尝试性分析。

一、斯坦纳的翻译四步骤

斯坦纳在《通天塔之后：语言与翻译面面观》[①] 中，以阐释学、哲学、语言学、诗学、西方文化为基础，从多个维度探讨论述了翻译问题，并在第五章“阐释的步骤（The Hermeneutic Motion)”中，将翻译活动分为四个过程，认为“将翻译看作信赖、侵入、吸收、补偿四个步骤的阐释运作能使我们克服长期统治翻译历史和理论的毫无结果的三点论”[②]。

除少数的理论批评与研究外，国内学人一般以中文编译本《通天塔：文学翻译理论研究》（庄绎译，1987）为参考，将翻译四步骤概括或简化为信赖、侵入、吸收、补偿，对斯坦纳翻译理论的应用与研究大都集中在探讨译者的主体性上。这些研究要不就是单纯套用理论，在分析每一过程时，只是举出一例，鲜有具体分析；要不就是将研究对象锁定在倾向于“归化”或“意译”的译本上，多数结论将落脚点归于“不忠实”。然而，正如斯坦纳所言，忠实不是直译，也不是表达“精神”的技巧[③]，我们说一个译本忠实或不忠实于原作，是就译本的整体而言的，因为在一个译本中，必然有的地方需要直译，有的地方属于意义，有的地方只有“不忠实”才

---

① ［美］乔治・斯坦纳：《通天塔之后：语言与翻译面面观》（*After Babel: Aspects of Language and Translation*），上海外语教育出版社，2001 年。

② 《阐释学派翻译理论》，谢天振《当代国外翻译理论导读》，南开大学出版社，2008 年，第 112 页。

③ ［美］斯坦纳著，庄绎编译《通天塔：文学翻译理论研究》，中国对外翻译出版公司，1987 年，第 71 页。

能达到翻译目的。也就是说，忠实、不忠实，直译、意译，归化、异化，在一个译本中是同时交错存在的，只不过各自的比例不同而已，而这种比例的不同正是译者的主体性在发挥作用，即译本无论是倾向于意译，还是基本忠实于原作，都体现着译者主体性。而以斯坦纳的翻译四步骤分析译本，可以使此问题更加明确。这也是本文选择斯坦纳的四步骤翻译理论作为成文框架分析《女神》译本的主要原因所在。

在进入第一步骤的分析前，还有两个问题需要明确。其一，不能孤立地看待翻译的四个步骤，这四个步骤是一个完整统一的有机体，“划分步骤只为认识与叙述的方便”；其二，斯坦纳的理论阐述涉及多个学科，有时抽象晦涩，从而引出多种理解，使其在应用中出现一些问题[①]，正如夏天博士所言，在具体应用其理论解释翻译现象时，免不了需要“进行补充、扩展或调适”[②]。本文对其的应用也不例外。

二、斯坦纳翻译四步骤下的《女神》日文全译本

（一）信任

斯坦纳认为理解也是翻译，提出“所有的理解及理解的外化表现——翻译，都始于信任”，但信任不会一成不变，“会在语言习得和翻译过程中受到检验”。“我们冒险一试，从一开始我们就相信文本言之有物，翻译不会是空洞无用的行为……一般情况下，这种信任只是在瞬间发生，译者极端的慷慨莫过于对‘他者’的信赖（‘我在翻译前就认定文本言之有物’），尽管他者的观点还未被证明、考察清楚，但已不时受到关注。”但这种信任具体表现在哪些方面，斯坦纳在此并没有具体说明，并且他将信任的对象拘泥于“文本”，然而，译者对原作的选择并不只是对原文本的信任，译者对“信任”的改变，也不仅是由于语言习得的困境使然，其中必然包括一系列在语言学和阐释学之外的历史、文化、个人、时代等因素。这些因素在我们分析译者在“信任”过程中的主体性时是不可避免的。需要补充的是，在译者对文本发生信任的阶段，译者对原作的入侵、吸收、补偿或多或少已经有所考虑。

译者藤田教授对《女神》的信任，自然首先源于《女神》原作本身的价值。《女神》中的诗歌主要是创作于作者在日本留学期间的1919－1921年。诗中所蕴含的诗人丰富的感情、澎湃的激情以及甜美的爱情，给人们留下了广阔的阅读空间，其中对改变自我的呼唤和对美好爱情的眷恋以及对落后祖国的感慨，引起了当时人们的共鸣。诗歌自由体的形式和白话的运用以及世界性的语言、人物的出现，赶上了科学与民主的洪流，也契合了“五四”新文学运动的动向。诚如闻一多所言，“若讲新诗，郭沫若君的诗才配称新呢！不独艺术上他的作品与旧诗词相去最远，最要紧的是他的精神完全是时代的精神——二十世纪底时代的精神”[③]。即使现在看来，就算我们难以还原时代背景去真切感受诗人在诗中的呐喊与情怀，但诗集中不少诗歌依

① 夏天：《斯坦纳阐释运作理论的应用：问题与方法》，《外语研究》2009年第3期。

② 同上。

③ 闻一多：《〈女神〉之时代精神》，王训昭、卢正言等《郭沫若研究资料（中）》，中国社会科学出版社，1986年，第187页。

然可以给我们带来审美愉悦和情感体验，在遇到挫折时细读《天狗》、《凤凰涅槃》，也可受到满心鼓舞。

其次，译者对《女神》的信任更多的是源于翻译的必要性。日本战后一段时间内，尤其是在60年代以前，郭沫若的作品还有很多读者，但进入“文化大革命”后，日本的郭沫若研究渐渐衰退，直到现在，作为文学家和史学家的郭沫若研究在日本也仍然不容乐观①。在这种情况下，与日本有着密切关系的《女神》全译就很有必要，既可以为读者提供作品，也可以为研究者提供文本。此外，《女神》之前在日本只有选译本，此次全译本的出版也是一项有意义的填补空白的事业。作为郭沫若与其日本夫人安娜的外孙女，藤田教授来担当这项工作，也算别有意义。

另外，译者对《女神》的信任还来自翻译工作的可行性。藤田教授20多岁前一直生活在中国，后留学日本，毕业后留日任教，谙熟中日两国语言文化；进入21世纪以来，其研究对象开始涉及郭沫若的文学著作，并参与发起日本郭沫若研究会，担任郭沫若国际学会会长，这些研究活动的开展使译者对原作能有更好的理解；早在2005年，藤田教授就与大高顺雄合译了《樱花书简》，在翻译郭沫若著作方面已经积累了一定经验；在一次采访中，藤田教授说要翻译郭沫若的诗，自己也得“成为诗人哪”，而在业余时间，她也会写些散文、诗歌，《香港作家》、《城市文艺》都刊有其作品，这种创作实践对《女神》的翻译不无裨益；且藤田教授开朗豪爽的性格在某种程度上也与奔放主导下的《女神》的性格相一致。

由此看来，《女神》作为值得翻译的作品，由藤田教授来翻译，既是译者对原作的信任，也体现了原作对译者的“信任”。

（二）侵入和吸收

斯坦纳对侵入的分析是建立在“理解”基础上的，“‘理解（comprehension）’的词源学意义不仅包含认知方面的，还有‘包围’和‘摄取’之意”，他将海德格尔在存在主义关照下对理解、认知、阐释的观点调整为“每个理解行为必定侵占其他（我们翻译的）实体”，这是侵入的哲学基础。但“译者对原文入侵、榨取，而后占为己有。翻译就如露天的矿，开采过后，在风景中留下伤痕。我们将会看到，这种抢掠也是不牢靠的，它们是错误翻译的标志……入侵也不是绝对的，它也有中间模糊地带”②。这种不可靠性和模糊地带唤出了“吸收”的必要性。但“对原文意义及形式的引进、吸纳并不是在真空中进行，也不是要把它们引进、吸纳到真空中去”。这里既明确了译者的吸收对象（原文意义及形式），也指出了吸收与译者的前理解（包括对原作的信任）和译入语的存在环境是密切联系的，并且验证了前文提到的翻译四步骤的内在不孤立性。其中侵入与吸收的关系尤为密切，侵入不只体现在理解方面，而吸收也不仅是表达过程的需要，两者常同时出现在译者的理解时刻和表达时段，互相渗透，所以本文将侵入和吸收在此一起讨论。

但在这两个过程中，斯坦纳并没有详细论述译者具体该如何侵入和吸收。而在

---

① 《日本郭沫若研究設立のよびかけ》，《日本郭沫若研究会会报》（电子版）2002年创刊准备号。

② 《阐释学派翻译理论》，谢天振《当代国外翻译理论导读》，南开大学出版社，2008年，第107、108页。

此理论的具体应用中，这个问题又是无法回避的。对此，我们可以通过对原作和译作进行对比来推测译者的翻译策略，并进一步探讨译者对原作的吸收与译入语环境的具体关系①。接下来本文就通过具体实例从两个角度来分析译者的翻译策略，窥探其在侵入和吸收原作时做出了怎样的主体选择。

第一，侧重侵入，兼有吸收。

1. 体现在语言的选择上

首先，《女神》中的作品几乎全是用白话写成的，但其中也不乏骚体诗和旧体诗的影子。例如，《湘累》中所引用的《离骚》和《楚辞》中的诗句；《棠棣之花》中聂荌所唱歌词是以旧体诗形式写成的；《别离》（文言诗部分）和《春愁》都是文言诗。译者在翻译这些诗句或诗作时，采用了现代日语，而不是日本文语，译者对日本古典文学有着很深的造诣，用日语文语翻译汉语文言诗大概也是力所能及之事，但从读者接受的角度来看，尤其是对年轻的日本读者来说，如此翻译却是一件吃力不讨好的事情。在吸收意义的基础上，用现代日语表达原诗的内容，或许更能传达原作的精神，更容易被读者接受。

其次，《女神》有不少地方引入了四川乐山方言，这与作者的成长环境与用语习惯有关。国内一些研究对此已经做出了总结②。例如，“我又把你搉倒”（《光海》）、“就好像一个跳舞的女郎将就你看”（《金字塔》）、“你是不是解渴的凌冰?”（《新月与白云》）中加有下划线的词语都是方言词汇。这些方言词汇是无法在翻译中体现出来的，译者只能尽力做到正确传达原诗意思，不可能也没有将它们译成某种日本方言（比如郭沫若上学的地方九州）。

值得一提的是，《女神》中常出现“动词＋着＋在”的表达方式，有人认为这是四川乐山方言中特有的表达方式，强调动作正在进行，也有人认为这是郭沫若借用了外语中的进行时（英语的“V＋ing”形式和日语动词连用形后面接的“ている”）③，但不管怎样，遇到这种情况，译成进行时态是没错的，在翻译“还在海水之中浴沐着在!”（女神之再生）、“打着在，吹着在，叫着在”（笔立山头展望）、“你因在剥里克士通监狱中可还活着在吗”（胜利的死）这些诗句中出现的此种句型时，译者统统用了进行时，但偶尔也会有所变化。例如：

翡草一样的青松，
笑着在把我们手招。（《光海》）
译文为：
翡翠のような青松は、笑みながら私たちに手まねいた。

---

① 夏天：《斯坦纳阐释运作理论的应用：问题与方法》，《外语研究》2009年第3期。

② 如：黄泽佩《〈女神〉中的乐山方言词语》，《郭沫若学刊》1997年第4期；秦弓《论〈女神〉的民族色彩》，《中国社会科学院研究生院学报》2009年第2期；颜同林《乐山方言与〈女神〉》，《郭沫若学刊》2008年第2期。

③ 陈永志：《〈女神〉校释》，华东师范大学出版社，2008年，第16、17页。

此处用“ながら”（边……边……）的句式表达了进行时的意义。又如：

我的身心
好像是——融化着在。（《岸上》）
译文为：
われの心身は あたかも——溶けてゆくようだ。

这里并没有使用进行时“溶けている”，但并不影响原意的表达，因为动词连用形后续“てゆく”，表示动作现在已经开始，并将持久下去。此处这一用法不仅包含了原文的意思，还传达出了一种意犹未尽的余味。但在《春之胎动》的下面两句中，译者的处理与原文就有了微妙的差异：

独坐北窗下举目向楼外西望：(a)
春在大自然的怀中胎动着在了！(b)
……
暗影和明辉在黄色的草原头交互浮动，
好像有探海灯转换着在的一般。(c)
译文为：
独り北窓に座り、西を眺めば（a'）、
春は自然の懐中で胎動し始めた！（b'）
……
影と光は黄色の草原に交互に浮かび、まるで点滅する探海灯のよう。(c')①

单看 b' 句，似乎与原文没有太大差别，“胎動し始めた”表示开始“胎动”，意味着春的胎动还将持续一段时间，也涵盖了原诗“胎动着在了”的意思。但综合 a 句来考虑，抒情主人公看到的是春“正在胎动”，而不是“开始胎动”，此处译文与原作略有差异。另外，在 c' 句中，译者将 c 句中的“转换”译为“点滅”，既符合原文意思也很形象，但 c' 中“点滅”舍去进行时态，显得缺乏灯光一闪一闪、一灭一亮的动态感和生动性。

另外，《女神》中一些诗歌还吸收了欧化词语，甚至直接引入外语。对这些外文词汇的处理，译者在凡例中明确指出：“《女神之再生》中引用的歌德的诗与《胜利的死》中引用的坎贝尔的诗译成了日语。除此之外，为保持原诗的氛围和风貌，多数诗歌中出现的英语单词不予翻译。”② 可以说，这是译文对原作语言最完整的保留。

① 括弧中的字母是笔者为论述方便标注的。
② 郭沫若著，藤田梨那译《女神全译》，明德出版社，2011 年，第 3 页。

可见，在译语的选择上，译者几乎完全采用现代日语的标准语，并在总体上保持了原诗的意义。如果说译者没有选择日语文语和方言翻译算作对原则的侵入，那么译文对原作意义的近乎准确的传达，以及对相关词语句式的转化或保留则体现了对原作的吸收。

2. 体现在个别词语（意思）的省略上

严格说来，翻译中词语的省略属于漏译，不管是译者出于无奈还是有意为之，这都将影响译本对原作最准确的传达，尽管这种情况在翻译中无法避免。

对照《女神》原作与译本，也可以发现些许此类情况。例如，“香木を銜えて飛んでくる”（《凤凰涅槃》）中“香木”前略译了“枝枝的”，而“枝枝”在数量上可以表明香木的多少，可以更形象地解释上一句中的“飞来飞去（的一对凤凰）”，也更能说明凤凰为自己的复活所做的充分准备；“わが心海の怒涛も君に向って流れていく”（《金字塔》），原文为“我心海中的情涛也已流成了个河流流向你了”，译文把“情涛”具体化为“怒涛”，这不足以表达整首诗歌中作者丰富的感情，比如愤怒之外的激动与自信。而且，句末用的现在时未能表达出原诗中的“已经”之意，如果说这两处的翻译策略与本条目的论题无关，那么译文缺乏“流成了个河流”的意思，就是对原诗的略译了，这样虽然使译诗在整体更加紧凑凝练，但不足以表达抒情主人公的“怒涛（情涛）”的具体存在形态，在气势上略输一筹。又如：

——我们的心脏儿，好像些鲜红的金鱼，
在水晶瓶里跳跃！
——什么都想拥抱呀！（《女神之再生》）
译文为：
——私たちの心臓は、眞っ赤な金魚のように、
水晶瓶の中で跳びはねる！
——私たちは抱擁したいよ！

“好像些鲜红的金鱼”中的“些”，即数词没有翻译出来，在须田选译本中，此句的译文“真紅なる金魚の水晶の瓶におどるごとく”[①] 也没有体现出数量的多少，倒是英译本中的译句“Our hearts are like crimson carp”[②]，尽管把“金鱼”译成了“carp（鲤鱼）”，但却译出了“鱼”的复数形式。尽管数量的多少在这里不影响思想的传达，但略译后，在气势上对原文来说多少还是一种损失。下一句“我们什么都想拥抱呀”，在译句中略掉了“什么”，只说“我们想拥抱”。相对而言，须田的译文“われらは万物を熱く抱かん”则更贴近原文。

此外，《女神》译文中还有一些省略主语和修饰语的诗句，类似的翻译策略对原文大致意义的传达影响不会太大，并且可以使具有黏着语性质的日语的翻译更显凝

---

① 郭沫若著，须田祯一译《郭沫若选集 5：郭沫若诗集》，雄浑社，1977 年，第 16 页。
② 郭沫若著，巴恩斯、勒斯特译《女神》，外文出版社，2003 年，第 25 页。

练，但对于提倡个性、强调自我的原作来说，主语的省略未尝不是一种侵入，其他成分的省略对原诗的诗情画意也会带来些许损失。

3. 体现在个别词语的转换上

由于中日两种语言间的天然差异，原文和译文在词语转换上存在些许偏差在所难免。但本文的目的不在对全译本做评价，且这种偏差现象并非俯拾皆是，以下仅举几例以示译文在此方面对原作的“侵入”。

哦哦，摩托车前的明灯！
二世纪底亚坡罗！
你也改乘了摩托车吗？（《日出》）

译者将“改乘”译为“乗り換える”。据《日汉大辞典》词条，“乗り換える”为“换乘，改乘”的意思，主要指“別の（路線の）乗り物に乗る”（《新明解国语辞典》第五版，三省堂），比如下了公交车要换（改）乘地铁。而原诗的“改乘”应该指放弃使用长时间以来乘坐的某种交通工具，选乘另一种。

又如，

他们只知道译读我的糟粿（《巨炮之教训》）

译者将“糟粿”译为“旧い作品”，“旧い”有“（思想）陈旧、过时”之意，但其能指范围远远不及“糟粿”一词。也就是说，译者在这里缩小了词义。

再如，

我在我脑经上飞跑。（《天狗》）

译者将“脑经”译为“脳神経”。原诗首刊时此处用的是“脑精”，但在1953年的版本里改成了“脑筋”，这可能是由于当时现代汉语尚不够成熟造成的用词混乱，但从版本变更来看，译者此处的处理略欠妥当，虽然在初版本中“脑经”一词可以产生不同的理解。

此外，译作中还有一些词语的转换带有解释性，比如，将“圆光”（《太阳礼赞》）释译为“日輪”；在《别离》中，根据“一轮红日，早已出自东方”中所包含的信息（从东方升起来），将“红日”释译为“朝日”……在这些细节性的词语转换上，有的翻译可能会违背原文的意义，有的则可能更好地为读者对原文作出解释。

第二，侧重吸收，兼有侵入。

《女神》译本对原作的吸收首先体现在它保持了原作的体裁样式，诗剧便译成诗剧，诗歌就译成诗歌，无论长短，作者注释也一并添入译本，就连题目的翻译，也取原作“篇什”之分类法，译为“……の什”。

其次，《女神》大多是自由体诗歌，每行字数不等，不讲求押韵，这给《女神》

的翻译带来了不少方便：除了保持诗体的形式外，译者在翻译时大可不必考虑诗歌句式是否整齐，韵脚是否工整，这就使得《女神》译本在总体上符合原文的自由体诗歌形式。但《女神》中也有一些称得上格律诗的作品。黄泽佩从白话文写作、行款格式、行的顿数和押韵位置的规律出发，认为《新月与白云》等12首诗作是格律比较严谨的现代格律诗[①]。在此基础上，本论认为《死的诱惑》、《Venus》、《炉中煤》、《黄浦江口》、《雷峰塔下》（其二）这5首诗歌可以算作严格意义上的现代格律诗。不过，除《Venus》一诗外，格律在译文中并没有体现，译文有所体现的仅是诗句的重复与回环，诗歌的韵律、行的字数的特点仍被淹没在众多的自由体译诗中。

最后，值得一提的是《女神》译本中出现的众多汉字及汉字词汇。汉字作为日语的构成部分，在日语中被使用很正常。但这里说的汉字及词汇主要指与原诗中使用的词语相同的同字词。比如，在诗剧《女神之再生》和《湘累》中，须田选译本都将“序幕”译为“プロローグ”，而全译本则直接将“序幕”二字挪用过来，从故事发生的时代背景来看，这种“直取”更符合文本的意境和风格。由于篇幅限制，本文选取几例，将全译本与彭银汉和须田祯一的选译本在汉字使用方面稍加对比，列表如下：

原文	出处	选译本	全译本
女生之再生	《女神之再生》	女神の復活	女神の再生
快让我做定了元首吧	《女神之再生》	すみやかにおれを皇帝にするがよい	さっさと俺に元首の座を譲れ
下峥嵘而无地兮 上寥廓而无天。 视倏忽而无见兮……	《湘累》	俯せば渺々として地なく 仰げば漠々として天なし 視んとすれども盲い……	下は崢榮として地なく、 上は寥廓として天なし。 視は倏忽として見るなく……
我想像他在个孟春的黄昏时分	《电火光中》	おそらくは春浅き日のたそがれどき	彼は孟春のとある夕暮れ、
我不相信我只是个妄执无明	《地球，我的母亲!》	あなたが無智妄執にすぎないとは信じられない（彭译）	私がただ妄执无明だとは、私は信じない
天方国古有神鸟名“非尼克司”（Phoenix）	《凤凰涅槃》	昔、むかし、アラビアにフェニックスという霊鳥があった（彭译）	昔、天方國にフェニックス（Phoenix）という神鳥がいた
崇拜伟大的江河	《我是个偶像崇拜者》	大なる河川を崇拝する	偉大な江河を崇拝する
他们一个教人兼爱，节用，非争	《巨炮之教训》	墨子は博爱と节倹と非戦とを教えてくれる	彼らは一人が兼爱、节用、非戦を教え
池上几株新柳	《晴朝》	池のほとりにみどりの柳	池のほとりに数本の新柳

（注：没有标注的译文出自须田选译本，彭银汉先生的译文后标有“彭译”。三个译本翻译时所依据的原作版本不同，但所选部分版本之间没有差别。）

---

① 具体内容请参看黄泽佩《〈女神〉中的现代格律诗评议》，《郭沫若学刊》1995年第2期。

全译本对原作汉字词语的直取由此对比可见一斑。如此直接地对原作进行“吸收”，无疑是对原诗“忠诚”的表现，在保持原作的风格和气势上有一定效用。但当汉语词和日语中的汉字词之间存在意义差别、无法对应时，这种“忠诚”就会对原作产生不利影响。正因为如此，译者在《天狗》中才没有直接使用汉字“天狗”二字，而是译成了“天の狗”，熟悉中日文化的译者知道“天狗”二字在两国中有着不同的形象和文化内涵，并在注释中说明中国天狗的形象与日本“天狗”是不同的①。但下面这个例子的翻译就不会有如此效果了。《凤凰涅槃》一诗引用《广雅》，说“凤凰……雄鸣曰即即，雌鸣曰足足”。在“凤歌”和“凰歌”中凤凰的叫声分别为“即！即！即！”“足！足！足！”。英译本和彭银汉先生的选译本，分别将凤凰之鸣叫音译为“jig—jig”、“jug—jug”和“チーチ”、“ツーツ”，而全译本则直接挪用了“即即”和“足足”。如此一来，对于不懂汉语的日本读者来说，还是不明白凤凰的鸣叫到底是何种声音。这种翻译对原文而言，与其说是“忠实”，倒更像是“侵入”。

（三）补偿

在前三个步骤中，由于“译者频繁地介入”，“要么加入太多”，“要么省略太多”②。为了恢复原作和译作之间的平衡，补偿就显得非常必要。但平衡的标准是什么，斯坦纳没有明确指出，只是认为超越原作和不如原作的译本都是不平衡的表现，“理想的译作应和原作完全对等，然而又不是平庸的重复。这样的理想从来没有实现过……但是这一理想明确地要求翻译过程应该寻求平衡。只有这样，我们才能赋予‘忠实’这个重要概念以真实的意义”。在此基础上，我们大概可以把斯坦纳所要求的平衡理解为具有真实意义的“忠实”。斯坦纳构想中的忠实“不是直译，也不是表达‘精神’的一种技巧……译者、阐释者、读者在他怀着占有的目的来理解一篇作品的时候便破坏了各种力量之间的平衡，只有当他努力恢复这种平衡的时候，他才忠实于这篇作品。忠实是一种道德观念，也是一种经济观念”③。译者会创造两个文本交流的重要条件，以实现“忠实”的道德性和经济性，使意义、文化、心理慰藉的箭矢（the arrows of meaning，of cultural，psychological benefaction）在原作和译作之间双向流动。在这些关联论述的基础上，我们可以将斯坦纳所说的平衡具体化为原作和译本之间在意义、文化和心理慰藉上的平衡，于是译者对原作的补偿也主要集中在这三个方面。需要说明的是，这种补偿并不是在译作完成后补充进行的，而是渗透在翻译各步骤中。

从《女神》全译本来看，译者对原作的补偿首先体现在对原作“意义”寻求平衡上。小到字词的翻译，大到句子和篇章的构建，译者的补偿活动都体现于其中。在不同译本的对比中，这种补偿活动体现得更为明显。

关于字词选择所体现的对原作的平衡，前述列表中的汉字词语使用已是很好的说明。此外，有些词语虽不直接采用与原诗相同的汉字，但在意义上却无限接近原

① 郭沫若著，藤田梨那译《女神全译》，明德出版社，2011年，第95页。

② 《阐释学派翻译理论》，谢天振《当代国外翻译理论导读》，南开大学出版社，2008年，第111页。

③ ［美］斯坦纳著，庄绎译《通天塔：文学翻译理论研究》，中国对外翻译出版公司，1987年，第70、71页。

作，完整地译出了原作，如：

司春的女神来了。(《司春的女神歌》)
春の女神がやってきた。(须田选译本)
春を司る女神が来た。(全译本)

相比而言，全译本传达出了“司”的意思。

在句子的翻译上，译者一般也是最直接本分地传达原诗的意义，少做变换。如：

我过去，现在，未来，
食的是你，衣的是你，住的是你(《地球，我的母亲!》)
過去も、現在も、未来も
衣・食・住をあなたに頼るわたしは(彭译本)
過去、現在、未来、
私はあなたを着、食べ、あなたに住んできた、(全译本)

与彭译本相比，全译本是原诗的直译。

当然，句子意义对原文的忠实，自然会导致诗篇在构成上对原诗的忠实，如：

菜花黄，湖草平，杨柳毵毵，湖中生倒影。(《雷峰塔下》其二)
黄の 菜の花/平らな 水草/やなぎ 糸たれて/水に影 さかしま。
(须田选译本)
菜の花は黄色く、湖の草は平らかに、柳はなよやかに、湖水に影を映す。
(全译本)

两个译本与原诗的意境是一致的，但由于具体的传达手段不同，带来的意境营造效果也不尽相同，全译本更具描述性，选译本则多一份诗意。如果说原诗是一首古典诗歌，那么全译本就是它的白话文表述，选译本则是带有和歌氛围的外文翻译，也就是说，在意义上，全译本更接近原诗。类似的例子还体现在《雨中望湖》等诗作的翻译中。

其次，补偿在译者保持文化平衡上也有体现。

《女神》是一部具有世界性因素的诗集，登场人物不仅来自古今中外，还涵盖了众多领域；出现的地名及事物也是统摄东西（十里松原、黄浦江入口、菲尼克斯、金字塔、巴拿马）；发生的故事既有古代中国的，也有当时国外的（如《胜利的死》）；使用的语言既夹杂了西文，也吸收了日语新词，同时还有文言词汇的影子……其中三个诗剧，更是直接取材于中国古代神话和作品。尽管这些对日本读者而言属于非本土的因子，不是整个诗集的主导，但译者在翻译时，为了更好地传达原作意义或原文化因素，就不能只是依照原文对此类成分做一般翻译。藤田教授对此作出的补偿便是加注予以说明，以便使译入语读者更好地了解原作。比如，对《沪杭车中》一诗题目的翻译，须田选译本译为《上海＝杭州の列車中に》，而全译本则译为《滬杭車中にて》，然后以注释的形式说明了《滬杭車中》指的是上海到杭州的火车中。如此翻译，首先保持了原诗的风貌，同时也为日本读者展示了中国惯用的列车路线表达法（尽管日本也有类似说法）。

对比阅读须田先生和藤田教授对《巨炮之教训》一诗的翻译，可以发现一些有趣的不同。原诗第一节前四句为“博多湾的海上，十里松原的林边，有两尊俄罗斯的巨炮，幽囚在这日本已十有余年”，藤田译本将后两句译为“ロシアの巨砲が二基、ここに幽閉されて十數年”，也许是由于诗中的“博多湾”已经向熟悉日本地理的日本读者明确了具体地点，无需再将“日本”译出，译者此处的翻译虽有略译（或漏译）之嫌，但在思想和内容上基本是忠实于原文的。相比而言，须田译本“二門のロシアの大砲がおかれてある、それは日本の戦利品となってから十餘年”，非但以变化的形式译出了“日本”，还添加了新成分“战利品”。从《郭沫若选集5：郭沫若诗集》后记中，我们得知须田先生在20世纪40年代就已经译过郭沫若的诗，但译稿在战后不久准备出版时不幸丢失；而选集中除了抗战、内战、解放后的作品，都是在1952年前翻译的。就是说，此诗的翻译时间大概在1945—1952年间，这时正是日本战后最困难、各方面都急需复苏的时期，译者在《译后记》中写道：“现在正是新的‘洪水时代’，从这个意义上讲，我比谁都更渴望将此诗集献给日本的青年。”[①] 可能由于译者是土生土长的日本人，也可能是为了振奋当时日本国民的士气，也可能是在以反讽的姿态向同胞们提示战争的危害，须田先生在译文中强调了大炮是日本的战利品，后文又将“幽囚着的朋友们呀”译为“俘囚のわが友びとよ”，大概也有类似的用意。也许是时代的变化使然，也许是双重文化身份使然，比较之下，藤田的译本则更接近原文，没有多余的枝枝蔓蔓。

《巨炮之教训》的两个译本的差异还体现在敬语的使用上。与原诗直呼“托尔斯泰”一样，藤田在翻译中也直译为“トルストイ”，而须田则在“トルストイ”后面加了称呼语“先生”。除此诗外，须田译本比藤田译文使用敬语的地方更多，藤田译本偶然出现的敬语使用也主要体现在授受动词如“くれる”的使用上，而须田译本的使用范围却更广，如将“月亮”称为“お月さま”（《棠棣之花》），将“农人们”译为“お百姓さん”（《司春的女神之歌》），并在句式上也有体现。如：

哦，我的姐姐！你也在哭吗？你听见了刚才的那样哀婉的歌儿吗？（《湘累》）

——おお、姉さん、あなたも泣いているのですか。さっきのあの哀婉な歌声をお聴きでしたか。（须田选译本）

おお、姉さん！あなたも泣いているのか？さっきの悲しげな歌声が聞こえたか？（全译本）

---

① 郭沫若著，须田祯一译《郭沫若选集5：郭沫若诗集》，雄浑社，1977年，第222页。

这种为数不多的细微的差别多少透露出了中日两种语言之间的一些差别，但透露更多的还是全译本对原诗的近乎完全的顺从，从而保持了原诗的文化意义。

此外，对于心理慰藉（psychological benefaction）上的平衡，译者也是做了补偿的。斯坦纳对心理慰藉没有具体论述，但本文认为这种“慰藉”或“受益”主要是指向读者的，包括译者和译入语的读者。译者通过翻译对原文有了更深的理解，并通过翻译尽可能给译入语读者带来审美愉悦，引起思想共鸣，从而给读者带来心理上的受益。在这方面，译者为保持译作与原作的平衡，最大的翻译策略就是尽量依照原文遣词造句，进行直接对应的语言转换，无论是意境的移植还是风格的传递，抑或是思想内容的转达，都体现着对原作的“忠实”，这从前文的分析中不难看出。在风格方面，《女神》表达的思想感情是多样化的，有的雄浑、奔放，有的热烈、唯美，有的深沉、哀婉，译者在翻译不同的诗歌时首先会遵循不同的感情基调，并想办法在词语句式篇章上营造与原诗接近的氛围，比如对人称代词的使用。《女神》原诗中出现的第一人称都作“我”，第二人称都是“你”，但在全译本中则出现了不同的变化，颛顼和共工在争夺王位时，称自己为“俺”（用于对方与自己地位平等或地位比自己低时），表现了两者彼此不服，不屑对方的姿态。

当然，译者在翻译时所用的一番苦心能否给读者带来切实的审美愉悦和思想共鸣，还需要从译入语读者对译本接受的情况来分析。由于条件限制，本文对此不予讨论。但可以预见的是，倘若译本能给读者带来心理慰借，那么原作在这种交流中也必然会得到更广泛的传播，也许“唧唧！足足！”般的凤鸣凰叫从此便深印在日本人心中了。

小　结

总括上述分析可以看出，译文最大的特点在于对译本的“忠实”，但这种“忠实”并没有掩藏译者的主体性，对于“忠实”的选择，本来就是在作者主体性主导下完成的。此外，在选词、造句、构境以及在文体、意义、风格与文化的传达上，译者对原作汉字词语的直取、注意区别对待中日不同文化意象、用描述性的语言构境等都体现了自身的主体性。

（作者单位：北京师范大学文学院）

“残春”体验与《女神》时期的郭沫若

□ 周维东

《女神》时期的郭沫若，创作中表现出的诸多特征都难以用创造社“类”的体验来解释，譬如他在“自我表现”旗帜下对自我直接表现的有意无意的规避；在创造社文学普遍颓废、感伤中表现出的亢奋与阳刚；在一般创造社成员纠缠于“死亡”体验时对“重生”的大胆设想。要解释这些现象，必须回到郭沫若的个体体验，而这与他的“残春”体验有着密切的联系。

一、《残春》与郭沫若的“残春”体验

郭沫若早期小说创作中，有一篇非常有意思的作品叫作《残春》。小说讲述一个在日本结婚生子的中国留学生——爱牟的生存状态和情感奇遇，他爱上纯洁善良的看护妇S小姐，但结婚生子的事实却成为他寻爱之旅的羁绊，这幻化在潜意识中，就出现发妻杀子的噩梦。这是一篇侧重挖掘人的潜意识的心理小说。从表面看，它主要表现个人情欲与家庭伦理的矛盾，然而如果我们认真品读小说的细节，爱牟的内心冲突并不仅止于情欲与婚姻，它更是一种身份的错位与纠缠：虽然爱牟已经为人夫、为人父，但在潜意识里，他更愿意做一个无拘无束、无牵无挂的青年学生。爱牟的这种心理特征，在他与小说的另两位主角——同学贺君和白羊君的交往细节中折射了出来，这也是我们重新理解这篇小说的突破口。小说中，爱牟在听到贺君奇异的跳海之举后，有一段有趣的心理独白：

——可怜的贺君！我不知道他为什么要跳海，跳海的时候，为什么又要三呼万岁。那好像在这现实之外有什么眼不能见的“存在”在诱引他，他好像Odysseus 听了 siren 的歌声一样。

——我和我的女人，今宵的分离，要算是破题儿第一夜了。我的儿子们今晚睡的时候，看见我没有回家，明朝醒来的时候，又看见我不在屋里，怕会疑我是被甚么妖怪捉去了呢。

——万一他是死了的时候，那他真是可怜！远远来到海外，最终只求得一死！……

——但是死又有什么要紧呢？死在国内，死在国外，死在爱人怀中，死在荒天旷野里，同时闭着眼睛，走到一个未知的世界里去，那又有甚么可怜不可怜呢？我将来是想死的时候，我想跳进火山口里去，怕是最痛快的一个死法。

——他那悲壮的态度，他那凯旋将军的态度！不知道他愿不愿意火葬？我觉得火葬法是最单纯，最简便，最干净的了。

——儿子们怕已经回家了，他们回去，看见一楼空洞，他们会是何等寂寞呢？……①

这段独白是爱牟“自我”与“本我”的对话。在“自我”方面，爱牟不能理解贺君的举动，并时时眷恋着家庭；而在“本我”方面，爱牟不仅理解贺君，还羡慕（乃至崇拜）他可以无所顾忌地选择死亡乃至死亡方式——家庭在此时对爱牟来讲便成为了拖累。对一个轻生的人都感到羡慕，可见爱牟对无牵无挂的自由生活是何等向往。

爱牟对白羊君的感受同样充满了纠结。从“白羊君”的称呼，可以看出爱牟对他的鄙夷。在爱牟看来：这个人长相丑陋，不通世故，夸夸其谈——一无是处。但正是这样一个人，却让爱牟十分妒忌乃至默默与之较劲，因为在面对S小姐时，白羊君占据了绝对的优势：他可以大胆谈论他的情感并可以公开追求，而爱牟却只能偷偷地爱慕，暗自地表白。这种复杂的情感可以反映爱牟的生存体验和情感倾向。

从小说的情节发展看，贺君和白羊君的介入是爱牟“春梦”的直接动因，这包含形式和内容两个方面：在形式上，贺君和白羊君出现的情节，是爱牟认识S小姐并产生爱慕之情的推动力；在内容上，贺君和白羊君对爱牟在生活方式上的冲击，让他未曾泯灭的青春气息又焕发了出来。所以，《残春》表面上是情欲与婚姻的冲突，实质却是爱牟与贺君、白羊君之间的“身份”博弈；表面是一场残破的春梦、一次夭折的婚外情，实质却是爱牟对自己残破青春的懊恼，对自己残余青春的眷恋。

作为一篇“自叙传”小说，爱牟的“残春”体验可以认为是《女神》时期郭沫若的情感体验，这也是他与一般创造社成员不一样的青春体验。总体来说，创造社成员的青春几乎都可以用“残酷青春”来形容：他们在春心勃发的时候都经历了传统婚姻的负累，在年少气盛的时候都经历了弱国子民的屈辱。然而，对于郁达夫、张资平、成仿吾等人来说，无论他们如何“残酷”，他们都拥有相对完整的青春体验，没有人规定青春一定要拥有爱情，青春便一定是雄姿英发——而对于郭沫若来说，他的青春是残破的青春，是不完整的青春。

作为一个具有鲜明心理、生理特征的人生阶段，青春体验是双向的过程：它既是在生活中体验青春，又是用青春体验生活——唯有如此，才构成了一个完整的青春体验。从年龄上来说，到达日本留学的创造社成员多已处于“后青春时代”，他们之所以到日本后焕发了青春，是因为异域的繁华与开放给予了他们用青春体验生活的机会。也正因如此，他们对于传统婚姻的负累、弱国子民的屈辱表现得异常敏感，因为这些因素阻碍了他们正常地用青春体验生活。郭沫若的青春体验也是在日本开启的，他曾经为包办婚姻丧失了童贞而痛心疾首，为获得“安娜”的爱情感到惊奇而癫狂，然而他不曾意料的是，过早受到爱神的垂青并结婚生子，同样可以终止他

① 郭沫若：《残春》，《郭沫若全集》（文学编·第9卷），人民文学出版社，1985年，第23—24页。

用青春体验生活的机会。与其他创造社成员在作品和回忆录中畅谈青春期充满肉欲的迷茫与苦恼不同，郭沫若在日本时期的记忆，除了短暂爱情的欢悦，便是不堪家庭重负的一地鸡毛。

不管是在回忆录中还是在其书信和小说中，《女神》时期的郭沫若对于家庭带来的种种重负，都有一种猝不及防的感觉：他不曾意料到因为娶了日本妻子，而在留学生中背上“汉奸”的名声[①]；不曾意料到结婚生子后经济生活会如此困境；更不曾预料到，因为家庭个人的自由几乎遭遇到毁灭性的破坏。《残春》中有一段爱牟和白羊君坐火车前往门司时的细节描写：

> 车开时，大的一个儿子，要想跟我同去，便号哭起来，两只脚儿在月台上蹴者如像踏水车一般。我便跳下车去，抱着他接吻了一回，又跳上车去。车已经开远了，母子三人的身影还伫立在月台上不动。我向着他们不知道挥了多少回数的手，等到火车转了一个大弯，他们的影子才看不见了[②]。

儿子的撒泼、家庭的眷恋，在郭沫若的叙述中，全然感受不到亲情的温馨，反而是一种无形的压力：他困倦于如此繁琐的道别，因此只有在“他们的影子才看不见了”时，才如释重负。这时反观白羊君：“我回头过来，看见白羊君脱帽在手，还在向车站方面挥举，我禁不住想起了贺君跳海的光景来。”[③] 白羊君不知疲倦地挥手，在“我”看来纯粹是少年不知愁滋味，但这更显现出他和贺君的潇洒，自由的生活没有牵挂。

对家庭生活的猝不及防是郭沫若“残春”体验的根源：他对家庭生活的选择猝不及防，正说明这不是理性成熟的选择结果，而是因为青春冲动而出现的意外；他虽然意识到结婚生子意味着成年的开始，但对无拘无束的青春生活依然心有戚戚，意犹未尽。其实，对于充满叛逆精神的郭沫若来说，家庭伦理并不能对他真正产生束缚，虽然已经有过传统婚姻，但他并没有太多、太长的苦恼，而与安娜的婚姻是他自由恋爱、自己选择的结果，这对他来说犹如自己品尝自己酿造的苦酒，虽然猝不及防，但也只能默默品尝——这也是他“残春”体验形成的根本原因。

二、双重身份与“自我表现”的艰难

创造社将“自我表现”作为文学创作的主要方法，缘于他们在日本时期淤积的复杂情感，而其中的主要部分则是他们的青春体验。创造社主要成员都是“日本

---

① 郭沫若：《创造十年》，《郭沫若全集》（文学编·第12卷），人民文学出版社，1992年，第39—40页。

② 郭沫若：《残春》，《郭沫若全集》（文学编·第9卷），人民文学出版社，1985年，第23页。

③ 同上。

‘成金’时代”[①] 的留学生。这一时期的日本，资本主义经济蓬勃发展，社会风气日渐开放，整个社会都弥漫在乐观和欲望的海洋中，这种现实对这些青年留学生产生了深深的冲击。对中国现代作家“日本体验”有着深刻见解的李怡教授指出，日本“成金”时代的文化对中国留学生的冲击包含了两个方面：一方面是日本文化对中国留学生投射，另一方面则是他们对这种文化的“反应”和“调整”。在投射方面，日本近代文化的发展必然解放了中国青年身上的诸多枷锁，让他们理解到青春的丰富内涵；而在反应反面，这些后发达国家的青年“越是物质性的诱惑，越是精神勃发的刺激，倒越是造成了自我的压抑与紧张，他们不是‘顺应’这奔腾时代昂扬而行了，而是他者的昂扬与奔腾反过来处处揭示了自身的猥琐、弱小与滞笨”[②]。这些淤积的青春困惑与苦闷、焦灼与感伤，都需要倾诉。

然而，学界在重视创造社“自我表现”的“内发性”根源的时候，往往忽略了这种表达需要的“外发性”因素。换句话说，以赤裸裸的自我作为文学表现的内容，不仅需要表现者的内在冲动，还需要获得这种表达的合法性语境：青春时期的性压抑、性苦闷并不是现代社会独有的现象，但只有在现代社会，郁达夫的《沉沦》才可能成为文学的经典。这让人不能不提到日本近代文化兴起以及“五四”新文化运动对于创造社“自我表现”的意义。研究界很早就注意到创造社“自我表现”的小说与日本“私小说”的联系，这也正说明，早期创造社成员在进行“自我表达”前已经意识到这种表达的合法性：日本近代文化让他们意识到青春心理的合法性，“私小说”让他们意识到表达这种心理的合法性，而新文化运动更升华和扩大了这种表达的意义和影响。正是在“自我表达”的合法性上，郭沫若遭遇了身份的困境。

与其他创造社成员的日本体验等同于青春体验不同，郭沫若的日本体验与他的家庭体验不可分割地纠缠在一起。我们可以将其他创造社成员与郭沫若的日本体验方式作一比较：

青春体验

其他成员的日本体验方式：个人←————→社会

青春体验

青春体验　　　　伦理体验

郭沫若的日本体验方式：个人←————→家庭←————→社会

伦理体验　　　　青春体验

整体说来，其他创造社成员的日本体验虽然内容丰富，但形式却十分简单，那便是青春欲望的实现与破灭。他们在日本时期感受到的青春期的苦闷、压抑、焦躁

---

① 借用李怡《日本体验与中国现代文学的发生》（北京大学出版社，2009 年）中的概念，“成金”（narikin）出自郭沫若《创造十年》（《郭沫若全集》文学编 · 第 12 卷，人民文学出版社，1992 年，第 43 页）。

② 李怡：《日本体验与中国现代文学的发生》，北京大学出版社，2009 年，第 174 页。

与反叛，弱国子民的屈辱与感伤，生存困境的挣扎与无助，都能完整地包含在个人青春体验当中。郭沫若则不然，他的日本体验不仅内容丰富，形式也十分复杂，他不是以个人形式直接感知社会，而是经过了家庭的中介。这样，郭沫若的日本体验就分成了多个层次，也可以有多种解读的可能。

首先，就郭沫若日本体验的内容而言，虽然在本质上与其他创造社成员的感受并无二致，但构成显然要复杂得多。它至少包含了两个方面：一是个人与家庭的冲突，譬如个人残余的青春心理与家庭伦理的纠缠与博弈，个人经济能力与家庭巨大开支的强烈落差等等；一是作为家庭角色感受到的个人与社会的冲突，譬如民族歧视对家庭的影响，日本经济蓬勃发展对家庭的压力等等。其次，就其两极体验的关系而言，两者参差交错、相互加深：个人与家庭的冲突让郭沫若急于从家庭中脱身而出，家庭与社会的冲突又让他难以逃避家庭的责任，难以逃避家庭责任又逆向增加了郭沫若的痛苦和苦闷。郭沫若在 1919 年创作的一首旧体诗《春寒》，颇能说明他这种复杂纠缠的情感：

> 凄凄春日寒，/中情惨不欢。/隐忧难可名，/对儿强破颜。/儿病依怀抱，/咿咿未能谈。/妻容如败草，/浣衣井之阑。/蕴泪望长空，/愁云正漫漫。/欲飞无羽翼，/欲死身如瘫。/我误汝等耳，/心如万箭穿[①]。

诗歌中表现的情景是郭沫若在日本时期生活的一个剪影：年幼的孩子生病需要照顾，曾经面露圣光的安娜在生活的折磨下面如败草，自己虽有展翅翱翔的愿望和理想，但只能为了生存苦苦挣扎。这样的场景，可不如现实生活中的“春寒”？这本是一个阳光灿烂、百花盛开的季节，为什么却如此寒冷，如此凄然？诗歌结尾一句，更是耐人寻味：“我误汝等耳，心如万箭穿。”“我误”可谓包含了万般思绪，对一个并没有对家庭产生直接伤害的人来说，“我误”与“误我”是相辅相成的，如果没有“误我”的感受，又何生出“我误”的情感？只能说，郭沫若倦怠了眼前的这一切，但这一切的形成与自己又有着直接关联，所以他才要自我谴责，自我忏悔。也只有这样理解，我们才能感受到那句“隐忧无可名”。

可以说，正是由于家庭因素的出现，郭沫若在女神时期感受到的苦闷、压抑与焦虑比其他创造社成员要强烈得多，但这种痛苦却无法赤裸裸地表现出来，因为它要经受家庭伦理的束缚：作为一个“丈夫”和“父亲”，郭沫若能够将因为家庭或者掺杂家庭感受的苦闷直接表达出来吗？

郭沫若因“身份”而出现的表达困境，在其《女神》时期创作的小说中表现得十分明显。在这些小说中，我们能够强烈感受到主人公遭遇了“理智/情感”、“个人/家庭”之间的冲突，而最终主人公的理智都战胜了情感，他们或自觉回归或无声默认了家庭的角色——这也是典型的“《残春》式结构”。小说《鼠灾》描写了留学生

---

① 郭沫若：《三叶集·郭沫若至宗白华》，《郭沫若全集》（文学编·15 卷），人民文学出版社，1990 年，第 17 页。

平甫因冬衣被老鼠毁坏后发生的场景，平甫对于妻子的失责与失责后的惺惺作态十分不满，“他看了一句口也不开，默默地走到他书桌旁——日本式的书桌其高不过尺五——展开 my childhood 便读，只是他的心里呀，却包藏着一座火山，冒着火，烟雾层层地在动乱”[①]。但最终他还是默默地接受了这一现实，在妻子召唤吃饭的声音中又回到正常的家庭秩序中。《未央》描写主人公爱牟为孩子深夜哭闹所累的惨痛遭遇，虽然孩子天天如是、晚晚如是，“自己好像沉没在个无明无夜的漆黑的深渊里一样”[②]，但想到孩子是因为营养不良、受日本同伴欺负才变成这样，也只能接受这个现实。《月蚀》和《圣者》都是描写一个“父亲”的自我忏悔，虽然其中不乏对个人苦闷的抒发，但“忏悔”也让主人公坚定地回到“父亲”的身份上。

然而，虽然为了表达的合法性，主人公的理智最终战胜了情感，并最终回归到家庭的角色，但他们内心的苦闷和烦郁却并没有得到排泄或化解，它们犹如暂时被封堵的火山，烟雾滚滚，岩浆汹涌。

在我们的印象中，郭沫若似乎具有天生的诗人气质，《女神》时期他并没有感受到表达的困境，在诗歌中，在具有类诗剧性质的历史剧中，他迸发的激情如开闸洪水，脱缰野马，奔腾而出，没有遇到任何阻障。相反，在其他创造社成员的作品中，我们反而能够感受到一些表达的“涩”意。出现这种现象，我们只能从《女神》的诗歌特征中寻找原因。不管是在“五四”还是在今天看来，《女神》都有太多令人惊异的地方：其汹涌澎湃以至有些癫狂的诗情，天马行空“绝端自由”的想象方式，不仅在中国传统诗歌中难以看到，即使在世界文学中也极具个性。然而现实中的郭沫若真的进入了藐视一切俗常的癫狂了吗？从他的小说、自传看来并不是如此：他还在为“入世无门出未可”[③] 而痛苦，为难以逃避的家庭责任而苦苦挣扎，为留学生同学自由潇洒的个人生活而生出嫉妒。可以说，现实生活中的郭沫若不仅没有癫狂，反而异常的理性；不仅没有绝端的自由，反而是处处不自由，如果按照弗洛伊德的“投射”原理，郭沫若是用文学来补偿现实的缺陷，但他的诗歌中连现实生活中自我撕扯的影子都没有。

唯一的解释是，郭沫若将欲望化的“本我”与现实中的“自我”彻底分离。在诗歌中，他彻底抛弃了现实生活中撕扯的情感，直接倾泻内心被压抑的欲望，因此进入到“绝端自由”的状态。在现实生活中，一个人怎样才能达到将现实中的“自我”直接抛弃，直接进入欲望表达的状态呢？那便是欲哭无泪，欲诉无门——这也正是郭沫若感受到的自我表达的困境，其身份的纠缠难以让他畅快地表达自己的情感，只能将现实的自我忽略，进入到“无身份”的表达当中。

对郭沫若而言，诗歌便是“无身份”表达，除了这种文体本身可以最大可能地隐藏创作者真实身份，其诗学思想也都是为这种表达方式服务。他推崇柏格森的生命一直觉说，强调诗歌是情感的直接倾泄；他承认受到惠特曼《草叶集》的影响，排除了一切阻碍自由表达的障碍；他喜欢泰戈尔具有超越精神的“自然之歌”，认为

---

① 郭沫若：《鼠灾》，《郭沫若全集》（文学编·第9卷），人民文学出版社，1985年，第16页。

② 郭沫若：《未央》，《郭沫若全集》（文学编·第9卷），人民文学出版社，1985年，第40页。

③ 郭沫若：《圣者》，《郭沫若全集》（文学编·第9卷），人民文学出版社，1985年，第62页。

诗人应该具有最纯净的灵魂；他喜欢雪莱、海涅、歌德等浪漫主义诗人的诗歌，深受他们主观化表达方式的影响。郭沫若在接受这些思想时，汲取的都是能够解放自我欲望、能够摆脱现实纠缠的有利部分，“生命一直觉”引发意识流动的纠缠与繁琐，惠特曼及浪漫主义诗人作品在自由奔放中体现的清晰个人意志，泰戈尔“自然之歌”中表现的宗教色彩和哲学之思，在郭沫若的诗歌中都看不到。《女神》中的诗歌只是郭沫若一个个如闪电般的欲望碎片，这些碎片有重叠之处，也有龃龉之处，但这都不会影响郭沫若的表达，因为这是“无身份”表达无从感知的状况。

与诗歌中的“无身份”表达略有不同，郭沫若充满激情的历史剧采用了“借身份”表达方式，通过“屈原”、“三个叛逆的女性”、“孤竹君之二子”，郭沫若也将自我被压抑的情感暴露了出来。应该说，相比诗歌，郭沫若在历史剧中表达的自我更趋完整，它不仅有欲望的喷射，也有压抑的共鸣，但寄生在古人的躯壳内表达自我，与在家庭纠缠中被压抑的自我一样，都是残春体验的外化。

三、残春的绵延："重生"与"创造"

《凤凰涅槃》是《女神》中最经典、最有影响力的作品之一。在篇作品中，郭沫若通过神话中浴火更生的凤凰，表达了民族需要更生、自我需要更生的强烈愿望。“更生”意味着“重生”，作为一种生命体验的外化，它与创造社其他成员在作品中表现出的强烈死亡欲求形成鲜明差别；毕竟“死亡”表现出的是对生命的终结，而“重生”表现出的是对生命的更新。

创造社成员的早期作品中笼罩着一层浓厚的死亡气息。郁达夫《沉沦》、《银灰色的死》中的主人公，生活在极度苦闷和压抑中，对生命的感受便是生不如死：“若有一个美人，能理解我的苦楚，她要我死，我也肯的。若有一个妇人，无论地是美是丑，能真心真意的爱我，我也愿意为她死的。”① 他们最终的出路，也只能走向死亡。田汉早期剧作《获虎之夜》中的黄大傻，因为爱情受到恋人家庭的困扰而痛不欲生，当他中枪后有幸向恋人表达心迹，他说：“我只望那一枪把我打死了倒好，免得再受苦了，没想到还能活着见莲姑娘一面，我挨这一枪也值得，死也死得过了。”② 他最终为了爱情自杀身亡。郭沫若也有大量表现死亡的作品，他的《胜利的死》在歌颂爱尔兰独立军领袖马克司威尼的同时，也歌颂了死亡：“悲壮的死哟！/金色灿烂的死哟！/凯旋同等的死哟！/胜利的死哟//兼爱无私的死神！我感谢你哟！你把我敬爱无暨的马克司威尼早早救了！”③ 在诗人的感受里，死亡并不可怕，反而是一件令人向往的事情。他的《死》更是将死亡比喻成情郎：“暧！/要得真正的解脱吓，/还是除非死/死！/我几时才能见？/你譬比是我的情郎，/我譬比是个年轻的处

① 郁达夫：《沉沦》，《郁达夫文集》（第1卷），花城出版社，三联书店香港分店，1982年，第25页。

② 田汉：《获虎之夜》，《田汉戏曲集》（第2集），上海现代书局，1933年。

③ 郭沫若：《胜利的死》，《〈女神〉及佚诗》，人民文学出版社，2008年，第102页。

子。/我心儿很想见你，/我心儿又有些怕你。/我心爱的死！/我到底几时才能见你？"[①] 除此之外，郭沫若还有《死的诱惑》、《寻死》等直接以死亡为主题的诗歌。在他的小说里，也有大量关于死亡的情感抒发——《残春》中爱牟关于贺君跳海引发的心理独白便是一个例子。

总体而言，创造社成员对"死"的钟爱，与他们在日本时期感受到的极端苦闷、生不如死有直接关联。但是，就他们需求死亡体验的动机上，郭沫若与其他创造社成员又略有不同，我们可以通过郭沫若与郁达夫的对比来认识这一问题。

郁达夫作品中主人公寻求死亡的动机比较单纯，也比较确定，那便是现实生活太过苦闷，太过煎熬，如果再进一步追溯这种痛苦的根源，就不能不与他们的青春体验联系起来。郁达夫小说中的主人公多是"青年抑郁者"，他们异常敏感、思绪繁多，而且都是感情丰富的文学青年。他们渴望神圣的爱情，但受中国传统文化心理的束缚，又因为"弱国子民"的自卑感，只能任由姑娘们投入别人的怀抱。不能获得爱情的滋润，又饱受青春情欲的煎熬，如此反复，死亡便成了"残酷青春"的解脱。如果将郁达夫小说主人公的人生选择视为其本人的人生态度，死亡对他便是对青春体验的倦怠和终结，他不愿在如此残酷的青春中多做逗留。

相比而言，郭沫若对"死亡体验"的态度显然要丰富得多。在《胜利的死》中他歌颂死亡，那是因为死亡代表了一种价值、一种永恒，这颇有裴多菲"生命诚可贵，爱情价更高，若为自由故，二者皆可抛"的意味。在郭沫若看来，"死亡"是一种崇高人生的完成形式，他的这种思想在《孤竹君之二子》中也体现了出来。在《死》、《死的诱惑》、《寻死》中，郭沫若显然有调侃"死亡"的意味，无论"死亡"是"情郎"或"微笑的诱惑"，对"我"产生诱惑，但都不是"我"必然的归宿。相反，在郭沫若调侃的语气中，我们能够感受他对于死亡的鄙夷：虽然它能够解脱人生的苦恼，但那不过是懦弱者的行为；虽然它对"我"产生诱惑，但"我"回之以不屑的调侃。在《漂流三部曲》中，爱牟也有过与《沉沦》主人公类似的表达："去哟！去哟/死向海外去哟！/家国也不要，/事业也不要，/我只要做一个殉情的乞儿，/任人们骂我是禽兽，/我也死心塌地地甘受。"[②] 但爱牟在作这番表述时，并没有经历爱情失败、情欲膨胀的煎熬，不过是借此表达一种青春的世界观而已。

郭沫若真正有死亡欲求的表现很少。在小说《圣者》中，主人公爱牟面对回国后困窘的现实，禁不住对家庭——特别是对孩子表现出愧疚之情：

> 他像屠格涅甫的许多小说中的主人公一样，自己很想在现实世界里做一番牺牲，但又时常怀疑，结局终将引到虚无中去了。他想自杀也不知道想过多少回，但他并不是因为失恋，也不是因为悲观，他是想借此解决他内心中的烦扰[③]。

---

① 郭沫若：《死》，《〈女神〉及佚诗》，人民文学出版社，2008年，第107页。

② 郭沫若：《漂流三部曲》，《郭沫若全集》（文学编·第9卷），人民文学出版社，1985年，第272页。

③ 郭沫若：《圣者》，《郭沫若全集》（文学编·第9卷），人民文学出版社，1985年，第62页。

在这里，郭沫若明确指出爱牟想要自杀的原因不是因为失恋和悲观（这正是郁达夫主人公寻求死亡的原因），而是想解决内心中的烦扰。这些“烦扰”包含些什么呢？从其前文可以看出：那是难以消磨的雄心壮志；那是不能摆脱的家庭责任，正是这两者让郭沫若感到矛盾和痛苦。但从“想自杀也不知道想过多少回”可以看出，他即便有死亡的冲动，但对于是否要采取行动还心存犹豫——说白了，他对于“生”还有一丝眷恋和希望。

郭沫若在给宗白华的信中，也谈到过自己的死亡欲求。他说：

> 我的过去若不全盘吐泻净尽，我的将来究竟是被一团阴影裹着，莫有开展的希望。我罪恶的负担，若不早卸个干净，我可怜的灵魂终久困顿在泪海里，莫有超脱的一日。我从前对于我自己的解决方法，只觑定着一个“死”①。

在这段话中，郭沫若“阴影”的过去、“罪恶的负担”究竟包含哪些内容呢？从《三叶集》郭沫若给田汉的信中可以看到：

> 我的罪恶如仅是破坏了恋爱的神圣——直接了当的说时，如仅是苟合！那我也不至于过于自谴。只是我还有件说不出来的痛苦，我在民国二年时，我的父母早已替我结了婚，我的童贞早是自行破坏的了！我结了婚之后，不久便出了门，民国三年正月，便来在日本。我心中的一种无限大的缺陷，早已无可补寘的余地的了！不料我才遇到了我安娜。我同她初交的时候，我是结了婚的人，她是知道的。我也才仗恃着我结了婚的人，所以敢于与她同居。唉！我终竟害了她！以下的事情，我无容再说了②。

这其中的“罪恶”和“阴影”，归根结底只有一点，那便是郭沫若对自己不能获得“恋爱的神圣”而感到终身遗憾，正是因为这一点，他无论如何对待安娜都是一种罪恶。这颇有点“原罪”的意味，不过对于“原罪”，死并不是一个必然的解决途径。

综合郭沫若真正产生死亡欲求的动机，无论是出于壮志未酬、家庭烦扰，还是“原罪”，都是出于一种遗憾，而这些遗憾因素的共同本质便是青春的残缺。对于人生的残缺和遗憾，正常的人都不会草率地选择死亡和终结，因为那不过是懦弱者的行为，也正是如此，郭沫若虽然喜欢谈论死亡，但几乎没有产生过真实的死亡冲动，甚至在很多时候还带着讥讽和不屑。

对待“残缺”的正常态度是“补偿”，对郭沫若而言，这便是“创造”和“重生”。郭沫若的“创造”与“重生”紧密地联系在一起，他在创造中“重生”，又在

---

① 郭沫若：《三叶集·郭沫若至宗白华》，《郭沫若全集》（文学编·第15卷），人民文学出版社，1990年，第46页。

② 同上，43页。

重生中“创造”。在《凤凰涅槃》中，他用“创造”让浴火更生后的凤凰首先恢复了“青春”——“光明”、“新鲜”、“华美”、“芬芳”、“和谐”、“欢乐”、“热诚”、“雄浑”、“生动”、“自由”、“恍惚”、“神秘”、“悠久”和“欢唱”构成的，不正是郭沫若理想中的青春吗？它拥有着伟大（雄浑、悠久），包含着圣洁（华美、芬芳、光明），充满了朝气（欢乐、热诚、生动、自由、欢唱），还透露出处子般的好奇（恍惚、神秘）。同样，“重生”后的凤凰用“青春的旋律”又开始了新的“创造”：

> 我们更生了！/我们更生了/一切的一，更生了！/一的一切，更生了！/我们便是“他”，他们便是我！/我中也有你！你中也有我！/我便是你！/你便是我！/火便是凰！/凤便是我！/翱翔！翱翔！/欢唱！欢唱[1]！

在哲学上，郭沫若的“创造”与“重生”受到了柏格森“生之哲学”的影响[2]，而在生命体验中，这则是郭沫若“残春”体验的绵延。人生只有一次，青春的残缺只能是“永远的残春”，所以在郭沫若的一生中，他不但在创造“重生”，而后在重生中再进行新的“创造”。每一次“重生”，郭沫若似乎都又一次焕发出青春的活力。这些活力洋溢在他的学术研究、政治活动和文学创作之中，他的青春活力似乎与年龄的增长没有关系。有研究者认为郭沫若是一个具有“青春型”文化品格的人[3]，其实这种“青春气质”不过是其残缺青春的无限绵延而已。

（作者单位：四川大学文学与新闻学院）

---

① 郭沫若：《凤凰涅槃》，《〈女神〉及佚诗》，人民文学出版社，2008年，第39—40页。

② 见郭沫若《三叶集·郭沫若至宗白华》，《郭沫若全集》（文学编·第15卷），人民文学出版社，1990年，第40页。

③ 见黄侯兴《论郭沫若的“青春型”的文化品格》，《文学评论》1992年第5期。

文学档案

中国新诗：1958（下）

□刘福春

1958 年 6 月

1 日　《星星》诗歌月刊 1958 年第 6 期刊出《社会主义东风》民歌 100 首和沈重的文章《艾青是资产阶级的百灵鸟》，《诗歌下放笔谈》栏刊出雁翼《对诗歌下放的一点看法》、工人周生高《从街头诗想起》等文。

1 日　《处女地》1958 年 6 月号刊出王书怀《农村墙头诗》、方冰《跃进篇》等诗。

1 日　《长江文艺》1958 年 6 月号刊出李季的长诗《三边一少年》和蔡其矫《致长江开发者》等诗。

1 日　《红旗》创刊号刊出周扬的文章《新民歌开拓了诗歌的新道路》，讲："随着社会主义生产大跃进，全国各地涌现出了不计其数的民歌，真有'千箩万箩'之多。解放了的人民在为多、快、好、省地建设社会主义的伟大斗争中所显示出来的革命干劲，必然要在意识形态上，在他们口头的或文字的创作上表现出来。不表现是不可能的。大跃进民歌反映了劳动群众不断高涨的革命干劲和生产热情，反过来又大大地鼓舞了这种干劲和热情，促进了生产力的发展。新民歌成了工人、农民在车间或田头的政治鼓动诗，它们是生产斗争的武器，又是劳动群众自我创作、自我欣赏的艺术品。社会主义的精神浸透在这些民歌中。这是一种新的、社会主义的民歌；它开拓了民歌发展的新纪元，同时也开拓了我国诗歌的新道路。""我国本是一个民间文学艺术蕴藏极为丰富的国家，现在群众文艺创作又如此地蓬勃发展，真是大家会说唱，到处有歌声，我们的国家简直要成为一个诗国。新民歌中有不少具有高度思想和艺术价值的作品。一面鼓励群众的新创作，一面大规模地、有计划地搜集、整理和出版全国各地方、各民族的新旧民歌，这对于我们现在文学的进一步民族化、群众化，将发生决定的影响，它将开一代的诗风，使我国诗歌的面貌根本改变。""'五四'以来的新诗打碎了旧诗格律的镣铐，实现了诗体的大解放，产生了不少优秀的革命诗人，郭沫若就是其中最杰出的代表。新诗有很大成绩，为了同群众接近，革命诗人作了很多的努力。但是新诗也有很大缺点，最根本的缺点就是还没有和劳动群众很好地结合。群众感觉许多新诗并没有真实地反映他们的生活、思想和情感，在这些诗中感觉不出劳动群众自己的声音笑貌，更不要说表现劳动群众的风格和气魄了。群众不满意诗读起来不上口，特别不满意那些故意雕琢、晦涩难懂、读起来头痛的诗句，总之，群众厌恶洋八股。有些诗人却偏偏醉心于模仿西洋诗的格调，而不去正确地继承民族传统，发挥新的创造，这就成为新诗脱离劳动群众的重要原因。”“诗人只有向群众学习，向民歌，特别是向新民歌学习，才能为我们的诗歌打开一个新局面。”“毛泽东同志提倡我们的文学应当是革命的现实主义和革命的浪漫主义的结合，这是对全部文学历史的经验的科学概括，是根据当前时代的特点和需要而提出来的一项十分正确的主张，应当成为我们全体文艺工作者共同奋斗的方向。毛泽东同志本人所作的许多诗词，向我们提供了最好的范本。我们处在一个社会主义大革命的时代，劳动人民的物质生产力和精神生产力都获得了空前解放，共产主义精神空前高涨的时代。人民群众在革命和建设的斗争中，就是把实践的精神和远大的理想结合在一起的。没有高度的革命浪漫主义精神就不足以表现我们的时代，我们的人民，我们的工人阶级的、共产主义的风格。人们过去常常把现实主义和浪漫主义当作两个互相排斥的倾向；我们却把它们看成是对立的而又统一的。没有浪漫主义，现实主义就会容易流于鼠目寸光的自然主义；自然主义是对现实主义的歪曲和庸俗化，它决不是我们所需要的。当然，浪漫主义不和现实主义相结合，也会容易变成虚张声势的革命空喊或知识分子式的想入非非；而这是我们所不需要的。我们赞成社会主义现实主义的创作方法，就是以这样的理解做为基础的。”“全面搜集民歌及其他民间文学艺术，是一件必须全党、全民动手的工作，同时必须动员和吸引全体文艺工作者来参加这个工作。民歌是文学的源头，它像深山的泉水一样静静地、无穷无尽地流着，赋予了各个时代的诗歌以新的生命，哺育了历代的杰出诗人。今天的民歌，是新的农民、工人、士兵的作品，它们已经不完全是口头创作，有的作者是很有文化的，因此新民歌不但在内容上，而且在风格上也与旧民歌有所不同了，它们保持了民歌的格调，同时又更多地继承了我国古典诗歌的优良传统，吸取了新诗的长处。它们正像黄河、长江一样，以汹涌澎湃之势，对新诗起着冲击的作用，必将使新诗的面貌为之改观。群众诗歌创作将日益发达和繁荣，未来的民间歌手和诗人，将会源源不断地出现，他们中间的杰出者将会成为我们诗坛的重镇。民间歌手和知识分子诗人之间的界线将会逐渐消泯。到那时，人人是诗人，诗为人人所共赏。这样的时代不久就会到来的。我们的诗人一定要深入工农群众，和群众一同劳动，一同创作，向民歌学习，向优良传统学习，只有这样，我们的新诗才有真正广大发展的前途。我们的文学艺术需要一个大革新、大解放，在党和毛泽东同志的领导下来实现这个大革新、大解放，现在正是时候了。”

黎之讲：“在八大二次会议上毛泽东又几次谈到民歌。他认为新诗的出路是民歌与古典诗的统一，以外国诗作参考。他在讲话中引用民歌，‘让高山低头，叫河水让路’这句话很好。高山么，我要你低头，你还敢不低头！河水么，我要你让路，你还敢不让路！这样设想是不是狂妄，不是的，我们不是狂妄人，我们是实际主义者，是实事求是的马克思主义者。革命精神与实际精神的统一。在文学上，就是要革命的浪漫主义和革命的现实主义的统一。我们的革命精神不是与实践脱离，而是与实践相结合的。”“周扬根据毛泽东的讲话精神，在这次会上作了题为《新民歌开拓了诗歌的新道路》的发言（是作为书面发言还是他在会上讲了我记不得了，当时作为大会发言稿，印发时我校阅过）。发言后面附了一百多首民歌。在这个发言中发挥了革命现实主义与革命浪漫主义相结合的创作方法。记得在准备发言稿时，拿出笔记又看了看毛泽东的原话。他说，原话是革命浪漫主义放在前面，还是把现实主义放在前面吧，这样习惯些。这个发言稿，经过修改发表在《红旗》创刊号上。由此，引发了文艺界关于两结合和新诗道路的讨论。讨论中胡乔木为创造新格律诗下了不少功夫。他还到《诗刊》作了一次关于新格律诗的谈话，这次谈话是有些学术价值的。他自己写的诗也努力实践自己的理论，颇受专家的好评。对格律诗很有研究的罗念生教授对此也给好评。对民歌问题何其芳发表了一点自己的看法，引起不少知名人士同他'辩论'。"（《回忆与思考——在"大跃进"的年代（上）》，1995 年 5 月 22 日《新文学史料》1995 年第 2 期）

1 日　《笔汇》第 24 期刊出纪弦的文章《六点答复》。

5 日　《边疆文艺》1958 年 6 月号刊出各族民歌专号。宛青讲："云南是一个盛产民歌的地区。过去，我们已经读过不少像'阿诗玛'一类的优秀作品，今天，在全民大跃进的浪潮推动下，更由于党的重视和采集，更出现了新的民歌创作高潮。""'边疆文艺'6 月号是'各族民歌专号'，集中地反映了这一创作高潮。这些民歌分成几个部分：歌唱生产大跃进、歌唱党和领袖的歌，工矿歌谣、情歌和解放前的民歌。从这里可以看出各族民歌丰富多彩的面貌，看出各族人民自己的创作正在飞速地成长。大部分民歌唱出了跃进中人民的心声，显示出劳动人民战无不胜的英雄气概。有的民歌简直就是最好的诗。"（《云南民歌的丰收——介绍"边疆文艺"各族民歌专号》，1958 年 7 月 25 日《诗刊》1958 年 7 月号）

5 日　《草地》1958 年 6 月号《大跃进中谈诗风》栏刊出缪钺《创作新诗应向民歌学习》、李劼人《对搜集整理民歌的意见》等文。

6—9 日　中国作家协会武汉分会主席团委员（扩大）会议在武汉召开，中国作家协会书记处书记邵荃麟参加并作题为《插红旗放百花》的讲话。其中讲："现在群众文艺创作的发展，可以说是一日千里。我们必须充分估计这种形势，否则就会落后。过去有个李有才就了不起，现在是乡乡要出李有才，县县要有王老九。红安县家家有诗，户户有画。其他许多地方也是如此。中央有位同志说：'我们中华人民共和国可以称为中华人民共和诗国了。'这是多么叫人鼓舞啊。而这个'诗国'居然出现在一穷二白文盲很多的中国，这自然使我们想起毛主席那句话：'一张白纸，没有负担，好写最新最美的文字，好画最新最美的图画。'在党的领导下，发动了群众，解放了思想，就会出现劳动人民中这样的百花齐放的文艺繁荣。而这种繁荣，已经不仅仅是精神领域中的事情，它已经成为直接促进生产发展的物质力量了。"（1958 年 7 月《作家通讯》第 4 期）

8 日　《人民文学》1958 年 6 月号刊出《新山歌》27 首和光未然《屈原》、魏巍《细流弯弯》等诗。

11 日　《文艺报》1958 年第 11 期刊出贺敬之的诗《东风万里》。

12 日　《解放军文艺》1958 年 6 月号刊出巩惠民等《大字报上的诗》、傅雨勤等《十三陵短诗一束》和许翰如的诗评《一颗忠贞的心——读叙事长诗"红缨"》。

14 日　《人民日报》刊出新华社报道《工人农民出口成诗——陕西编印"总路

线诗传单"》，讲："社会主义建设总路线公布以后，中国作家协会西安分会和陕西省民歌整理组立即编印了'总路线诗传单'。它的篇幅有八开报纸那么大，三天一期，每期印数五万多份。写稿的除一些作家外，绝大部分都是工人、农民和一些基层干部，作品大部采用民歌民谣形式，因此受到劳动人民热烈欢迎。最近半月多来，收到来自工农群众中的诗歌就有一千二百多首。现已出刊三期。""'总路线诗传单'已经传到了八百里秦川无数的村庄和厂矿。在田间，在工厂，农民和工人热情地朗诵着诗传单，并把自己的创作写给它发表。"

15日　《青海湖》1958年第6期刊出《"青海湖"文学月刊1958年（1月1日—12月15日）来稿人次（篇）及发表作品人次（篇）统计表》，其中诗歌（民歌）：

	来稿人次	（篇）	发表人次	（篇）
工	518	8.54％	90	22.90％
农	640	10.56％	93	23.66％
兵	2389	39.42％	99	25.19％
学	1209	19.95％	22	5.60％
其他	1259	20.77％	60	15.27％
专业	46	7.59％	29	7.38％
合计	6061		393	

（备注："其他"栏内包括机关干部、店员、市民等。"专业"栏内包括青海湖、群众文艺、美协、电影制片厂、人民出版社专业文艺工作者和作协会员。）

16日　《红旗》1958年第2期刊出《为啥云上红旗飘》等民歌。

19日　《人民日报》刊出新华社报道《田埂边，墙壁上，诗句琳琅满目——四川农村已经诗化了》，讲："'四川农村已经诗化了。'今天，无论走到哪个地方，田埂边，墙壁上，山岩间，树干上都可以看见琳琅满目的诗句。仅古蔺县农民创作的各种歌谣，就有十万首之多。""像'李有才'那样有才能的民间歌手，不是几十人，甚至几百人。只是宜宾、古蔺两县，农民组成的民歌队和山歌剧作小组就在八千个以上。许多地方不仅农民能编会唱，不少区乡干部、中共区委书记和县委书记也是创作民歌的积极分子。这些歌手中，有青壮年，有老农民，有妇女，也有儿童。遂宁县河东乡红光农业社十个老农组织的老农山歌队，已有四年多历史，他们编写的山歌数以百计，几乎社里开展每一项工作，他们都编成山歌唱起来。""紧密结合生产和各项中心工作，具有强烈的思想性和战斗性，是四川农民诗歌创作的一个重要特色。他们创作的题材多种多样，当前作什么就唱什么；不仅抒发情感，表示同自然作斗争的决心，还表扬好人好事，批评落后。他们把诗歌写在田埂、山岩等一切惹人注目的地方。内江、广汉等不少地区农民还在田间插上许多生产鼓动牌，把新作的诗歌写在鼓动牌上，有的还把歌谣写在农具上。"

20日　《文学杂志》第4卷第4期刊出吴望尧《我的创作论及其他》、黄用《偶然的静立》、敻虹《想起翠岛》等诗和余光中的文章《简介四位诗人》。

25日　《人民日报》刊出新华社报道《欢乐的农民赛诗会》：西安市坝桥区黄桑圃乡白庙农业社举办了一次"农民赛诗会"，歌颂社会主义建设总路线，歌颂今年的小麦丰收。在赛诗会上，农业社主任刘志诚当场编了一首诗，当作开场白："大家都坐下，听我把言发，今天会议不一般，念诗又要说快板。歌唱今年大丰收，歌唱党的总路线。谁的诗歌编的好，现在就请出来念。"接着，赛诗者一个接着一个地站了起来，争着朗诵自己的诗歌。青年社员胡致富朗诵他的新作："东方闪出一条龙，龙首就是毛泽东。腾云驾雾快如风，压倒西风超过英（英国）。"胡海明接着说："天不怕，地不怕，流点汗水算个啥，为了实现总路线，拚上生命我也干。"这时，下放干部钱中良也马上编了一首题为"神仙思凡"的诗："昔日三姐下凡间，只羡人间不羡仙。将来实现总路线，天上仙女更思凡。七个玉女奔人间，个个嫁给庄稼汉。不是神仙迷了心，人间比天上好万分。"

25日　《诗刊》1958年6月号刊出郭沫若《遍地皆诗写不赢》、李季《难忘的春天》等诗和晴空《我们需要浪漫主义》、治芳《略谈我们时代的革命浪漫主义》、宋垒《景物抒情诗与时代感——孙静轩"海洋抒情诗"读后》等文。宋垒文章讲："最近，孙静轩同志将去年一年的诗作，编成'海洋抒情诗'一书出版了。这里面，像'哎，三副呵三副'一类的诗，去年在'红岩'上发表时，我就被它感动过，直到现在我仍然喜爱它。诗集中不乏这样的好诗。但从整个诗集，也即作者一年来的创作看来，却不免使人焦虑。一九五七年，这个伟大的社会主义革命的年头，现实生活中充满了激动人心的斗争，而作者却那么热衷于对自然景物的描写，和抒发个人的微不足道的感情。那么多的'湖''海''早春''月夜''日出''夕阳''炊烟''白杨''藤''露''冰''虹''雨''雾'……问题还不在于抒写自然景物，真正写得好的景物抒情诗，群众还是喜爱的。问题在于用什么样的感情抒写自然景物？在于写出来的作品能够给读者多少东西？"

26日　《文艺报》1958年第12期刊出张风的文章《文艺红旗插遍街头——上海文艺工作者宣传总路线活动巡礼》，讲：中国作家协会上海分会的会员们拎着糨糊桶，把用头号铅字、红绿油光纸印的几万张"诗传单"，贴遍大街小巷，贴上电线杆，贴进电车、公共汽车的车厢，放到饭店餐桌的玻璃板下。写"传单诗"的作家，有靳以、以群、魏金枝、郭绍虞、赵景深、姚文元、芦芒、沙金等二十多人。这些"传单诗"有一个共同的特点，就是运用了民歌的形式，短小生动，容易上口。许多行人、电车乘客，一面看就一面朗诵起来，三遍一念，就能记熟，辗转传播开去。这正是民歌的特点。从这里可以看到，最近全国大力收集和推广民歌的工作，已经对作家们的诗风发生了巨大的影响。

29日　《人民日报》刊出新华社记者陈铮报道：一旦插上了文化的翅膀，武士也能夺得诗人的桂冠——中国人民解放军驻云南边疆某团队盛开战士诗歌之花。讲："'祖国的建设一日千里，跃进的热情像澎湃的海涛，坚决掌握文化科学的钥匙，驾着火箭去探索宇宙的奥妙。'全团战士们以这样的英雄气概，克服了学习文化中的各种困难，从今年五月份起又开展了'万首诗歌唱跃进'的运动。不到一个月，从团部到连队，到处都贴满了战士的诗歌。各个连队的俱乐部容纳不了，排、班里也开辟了诗歌的园地，可是诗歌又很快冲出了‘园地’，爬上了战士们的床头。到目前为止，已经出现的诗歌达4231首，其中有一个连队的战士10天内就创作七百多首。只识650个字的战士余华标，竟一个人作诗216首，成了全连的‘诗大王’。许多少数民族战士也都成了出色的诗人了。”

6月 臧克家致毛泽东信：“您到全国各地视察工作，许多新鲜事物，一定会引起诗兴。如有近作，希望给《诗刊》发表。《诗刊》在您的关怀和支持下，5月份销数已破十万。4月号上刊登的《工人诗歌一百首》，引起社会注意，郭沫若、茅盾、周扬诸同志，都很看重它，这样的作品，您看了也一定很喜欢的。”（《臧克家全集》第11卷第359页，时代文艺出版社2002年12月出版）

6月 宋梧刚的诗集《为幸福而歌》由长江文艺出版社出版。

6月 温流的诗集《温流诗选》由广东人民出版社出版。

6月 中共福建省委办公厅编的《福建民歌》（第一集）由福建人民出版社出版。

6月 安徽人民出版社编辑的诗集《新星》由该出版社出版。

6月 陈辉的诗集《十月的歌》由作家出版社出版。收《守住我的战斗的岗位》、《一个日本兵》、《呈给五月的平原》、《姑娘》等41首诗，为《浅酱色的诗》、《平原手记》等7辑，附录作者的《我的志愿书》，有田间《引言》和作家出版社编辑部《编后记》。

6月 陈山的诗集《星际时代的开始》由新文艺出版社出版。收《在举行第一次党代会的屋中》、《第一支洲际火箭》、《第一代有文化的农民》、《癞蛤蟆鼓破了肚子》等40余首诗，分为5卷。

6月 福庚、郑成义的诗集《烟囱下的短歌》由作家出版社出版。收福庚《日夜灌溉》、《烟囱下的短歌》和郑成义《织布女工的歌》、《马鞍山的春天》等诗，有作者《后记》。《后记》说：“我们一个（福庚）原来是上海电话局的工人（现将去新安江水电站参加建设），一个（郑成义）是上海达丰印染厂的技术员。这几年来，在党的关怀和培养下，也学着拿起钢笔，歌唱祖国工业建设的伟大成就。在沸腾的生活里，我们时刻激动着，多少新人新事，叫我们这两个牙牙学语的‘文学小囡’，怎么写也写不好、写不完。”

6月 高平的诗集《大雪纷飞》由作家出版社出版。收《紫丁香》、《梅格桑》、《大雪纷飞》长诗3首，有作者《后记》。《后记》说：“近年来，我试写了几首长诗，收在这个集子里的‘紫丁香’、‘梅格桑’和‘大雪纷飞’便是其中的三首。”“‘紫丁香’的创作，曾有一个简单的藏族民间传说作依据（其中对唱、织衣、射衣、献酒等情节则出自自己的想象）。其他两首全部是创作的。”

6月 郭小川的诗集《雪与山谷》由中国青年出版社出版，为“播种文艺丛书”之一种。收《白雪的赞歌》、《深深的山谷》两首诗。

6月 梁上泉的诗集《寄在巴山蜀水间》由新文艺出版社出版。收《朱德故里》、《在铁工棚里》、《唱不完的颂歌》、《渠江长流》等29首诗，分为3辑。

6月 孙友田的诗集《煤海短歌》由江苏文艺出版社出版。收《在地球的那面》、

《第一次下井》、《早呵，矿工新村》、《矿山跨上千里马》等38首诗。

6月　严辰的诗集《同一片云彩下》由新文艺出版社出版。收有《祖国》、《战斗的旗》、《英雄与孩子》等诗，分为2辑，有作者《后记》。

6月　雁翼的叙事诗集《金色的凤凰》由长江文艺出版社出版。收《金色的凤凰》、《乌江渔歌》2首诗。

6月　袁水拍的诗集《歌颂和诅咒》由作家出版社出版。收有《听远方的节日广播》、《迎接巴黎世界和平大会》、《为了法西斯的健康》等诗，分为3辑，有作者《后记》。《后记》说："这里收集的是我从1940—1958年初所写的关于一些国际题材的诗。第一辑是歌颂苏联和中苏友谊的；第二辑是关于保卫世界和平，加强各国人民之间的友谊的；第三辑是抨击帝国主义侵略政策和冷战政策的。"

6月　纪征民、王维洲等著的诗集《鞍钢赞歌》由辽宁人民出版社出版，为"通俗文学丛书"之一种。收有纪征民《早来春天正浓》、高崎峰《致火车司机》、王维洲《挑水工》等诗。

6月　山东省文学艺术工作者联合会编的《彩色的诗笺——山东近年短诗选》由山东人民出版社出版。收有符加雷《哦，亲爱的祖国》、周先佩《警告右派分子》、阎一强《十棵杨柳》等诗，分为5辑。

6月　战士文艺丛书编辑组编的诗集《海的儿子》由广东人民出版社出版，为"战士文艺丛书"之一种。收有柯原《反右派山歌》、韩笑《春到边疆》、章明《新兵的话》等诗。

6月　中国作家协会广州分会、中国美术家协会广州分会合编的诗画集《街头诗画》由广东人民出版社出版。收有欧外鸥《五羊城下风光好》、韩笑《春天的城》、韦丘《要在十五年内赶上英国》等诗。

6月　辽宁人民出版社编辑的《"双反"之歌——辽宁职工大字报诗选》由该出版社出版。收有程远平《大字报，呱呱叫》、大连造船厂某厂长《我的保守思想》、徐凤会《工会领导有官气》等诗，分为《赞"双反"运动》、《反保守》等5辑，有刘异云《写在大字报诗、画选的前面》。

6月　十三陵水库修建总指挥部政治部、北京市文学艺术工作者联合会合编的诗集《英雄人民战斗在十三陵水库》由北京出版社出版。收郭沫若《人民的力量赛过氢弹》、臧克家《毛主席来到十三陵》、沙鸥《龙王偷看拦河坝》、北大方志敏团一连《一天劳动完结了》等120余首诗，有编者《前言》。

6月　欧外鸥等著的诗集《祖国颂》由上海文化出版社出版。收徐迟《这是又一个伟大的开端》、欧外鸥《我们的土地散发着芳香》、张永枚《跃进进行曲》、范以本《不平常的春夜》等43首诗，有编者《编后记》。

1958年7月

1日　"蓝星诗奖"颁奖。余光中讲："四十七年夏天，先有罗门脱离现代派来归，继有'蓝星诗奖'的颁发，和鼎文的宣布退出诗坛，一时蓝星诗社的动态，非常‘新闻’。罗门的投奔蓝星，很是戏剧化。他不但就此退出现代派，还要在‘蓝星诗选’上发表文章，申明他所以退出的理由，并且向纪弦掷出一只铁手套。当时元气充沛的纪弦，一定比周瑜还要生气。七月一日，为了庆祝‘蓝星周刊’二百期纪念，我们在中山堂颁发‘蓝星诗奖’给吴望尧，黄用，痖弦和罗门。诗奖的雕塑由杨英风设计，梁实秋颁奖，子豪主席，我致颂辞。那天观礼的人很多，包括‘文学杂志’主编夏济安和现代派的重要人物方思。事后夏济安把我的颂辞刊在他的杂志上。得奖作者的阵容，显示这是蓝星‘联创抗现’的一项政策。当时子豪和我不免沾沾自喜，坐在后排的方思则笑得非常复杂。我已经记不清那天禹平有没有出席，只记得轮到鼎文致词的时候，他忽然宣布说从此他要退出诗坛。众人惊讶之余，都认为他选上社庆的这个场合来这么一个戏剧性的声明，未免不太适合。到现在我还是不明白，鼎文当时为什么要说这一席话。一说那是由于子豪凡事喜欢独揽，这话可能有几分真实性。不过鼎文一般活动很多，写诗在他只能算是次要之务，算是一种间歇性的喷发，子豪则于诗为专，也难怪他要独揽。”（《第十七个诞辰》，《焚鹤人》192 页，纯文学出版社 1972 年 4 月）

1 日　《星星》诗歌月刊 1958 年第 7 期《诗歌下放笔谈》栏刊出沙里金《我不同意雁翼同志的看法》、悟迟《诗歌，不是诗人的专利品》等文。是期随刊刊出《诗传单》第 2 号。

1 日　《处女地》1958 年 7 月号刊出诗歌专号，《民歌赛江河》栏刊出新民歌 126 首，《工人的诗》栏刊出矿工孙友田《早晨五点》等诗，《关于新诗发展问题的讨论》栏刊出何其芳《关于新诗的“百花齐放”问题》、贺敬之《关于民歌和“开一代诗风”》、郭小川《诗歌向何处去?》、卞之琳《对于新诗发展问题的几点看法》、方冰《贯彻工农兵方向、认真向民歌学习》等文。何其芳文章讲：“我认为民歌体虽然可能成为新诗的一种重要形式，未必就可以用它来统一新诗的形式，也不一定就会成为支配的形式，因为民歌体有限制。”“我所说的民歌体的限制，首先是指它的句法和现代口语有矛盾。它基本上是采用了文言的五七言诗的句法，常常要以一个字收尾，或者在用两个字的词收尾的时候必须在上面加一个字，这样就和两个字的词最多的现代口语有些矛盾，写起来容易感到别扭，不自然，对于表现今天的复杂的社会生活不能不有所束缚。其次，民歌体的体裁是很有限的，远不如我所主张的现代格律诗变化多，样式丰富。批判地吸取我国过去的格律诗和外国可以借鉴的格律诗的合理因素，包括民歌的合理因素在内，按照我们的现代口语的特点来创造性地建立新的格律诗，体裁和样式将是无比地丰富，无比地多样化的。这无疑地更便利于表现我们今天的社会生活和思想感情。在民歌体之外，再加上其他民间韵文，样式自然多了一些。但其他民间韵文形式大体上也有和民歌体相类似的限制。”“我看新诗的发展和繁荣也是只能通过‘百花齐放’的道路的。我肯定民歌体可以作为新诗的体裁之一而存在，并且认为它可能成为一种重要的新诗形式，是因为我并不只是看到了歌谣的限制，同时也看到了它的优点。它的最大的优点就是直接以大量存在和长期存在的五七言诗和民间歌谣为传统，广大人民很熟悉这种形式。因此虽然这种形式有限制，目前广大人民要用诗歌的形式来表达他们的激情，仍然喜欢采用它。

至于和歌谣体距离最大的自由诗，现在好像很受非难了。但难道它就不能成为新的民族形式之一吗？我看也完全是可能的。在五四以来写得比较好的自由诗的基础上加以改进，使它在语言、音节和表现方法上，当然首先还要在它的内容上，更带有民族特点，那就无可怀疑地也是民族形式了。”贺敬之文章讲：“我们的时代是一个前无古人的伟大时代。我们必须有前无古人有伟大诗歌。大跃进的民歌的出现，及它在整个诗歌创作上的影响，已经使我们看到：前无古人的诗的黄金时代揭幕了。这个诗的时代，将会使‘风’‘骚’失色，‘建安’低头。使‘盛唐’诸公不能望其项背，‘五四’光辉不能比美。”卞之琳文章讲：“毫无疑问，我们应该学习民歌，要‘开一代诗风’的时候，更应该首先学习新民歌。可是要我们学习民歌，并不是要我们依样画葫芦来学‘写’民歌，因为那只能是伪造，注定要失败。顾名思义，民歌总是人民群众当中自然流露出来的心声。民歌照例是‘无名氏’的产品，集体的产品（也是经过人民群众在传播中集体加工的成品），我们学习新民歌，除了通过它在劳动人民的感情里受教育以外，主要是学习它的风格，它的表现方式，它的语言，以便拿它们作为基础，结合旧诗词的优良传统，‘五四’以来的新诗的优良传统，以至外国诗歌的可吸取的长处，来创造更新的更丰富多彩的诗篇。”方冰文章讲：“总的说起来，新诗的名誉是不怎么好的，群众不喜欢它，说得苛刻一些，只是几个知识分子写给知识分子看，群众不买账，不承认作者是自己的诗人。”

1 日　《红旗》1958 年第 3 期刊出《统计员》等民歌。

5 日　《解放军报》刊出社论《让战士诗遍布军营》，讲：“一个轰轰烈烈的战士写诗运动正在全军展开。一个连在一夜之间写出几百首诗歌，已不是什么奇事。昨天还只知道一个部队要写万首诗，今天却听说另一个部队要写十万首。战士们把写诗当作斗争的武器和生活的乐趣，不写不痛快，不写好不罢休。”

7 日　《红岩》月刊 1958 年第 7 期刊出中梁山煤矿工人刘禹炀《矿工的心》、成都机车修理厂工人甘霖《机车钳工之歌》、方敬《歌唱总路线》、梁上泉《红云台》等诗和均吾《略谈改变诗风问题》、雁翼《向民歌学习》、梁上泉《诗人节谈诗风》等文。

8 日　《人民文学》1958 年 7 月号刊出戈壁舟《自从来了毛主席》等诗和《新山歌》22 首。

10 日　《文艺报业务通报》（油印）第 5 期刊出北大叶廷芳的来信，讲：“近些时期来，我对郭沫若同志的喜爱越来越强烈，简直到了狂热的程度。这固然是由于他积极参加政治社会活动并对世界和平有卓越的贡献，但主要的还是由于他的诗的力量。每当我读着他的《女神》中的诗篇的时候，我的热血多么沸腾，就好像骑在一匹蒙古的骏马上，不管前面有高山大海，也不管前面有牛鬼蛇神，只顾向前，向前，向前！我认为他的诗所以有这股强大的力量，正是由于他的诗是革命的浪漫主义与革命的现实主义相结合的缘故。同样，当我读到‘忽报人间曾伏虎，泪飞顿作倾盆雨’的时候，我几乎要飞了；而当我读到‘我就是龙王，我就是玉皇，喝令三山五岭开道——我来了’的时候，就仿佛如果天塌下来我也顶得住似的。所以我认为单纯的现实主义能深刻地反映现实，激起人们憎恨旧的，响往新的，但缺乏那股

‘向前，向前，向前’的力量，而浪漫主义就具有这股力量，因此现实主义与浪漫主义相结合，是新诗的最好的创作方法。”

11日　《文艺报》1958年第13期刊出安旗的文章《从现实出发而又高于现实》，文中讲，张贤亮的“这篇《大风歌》正是1957年中国的天空黑云翻滚之际，一伙右派分子疯狂的反社会主义的‘激情’的写照”。

12日　《解放军文艺》1958年7月号刊出《遍地红旗迎东风——歌唱总路线快板诗选》。

20日　《人民日报》刊出冯至的诗《愤怒的火焰》。

20日　《北京文艺》1958年7月号“作品讨论”栏刊出王树芬《谈叙事诗“理发师”》、贾连城《读“理发师”》文2篇。

20日　《文学杂志》第4卷第5期刊出余光中《忧郁的短髭》、陈锦标《黄昏以后》、叶珊《风之掠过》等诗。

24日　《收获》文学双月刊1958年第4期刊出《民歌一百首》和闻捷的长诗《东风催动黄河浪》、高缨的长诗《丁佑君》。《编后记》云：“这一期选登的百首民歌不过是沧海之一粟，我们工人、农民、战士创作的、唱出来的何止千千万万首。它们充满了健康而欢乐的情绪，它们有气吞山河的气魄。当他们唱出来要高山低头、河水让路的时候，他们的双手就完成了诗歌中所表现的雄心大志，他们唱得起劲、干得欢腾，祖国的江山大地，就在他们的忘我劳动下，显出崭新的面貌来了。”姚文元讲：“高缨同志的‘丁佑君’也很值得展开讨论。这涉及三个问题：第一，怎样反映剥削阶级出身从小资产阶级立场转变到无产阶级立场的人物的精神面貌？是明确地写出人物的思想改造的质变的过程，还是把他从小就加以圣化、美化？这里有一个思想问题，也有一个美学问题。第二，如何写无产阶级和劳动人民的形象？长诗中写了一个铁匠，并且同丁佑君作了对比：丁佑君的‘温柔’‘好心肠’同铁匠的‘高傲’‘冷酷’作了对比，使人产生一种铁匠好像是古代的流浪汉而丁佑君则是慈善的仙女的感觉，这种感觉是从什么地方来的呢？第三，如何描写英雄人物的死亡前的感情？描写的目的何在？”（《杂谈文学中的共产主义思想性》，1958年12月5日《文艺月报》1958年12月号）

25日　北京市两万多群众带着自己创作的诗歌、漫画、活报剧，晚上在劳动人民文化宫分16处举行集会，谴责和抗议美英帝国主义武装侵略中东，干涉阿拉伯各国人民内政。（新华社北京分社记者《用诗画戏剧痛击野心狼》，1958年7月26日《人民日报》）

25日　《诗刊》1958年7月号刊出谭次吾、胡宗文等79人的《战士诗歌一百首》和刘瑾瑜、廖训让等38人的《战士谈诗》及肖翔《什么样的思想感情？——对蔡其矫“川江号子”、“宜昌”等诗的意见》等文。肖翔文章讲：“读了蔡其矫同志发表在‘收获’今年第三期上的‘丹江口、南津关’中‘川江号子’、‘宜昌’等诗后，令人心里很不愉快。在这些诗里，诗人不是热情澎湃地歌唱充满繁荣景象的大跃进中的祖国城市，不是歌唱劳动人民的新生活和积极建设社会主义社会的忘我热情，更不是投身到建设的激流中讴歌大跃进、讴歌人民群众的革命干劲，而是以旧眼光来看今天的新生活，用呆滞的、冷冰冰的情感来吟咏今天沸腾着建设声浪的城市，对现实生活形成了歪曲。”是期还随刊刊出《支持阿拉伯各民族独立运动增刊》，刊有郭小川《万岁，争取独立和自由的斗争》、冰心《英勇的阿拉伯弟兄，我们支援你！》、冯至《在飞机场》等诗。

26日　《文艺报》1958年第14期刊出田汉《向伊拉克人民欢呼》、光未然《纸老虎造象》、王亚凡《第三次“经验”》等诗和魏巍《战士诗——革命英雄主义的战鼓》、王老九《要编诗歌飞满天》等文。魏巍文章讲：“战士诗，其内容——是社会主义的思想内容；其风貌——是革命英雄主义的战斗风貌。而这种内容，这种风貌，从整体来说，又是通过淳朴的民歌形式来表现的。这三者融为一体，就构成了为部队广大战士喜闻乐见的战士诗。它已经在工作中和战斗中，发挥了巨大的鼓舞作用。”“在这诗歌以筐以箩计算的年代，我想，我们的部队是决不会落后的。我们一定要把战士的诗仓全部打开！让它和人民的千百条诗河流在一处。我们期待着每个团，每个营，每个连都有自己出色的诗人和歌手。假如我们的诗歌太多，用箩也装不下的话，那就开上我们的炮车、载重汽车吧，我们不是要它变作米粮，我们是要它变作最锋利的武器，来对准那些还没有斩尽杀绝的野兽们！”

28日　《人民日报》刊出冯至的诗《愤怒的火焰》。

7月　《蜜蜂》文学月刊1958年7月号刊出诗歌专号，刊有田间《谈诗风——在河北诗歌座谈会上的发言》、徐迟《南水泉诗会发言》等文。徐迟文章讲：“现在的确是诗的时代。从共和国的沸腾的生活上讲是这样，从诗歌的创作上讲也是这样。开一代诗风，这是所有的诗人的要求。风，有东风、西风之分。从前吹刮过西风，记得上海曾经有过一个《西风》杂志，里面发表的都是从外国刊物上翻译过来的低级趣味的东西，出版了很多年。诗歌之风，是有一股西风的。也可以指出哪一些人是属于西风派的。如穆旦的诗，‘平衡把我变成一棵树’，写得很隐晦，很糟糕。他翻译过普希金很多的诗，译笔都很流畅，很明白，但他自己写的诗正相反。他是有老祖宗的，可以指出他模仿英国的那几个诗人。穆旦的诗确是很典型的西风派。这种西风派的诗歌的出现和存在，影响了许多人。艾青也是个西风派，也可指出他的老祖宗，指出他模仿法国的那几位诗人。他们与今天我们的距离是很远的。只要学过外文，就可以识破他们这些西风派，是都可以找出他们的老祖宗来的。我过去也是西风派。上海的《现代诗风》上我写过稿。我也写过‘平衡把我变成一棵树’一类的诗句。但从1940年以后，我就坚决与它割绝了，只是难免还有残余留下来。另外，诗风也是有东风的，有中国气派、中国风格的，民歌和古典诗歌传统的诗风的。自然，东风西风之间有斗争。”

7月　文学研究编辑部编的文学研究增刊《我们和阿拉伯人民》由人民文学出版社出版，刊有冯至《给阿拉伯人民》、何其芳《号角》、卞之琳《支援三首》、金克木《东风压得西风倒》、郑敏《罢工》等诗。

7月　刘肇霖的儿童叙事诗《擦皮鞋的小彼得》由少年儿童出版社出版。

7月　欧阳俊法的诗集《黎明前之歌——摘自十七年前日记》由新文艺出版社出版。

7月 蒲祖煦的诗集《征途集》由上海文化出版社出版。

7月 章明的叙事长诗《钓鲨的人们》由长江文艺出版社出版。

7月 中流的诗集《松花江短笛》由新文艺出版社出版。

7月 黄东平、林林等著的诗集《赤道线上的歌唱》由广东人民出版社出版，为“作品丛书”之一种。

7月 孙吴等著的诗集《从朝鲜到祖国》由上海文化出版社出版。

7月 《河南青年报》、河南人民出版社编的《大跃进诗歌选》（2）由河南人民出版社出版。

7月 《河南青年报》、河南人民出版社编的《大跃进诗歌选》（3）由河南人民出版社出版。

7月 中共鞍山市委宣传部编的《钢铁工人之歌——鞍钢工人大跃进诗歌口号选》由辽宁人民出版社出版。

7月 中共西安市委宣传部、工人文艺社编的《工人跃进诗选》由东风文艺出版社出版，为“陕西跃进歌谣选第五集”。

7月 中共抚顺矿区委员会宣传部编的《矿工战歌——抚顺矿区大跃进诗歌口号选》由辽宁人民出版社出版。

7月 人民铁路报社编的《列车员的红袖章——铁路工人诗抄》由河南人民出版社出版。

7月 十三陵水库修建总指挥部政治部、北京市文学艺术工作者联合会合编的诗集《十三陵前锁蛟龙》由北京出版社出版。

7月 北京出版社编辑的诗集《消灭美国狼》由该出版社出版。

7月 上海文化出版社编辑的诗集《战斗吧，阿拉伯兄弟》由该出版社出版。

7月 中国人民解放军沈阳驻军政治部宣传部编的《战士诗歌》由辽宁人民出版社出版。

7月 包玉堂的诗集《歌唱我的民族》由新文艺出版社出版。收《山区老人的愿望》、《凤凰山》、《桃花树下的姑娘》、《歌唱我的民族》等诗14首（组），有作者《后记》。苗延秀讲：“仫佬族青年诗人包玉堂的诗，像春天初开的花朵，带着较浓厚的民族色彩，在我们祖国的文艺园地里日益鲜艳地开放。”（《仫佬族诗人包玉堂和他的诗》，1959年11月26日《文艺报》1959年第22期）

7月 郭沫若的诗集《百花齐放》由人民日报出版社出版。收《牡丹》、《水仙花》、《仙客来》、《其他一切花》等101首诗，有作者《后记》。《后记》说：“‘百花齐放’写了101首。”“普通说‘百花’是包含一切的花。只选出一百种花来写，那就只有一百种花，而不包含其他的花。这样，‘百花’的含义就变了。”“因此，我就格外写了一首‘其他一切花’，作为第101首。”“我倒有点喜欢101这个数子，因为它似乎象征着一元复始，万象更新。这里有‘既济、未济’的味道，完了又没有完。‘百尺竿头更进一步’，这就意味着不断革命。”“写这些诗是三月三十日正式开始的。一九五六年做过三首（牡丹、芍药、春兰），除此之外，一共费了十天工夫。感谢全国生产大跃进的东风，这东风一吹，便使百花齐放了。”

7月　柯原的诗集《露营曲》由广东人民出版社出版。收《欢迎你，新的一年》、《军训动员诗》、《南海晚歌》、《金达莱花》等41首诗，分为《砍山的人们》、《露营曲》等4辑，有作者《后记》。

7月　柯原的诗集《一把炒面一把雪》由作家出版社出版。收有《为朝鲜人民报仇》、《八一节里我的话》、《英雄劈开五指山》等诗，分为3辑，有作者《后记》。

7月　峭石的诗集《白杨树和战士》由河北人民出版社出版。收有《士兵的荣誉》、《他穿上了新军装》、《伽倻琴声》等诗，分为《军营诗抄》、《朝鲜战地诗抄》2辑，有作者《后记》。

7月　王亚平的诗集《写在母亲像前》由新文艺出版社出版。收《田野跃进曲》、《写在母亲像前》、《折断毒箭，揭穿反党集团》、《黄河水》等33首诗，有作者《前记》。

7月　徐迟的诗集《共和国的歌》由作家出版社出版。收《怀仁堂》、《撒尼人》、《电子管厂》、《这是又一个伟大的开端》等32首诗，有作者《后记》。《后记》讲："这些诗写成于一九五六年冬和一九五七年之内。""诗，和这个集子的名字显得很不相称。这是因为共和国太伟大了。但还是叫做'共和国的歌'，则是因为它们在事实上是它的歌，是它所激发的，又是歌唱它的。""本来，心中还孕育着一些诗，却没有写出来。另外，可写而没有写的太多了。然而生活将发生变化。我将有较长久的时间，到生活中去。因之，将这些诗集合了起来。以后要写新的诗，新的题材，新的生活了。""正是在共和国大跃进的日子里，编成了这个集子。诗，献给共和国。"

7月　袁水拍的诗集《煤烟和鸟》由新文艺出版社出版。收《煤烟和鸟》、《新的历史今天从头写》、《右派先生的健忘症》等诗，分为3辑，有作者《编后附记》。《编后附记》说："收在这本集子里的，多数是我在肃反运动和反右派斗争中所写的东西，另外一些是解放以后歌颂新社会的短诗。按照时间先后编排，放在最前面的差不多都是解放前写的，只有'蒋介石的公式'不是，但因为内容同样是讽刺美蒋的，所以编在一起。"

7月　郑成义、福庚的诗集《河山春色》由新文艺出版社出版。收有郑成义《在水磨房》、《河山春色》和福庚《新安江，我来了》、《美国太太、小狗及其他》等诗。

7月　诗刊社编的《大跃进民歌一百首》由中国青年出版社出版。收《如今唱歌用箩装》、《毛主席派人到山冲》、《犁地姑娘云中走》、《山南山北一家人》等民歌100首，有臧克家《跳进民歌的海洋里去吧·代序》和编者《编选说明》。

7月　北京出版社编辑的诗集《大跃进之歌》由该出版社出版。收温承训《跃进号吹响了》、孙友田《矿山跨上千里马》、冰心《春风得意马蹄疾》、郭小川《县委书记的浪漫主义》等57首（辑）诗，有郭沫若《序》。

7月　巴牧等著的诗集《沸腾的农村》由上海文化出版社出版。收有巴牧《歌颂"四十条"》、黄小松《社员大会记事》、杨玉侠《我们的社长》等诗，有编者《编后记》。《编后记》说："选入在这个集子里的74首诗歌，集中地反映了从具体实施'农业发展纲要四十条'以来的新农村。这些诗歌的作者绝大部分不是诗人或作家，他们所以写这些诗，完全是有感而发，不是为了写诗而写诗。他们从各个不同角度上，以最能感动自己的事物为题材。有的生动地写出了农村中两条道路的大辩论，有的形象地描绘了下放干部的生活以及他们和农民群众间融洽的感情，有的热烈地歌颂了农村中瞬息万变的新气象。”

7月　田间选辑的诗集《社员短歌集》由中国青年出版社出版。收有张文雄《爱社》、李辉《县长下种》、刘坚翔《桃林中》等诗，分为《社就是家》、《县长下种》等6辑，有田间《致青年朋友——“社员短歌集”代序》和《后记》。

7月　作家出版社编辑的诗集《诗风录》由该出版社出版。收有郭沫若《毛泽东的旗帜迎风飘扬》、柯仲平《英雄且退张家口》、萧三《送毛主席飞重庆》等诗，有编者《序》。

7月　徐迟编的《万首诗歌写满墙——怀来县诗歌第一集》由河北人民出版社出版。收郭沫若《花园乡颂》、沙城街头诗《敲起文化战鼓》、郭超《工地上来了洋灰管》、李玉昆《李大娘造肥》等130余首诗，有徐迟《跋》。

7月　新文艺出版社编辑的《抗议的拳头举上天——反对美、英帝国主义侵略黎巴嫩、约旦诗选》由该出版社出版。收石方禹《向黎巴嫩和伊拉克致敬》、黎家《怒火烧红了亿万人的心》、沈国梁《警告美帝纸老虎》、缪文心《工人的愤怒》等60余首诗，有《出版者的话》。

7月　河北人民出版社编辑的诗论集《开一代诗风——论诗歌创作的新路》由该出版社出版。收《人民日报》社论《大规模地收集全国民歌》和荃麟《门外谈诗》、萧三《最好的诗》、冯至《漫谈新诗努力的方向》等文25篇。编者《编辑说明》讲：“为了配合大规模地收集民歌的开社会主义时代之诗风的讨论，提倡新诗向民歌及我国古典诗歌的优良传统学习，我们出版了这一本论文集。本集中的25篇文章都在报刊上发表过，在收入本集时我们只在文字上作了个别的订正。”

7月　中国民间文艺研究会编的《向民歌学习》由作家出版社出版。收有柯仲平《新民歌如同海潮起》、毕革飞《漫谈快板》、贾芝《必须坚持为人民服务的方向》、江橹《钟敬文是个什么样的专家?》等文，有编者《后记》。

7月　中国民间文艺研究会编的《大规模地收集全国民歌》由作家出版社出版，为民间文学论丛之一。

1958年8月

1日　《星星》诗歌月刊1958年第8期《诗歌下放笔谈》栏改为《关于诗歌下放问题的争论》，刊有余冀洲《雁翼同志的看法是正确的》、红百灵《让多种风格的诗去受检验》等文；是期随刊附送《欢呼伊拉克人民的伟大胜利，反对美英侵略者干涉中东》诗传单一张。

1日　《新观察》第15期刊出冯至的诗《我们用一切力量……》。

1日　《红旗》1958年第5期刊出《一匹大山装得下》等民歌。

1日　《处女地》1958年8月号《支援阿拉伯人民打击美英侵略者》栏刊出江帆《汹涌啊！阿拉伯人民的怒涛！》等诗；《遍地开花》栏刊出鞍钢无缝厂工人宣传

组《天外还有天》等诗。

1958年8月3日　诗刊编辑部召开座谈会，郭小川、阮章竞在会上的发言分别题为《怎样使诗歌更快更好的发展》、《群众对诗人的要求是些什么?》，刊于《诗刊》1958年8月号。郭小川讲："现在大跃进的歌谣蓬勃发展，这形势很好，诗歌本身也在发展，问题是怎样采取正确的方针，使它能够更快更好的发展。""根本问题在哪里？我看恐怕还是在提高和普及的结合问题，或者说，诗人和广大的诗歌工作者的结合问题。这两者结合好了，事情就好办。当然，这里面还有一个内容问题。"阮章竞说："我在工厂里看到了诗歌大跃进。不但群众写，一些从前不大喜欢诗，或不大注意诗的干部，也纷纷写起诗来。有的还经常到我那里借诗人的诗集看。在社会主义大跃进中，群众写了许多好诗。他们觉得现在的诗人赶不上群众的蓬蓬勃勃的社会主义气魄。有人说，群众创作比诗人的还要好。什么人都喜欢诗，这是一个多好的时代，多好的条件。我在一个厂里看到党委书记、厂长、工会主席等（都是老干部），有的过去不注意文学上的事情，现在都关心了。""群众对诗的形式也是很注意的，我们的诗要走群众路线，要深入到群众中去，就不能不考虑这个问题。现在的工厂中的诗歌爱好者，有一批新的技术工人，很多是中等技术学校出来的，都有高中程度，一般技术工人都有初中程度。这些人都是解放以后培养出来的，可以说是知识分子。这些同志中也有人喜欢写我们现在的那一套，语言方面也很像知识分子，但内容跟我们的不同，他们写的是他们的生活和斗争。但更广大的工人群众，比较喜欢有韵律的如民歌体的诗。许多工人都提出他们不喜欢'楼梯式'的诗，说这种诗看起来很费劲；还有，群众拥护诗中加标点符号，因为可以帮助阅读。这些问题，我们是应该考虑的。"

5日　"为了更好地贯彻中央和省委的指示，进一步探讨向民歌学习，改变诗风的问题，作协重庆分会于8月5日召开了一个座谈会。出席座谈会的有专业诗人，文艺工作者以及重庆市工、农业余诗歌作者20余人。会议由作协副主席曾克同志主持。""座谈会充分发扬了百家争鸣的精神，分别就学习民歌的意义，过去新诗的缺点，改变诗风的必要，如何向民歌学习等问题，从理论到实践，提出了自己的看法，展开了争论。柯岗等同志，对专业诗人雁翼、高缨的作品，提出了批评，证明改变诗风、向民歌学习的必要性。"会议综述题为《关于学习民歌问题的讨论》，刊于1958年9月1日《红岩》月刊1958年第9期。

5日　《文艺月报》1958年8月号刊出诗歌特辑，刊有《支持阿拉伯人民，反对美英帝国主义》、《上海民歌民谣》等栏目，刊有莎白《三炉决心钢》、范来苏《我的名字叫黄河》等诗和安旗《清除诗歌中的个人主义思想感情和趣味》等文及《上海的工人诗歌创作活动情况》、《上海郊区农村的诗歌创作丰收》。

当时的广告说：《文艺月报》8月号以全部刊物三分之二篇幅发表上海和华东各省的民歌、民谣和儿歌，以及全国各地作者的诗歌，而以最近几个月出现的上海工人农民的歌谣为主。全部歌谣和诗歌，计有三四百首；有的是歌颂党和总路线，有的是描写工人、农民豪迈英雄气概和革命干劲，有的是叙述"双反"、大跃进的先进事例、先进人物，有的是歌唱我们生活中种种新气象的。这些歌谣充分表现了人民群众的诗的才华和共产主义风格。这一期刊物将集中显示上海和华东各地人民诗歌创作和社会主义大跃进的景象。(1958 年 9 月 1 日《红岩》月刊 1958 年第 9 期)

5 日 《边疆文艺》1958 年 8 月号刊出《连队诗选》和徐嘉瑞的文章《是孔雀还是孔雀屎?——批判白桦的长诗“孔雀”》。

7 日 《红岩》月刊 1958 年第 8 期刊出供电车间工人黄敏《句句不离毛主席》、张永枚《他给新娘写封信》、李广田《“我来了”》等诗。

8 日 《人民文学》1958 年 8 月号刊出《群众创作特辑》,刊有农民王老九《毛主席领导出圣人》、工人孙友田《水枪的故事》、解放军郑定友《别让我的枪生锈》等诗和殷白《读黄声孝的快板》、贾芝《民歌杂谈》、潘旭澜《唱得长江水倒流——读“农村大跃进歌谣选”》等文;是期还刊出《阿拉伯兄弟我们支持你!美英侵略者滚出中东去!》专页,刊有郭小川《正当山青水绿花开时》、工人黄声孝《坚决支援黎巴嫩》等诗。

11 日 《文艺报》1958 年第 15 期刊出光未然《歌中苏会谈公报》、臧克家《我的心再也不能平静》等诗和周明《广告诗——好形式》、沙鸥《奇丽的形象》等文及《东风得意诗万篇——中国民间文学工作者大会发言集锦》。发言集锦中,内蒙代表韩燕如发言摘要云:“呼和浩特市决定 3 年到 5 年内要生产 50 万吨钢,搜集 50 万首民歌,把搜集民歌和生产钢并列在一起。内蒙全区要在 5 年内搜集 1 千万首民歌,旗(县)的负责同志认为 1 千万的指标还嫌保守。这足以证明内蒙民歌的蕴藏量是惊人的。”安徽代表钱丹辉发言摘要云:“肥东一个县,在今年上半年,全县创作民歌共计 51 万多首。特别是巢司集乡,从生产大跃进以来,已经创作了 12 万首民歌,到年底还要再创作 60 万首,这确实是令人兴奋的事情。今年全省要创作几百万首民歌,这个计划是能超额完成的。估计不要多少时间,全省可能出现成千上万本民歌选集。”湖北代表张云骧等发言说:“从数量上看,新民歌简直多得无法统计。群众自己说:比天河里的星星还多得多。如果说我们祖国是一个诗国,那末,湖北省就是一个诗省,这诗省里又处处是诗乡。红安县县委宣传部经过采风后,得到的结论是‘搞不清’。县无法搞清区,区无法搞清乡,乡搞不清社,甚至一个队二十多户百多人也搞不清楚到底产生了多少民歌。这是因为太多太普遍了。田边,地头,墙壁,室内,到处有诗歌,武钢工地,据党委宣传部的大致统计,在整风中光写在大字报上的群众诗歌就有 50 余万首,占全部大字报的六分之一(二〇一厂出现的则占大字报的四分之一)。在过去文艺无声无息的筑炉公司,在大跃进中也变成到处是诗。来凤县有百分之九十以上的乡都开展了新山歌活动,那里的东方社在 25 天内就唱出了 7000 首社会主义山歌。”部队代表魏传统发言摘要说:“我们的许多连队已成了这样的诗歌连队,我们的许多战士已成了这样新时代的诗人。例如:福建前线某师,在‘七一’前夕,师党委号召全师官兵:‘创作万首诗歌,向党的生日献礼。’师长首先带头写诗,全师官兵热烈响应。各单位利用广播、专刊、大字报、诗歌晚会等形式,广泛地开展了群众性的诗歌创作活动。在 8 天的时间内(从 6 月 23 日到 6 月 30 日),就创作了一万八千多首战士诗歌。”

12 日 《解放军文艺》1958 年 8 月号刊出《战士诗一百首》和魏传统《大跃进

中的部队诗歌活动》、毕革飞《跃进诗花遍地开》等文。

16日　《红旗》1958年第6期刊出《天堂在人间》等民歌。

20日　《北京文艺》1958年8月号刊出石景山钢铁厂工人曹洪森《从“理发师”里能得到什么教育?》、巴牧《应该是如何写，而不是为什么这样写》等文。

20日　《文学杂志》第4卷第6期刊出陈世骧的文章《关于传统·创作·模仿——从〈香港——一九五〇〉一诗说起》和夏济安《香港——一九五〇》、李经《伦敦市上访艾略忒》、夏菁《湖》、张健《夜聚》等诗。

25日　《诗刊》1958年8月号刊出阮章竞《照亮历史的巨光》、臧克家《再欢呼——为“毛泽东赫鲁晓夫会谈公报”再欢呼》、工人宇宙《致塔式起重机手》、朱子奇《十三陵工地赞歌》等诗和《民歌选一百首》及本刊编辑部整理《读者对去年本刊部分作品的意见》、李树尔《穆旦的“葬歌”埋葬了什么?》、蔡师圣《略谈戴望舒前期的诗——评艾青的“望舒的诗”》等文。《读者对去年本刊部分作品的意见》讲：四川泸州张绍先同志去年来信说，“‘解冻’这个名词并不陌生，半年来右派分子的言论和诗文中就出现了不少。他们把解放后几年来比作‘冬天’。他们憎恨新社会，憎恨共产党，认为过后几年来党所领导的社会主义建设和革命，对他们是强大的压力，因此，他们就在今年上半年利用党的整风机会，在‘大鸣大放’的幌子下高喊‘春天来了’，‘解冻了’。他们所表示的皆大欢喜和大有作为，其实不外企图推翻党的领导和摧毁社会主义事业，而‘解冻’就成了他们这种行动概括的术语。而杜运燮对此却表现了很大的热情，并为它写了一支赞歌。”“北京测绘局赵洪端同志来信，他认为：这是一篇非常恶劣的作品。表现了作者对新中国春天的阴暗情绪，在作者笔下看不到春天的美丽的景色，更看不到社会主义成就有如春天一样的光芒万丈照耀与降福于人民，所看到的只是对新中国春天景物（彩旗、杏花、黄昏、火车）一句句哀伤的灰色紊乱的调子。长春葛以连和孙凤兰两同志来信责备编者，不该把这样晦涩朦胧的作品登在‘诗刊’上；广州茅奔原同志更来信说：他过去认为欣赏诗是一种高尚的享受，可是看了‘早春’却感到是一种苦恼。北京护国寺李广因为看不懂‘早春’，来信问编者‘这是一种什么形式的诗’，读了为什么‘感到茫然、无法理解’。人民解放军一二七疗养院包戊己同志来信指出‘早春’的作者到底要给我们读者一点什么。‘当时，我们有点生气，作者写这样的诗，只是叫几个人玩赏，做做无聊的游戏。’”“由此可见这首充满阴暗情绪的诗，在读者中引起强烈的反感。”李树尔文章讲：“从表面上看，这首诗好像是‘旧我’的葬歌，实际上却是资产阶级个人主义的颂歌。它的本质是宣扬资产阶级思想的坏作品。”“这首诗在去年‘诗刊’五月号发表，也不是没有原因的。在这不久以前，右派分子费孝通在《人民日报》发表了‘知识分子的早春天气’，是企图鼓动一部分知识分子反党、反对思想改造的。请问穆旦的企图如何？其实已经是很明显的了，想把思想改造说成是‘恐惧’的，借以号召人们不要把‘我’失掉，因为这样会‘失掉温暖的家’，并且暗示人们要改造，也不要彻底，只消‘讲和’、‘忏悔’就够了。或者要埋葬，也不要都埋葬，只消一半就够了。所以，我认为这首诗实际上起着一种麻醉他自己又麻醉别人的一种坏作用，是有毒的！”蔡师圣文章讲：“只要略有一点现代文学史的常识，谁都会知道：左联时期，继反动的‘新月派’之后，中国现实主义诗歌界出现另一股逆流——‘现代派’诗歌，代表人物便是戴望舒。戴望舒前期的诗，多写于第一次国内革命战争后期，当时阶级斗争和民族斗争极为复杂尖锐，在文艺战线上的斗争也是非常激烈尖锐的。戴望舒的诗作，当时不仅说不上起着鼓动革命斗争，促进历史、社会发展的积极作用，相反的，是起了麻醉和毒害读者、阻碍革命斗争的反动作用。”

26日　《文艺报》1958年第16期刊出路工的文章《劳动越好歌越多——民间歌手谈创作经验》。

8月　康白情病逝于回四川途中。“1958年3月24日，中共华南师院委员会给他戴上了帽子：‘康白情为一般右派。但反动思想顽固，悔改态度极差，且年老体弱，因此，撤销其原职务后，送省人委适当安置其生活。’中共广东省委宣传部随即于1958年4月8日定康白情为‘一般右派分子，按第四类处理，撤原有职务，另行分配待遇较低的工作’。这些处分，在康白情去世21年后的1979年3月也已撤销。中共华南师院委员会的决定是：‘不应划为右派分子，予以改正。撤销原对他的处分决定。’中共广东省委文教政治部的决定是：‘康白情属于错划，应予以纠正，撤销当时给予的处分，恢复政治名誉。’”“康白情被错划为右派分子后，就于1958年5月办理退职手续，拟回家乡靠行医为生。早在1956年初，一位旧同事中山大学教授约他去同华南医学院一位教授商谈合作研究中医，当时，康白情回答说要以‘如果我退休’为条件。康白情退职在返回四川的路上，不幸染疾在湖北省巴东港去世，一说在重庆的朋友家中去世。终年六十三岁。”（丘立才、陈杰君《矛盾而复杂的五四诗人康白情》，1990年5月22日《新文学史料》1990年第2期）

8月　《群众诗画》创刊，人民美术出版社编辑出版，1959年6月出至第33期后停刊。当时的介绍说：“为了配合大跃进形势，结合时事宣传，人民美术出版社出版了‘群众诗画旬刊’，供给农村、工矿墙画稿及文娱活动演唱资料。创刊号上有朱德副主席纪念八一的诗，有工农群众及解放军战士对美英侵略中东的抗议诗，有庆丰收的民歌，以及八仙联唱、嫦娥思乡等歌曲，大半诗歌都有插图。”（《“群众诗画旬刊”创刊》，1958年8月5日《人民日报》）。

8月　赤叶的诗集《初歌集》由新文艺出版社出版。

8月　戈壁舟的诗集《黑海赞歌》由作家出版社出版。

8月　沙鸥的诗集《故乡》由作家出版社出版。收《嘉陵江边》、《挑白菜》、《出三峡》、《月夜》等104首诗，分为《故乡》、《农村来信》等3辑，有作者《后记》。

8月　毕增光、晓凡、高东昶的诗集《春天的颂歌》由辽宁人民出版社出版。

8月　群众出版社编辑的《保卫大跃进歌谣选》（第一辑）由该出版社出版。

8月　作家出版社编辑部编的诗文集《高举红旗反侵略》由该出版社出版。

8月　中共旅大市委宣传部编的诗集《歌唱整风新气象》由辽宁人民出版社出版。

8月　作家出版社编辑部编的诗文画集《欢呼中苏会谈公报》由该出版社出版。

8月　贵州人民出版社编辑的诗集《农村诗简》由该出版社出版。

8月　田奇、李幼容、毛锜、朱奇的诗集《春华初集》由东风文艺出版社出版。收田奇《社会主义的锣鼓在农村敲响了》等15首诗、李幼容《汽车向工地飞奔》等12首诗、毛锜《延安颂》等10首诗、朱奇《青藏公路的黎明》等10首诗。

8月　山东省文学艺术工作者联合会编的《愤怒的火焰——反对美英侵略中东诗选》由山东人民出版社出版。收臧克家《正义的旗帜高张》、余修《愤怒的呼声》、苗得雨《老美老英叫爹娘》、安林《伊拉克共和国，我们向你欢呼》等33首诗。

8月　河北人民出版社编辑的《工农兵诗选》由该出版社出版。收马风楼《总路线记心头》、孙振邦《矿工就是采宝人》、陈有才《命河水改道》、叶秋知《炊事员夜行军》等110余首诗，分为3辑。

8月　江淮文学社编的诗集《头条消息》由安徽人民出版社出版。收有绥民《真理颂》、严阵《头条消息》、联和《抗旱短歌》等诗，有编者《前言》。《前言》说："这个诗集，收集了我省从去年10月到今年4月发表在'安徽日报'与'江淮文学'上的一些诗。虽然，它还远不能反映我省在这段时间内政治战线、经济战线上所取得的辉煌胜利及我省急遽变化的全貌，但也从各个不同的侧面歌颂了人民的建设激情，表现了人民的忿怒与欢乐，反映了人民的理想和愿望，读后给人一种清新的感觉。其中大部分诗作感情都比较健康，情绪也是饱满的；特别是一些歌颂农村大跃进的诗，更是满含激情。"

8月　江南造船厂《江南工人报》编辑部编的诗集《英雄的造船工》由上海文化出版社出版。收应锡康《总路线红旗迎风飘》、潮《十五年内叫英国甘拜下风》、江流《吊车司机之歌》、成敬荣《整风好，整风妙》等70余首诗，分为《总路线下造大船》、《整风运动刮刮叫》等4辑，有编者《前言》。《前言》说："这本小册子编选了我们江南造船厂职工在伟大的整风运动和社会主义建设大跃进中所写的一部分诗歌。""这七十多首诗歌反映了造船工人热爱党的建设社会主义总路线的激动心情，表现了造船工人冲天的革命干劲，忘我劳动的共产主义风格，也歌颂了伟大的全民整风运动。"

1958年9月

1日　《星星》诗歌月刊1958年第9期《关于诗歌下放问题的争论》栏刊出冬昕《新民歌是共产主义诗歌的萌芽》、石火红《漫谈〈让多种风格的诗去受检验〉》、红百灵《我对诗歌下放的补充意见》等文。

1日　《处女地》1958年9月号刊出《总路线的好处唱不完》新民歌47首。

1日　《红岩》月刊1958年第9期刊出《建设机床厂特辑》、《关于学习民歌问题的讨论》和柯岗《还是为谁服务的问题——关于学习民歌及对雁翼同志创作倾向的意见》、余音《同志，你走错了路——评高缨的诗》等文。余音文章说："读惯了新民歌，不但思想感情有了提高，审美观点也变了，回头看知识分子的作品，总觉得它内容空洞，感情苍白，语言陈腐，让人厌恶。读高缨同志的近作：《大凉山之歌》（作家出版社）和《丁佑君》（《收获》第四期），就有这种感觉。""《大凉山之歌》写的是彝族人民从奴隶社会跨到社会主义的历史事件。作者在诗集里多少反映了一点彝族人民的生活和斗争：他们从前的苦难，民主改革后的欢乐和幸福，有的诗也写得较好。但是，从这本诗集也发现了作者一条很不健康的创作道路。”“翻开《大凉山之歌》，就觉得作者在那里拼命追求他的所谓‘艺术性’和‘美’。色彩啦，声韵啦，奇异境界啦，‘异国情调’啦，等等，一切鲜艳、浓烈和奇特的东西，他都非常欣赏。”“高缨同志既然拼命追求资产阶级的美学趣味和艺术，那末他必然要在作品中丢掉无产阶级的政治，丢掉阶级斗争，丢掉党的政策思想。写的时候，他就不可能在生活中发掘更积极的因素，找到更高的主题，塑造精神面貌更高的人物。这个致命的缺点，在《大凉山之歌》里暴露得很明显。譬如诗集中的两个主题：彝族人民的苦难，彝族青年的爱情生活，他都没有写出什么积极的东西。”该期《编后记》说：“继《重钢特辑》之后，这一期我们又组织了《建设机床厂特辑》。这次组稿，在建设机床厂党委和工人同志的热情帮助和支持下，不到一个月的时间，我们就收到散文110篇，诗歌186首，戏剧6篇，曲艺13篇，其中绝大部分作者都是第一次写稿，或者第一次向杂志投稿。他们的作品，一般都感情健康，语言朴素，有的作品并达到一定水平。……这次，让我们又一次看到了工人阶级要求掌握文化的巨大热情和惊人的创作潜力；同时，也教育了我们，更鼓舞了我们为工农兵办好刊物的信心。今后我们要以更多的篇幅发表工农同志的作品，望更多的工人、农民、战士拿起笔来，给我们写稿。”

4日　《人民日报》刊出徐金镛、曾剑辉、工兵的报道《田头设诗坛》，提及福建省同安县民歌协会最近创办了“田头诗坛”。“田头诗坛”就是在田头上挂上黑板（或别的板），放在休息的地方或路口，在劳动中谁有感触谁要写诗，就可以直接写在板上。第一次的“田头诗坛”是在洪塘乡举行，目前这已成为洪塘乡俱乐部开展田间文艺活动的一项主要内容了。“田头诗坛”出现的一些作品，有的真是气魄雄伟、意境美妙的好诗。“半夜三更战鼓鸣，群英跃马齐出征，试验田中比干劲，光荣榜上争题名。”“铁镐高举起，猛刨深睡地，田土翻三番，亩产三万一。”像这样的诗句，都是令人越读越爱读。一些好的诗歌一上诗坛，很快就在群众中传开了。

4日　《联合报·联合副刊》刊出覃子豪的诗《金色面具》。

5日　《文艺月报》1958年9月号刊出上海中国药物厂工人雷霆《在再跃进的号声中》、上海国营六一四厂工人董德勋《捷报频传》、工人许学成《第一次试验》等诗和郭绍虞的诗论《民歌与诗》。

8日　《人民文学》1958年9月号刊出严辰《红岸》、傅仇《黄河要借长江水》、金鸣《筑路大军来到了》、乔羽《黑旗没处放》、邢野《草原赞》、宁宇《海魂歌》、柯原《短诗三首》、工人韩长兴《高举跃进红旗》、工人李声明《见矿》、李音湘《矿工的话》等诗和葛琴《和白庙村的诗人们在一起》、楼适夷《给一位工人的信——谈诗必须有真实的感情和明确的语言》等文。

8日　北京出版社编辑的诗集《美帝滚出台湾去》由该出版社出版。

9日　北京出版社编辑的诗集《铁拳打美帝》由该出版社出版。收曹鸿森《钢铁工人钢铁的拳》、高长福《把战争贩子的脑壳砸烂》、郭沫若《斥美国战争狂人》、萧三《警告美国鬼子》等37首诗。

11日　上海举行赛诗会，“九月十一日，四十七位工农作者在中苏友好大厦的群众文艺展览馆举行了一次赛诗会，当场写诗二百余首。这些诗是最激动人心的战斗号角，是社会主义的无产阶级的美好的文学。作者们都是创造这个伟大时代的劳动者，因此，他们的诗篇充满着时代巨人无敌天下的气概”。《文艺月报》1958年10月号以《赛诗会上斥美帝》为题刊赛诗会上的部分诗作，有宝山县红旗一社蓝翔《字字射中美国狼》、国棉十二厂谭在喜《美帝是个纸灯笼》等，还刊出吴峤的文章《挥笔为钢刀——读赛诗会工人作品有感》。

11日　《文艺报》1958年第17期以《给挑衅者以严惩，给侵略者以打击》为总题刊出田汉《玉山顶上看红旗》、郑振铎《我们不能容忍》、臧克家《老牌的帝国主义》、光未然《怒火》等诗文，还刊有陈骢《一种值得提倡的好方式》、杨子敏《公木在〈谈诗歌创作〉中宣扬了什么?》等文和本刊记者沐阳的《进一步贯彻作家与劳动群众结合的方针充分反映大跃进中的人民英雄主义——作家深入生活座谈会报道》。陈骢文章讲：《诗刊》今年8月号上，以《丰收歌》为题发表了一组赠答诗。诗人李季写了一首诗寄给甘肃张掖地委第一书记安振同志，祝贺河西走廊今年小麦空前丰收，同时在诗的结尾提出：“敢问河西英雄们，小麦何时上五千?”这首诗在今年6月22日《甘肃日报》上发表出来。安振同志在地委四级干部会议上朗诵了这首诗，立刻就像在他们炽热的干劲上浇了一瓢油，全体河西英雄们以豪迈的声音回答了诗人：“……河西宝地本不假，亩产五千非大话；莫待明年端阳节，今秋就把喜报发。”这首诗发表在7天以后的《甘肃日报》上。许多同志意犹未尽，会后还写诗寄给李季，表明他们地区“亩产定能上五千”的决心。杨子敏文章说：“作者在这本书里，热烈地赞扬了右派分子公刘、邵燕祥的诗，并且大量散布了资产阶级唯心主义、个人主义的文艺思想。”沐阳的报道讲：8月18日，中国作家协会召开作家深入生活座谈会，目前在京开会、写作、工作的作家们出席了会议，其中诗人有田间、阮章竞、李季等。会议由邵荃麟主持。李季在会上发言说：“我今年计划写1万行诗，自已以为不算少了，从我写诗到去年，全算起来也不足1万行。可是和农民诗人的干劲一比，就差得远了。一个农民先进生产者，摘掉文盲帽子才半年，就写出了16000首民歌。附近几个乡，开大会总要把他请去即席编唱。作协兰州分会开成立大会时，农民诗人贴大字报说，赶李季、超闻捷，摆擂台，要把我们打下去。我和他们比就赶不上。他们不只是搞创作，而且首先还要保持已经获得的农业先进生产者的光荣称号。现在，甘肃到处是诗。省委第一书记张仲良同志在永靖的英雄渠上深夜不眠写了一首诗：‘英雄人民英雄渠，黄河飞渡黄河奇。大禹鲁班不足道，札地山前树红旗。’在一个工地上，工人贴大字报都用诗，用散文写就通不过，到那里去的人都要留下诗。我到那里写了四句，他们说，你是干这一行的，只写四句不行。我赶快回兰州写了600行。”

12日　《解放军文艺》1958年9月号刊出陈亚丁《歌唱中苏会谈公报》、纪鹏《一份公报，一份和平保证书》等诗和《战士诗》。

12日　中共徐水县委办公室编的诗集《徐水人民颂公社》由徐水人民出版社

出版。

15日 《联合报·联合副刊》刊出余光中的诗《夜的标本》。

20日 《北京文艺》1958年9月号刊出光华木材厂文学小组座谈记录《工人对“理发师”的意见》和少扬《“理发师”的自然主义倾向和贾连城的资产阶级艺术观》等文。

20日 《文学杂志》第5卷第1期刊出余光中《夜之第六感》、痖弦《巴黎》、叶维廉《塞上》、袁德星《射击》等诗。

25日 《诗刊》1958年9月号刊出阮章竞《最后的警告》、郭小川《鹏程万里》、吕远《一个党员的手》等诗和北京读者丁风的文章《欢迎朱子奇改变诗风》。丁风文章讲：“诗刊8月号发表了朱子奇同志的一首组诗‘十三陵工地赞歌’。我认为，这首组诗是朱子奇同志诗风转变的一个良好开端。”“在我的印象中，朱子奇同志以往所写的诗有一个显著的特点（也可以说是缺点），那就是冗长得几乎跟散文没有什么分别，说它是诗，毋宁说它是排列成诗行的散文；而且在语言上还带着不少的欧化味道，使人读了总觉得不对味。你说它好吧，却有许多人觉得无法读下去（因为句子实在太长了）；你说它不好吧，可在诗的题材和内容方面还有可取之处。当然，评价一首诗的好坏，不能只取决于语言和形式，而更重要的是决定于诗的思想和内容。”“像朱子奇同志以往所写的一些诗，就其题材和内容来说都还不错，为什么喜欢它的人不多呢？显然，这是值得诗人加以深思的问题。我以为主要是朱子奇同志的诗风存在着问题，说具体一点就是诗句的冗长和欧化使人头痛，因而不受人欢迎。而这一问题又是和诗人的喜好（事实上也是诗人的思想感情问题）分割不开。”“在新民歌大量产生的影响下，我们的诗人已有不少开始转变他们的诗风，而写出了一些比较受人欢迎的诗篇，如朱子奇同志的‘十三陵工地赞歌’便是一例。尽管这个组诗还不能称为佳作，但诗风的转变，却是使人可喜的。”

26日 《文艺报》1958年第18期刊出华夫的专论《文艺放出卫星来》和邹荻帆的诗《十月献诗》、李季的诗《昆仑山放歌》。

30日 《人民日报》刊出社论《争取文学艺术的更大跃进》，讲：粮食大丰收，钢铁大增产，人民公社大发展，技术和“文化大革命”，我国社会主义革命和建设事业正在飞跃前进。在文艺战线上，也出现了前所未有的新形势：新民歌、农村壁画、社会主义歌咏活动，形成了群众文艺创作和表演活动的高潮。群众文艺创作的空前活跃大大促进了整个文艺向工农群众的、共产主义的方向发展，开辟了我国文学艺术发展的新阶段。群众创作的显著特点是它们反映了劳动人民在大跃进中的共产主义气概。他们“精神振奋，斗志昂扬，意气风发”，有改造社会、征服自然的雄心，任何困难和敌人都不在眼底。他们是体力劳动者，同时又是歌手、诗人和画家。从他们的创作中，我们可以明显地看出真正共产主义文艺的萌芽。

9月 海雁的诗集《悬崖上的歌声》由广西壮族自治区人民出版社出版。

9月 何理的诗集《喜报》由新文艺出版社出版。

9月 洪洋的诗集《欢呼吧，扬子江》由长江文艺出版社出版。

9月 周嘉俊的诗集《我爱美丽的黄浦江》由新文艺出版社出版。

9月　解放军文艺丛书编辑部编的《部队跃进歌谣选》由解放军文艺社出版。

9月　东风文艺出版社编辑的《六亿人民怒冲冠——解放台湾诗画集》由该出版社出版。

9月　百花文艺出版社编辑的诗集《人生最光荣》由该出版社出版。

9月　百花文艺出版社编辑的诗集《为阿拉伯人民而歌》由该出版社出版。

9月　中共广德县委宣传部编的诗集《卫星成群上天庭》由安徽人民出版社出版。

9月　长江文艺出版社编辑的《武汉长江大桥诗歌选》由该出版社出版。

9月　“星火”文学月刊编辑部编的《星火诗选》由江西人民出版社出版。

9月　戈壁舟的诗集《岩上青松》由东风文艺出版社出版。收《听见了毛主席的声音》、《买牛入社》、《开荒》、《听说我要去朝鲜》等55首诗，分为4组。

9月　李冰的诗集《桥头曲》由长江文艺出版社出版。收有《迎春曲》、《江上的乐曲》、《黄河新桥辞旧岁》等诗。该书《内容提要》说：此诗集“包括二十九首诗歌，绝大部分是写武汉长江大桥的。从这些诗歌里可以看到：大桥工地上的日日夜夜、建桥工人们的英雄形象、中苏的深厚友谊和大桥的落成盛况”。

9月　芦芒的诗集《上海，上海，向前！向前！》由上海文化出版社出版。收有《日出东海万里红（歌唱总路线诗传单一束）》、《我歌唱十月革命，歌唱无产阶级专政》、《青春的火焰》等诗，分为《革命的旋风》、《十月的歌》等5辑，有作者《小记》。《小记》说：“这50余首小诗，是从去年春天到今年六月间陆续写下的一些诗作中选辑而成的。”“在紧张的工作之余，为了配合当前‘政治任务’的需要，而‘赶’写这么一些‘作品’，有的通夜赶出，有的供文化宫、电台作朗诵，有些给杂志配画、当广告，也有些印上传单，谱曲。……应该说，都是一些‘文娱材料’而已。”

9月　魏钢焰的诗集《草鞋进行曲》由东风文艺出版社出版。收《灯海曲》、《沾煤屑的情书》、《煤矿工人之歌》、《草鞋进行曲》等23首诗。

9月　萧三的诗集《友谊之歌》由作家出版社出版。收《把美国强盗赶出台湾去》、《把红旗插满地，插满天》、《歌唱十月革命的凯歌》、《抗美援朝街头诗》等70首诗，分为《红旗飘飘》、《海内外拾零》2辑，有《作者的几句话》。广告讲：“这是诗人继‘和平之路’后的又一诗集。共分两辑：第一辑收入了近年来所作歌颂社会主义建设、赞美中苏友谊和保卫和平的诗；第二辑是解放前的作品，有反法西斯的诗，有歌颂革命的诗，还有一些抒情之作。这些作品大都朴素明朗、热情真挚，表现了革命诗人对社会主义祖国、对中苏友谊的无比热爱和对保卫世界和平的坚强信念。”（1958年10月25日《诗刊》1958年10月号）

9月　郑成义的诗集《鼓点集》由上海文化出版社出版，为“工农兵文艺创作丛书”之一种。收有《歌唱总路线》、《上北京》、《风雪淮河上》等诗，分为5辑，有作者《后记》。《后记》说：“这本集子里的习作，一部分是1956、1957年写的，一部分是今年大跃进中写的。在沸腾的车间里，在报喜队的锣鼓声中，我想写，我要写，我写了，但老是写不像样。”

9月　诗刊社编的《工人诗歌一百首》由中国青年出版社出版。收孙友田《矿山跨上千里马》、房德文《我们汽车工人的声音》、黄声孝《我是一个装卸工》、李学鳌《飞向主席台的纸条》等诗100首，后附《工人谈诗》，有茅盾《序言》。该书《内容提要》说："社会主义建设大跃进的时代，是伟大的诗的时代。站在生产斗争最前列的工人阶级，不但以冲天的气概创造了史无前例的劳动业绩，而且热情奔涌、才思横溢，在劳动中，创造了很多豪迈动人的诗篇。这里所选的，就是大跃进中四十八位工人作者所写的一百首诗歌。这些诗，气魄雄大、思想深厚、语言爽朗、意境清新，为我国诗歌创作的繁荣，带来非常新鲜的气息。""书前，茅盾同志写了一篇序言，对于工人诗歌创作作了深刻的分析。书后，编有一辑'工人谈诗'的附录，许多工人读者对于诗歌创作提出许多精辟的见解。"

9月　作家出版社编辑部编的《怒火万丈——解放台湾诗文画集》由该出版社出版。当时的广告讲："美国强盗在西亚玩火碰壁，陷入空前的孤立，现在又胆敢向我国进行军事挑衅与战争威胁。我最高国务会议发出神圣号召，周总理发表了严正的声明，全国人民坚决拥护，积极响应！首都和全国人民义愤填胸，几亿人踏上示威的行列，一致表示决心，要和美帝斗争到底！我们从最近两天中出现的无数诗文画和歌曲中选出一部分，编成这本小册子。这些作品表现了中国人民、特别是首都人民的战斗意志和无穷无尽的力量：如果美帝胆敢挑起战争，我们就把它们从地球上消灭干净！"（1958年9月25日《诗刊》1958年9月号）

9月　诗刊社编的《战士诗歌一百首》由中国青年出版社出版。收胡宗文《总路线是明灯》、宫玺《小海鸥》、曹继水《师长下伙房》、张化声《新来的列兵》等100首诗，后附《战士谈诗》，有"解放军报"社论《让战士诗遍布军营·代序》。

9月　袁水拍的《诗论集》由作家出版社出版。收有《怎样写诗》、《一首表现工人的思想感情的诗》、《必须同艾青的资产阶级思想进行斗争》等文，有作者《后记》。当时的广告讲："这是作者近几年来所写的关于诗的论文。其中有一般的谈论诗的创作问题及民歌的，有对青年作者的作品的评介及对世界和平运动的大诗人的介绍文章，还有两篇批判胡风及艾青的文章。这些文章对于诗歌的创作问题，联系到具体的诗人及作品进行了分析，对于研究诗歌问题，是值得参考的。"（1958年10月25日《诗刊》1958年10月号）

1958年10月

1日　《星星》诗歌月刊1958年第10期《一定要解放台湾》栏刊出王鉴闻《咆哮吓不倒中国人民》等诗，《关于诗歌下放问题的争论》栏刊出愚公《必须向民歌学习》、碎石《不要对民歌百般挑剔》等文。

1日　《红岩》月刊1958年第10期《坚决反对美国的军事挑衅》栏刊出吕亮《杜勒斯，你是什么东西！》、雁翼《摧毁贼窝五角楼》等诗；《向民歌学习》栏刊出微中《由"诗歌下放"看向民歌学习问题》、雷康《创造性地学习，自由地运用——关于向民歌学习和诗的形式问题》文2篇。

1日　《处女地》1958年10月号刊出《战士的诗》50首和辽宁军区政治部主任秦振的文章《谈当前的部队诗歌创作活动》及该刊短论《丰硕的果实》；并在《关于诗歌发展问题的讨论》栏刊出张先箴的文章《谈新诗和民歌——与何其芳同志商榷》。短论《丰硕的果实》讲："这一期，在'遍地开花'一栏里，发表了50首辽宁军区所属部队的战士们所创作的诗歌，对于这50首战士的作品，我们认为值得大家十分注意。""辽宁军区所属部队的文艺创作高潮，是伴随着今年6月底扫除文盲的运动而来的，截至9月上旬为止，共创作了诗歌10万多篇。不必说，这个事实是十分惊人的，这些诗篇，是广大军官战士无限智慧的结晶，是文化革命运动结出的最初的丰硕果实。"

1日　《解放军文艺》1958年10月号《一定要解放台湾》栏刊出《诗歌似炮打敌兵》诗歌一束和纪鹏《小丑挡不住巨人前进的脚步》、李瑛《黑的铁椿、白的铁刺》等诗。

5日　《文艺月报》1958年10月号刊出解放军黎汝清《还我台湾》、贾汪矿工孙友田《钻杆的故事》、陈山《捧出十万铁心脏》等诗和宁宇的诗评《战斗的歌——读黎汝清的"战斗集"》。

6日　《人民日报》刊出邵荃麟的文章《我们的文学进入了新的时期》，讲：我在武汉的时候，知道江西、湖南、湖北、河南各省，每省都有三万个以上的工人农民的创作组。在四川，据人们估计，有一百万以上的工农写作者。其他各省情况也大致相同。这些创作组很多是群众自己组织起来，然后在当地的文化团体和宣传机关领导下发展的。农民的文化水平在这几年中，有了显著的提高，文盲大大减少了，各地农村中都举办了农民的业余中学以至大学。大多数农村中都有文化站、俱乐部、图书室、广播站这些组织，这就是他们的文化活动的场所。参加创作组的人，多半是在当地的报纸、刊物或墙报上发表过作品，至于口头创作的人数，那更无法计算了。他们创作的主要形式是诗歌，也有小说、戏剧和其他民间文艺形式。群众诗歌的数量是难以统计的，往往一个县就是几万以至几十万首。这不仅因为诗歌是最适合于抒唱他们劳动热情的形式，而且也因为我国劳动人民中间有悠久的民歌传统。很多农民都有作即兴诗的才能，目前我国有许多这样的"诗村"，在村庄的墙壁或门户上，贴满了农民自己创作的诗和画。郭沫若同志曾经用"万株果树种满园，万首诗歌写满墙"的诗句，描写了河北省一个诗村。我在西安的时候，也访问了这样一个诗村。那是只有五百多人口的一个小村庄，但却有二百多人能够做诗。在每一家门口，都有一块一尺见方的白垩，写着这一家人中间最好的诗，签着自己的名字。在村子的中心，有一个赛诗台，贴着大幅的诗报和图画。这是从全村农民中挑选出来的最受欢迎的作品。这个赛诗台是他们举行赛诗会的场所。今年春天以来，他们在这里举行过三次赛诗会，由农民朗诵他们自己的新作。当我去访问他们的时候，他们立刻在农业合作社主任的院子里，举行了一个小型的诗会，十多个农民，包括从十三四岁的孩子，到六七十岁的老汉和老妈妈都当场做了即兴诗。这是一个非常感动人的场面。从他们朗诵的声音和发亮的眼睛中，使你极其真切地感到他们对于社会主义新生活的热爱，完全没有一点矫揉造作。有一篇民歌中这样说："裁衣要从衣襟裁，唱歌要从心里来。”确实，他们的诗歌是从心底里唱出来的。他们告诉我这个赛诗会的缘起。今年春天灌溉麦田的时候，有一个女生产队长感到要用诗歌来表达她的劳动感情和解除体力的疲劳，于是她第一个唱起来了，接着许多在田间劳动的农民，也就跟着唱起来，这样就形成了全村做诗的风气。他们说：“做诗，对于我们来说，是解除体力疲劳和提高劳动干劲的最好方法。”这是一句很有意义的话。在劳动人民中间，他们的创作和劳动总是分不开的。

8日　《人民文学》1958年10月号刊出《一定要解放台湾》（战士诗17首）、《四面八方大协作，钢水奔流似黄河》（新民歌9首）、田间《人民公社祝词》、戈壁舟《宣誓集》、光未然《民兵歌》、严阵《公社的新瓦房》、张志民《社里的人物》、萧三《致伊拉克诗人》、王老九《伟大的手》、臧克家《领袖和群众心连心》、黄声孝《我亲眼看见毛主席》等诗和宋垒的文章《谈诗中的巨大形象》。

11日　星星编辑部座谈“诗歌下放”问题。本刊编辑部邀请成都市诗歌作者和文学教学单位部分教师、同学，座谈“诗歌下放”问题，参加座谈会的共有两百多人。会上谭万贞、华枕之、李永年等同志，对雁翼、红百灵的看法提出了不同的意见，并予以批评。红百灵同志也作了长篇发言，修正了过去的某些论点，并作了声明；但仍然坚持他原来总的看法。中共四川省委宣传部副部长李亚群到会讲话，其讲话题为《我对诗歌下放问题的意见》在《星星》诗歌月刊1958年第11期《关于诗歌下放问题的争论》栏刊出，分别谈了“关于形式问题的争论，还是一个谁跟谁走的问题”、“对‘五四’以来的诗歌应该怎样评价”、“关于谁是主流之争，实质上是知识分子要在诗歌战线上争正统、争领导权的问题”、“说新民歌‘有局限性、容量不大’是没有道理的”、“关于学习外国诗歌和所谓‘改造’民歌的问题”、“关于新民歌艺术性强不强的问题”6个问题。（《星星》诗歌月刊1958年第11期）

11日　《文艺报》1958年第19期刊出毕革飞的文章《快板诗人王老九》。

11日　《联合报·联合副刊》刊出辛郁的诗《歌》。

12日　《辽宁日报》刊出刘文玉的诗《新媳妇上阵》，此诗后选入《诗选》(1958)。谢冕讲：“在那个时代，新媳妇不进洞房而远走百里参加劳动是真实的故事，但是这事件本身却是生活的被扭曲。人们的正常生活秩序被打乱了，这里所抒发的豪情的背后是失去正常生活的悲哀，而并不是欢乐。这位失去了新婚欢乐的新媳妇，只能对着空旷的蓝天抒发她的‘亲情’，通过‘想念’来体会新婚生活的乐趣。即使如此，这位新媳妇所‘假想’的婚后幸福生活：‘龙王（这是又请来了龙王！）为我打洗脸水，龙王娘娘为我来戴花……’也是不很健康的非劳动人民的生活趣味。过于窘迫的不正常的集体生活，加上超常的劳动强度，人们为一种不知道结果的‘理想’而苦干着，他们也只能在这些‘理想’中得到精神上的满足，但在那些起劲地空谈‘共产主义’的日子里，人们的精神并不满足，他们觉得应该驱使这个一贯作恶的龙王，于是便像有钱人家使唤下人（打洗脸水、戴花等等）那样来使唤这些实际上并不存在的人物。除此以外，他们并不能得到更多的启示！因为我们生活在一个物质和精神都十分贫乏的社会中。”（《浪漫星云——中国当代诗歌札记》第210—211页，广东人民出版社1999年9月）

14日　《联合报·联合副刊》刊出吴望尧的诗《半球的忧郁》。

20日　《文学杂志》第5卷第2期刊出昆南《丧钟》、方莘《藤萝架》等诗。

22日　《人民日报》刊出新华社记者古平的报道《人人写诗个个唱》，讲："走进和平人民公社高大的门楼，一排写满诗歌的白粉墙迎面扑来。大红字写着：千人诗，万人唱，稻麦丰收诗歌乡。下面写着：白茆乡文联编。在这里，歌颂人民公社，歌颂共产主义的新山歌一首接着一首，简直叫你目不暇接。""横穿街道的巨幅标语写的是诗，田间鼓动牌、责任牌上也写的是诗，展览会里的说明词是诗，连食堂、旅馆的走廊和墙壁上也全写满了诗。""怪不得这里的诗多，原来这里有的是诗人、歌手。社党委书记万祖祥就是一个出色的山歌手。在讨论成立公社的社、队干部大会上，万祖祥首先摆起了山歌擂台，他一个人和大家对唱，他唱一段，下面有人对一段，随编随唱，一下子在会上对唱出五十多首新山歌，都是唱的人民公社的好处。各大队的社员大会，在开会之前，也是先对唱山歌。社员们坐船去参加报名大会时，沿路更是歌声不断。""和平人民公社所在的白茆乡，属江苏省常熟县。农业生产的大跃进，使古老的白茆山歌进入了一个新时代。一年以来，农民诗人和歌手们，写出了、唱出了三万首富有时代意义的新山歌。8月初，乡文联成立了，一百多个新会员组成了三十个创作小组，成为群众文艺创作运动的中心力量。最近，乡文联在全社五千多个刚刚摘去文盲帽子的学员中开展了一人五首诗一封信的运动，形成了人人写诗个个唱的热潮。"

25日　《诗刊》1958年10月号刊出农民刘章《日出唱到太阳落》、农业工人高炉铁《丰收谣》等诗和北京大学中文系56级鲁迅文学社集体写作的《批判王瑶对新诗的资产阶级观点》、吕恢文《评蔡其矫反现实主义的创作倾向》等文；是期起刊出《新民歌笔谈》栏，刊有宋垒《与何其芳、卞之琳同志商榷》、邹荻帆《到火热的斗争中学习民歌》、欧外鸥《也谈诗风问题》等文。吕恢文文章讲："蔡其矫同志在56、57两年的许多诗作，反映了他这段时间创作上的一个极其危险的倾向，就是：脱离政治，放弃社会主义现实主义的基本原则，热衷于追求资产阶级艺术趣味和表现资产阶级美学理想，迷恋腐朽的形式主义。这种倾向在他54年的一些诗作（大部分收入'回声续集'）里已见先兆，只是56、57年修正主义文艺思潮疯狂地冲击着我们文坛的时候，它恶性地迅速发展到了顶峰。""两年的创作里，几乎完全没有接触重大的政治事件；接触到的一些现实生活，又没有从时代的无产阶级的政治观点的高度去评价它们，结果自己的作品毫无生气。这几年诗人常去祖国的南端和海上，然而从他的诗集来看，仿佛公布宪法、解放台湾和沿海岛屿、合作化运动（包括农业和渔业）等重大事件都未曾在那个地区发生深刻影响似的。不仅如此，就是这个地区最平常的渔民生活，我们也只看见了'一支桅杆'，或听得一声'嘹亮的螺号'。""更严重的是蔡其矫同志的许多诗篇浸透着资产阶级的腐朽意识，这不能说不是作者自己思想感情受到资产阶级思想腐蚀的一种证明吧。"欧外鸥文章讲："'五四'以来的新诗，本来是一次划时代的大革命。可是这个革命，却越革越糊涂。尽管它的流派不少，五花八门，但大多数都是进口货（从18世纪到20世纪）的仿制品。如果不是签上中国诗人的姓名，几乎教人以为是翻译过来的东西。""换句话说：五四以来的新诗革命，就是越革越没有民族风格，越写就越加脱离（不仅是脱离而且是远离）群众。多少年以来，大多数的新诗不仅是形式上，就是它的构思与想象的表现也全部仿照西洋格调，是跟群众远离，没有广大群众基础的。只有很少数的诗人敝帚自珍，很少数的知识分子读之无味，弃之可惜地念它一下；甚至有些知识分子也不喜欢它。”“我们写新诗的人，这样做法根本就不对头。但是一直还不自觉，怨天尤人，还以为曲高和寡，别人水平低不懂得欣赏。其实像这样的洋八股进口货仿制品，是为谁而写的，要谁去欣赏它呢？它根本就不是工农群众喜闻乐见的地道国产。”“我自己，也就是自以为是，瞎跑了20多年冤枉路的其中一个。”“一直到今天新民歌蓬勃地发展起来。党号召我们要向民歌学习，要继承民族传统；要民族化，群众化；创作出有民族风格、气魄的新诗风。我才恍然大悟过来，知道我们过去挥霍了不少的时间与精力，走了很长一段的错路。”该刊《编者按》云：“大跃进民歌大量产生以来，正以排山倒海之势蓬勃发展，开拓了新诗的道路，给诗人以极大的影响。很多诗人向民歌学习，改变了诗风，有的学得比较好；有的学得不大好；也有少数人对新民歌采取怀疑的态度。成都‘星星’和沈阳‘处女地’早已有所讨论。我们特辟这一栏展开讨论。”

25日　《文学研究》1958年第3期刊出贾芝《大跃进时代的新民歌》、力扬《生气蓬勃的工人诗歌创作》等文。贾芝文章讲：“新民歌的产生和发展，就是形成共产主义文学的开端，它的鲜明特点，是和劳动、政治斗争相结合，表现了劳动人民的集体主义，具有强烈的战斗性和革命的浪漫主义的色彩。”“大跃进的民歌，内容不外有两大类，一类是歌颂和赞美，能够鼓舞干劲的，不管作者是否明确地意识到这一点，其目的是鼓励人们为建设和平、幸福的美好生活而加倍努力；另一类是打击敌人，讽刺落后，目的就是要无情地摧毁旧世界。”力扬文章讲：“我国自从实行社会主义建设总路线，在经济建设方面出现了大跃进的局面以后，文化建设高潮的浪头确实已经汹涌奔腾而来。在文艺上，我们在这个浪头中首先看见了两朵绚烂夺目的浪花，那就是新民歌和工人创作的诗歌。如同新民歌会赋予我国的诗歌以新的生命一样，工人的诗歌创作也一定会以它底新的风格、新的内容和新的精神影响我国诗歌的发展，为社会主义时代的诗歌扩大道路。工人同志的诗歌创作大量地涌上报纸、杂志，虽然还是短短的不到一年时间内出现的事情，但这些创作一开始就以崭新的面貌出现，从它们风格的刚健、朴素和它们内容的新鲜、充实而言，特别是从它们所表现出来的社会主义的时代精神而言，它们已经很明显地给我们的诗歌带来深刻的刺激和影响，并注入了新的血液。而且从这些方面上说，它们所发射出来的光芒，已经使许多专业诗人的作品，显得暗淡无光，因而相形失色。我们相信在不久的将来，在工人同志的作者中间会出现许多优秀的诗人，甚至可能在他们中间诞生我们自己的马雅可夫斯基。”

26日　《文艺报》1958年第20期刊出安旗《油海诗话》、丁力《诗话》、曹子西《为诗歌的发展开拓道路——介绍诗歌问题的讨论》等文。安旗文章讲：“部队里有枪杆诗，农村里有锄头诗，工厂里有车间诗……现在我又读到川中石油工人的《井场诗》。这个小型油印诗刊使我发生了很大兴趣，它在我对川中油区的向往心情上，又增加了一种新的渴慕之情。”“尽管这些诗歌比较粗糙，它们的记者没有工夫仔细琢磨，尽管这些诗歌不够完整，不能成首成章，有时只有一两句，但是它们能够反映出井场上的战斗生活，能够传达出石油工人们的声音笑貌和思想感情，能够鼓舞起人们的干劲。”丁力文章讲：“目前有的同志，对民歌体是不是新诗的主流还表示怀疑，认为民歌的形式有局限，不能表现现代生活和复杂的思想内容。这是不能令人信服的。全国各地千千万万首好的民歌回答了问题，它们正是以气势磅礴、感情洋溢见称的。”“劳动创造了世界，也创造了诗歌。如果我们不重视劳动人民的创造，不重视劳动人民的爱好，不重视他们喜闻乐见的形式，想坐在屋子里另行设计什么‘新格律’或‘现代格律’诗，以此来反映今天新的内容，那肯定是行不通的。林庚同志的‘九言诗’和卞之琳同志的‘新格律诗’不受群众欢迎，就是证明。”“我认为：新的民歌体诗，是真正的新格律诗。在这个传统的基础上来发展，才是通途。”

31日　《联合报·联合副刊》刊出钟鼎文的诗《古宁头》。

10月　《安徽诗歌》创刊，安徽诗歌编辑委员会编辑，1959年6月出至第2卷第3期停刊。

10月　戈壁舟的长诗《青松翠竹》由作家出版社出版。

10月　李季的诗集《玉门诗抄（二集）》由作家出版社出版。

10月　林山的诗集《新的土地》由作家出版社出版。

10月　刘文玉的诗集《猛虎岗》由辽宁人民出版社出版。

10月　阮章竞的诗集《虹霓集》由作家出版社出版。

10月　文莽彦的诗集《井冈山诗钞》由作家出版社出版。

10月　闻捷的诗集《东风催动黄河浪》由敦煌文艺出版社出版。

10月　钟锵的长诗《姜海劈闸》由上海文艺出版社出版。

10月　葛贤宁的诗集《凤凰的新生》由中华文化出版社出版。

10月　韩笑编的《边疆花最香——边防军某营诗选》由广东人民出版社出版。

10月　郑维仁、李文华等编著的《歌唱农村体育大跃进——农村体育诗歌选集》由人民体育出版社出版。

10月　北京出版社编的诗集《欢呼十三陵水库》由该出版社出版。

10月　农垦出版社丛书编辑室编的《向地球开战——北大荒诗集》由该出版社出版。

10月　李广田的诗集《春城集》由作家出版社出版。收《写在海上》、《我们住在剥削者的别墅里》、《劳动大革命》、《春城风光》等27首诗，分为《春城杂诗》、《乘风破浪》2辑，有作者《后记》。

10月　李季、闻捷的诗集《第一声春雷——“报头诗”第一集》由敦煌文艺出版社出版。收《诗呵，张开翅膀飞吧》、《洮河两岸歌手多》、《定西人民技术革命交响曲》、《高山运河狂想曲》等27首诗，有作者《编后记》。

10月　田间的诗集《长诗三首》由作家出版社出版。收《龙门》、《丽江行》、《佧佤人》诗3首，有作者《从歌海归来——“长诗三首”代序》。《代序》说：“这三首长诗，都是写劳动的，以及社会主义的种子，怎样播种在边疆地区。‘龙门’和‘丽江行’，还涉及劳动和爱情的关联。既然是写斗争、劳动和爱情的题材，要写群众的感情和希望，那就更不能不受民歌的影响，不能不采用群众的语言。诗歌的形式，基本上也必须和他们的格调相近。我自己是力求在学习上要深要广，这并不是说，在创作上要抱着机械和狭隘的观点。创作总是既要求有很深的根，又要求枝叶繁茂；如同一棵大青树一样。”

10月　王书怀的诗集《扬帆集》由黑龙江人民出版社出版。收《赤胆忠心跟党走》、《咱村要设抽水站》、《女垦荒队员》、《咱们就信社会主义》等80首诗，分为《歌唱总路线》、《农村墙头诗》等3辑。

宋爽讲："《扬帆集》的大部分诗篇，是继合作化高潮以后全民大跃进这一时期写成的，是大跃进颂歌的结集。作者利用多种民歌体的形式，反映了不少明丽的生活镜头。其中较好的诗篇，已经不像过去那样只写一般的新气象，抒发一般的喜悦和赞美之情，而是有了一种明显的追求：力图透过更为广阔的生活景象，抒发出具有时代色彩的思想情感。"（《为农民歌唱——略谈王书怀的诗歌创作》，1963年11月10日《诗刊》1963年11月号）

10月　雁翼的诗集《唱给地球》由上海文艺出版社出版，为青年创作丛书之一种。收《最后一页日历》、《我走进了士兵的帐篷》、《一张列宁的画像》、《祖国，请接收吧》等46首诗，分为《唱给地球》、《写在巴山秦岭》等5辑。

10月　陈山等著的诗集《吹响金喇叭》由上海文艺出版社出版，为再跃进文艺丛书之一种。收郭树荣《火车司机的歌》、黎汝清《十封喜报一齐发》、陈山《吹响金喇叭》、黎家《下战表》等28首诗，有上海文艺出版社编辑部《前言》。

10月　《人民文学》、《文艺报》、《诗刊》编辑部编的诗集《举国欢腾庆凯旋——欢迎中国人民志愿军归国》由作家出版社出版。收光未然《大山大海仰英名》、臧克家《战绩赫赫举世闻》、楼适夷《欢迎高举红旗胜利归来的人们》、邹荻帆《最可爱的人回来了》等20余首诗。

10月　作家出版社编辑的《诗选》(1957) 由该出版社出版。收有毛泽东《旧体诗词十八首》、臧克家《在毛主席那里作客》、冯至《西北诗钞》、雁翼《写在宝成路上》、陈残云《写在农村黑板报上的小诗》、沙鸥《为社会主义而战》等诗，有臧克家《序言》。

1958年11月

1日　《星星》诗歌月刊1958年第11期《钢水漫全川》栏刊出工人张治寿《我的心似烈火燃烧》等诗，《人民公社好》栏刊出里原《写在公社的围墙上》等诗。

1日　《红岩》月刊1958年第11期《为钢而战》栏刊出雁翼《家庭妇女炼铁忙》、木斧《区委会》等诗，《跃进中的郫县》栏刊出犀浦人民公社张泽颜《党是活神仙》等诗；还刊有范椿《写我们熟悉的生活——读诗札记》，秦天《揭露孙静轩的右派面目》，沈凌云、陈开跃《〈海洋抒情诗〉批判》等文。秦天文章讲："中国作家协会重庆分会最近展开了对右派分子孙静轩的斗争，彻底揭露了他的反党反社会主义的右派面目。从所揭露的大量事实看来，孙静轩堕落为资产阶级右派分子，不是偶然的。长期以来，他就对党怀着刻骨的仇恨，顽强地坚持着资产阶级个人主义，疯狂地自我扩张，与党对抗，终至发展到向党和社会主义进攻。”沈凌云、陈开跃文章讲：“右派分子孙静轩的《海洋抒情诗》是一株毒草，他借着对大海的赞颂，对自然景物的描写，恶毒地诋毁我们的现实，疯狂地自我扩张，宣扬卑鄙的资产阶级个人主义和色情、阴暗的感情。”

1日　《解放军文艺》1958年11月号《战斗在福建前线》栏刊出《红色勇士惩贼军》短诗一束，有刘富泉《金门岛》、李瑛《部队行军过海边》等诗。

5日　《文艺月报》1958年11月号刊出上海锅炉厂工人董志松《绞死美帝野心狼》、上海汽车三场工人张厚德《一台磨床》等诗。

8日　《联合报·联合副刊》刊出罗门的诗《长街的银河口》。

13日　《人民日报》刊出报道《重庆变为诗歌之城》，讲：“文化大普及运动使重庆变成一个文化空前活跃的城市。遍地有歌声，大家都创作，处处有演出，人人参加体育锻炼，这是重庆随处都可以见到的新气象。”“许多厂矿职工和街道居民写大字报、喜报、决心书、修订生产计划、做总结都用诗歌。全市干部、职工、居民在最近一个半月内，创作了诗歌、戏剧、漫画、快板等作品四百八十多万件，平均每人有作品两篇多。从八月份以来，全市掀起了一个群众性的自编、自唱、自导、自演的热潮，他们提出的口号是：‘人人搞创作，个个是演员’、‘从前无人把诗想，现在诗歌用篓装’。许多厂矿、街道群众文艺创作之多，被形容为‘诗歌的海洋’。创作活动特别活跃的重庆畜产品加工厂，平均每个职工有九篇作品。望江机器厂开展了‘人人是作者，个个上舞台’的文艺创作‘满堂红’的运动，厂内厂外到处贴满了工人办的诗歌‘园地’、‘文艺墙报’。厂里的党委书记带头把工人日以继夜地为钢而战的动人情景编成舞蹈，到车间向工人演出。全厂一个舞台不够用，新辟了十二个舞台，有三千职工文艺大军轮流演出他们自己创作的节目。现在，在重庆市，二千七百多个俱乐部遍布全市，平均不到八百人就有一个俱乐部。农村里乡乡、社社都有民办文化站、群众俱乐部和图书馆。全市除专业剧团经常坚持三分之二以上的时间上山下乡作巡回演出之外，群众业余剧团达到一千二百多个。在街头或各个俱乐部里，常常有群众自己举办的创作展览。”

13日　《联合报·联合副刊》刊出夐虹的诗《咏叹九行》。

14日　《联合报·联合副刊》刊出覃子豪的诗《烈屿一少女》。

20日　《联合报·联合副刊》刊出上官予的诗《蛾——若爱心如蛾》。

20日　《文学杂志》第5卷第3期刊出余光中《尘埃》、赵静《懒惰者》、夐虹《致》等诗和季予的诗评《评〈喷水池〉》。

25日　《诗刊》1958年11月号刊出萧殷《民歌应当是新诗发展的基础》、卞之琳《分歧在那里》、安旗《反右以后的“星星”》等文。安旗文章讲：“‘星星’这块园地曾经一度被毒蛇盘据，被毒草侵占，臭名远扬的‘草木篇’和‘吻’就出在这里。那时，在石天河、流沙河等反革命分子和右派分子把持之下，除了发表了一些敌视社会主义的毒草外，这片园地还滋生着大量的莠草，一些发泄资产阶级、小资产阶级庸俗无聊的闲情逸致的诗作，曾经在这里泛滥一时。它们败坏着读者的胃口，腐蚀着读者的灵魂，引诱着读者远离我们伟大的社会主义建设和劳动人民。”“经过一场严重的斗争，揭露并清除了反革命分子和右派分子，‘星星’编辑部进行了彻底的改组，从今年年初以来，这片园地就完全改观了。代替过去鸱枭阴森的怪叫的，是黎明的颂歌；代替资产阶级和小资产阶级的柔靡之音的，是一片刚健清新的合唱。”

26日　《文艺报》1958年第22期刊出闻捷《谈谈甘肃对唱诗——〈对唱诗的大丰收〉编后记》、陈贵培《读〈从森林眺望北京〉》等文。

27日　《联合报·联合副刊》刊出方良的诗《紫葡萄》。

28日　《联合报·联合副刊》刊出钟鼎文的诗《太白星》。

11月　韩笑的诗集《红旗之歌》由广东人民出版社出版。

11月　邢野的诗集《红浪集》由山西人民出版社出版。

11月　李季、闻捷的诗集《我们遍插红旗——“报头诗”第二集》由敦煌文艺出版社出版。

11月　中共门头沟煤矿委员会编的诗集《矿工的歌》由北京出版社出版。

11月　水文祥等著的诗集《庙会花开千里香》由上海文艺出版社出版。

11月　海南军区政治部编的诗集《南岛兵歌》由广东人民出版社出版。

11月　新疆青年出版社编的诗集《青年渠凯歌》由该出版社出版。

11月　诗集《人民列车高歌猛进》由上海文艺出版社出版。

11月　中国人民解放军北京部队政治部宣传部编的诗集《战士高唱跃进歌》由北京出版社出版。

11月　战士文艺丛书编辑组编的诗集《战士之歌》由广东人民出版社出版。

11月　顾工的诗集《寄远方》由上海文艺出版社出版。收有《北京啊！我生命的摇篮》、《车站啊！喧闹的车站》、《给我的弟弟和我的妹妹》等诗。该书《内容提要》说：“这本诗集中所收的抒情诗26首，是作者近年来所写的诗的一部分。分为‘生命的摇篮’、‘感激的心声’、‘给我的弟妹’三组。作者从不同的角度，集中地歌唱了祖国的一片新气象，歌唱了人民的幸福生活，也歌唱年轻的社会主义建设者们的无比美丽的明天。”

11月　沙鸥的诗集《春光无限好》由百花文艺出版社出版。收有《春光无限好》、《东风把红云漫卷》、《殖民主义者的年关》等诗，分为《东风把红云漫卷》、《工地来信》等5辑。

11月　闻捷的诗集《祖国！光辉的十月》由作家出版社出版。收《黎明出航》、《给还在犹豫的农民》、《我走过脚手架下》、《祖国！光辉的十月》等37首诗，分为《水兵的心》、《撒在十字路口的传单》等5辑。

11月　延河编辑部编的《白庙村农民诗选》由作家出版社出版。收金子明《人人欢唱共产党》、三队饲养员《牛儿肥，马儿壮》、田菊兰《将来好开拖拉机》、金生润《但愿早成诗人村》等150余首诗，有胡采《谈谈白庙村农民的诗创作》和编者

《后记》。

11月　百花文艺出版社编的《怒潮澎湃——解放台湾诗集》由该出版社出版。收顾工《东风吹遍五洲四海》、郭沫若《斥艾森豪威尔》、徐迟《一定要解放台湾》、张适民《用白热的钢水淹没美国狼》等40首诗。

11月　上海文艺出版社编的诗集《心是珍珠党是线》由该出版社出版。收有郑式谷《心是珍珠党是线》、陈中扶《今日发明靠大家》、陈利生《警告你，美英帝国主义！》等诗，分为《歌唱总路线》、《大闹技术革命和文化革命》等7辑。

1958年12月

1日　《星星》诗歌月刊1958年第12期刊出该刊编辑部的文章《放射又多又亮的诗歌卫星》并开辟《工农兵谈诗》专栏，刊出工人刁荣泓《劳动人民喜爱民歌》、工人彭家金《对诗人雁翼的意见》等文。《放射又多又亮的诗歌卫星》讲："在大闹文化革命中，广大群众已开始掌握文化，成为文化的真正主人。群众创作风起云涌，空前繁荣。几乎所有地、县、区、乡（社）都有民歌选集，全省民歌选集的印数即有三千七百二十三种之多，印数更无法估计。诗传单更是遍地开花。单是一个三百多人的叙永县鱼凫乡五星社，即已创作诗歌四万多首。生产大跃进，诗歌成海洋。正如万县农民唐天荣所唱的，'千社万社是诗社，千村万村是诗村，千万男女是歌手，惊煞天上文曲星'。劳动群众不仅在生产战线上大放卫星，在文艺战线上也一定要大放卫星。"

1日　《处女地》1958年12月号《关于新诗发展问题的讨论》栏刊出山西师范学院中文系三年级民歌研究小组《也算参加讨论——"关于新诗的'百花齐放'问题"读后》、文外《门外谈诗》文2篇。

1日　《解放军文艺》1958年12月号刊出社论《一定放出文艺"卫星"来》和季石的短论《擂起战鼓，大放诗歌"卫星"》及《英雄战士炼钢铁》战士诗一束、宁宇《一舱柔和的灯光》等诗。

5日　《文艺月报》1958年12月号以《福建前线战士诗选》为总题刊出胡世桥《赶快滚出台湾》、王者诚《炮击颂三首》等诗；以《钢铁花开遍城乡》为总题刊出上海国棉一厂工人李景林《东风吹得欢》、上钢五厂傅佐维《淹死美国佬》等诗；以《人民公社诗抄》为总题刊出嘉定长征人民公社吴柏庆《深翻》、鲍人山《鼓起热情昼夜干》等诗；还刊有沈阳电力基建局工人李福的文章《诗歌园地中的新红花——读我们工人创作的诗歌和歌谣》。李福文章讲："我们工人创作的诗歌和歌谣，无论是从数量之多来看，或从水平之高来说，都是前所未有的。自生产大跃进以来，各地涌现出大量的民歌，同时，我们工人的诗歌创作活动也形成了高潮。由于党的重视，地方和全国性的报刊都向工农敞开了大门，无论翻开哪个报刊，都会看到有大量篇幅刊载工人创作。'人民文学'几乎是每期都发表工人的诗歌，4月号'诗刊'还发表了'工人诗歌一百首'；'文艺月报''处女地''蜜蜂'和'萌芽'等大型文艺刊物，也大量刊载我们工人的诗歌。各地出版社，还收集出版了工人的诗和歌谣。

许多厂矿创办了工人习作刊物，有的单位的工人们几天就写出了几万首诗。可以说，到处都是诗，到处都有工人作诗。这是我们的诗歌的黄金时代，历史上著名的盛唐时代的诗，也是不能和我们今天相比的。这样的情况充分说明了，我们工人不但是建设社会主义的坚强队伍，创造物质财富的能工巧匠，而且也是诗歌战线的一支朝气蓬勃的大军。工人写诗，本身就是件新鲜事儿，新中国的工人是文武双全的。诗歌被少数文人雅士占有的时代，已经过去了。工人从欣赏阅读别人的诗，到自己写，这个变化是巨大的，是鼓舞人心的。”

8日　《人民文学》1958年12月号刊出田间《神鹰颂》、柯原《海防战士》、中国人民志愿军姚旭《再见吧，英雄的朝鲜人民》、纳·赛音朝克图《塔什干的召唤》、闻捷《高歌一曲唱河西》、山丹县参加张掖地委四级干部会全体同志《高举钢铁红旗》、邹荻帆《风砂中炼钢》、梁上泉《长江边上》等诗和冼宁的诗论《激动人心的事和不激动人心的诗——关于诗的构思》。

10日　《人民日报》刊出陆学斌的文章《进一步发展新民歌运动》和陈珍的报道《“万首诗歌手”》。陆学斌文章讲：“说到民歌，我们必须首先注意到以下一个事实：在大跃进以来的群众性文艺创作运动里，民歌的创作是最为出色的。据我们安徽四十一个县和五个市的不完全统计，在短短的几个月里，就出现了三亿一千多万首民歌，其中不少作品，不论在思想性和艺术性上都达到了很高的水平，在诗歌的历史上写下了光辉灿烂的一页。这个声势浩大的新民歌运动，是我国文学艺术大普及的一个重要标志。”《编后》说：“新民歌的蓬勃发展引起了广泛的注意。几个月来，文艺刊物上发表了许多关于新民歌的文章，其中有一些分歧的意见，主要是关于新民歌和新诗的关系、新诗的发展道路问题。有的意见认为民歌体在表现现代生活的时候有限制，有必要建立新的格律体。也有人不同意这样的意见。今天，这里发表的中共安徽省委宣传部长陆学斌同志的文章，虽则主要是根据安徽省部分地区的经验来谈新民歌运动的进一步发展的问题，但也涉及了对新民歌、民歌体的看法问题，而与当前有些意见是不一致的。我们欢迎诗人、批评家和读者来参加讨论。”陈珍报道讲：“杜宗鲁是海河建闸工地上的一名普通战士。今年才十九岁，只有高小文化程度。过去他没有写过诗，到工地后才开始学着写。可是现在，工棚里贴着他的诗，工地报刊上有他的诗，广播站也时常广播他的诗；他已经成为海河建闸工地有名的‘万首诗歌手’之一了。谈起写诗，他谦逊地说：他只不过编了些顺口溜，称不起诗。接着念道：‘战士不敢称诗手，只因好事天天有，不写不唱怪别扭，写它几首献献丑。’”“两个多月以前，他这个解放军战士，随着部队来到了海河建闸工地。他看到这里的工程规模是那么宏大，千军万马的劳动场面又是那么雄伟，心里就深为激动。同时，许多战士都挥起笔来写诗作文，反映工地上的生活和斗争。杜宗鲁想到自己已经参与了这个移山填海的英雄事业，也就跃跃欲试，但他一晚上苦苦思量，想出了四句。可是，自己默念几遍，越念越觉得不带劲。工地上是热火朝天，而他写出来的却是平平淡淡。”“也就在这时候，战士们住的工棚里掀起了写诗热潮，每天下工以后，满棚满炕都是战士在写诗篇。在新辟的‘诗歌园地’里也出现了许多出自战士手笔的好诗。杜宗鲁也决心下苦功来学写诗，他用雪连纸钉了个厚本子，在第一张上写了四句：‘钉个草稿本，口袋里面装，只要有空闲，就来写几行。’现在，这个本子上密密麻麻写了足有上千行的诗句。草稿本和笔就装在衣兜里，工余饭后；甚至连过摆渡的一刻时间也不肯放松。就这样‘人不离本，本不离人’，随时写，随地写。不到一个月，长长短短的诗歌写了一千多首。写作热情越来越高涨，他写道：‘写诗一千首，想想还是有，提起跃进笔，再写几千首。’”

11 日　《文汇报》刊出天鹰的文章《一首民歌表现了什么》。

12 日　吉林巴吉垒举办诗赛会。“12 月 12 日，巴乡的人们在自己美丽的家园门前，迎接了一批难得到此的客人，从吉林省各地慕名而来的文化艺术工作者。”“是什么力量，像一块巨大的磁铁，把人们从自己的家，吸引到这里？你听到的将是这样一个闪耀着浪漫光彩的回答：‘赛诗会！’这三个字，对于农民们来说，昨天还是那么神秘，陌生，不可思议。而今天，它已经变成他们生活的一部分。他们来到这里，不是做为一个旁观者和听众，而是做为一个诗人，要在晚会上各显神通，比试诗才。既然生活本身就是一首动人的诗篇，为什么这些生活的创造者不能成为一个诗人？”“相反地，倒是我们这些知识分子，成了这个晚会的真诚的听众。然而谁又能说：在我们中间不会有一些抱着怀疑态度的人呢？如果有这样的人更好，就让他在这个会上听一听吧！”（鄂华《巴吉垒上诗赛会》，1959 年 3 月 1 日《长春》1959 年 3 月号）

16 日　《人民日报》刊出新华社记者王濯非、冯代松的报道《诗人兴会更无前——记全国妇女积极分子代表会议上两位农民诗人》，讲：“在全国妇女建设社会主义积极分子代表会议上，有一位七十三岁的老诗人高英秀，还有一位十六岁的小诗人吕金枝，她们俩在同一天的大会上发了言。她们在发言中一首又一首地向代表们朗读了自己的诗歌。大家都热烈地鼓掌欢迎她们，都为劳动妇女中出现了这两位农民诗人而感到自豪。”“老诗人和小诗人的发言中有一句共同的语言：我要歌颂共产党，歌颂我们伟大的社会主义时代，歌颂这个时代的伟大的人。这两位诗人每当诗兴大作时，常常以这句话作主题，来倾吐自己的感情。”

16 日　《萌芽》1958 年第 24 期刊出《诗歌发展方向笔谈》，刊有上海国棉十九厂工人李根宝《不是形式限制问题》、电话工人仇学宝《不同意何其芳、卞之琳两同志的意见》、解放军黎汝清《单从形式上打圈子，是不能解决问题的》、正泰橡胶二厂工人沈国梁《民歌的形式是千变万化的》文 4 篇。编者按：“新民歌的大量涌现，以不可阻挡之势，冲击着推动着新诗，开拓了我国诗歌发展的道路。随着社会主义大跃进的形势的发展，‘开一代诗风’的问题也被提了出来。因此，对于新民歌和‘五四’以来新诗的估价、以及如何向民歌学习和今后诗歌的发展方向等问题，立即在全国各地引起了争论。本刊这一期特组织了一次笔谈，集中发表了上海部分工农兵作者对这些问题的不同看法与意见，其中在某些根本问题上，也存有一定的分歧，因为这是讨论性质的，因此对每篇笔谈除了有重复的或不必要的说明作了删节外，对各自的基本论点都未作修改，我们欢迎广大的作者、读者同志，继续就这些问题展开讨论。”

20 日　《文学杂志》第 5 卷第 4 期刊出痖弦《伦敦》、张默《拜波之塔》等诗。

20日　《现代诗》第22期刊出纪弦《一个陈腐的问题》、林亨泰《咸味的诗》等文。是期起改由黄荷生任主编。纪弦讲："《现代诗》出到第二十一期，我已经债台高筑，岂仅是没钱买纸和付印刷费，就连一家八九口子都快要挨饿了。怎么办呢？恰巧就在这时，黄荷生的朋友林宗源先生有意创办一份诗刊，而登记证一时还拿不到。我一转念，就约了黄荷生、薛柏谷二生来谈，三人作了一个重大的决定，即请林先生担任社长，不必另办诗刊了。如此一来，遂解决了《现代诗》一向最严重的问题——经济上有了办法。其实由林先生出钱，他就是一个老板的身份了。但是《现代诗》的登记证上，'发行人路逾'是无法改变的，所以请他担任社长，乃一权宜之计。而我也实在没时间兼顾社务，无论是经理部的或编辑部的。为了要维持我一家八口的生计，除原有的职务，我又兼了其他工作，一所私立中学和一家补习班的钟点，使我把自已深深地埋进粉笔灰堆子里面去了。因此，编务的移交，那更是势所必然的了。而黄荷生，又是最适合的人选。我相信，从我手中接过去的火把，他必定能使之愈益光辉，而达成任务的。于是从第二十二期开始，《现代诗》就交由黄荷生去主编，而助理之以薛柏谷。"（《纪弦回忆录·第二部》，联合文学出版社2001年12月出版）

23日　《联合报·联合副刊》刊出吴望尧的诗《微弱的光醒来，在心的牢狱》。

25日　《诗刊》1958年12月号刊出《天津海河工地民歌选》、《河南登封县民歌选》、《河北丰润县万诗乡民歌选》、《湖北应城七香姑娘民歌选》和沙鸥《关于革命现实主义和革命浪漫主义》、余音《批判孙静轩的诗》等诗文。

25日　《文学研究》1958年第4期刊出卞之琳的诗评《评李广田新著〈春城集〉》，讲："李广田同志的近作诗集《春城集》收了他1957年5月以来先后在《边疆文艺》、《诗刊》和《收获》上发表的二十六首诗。这些诗，特别是最初一部分，在刊物上发表的时候，引起了读者的注意。他这种努力的成果，我认为，首先对几个问题，作了肯定的解答。问题一：年轻人固然宜于写诗，中年以上人，尤其是长久搁笔的旧人，也能写诗吗？想想看：李广田同志岁数也就不小了，并且已经七八年没有写过一行诗！问题二：在作家协会订写作计划的诗人固然能写诗，从事别种职业的社会忙人也能写诗吗？请注意：李广田同志是教育界忙人，暂时又是病人，近年来就处在忙病之间！问题三：全国大跃进声中固然可以产生热情歌唱共产党、歌唱社会主义和共产主义的诗篇，像去年五六月间全国上空一时黑云乱翻的这种时候，就不会出现同样的诗篇吗？"

26日　《文艺报》1958年第24期刊出丁力《富有共产主义风格的诗篇——评介农民诗人刘章》、沙鸥《几首好诗》等文。丁力文章讲："生产上的大跃进，同时出现了新民歌的大跃进，在广大的劳动群众中，产生了许多有名的歌手、诗人，像黄声孝、李根宝、三毛哥、刘勇等。这些人都是今年才为文艺界所注意的新人。这样的新人，正在大批涌现，越来越多。他们的作品，不仅为当地群众所热爱，而且读者广及全国了。农民诗人刘章，就是新涌现出来的，比较突出的一个。""刘章的诗富有共产主义风格，是革命现实主义与革命浪漫主义生动的结合，是以大自然的主人的姿态出现的，处处都表现出社会主义和共产主义建设的乐观精神，和那种气壮山河，声震天地的英雄气概，很值得我们学习。”

31日　《人民日报》刊出沙鸥的文章《新诗的道路问题》，讲：显然，新民歌已给新诗带来了影响。这种影响主要表现在一些诗人的作品在形式、语言及风格上，更接近民歌了；我们从郭沫若、田间、李季、贺敬之、郭小川等同志的一部分近作中，可以很明显地看出来。这当然是好的影响。我们也看见另外一种情况，那就是有些诗人的作品，只是在形式上模仿民歌体，不仅思想感情缺乏劳动人民的风格与气派，在语言上也别别扭扭，如蔡其矫同志的山歌。当然，向新民歌学习总是好事情。问题在于一年来诗人们的创作中还没有出现较多的十分激动人心、为劳动人民喜闻乐见的作品。

12月　穆旦被定为“历史反革命”。周与良讲：“1956年‘大鸣大放’期间，《人民日报》副刊主编袁水拍向良铮约稿。他写了《九十九家争鸣记》发表在1957年7月5日《人民日报》副刊上，后来这首诗被批判为‘毒草’、‘向党进攻’，也被作为定罪的依据之一。1958年，突然收到法院判决书，良铮被定为‘历史反革命’。良铮拿到判决书，过了两天，先去告诉我父亲周叔弢，然后把我叫到父亲家才告诉我。判决书上写着如不服此判，可上诉。和家人商量，认为这种判决上诉无门，不可能胜诉，只能逆来顺受。当时许多青年学生被定为右派，下放农村劳改，良铮虽被定为‘历史反革命’，机关管制三年，每月发生活费60元，但仍和家人住在一起。他从不抱怨，只是沉默寡言，自己承受着极大的痛苦而不外露。从此我们家没有亲朋登门，过着孤寂的生活。所谓‘监督劳动’，就是扫地，图书馆楼道和厕所每天至少打扫两次，原有的工人监督他劳动。晚间回家写思想汇报，认罪反省，每周去南大保卫处汇报思想，每逢节假日被集中到保卫处写思想汇报。1962年初，虽然解除管制，但每逢‘五一’、‘十一’节假日，他要去图书馆写检查。”（《永恒的思念》，杜运燮等编《丰富和丰富的痛苦》，北京师范大学出版社1997年1月出版）

12月　《红岩》月刊1958年第12期刊出禾波《我们是炼铁的英雄》、李季《四川姑娘》等诗和李亚群《我对诗歌道路问题的意见》、安旗《雁翼同志怎样走上了歧路》、苏执《关于诗集〈大凉山之歌〉和长诗〈丁佑君〉》、重庆通用机器厂丰年《不仅是不喜欢——对高缨同志长诗〈丁佑君〉的意见》、重钢工人江文杰等《我们对〈丁佑君〉和〈大凉山之歌〉的意见》等文。

12月　《作家通讯》1959年第7期刊出《1958年新民歌出版简况》，讲：“据有关单位初步统计，1958年全国各地出版社和机关团体，共出版工农兵著作1,485种。其中民歌、民谣1,000种。1958年全国的初版书籍28,000种，工农兵著作约占5.2%。”“据江苏省文艺出版社1958年文学读物印数统计表载：民歌小册子（不是全部）82种。总印数983,100册，平均印数11,989册。民歌选2种，总印数14,700册，平均印数7,350册。”“据中国民间文艺研究会资料室新收到和买到的民歌图书中，有1958年全国省市人民出版社出版的大跃进歌谣集771种；省以上（包括北京、上海）的新民歌选集约有40种；县级人民出版社出版的80种；另外，各省、市寄给他们的新民歌资料本（未公开发行的）1,232种。”

12月　白薪的诗集《蛾之死》由蓝星诗社出版。

12月　田间的长诗《赶车传》由人民文学出版社出版。

12月　王老九的诗集《东方飞起一巨龙》由东风文艺出版社出版。

12月　王统照的《王统照诗选》由人民文学出版社出版。

12月　张志民的诗集《社里的人物》由作家出版社出版。

12月　冯益民编的《福建前线战士诗歌选》由上海文艺出版社出版。

12月　石油工业出版社编的诗集《石油工业跃进之歌（第二辑）》由该出版社出版。

12月　河北人民出版社编的《战士诗歌选》由该出版社出版。

12月　兰州部队政治部宣传部编的《战士诗选》由敦煌文艺出版社出版。

12月　人民交通出版社编的《筑路工人创作诗歌选》由该出版社出版。

12月　巴牧的诗集《三门峡的黎明》由百花文艺出版社出版。收有《建设三门峡的人们》、《毛主席来到工地》、《向钢进军》等诗，分为《三门峡的黎明》、《十三陵水库工地诗抄》等5辑。

12月　陈官煊的诗集《勘测短笛》由青海人民出版社出版。收《初进森林》、《云彩上的帐篷》、《社里新来个卫生员》、《千村万户送肥忙》等52首诗，分为《勘测短笛》、《农村散歌》2辑。

12月　黄声孝的《黄声孝诗选》（“新国风”第一集）由宜昌市人民出版社出版。收《我亲眼看见毛主席》、《照穿美国纸老虎》、《高炉越活越年轻》、《我是一个装卸工》等24首诗，分为4辑，有《千万只笔大竞赛》代序。

12月　沙金的诗集《矿工之歌》由上海文艺出版社出版。收有《转吧，巨大的汽轮发电机!》、《我的克拉玛依——四川》、《矿工之歌》等诗。

12月　田间的街头诗集《1958年歌》由中国青年出版社出版。收有《1958年歌》、《献给南水泉乡》、《人定胜天》等诗，分为《1958年歌》、《拟动员令》等10辑。

12月　汪静之的诗集《诗二十一首》由作家出版社出版。收《列宁颂》、《嫦娥不愿做神仙》、《白宫很眼红》、《青年造林队誓师辞》等21首诗，分为2辑。

12月　中共辽宁大学委员会宣传部编的《劳动诗篇——勤工俭学诗歌选》由辽宁人民出版社出版。收刘国清《感谢党的培养》、马财彬《和农工见面》、万林《旧我变新我》、王桂仁《饭菜为何这样香》等140余首诗，分为《歌颂伟大的党》、《劳动颂》等6辑，有编者《前言》。

12月　《汽笛——工人诗歌一二〇首》由人民文学出版社出版，为文学小丛书之一种。收郑成义《乘着春风大跃进》、李学鳌《给钢元帅的命令》、孙友田《矿山跨上千里马》、福庚《我爱我的电话自动机》等120首诗。

12月　中国民间文艺研究会编的诗论集《民歌与诗风》由作家出版社出版。

12月　四川人民出版社编辑的诗论集《诗的时代诗的人民》由该出版社出版。收有李亚群《诗的时代诗的人民》、四川日报评论员《使新民歌回到群众中去》、傅仇《劳动人民是天才的诗歌评论家》、黎本初《论诗歌下放和诗的出路》等文。该书《内容提要》说：“这本集子里共选了19篇论述民歌的文章。这些文章对民歌的思想性、艺术性，民歌与政治、生产的关系以及产生新民歌的社会条件等等方面都作了精辟的论述。这是一本学习民歌、研究民歌的良好读物。”

陈铨著译补正：新发现与新观点

□ 叶金辉

李扬在《新文学史料》2009年第2期发表《陈铨著译年表》，在其2007年《陈铨创作研究》的硕士论文基础上整理出陈铨著译年表。同时，刘美在《现代中国文化与文学》2010年第7辑发表《陈铨1922—1997著译年表》，搜集了陈铨早期的少作书目。同年，刘美在《新文学史料》2010年第4期发表《〈陈铨著译年表〉正误及补遗》，补遗了李扬整理的年表。在不重复前人的整理成果下，以下是本人最新搜索到新中国成立前陈铨（或用唐密笔名）发表在各期刊的文章，以补充李扬与刘美的努力。

一、补　漏

1925年至1931年的作品有8篇，1934年至1937年的作品有9篇，1940年至1946年的作品有43篇，而1947年至1948年间的作品竟多达107篇，堪称陈铨创作的顶峰时期。新中国成立后，陈铨几乎停止创作，只从事翻译工作，除了大家共知的几部外国翻译著作外，本文搜集了1956年他翻译的1篇文章。这些作品包括翻译、小说、戏剧、散文、随笔、杂文、文学批评、影评、时评等，可窥探陈铨对文学、文化、时事、国际政局的立场与态度，也是观照他战国策派思想的注脚，是比较完整研究陈铨的重要文献。

（一）1925年至1931年

1. 陈铨：《认清题目！》，《京报副刊》第176期，1925年

2. 陈铨：《游行之后》，《京报副刊》第181期，1925年

3. 陈铨：《从沪案运动里表现出来的中国国民性及今后应取之态度》，《京报副刊》第184期，1925年

4. 陈铨：《谈作战的步骤》，《京报副刊》第189期，1925年

5. Morns，T：《为哀爱耳兰独立失败而作》，涛每（陈铨）译，《清华文艺》第1卷第3期，1925年

6. 陈铨：《弘毅学会成立会记事》，《弘毅》第1卷第1期，1926年

7. 大铨（陈铨）、驭欧：《逼宫人又作扫宫人、狐狸精的原形毕露》，《清华周刊》第25卷第8期，1926年

（二）1934年至1937年

1. ［德］赫伯尔：《父亲的誓言》，陈铨译，《学文》第1卷第4期，1934年

2. 克洛那（Richard Kroner）：《哲学与人生》，陈铨译，《文哲月刊》第 1 卷第 3 期，1935 年

3. 陈铨：《精神与世界》，《人生评论》第 2 期，1936 年

4. 陈铨：《关于黑格尔》，《商务印书馆出版周刊》第 230 期，1937 年

5. 陈铨：《一九三六年的世界经济》，《四川经济月刊》第 7 卷第 1—2 期，1937 年

（三）1940 年至 1946 年

1. 陈铨：《三年来的中德关系》，《时事》第 3 卷第 21 期，1940 年

2. 陈铨：《衣橱》（独幕剧），《军事与政治》第 1 卷第 4 期，1941 年

3. 陈铨：《人类的骄傲》，《中国青年》第 6 卷第 3—4 期，1942 年

4. 陈铨：《谈读书方法》，《出版界》第 1 期，1943 年

5. 陈铨：《歌德的塔梭与斯坦茵夫人》，《世界文学》第 1 卷第 2 期，1943 年

6. 陈铨：《闹钟》，《军事与政治》第 4 卷第 1 期，1943 年

7. 陈铨：《戏剧与考验》，《时与潮副刊》第 5 期，1943 年

8. 陈铨：《宪政实施中的选举问题》，《中央周刊》第 6 卷第 32—33 期，1944 年

9. 陈铨：《政治学术化学术政治化》，《升学与就业》第 1 卷第 2 期，1944 年

10. 陈铨：《美国人的性格》，《一周间》第 1 期，1946 年

11. 陈铨：《人类的距离》，《智慧》第 2 期，1946 年

12. 陈铨：《第三次停战令》，《智慧》第 6 期，1946 年

13. 陈铨：《治乱世必须用重典》，《智慧》第 6 期，1946 年

14. 陈铨：《外长会议的难关》，《智慧》第 7 期，1946 年

15. 陈铨：《美国的金元外交》，《智慧》第 7 期，1946 年

16. 陈铨：《革命的行动》，《智慧》第 8 期，1946 年

17. 陈铨：《苏联不友善的态度》，《智慧》第 8 期，1946 年

18. 陈铨：《两个侮辱》，《智慧》第 9 期，1946 年

19. 陈铨：《为民生公司呼吁》，《智慧》第 9 期，1946 年

20. 陈铨：《英国的商人外交》，《智慧》第 10 期，1946 年

21. 陈铨：《闻一多的惨死》，《智慧》第 10 期，1946 年

22. 陈铨：《巴黎和会的难题》，《智慧》第 11 期，1946 年

23. 陈铨：《市容》，《智慧》第 11 期，1946 年

24. 陈铨：《新唐吉诃德》，《智慧》第 11 期，1946 年

25. 陈铨：《评〈忠义之家〉》，《智慧》第 12 期，1946 年

26. 陈铨：《五强会商否决权问题》，《智慧》第 12 期，1946 年

27. 陈铨：《玛丽与露西》，《智慧》第 12 期，1946 年

28. 唐密（陈铨）：《国民大会》，《智慧》第 12 期，1946 年

29. 唐密（陈铨）：《拿良心出来!》，《智慧》第 12 期，1946 年

30. 陈铨：《孟姜女》，《智慧》第 13 期，1946 年

31. 陈铨：《生育制限》，《智慧》第 13 期，1946 年

32. 陈铨:《旅伴》,《智慧》第 13 期, 1946 年

(四) 1947 年至 1948 年

1. 陈铨:《今后的努力》,《正报》第 44 期, 1947 年
2. 陈铨:《腊梅》,《京沪周刊》第 1 卷第 6 期, 1947 年
3. 陈铨:《订婚》,《亚洲世纪》第 1 卷第 1 期, 1947 年
4. 陈铨:《民族至上与警魂歌》,《智慧》第 14 期, 1947 年
5. 唐密 (陈铨):《一个怪现象》,《智慧》第 14 期, 1947 年
6. 陈铨:《联合国大会的成功》,《智慧》第 14 期, 1947 年
7. 陈铨:《象牙与猎者》,《智慧》第 14 期, 1947 年
8. 唐密 (陈铨):《不冻死的权利》,《智慧》第 14 期, 1947 年
9. 陈铨:《莺飞人间》,《智慧》第 15 期, 1947 年
10. 唐密 (陈铨):《善意的临别赠言》,《智慧》第 15 期, 1947 年
11. 陈铨:《一句话》,《智慧》第 15 期, 1947 年
12. 陈铨:《中心向左》,《智慧》第 16—17 期, 1947 年
13. 唐密 (陈铨):《解不破的连环》,《智慧》第 16—17 期, 1947 年
14. 唐密 (陈铨):《是觉悟的时候了》,《智慧》第 16—17 期, 1947 年
15. 唐密 (陈铨):《不顾事实》,《智慧》第 16—17 期, 1947 年
16. 陈铨:《惊人的声明》,《智慧》第 18 期, 1947 年
17. 唐密 (陈铨):《治标与治本》,《智慧》第 18 期, 1947 年
18. 唐密 (陈铨):《松树与紫藤》,《智慧》第 19 期, 1947 年
19. 陈铨:《山穷水尽》,《智慧》第 19 期, 1947 年
20. 陈铨:《商人的头脑》,《智慧》第 20 期, 1947 年
21. 陈铨:《金石盟》,《智慧》第 20 期, 1947 年
22. 唐密 (陈铨):《救救教授》,《智慧》第 20 期, 1947 年
23. 唐密 (陈铨):《两个世界》,《智慧》第 20 期, 1947 年
24. 陈铨:《玉苹》,《智慧》第 20 期, 1947 年
25. 陈铨:《越剧的衰落》,《智慧》第 21 期, 1947 年
26. 陈铨:《偏见与批评》,《智慧》第 21 期, 1947 年
27. 唐密 (陈铨):《狮子与狗熊》,《智慧》第 21 期, 1947 年
28. 唐密 (陈铨):《野兽, 野兽, 野兽!》,《智慧》第 21 期, 1947 年
29. 陈铨:《不痛不痒的改组》,《智慧》第 22 期, 1947 年
30. 陈铨:《一切都为民主》,《智慧》第 22 期, 1947 年
31. 唐密 (陈铨):《以战止战》,《智慧》第 22 期, 1947 年
32. 陈铨:《法共党退出内阁》,《智慧》第 23 期, 1947 年
33. 唐密 (陈铨):《空言》,《智慧》第 23 期, 1947 年
34. 陈铨:《要生活也要自由》,《智慧》第 24 期, 1947 年
35. 唐密 (陈铨):《大连与澳门》,《智慧》第 24 期, 1947 年
36. 唐密 (陈铨):《风流种子》,《智慧》第 24 期, 1947 年

37. 唐密（陈铨）：《暴力与侵略》，《智慧》第 25 期，1947 年
38. 陈铨：《发行新币》，《智慧》第 25 期，1947 年
39. 陈铨：《唯实政治》，《智慧》第 26 期，1947 年
40. 唐密（陈铨）：《民族主义的呼声》，《智慧》第 26 期，1947 年
41. 唐密（陈铨）：《我的生平和我的爱》，《智慧》第 26 期，1947 年
42. 唐密（陈铨）：《争取中华民族的独立——论新疆及东北事件》，《智慧》第 26 期，1947 年
43. 陈铨：《美苏对症的良药》，《智慧》第 27 期，1947 年
44. 陈铨：《大刀阔斧的改革》，《智慧》第 27 期，1947 年
45. 唐密（陈铨）：《中国电影的末路》，《智慧》第 27 期，1947 年
46. 陈铨：《魏德迈与中国经济》，《智慧》第 28 期，1947 年
47. 唐密（陈铨）：《民族意识的低落》，《智慧》第 28 期，1947 年
48. 唐密（陈铨）：《假凤虚凰》，《智慧》第 28 期，1947 年
49. 陈铨：《告魏德迈将军》，《智慧》第 29 期，1947 年
50. 陈铨：《否决权应否取消?》，《智慧》第 31 期，1947 年
51. 陈铨：《诚恳的忠告》，《智慧》第 31 期，1947 年
52. 唐密（陈铨）：《一个问题》，《智慧》第 31 期，1947 年
53. 陈铨：《联合国的生死关头》，《智慧》第 32 期，1947 年
54. 陈铨：《节约不是制造饥饿》，《智慧》第 32 期，1947 年
55. 唐密（陈铨）：《胡适之的谈话》，《智慧》第 32 期，1947 年
56. 陈铨：《改善公教人员待遇》，《智慧》第 33 期，1947 年
57. 陈铨：《走极端》，《智慧》第 34 期，1947 年
58. 陈铨：《壮士断腕》，《智慧》第 34 期，1947 年
59. 唐密（陈铨）：《大选的预测》，《智慧》第 34 期，1947 年
60. 唐密（陈铨）：《准备被捕》，《智慧》第 34 期，1947 年
61. 陈铨：《无聊已极》，《智慧》第 35 期，1947 年
62. 唐密（陈铨）：《历史的重演》，《智慧》第 35 期，1947 年
63. 陈铨：《残酷的真理》，《智慧》第 36 期，1947 年
64. 陈铨：《苏联何时妥协》，《智慧》第 37 期，1947 年
65. 陈铨：《世界政治上一位奇怪的巨人》，《青年杂志》第 1 卷第 1 期，1948 年
66. 陈铨：《莎士比亚的贡献》，《青年杂志》第 1 卷第 2 期，1948 年
67. 陈铨：《美国的和平试探》，《申论》第 1 卷第 5 期，1948 年
68. 陈铨：《美国外交的矛盾和统一》，《申论》第 1 卷第 8 期，1948 年
69. 陈铨：《抢救青年》，《申论》第 1 卷第 12 期，1948 年
70. 陈铨：《戏剧与观众》，《申论》第 2 卷第 3 期，1948 年
71. 陈铨：《论希腊悲剧》，《申论》第 2 卷第 4 期，1948 年
72. 陈铨：《第三次世界大战的可能性》，《中流》第 1 卷第 1 期，1948 年
73. 陈铨：《人类的嫉妬》，《中流》第 1 卷第 2 期，1948 年

74. 陈铨:《建设戏剧批评》,《中流》第1卷第3—4期,1948年
75. 陈铨:《风波》,《文潮月刊》第5卷第4期,1948年
76. 陈铨:《系统和计划》,《智慧》第38期,1948年
77. 陈铨:《新年的新希望》,《智慧》第38期,1948年
78. 陈铨:《需要决心》,《智慧》第39期,1948年
79. 陈铨:《远东的专横势力》,《智慧》第39期,1948年
80. 陈铨:《英国开始反苏》,《智慧》第40期,1948年
81. 陈铨:《立委竞选的怪现象》,《智慧》第40期,1948年
82. 陈铨:《甘地之死》,《智慧》第41期,1948年
83. 陈铨:《中央政府总预算》,《智慧》第41期,1948年
84. 陈铨:《违反人性的暴力》,《智慧》第42期,1948年
85. 陈铨:《不要扰民》,《智慧》第42期,1948年
86. 陈铨:《质与量》,《智慧》第43期,1948年
87. 陈铨:《张伯伦前车之鉴》,《智慧》第43期,1948年
88. 陈铨:《慢,慢,慢!》,《智慧》第44期,1948年
89. 陈铨:《希望是愚蠢》,《智慧》第45期,1948年
90. 陈铨:《苏联不甘示弱》,《智慧》第45期,1948年
91. 陈铨:《和平与均势》,《智慧》第46期,1948年
92. 陈铨:《所望于新政府者》,《智慧》第46期,1948年
93. 陈铨:《国民大会成绩的检讨》,《智慧》第47期,1948年
94. 陈铨:《检讨全国运动会》,《智慧》第48期,1948年
95. 陈铨:《反美运动与反美对日政策》,《智慧》第49期,1948年
96. 陈铨:《不聪明的试探》,《智慧》第50期,1948年
97. 陈铨:《南斯拉夫叛变的意义:一叶落而知秋》,《智慧》第51期,1948年
98. 陈铨:《世界政治的悲剧》,《智慧》第53期,1948年
99. 陈铨:《论世界政治路线:从高夫人对新闻记者谈话》,《智慧》第54期,1948年
100. 陈铨:《错误政策的明证》,《智慧》第55期,1948年
101. 陈铨:《本与末》,《智慧》第55期,1948年
102. 陈铨:《一个正式提议》,《智慧》第56期,1948年
103. 陈铨:《增加生产减少发行》,《智慧》第56期,1948年
104. 陈铨:《苏联何以不接受原子能管制》,《智慧》第57期,1948年
105. 陈铨:《勿以道德谈经济》,《智慧》第58期,1948年
106. 陈铨:《杜鲁门何以胜利》,《智慧》第59期,1948年
107. 陈铨:《革命内阁与内阁革命》,《智慧》第61期,1948年

(五)1949年以后

1. 乔治·维尔特:《德国商业生活的幽默速写(节译)》,陈铨译,《译文》第38期,1956年

二、补　正

以下是笔者做出的补正：

（一）李扬所列的陈铨《19世纪德国文学批评家对于〈哈姆雷特〉的解释》，1934年刊于《清华学报》第9卷第4期。该文于1944年重刊于《民族文学》第1卷第5期，改题为《哈孟雷特的解释》。《东方文化对于西方文化的影响》，1943刊于《文化先锋》第2卷第13期，也重刊在1946年的《文化先锋》第6卷第9—10期，只是题目少了一个“于”字——《东方文化对西方文化的影响》。

（二）1943年陈铨创办与主编《民族文学》，该杂志第1卷第4期（1943年12月）的《批评与创作》，出自同年5月出版的《戏剧与人生》第九章第一节，经修改后刊登；《戏剧深刻化》则出自第二章，略删后刊登。第1卷第3期（1943年9月）未署名的“编辑漫谈”中，第二段有关现代白话诗的论述，后来收录在《哀梦影》（重庆在创出版社，1944年版），作为该书《前言》的一部分。《民族文学》第1卷第5期（1944年1月）的“论坛”中有篇《以战止战》，当为陈铨所作。1947年，他也以唐密这笔名发表了另一篇《以战止战》，刊于《智慧》第22期。值得注意的是，虽然两篇文章篇名一样，可是内容却不相同。

（三）1936年，陈铨《德国老教授谈鬼》发表在《论语》第91期“鬼故事专号（上）”。李扬称《德国老教授谈鬼》是散文。《论语》是多元刊物，收揽散文、随笔、小品、漫画、古代经典文章、诗词等文体，也转载其他报刊文章。分上、下两次的“鬼故事专号”刊登了老舍《鬼与狐》、老向《乡人说鬼》、邵洵美《闻鬼》等散文，但也同时发表了徐讦《鬼戏》（戏剧）、三狷《“委员”某与鬼“王夫人”》（小说）、鲁少飞《新鬼趣图》（漫画）等作品。虽然陈铨《德国老教授谈鬼》与老舍《鬼与狐》等文章并列，看似散文，但是它并不是散文，而是小说，是陈铨一贯散文化与说理风格的小说，内容蕴含对人生存在与虚实的寓意。同年，《论语》第100期开设了“百期纪念特刊家的专号”，刊登了陈铨《梦兰的家》、郁达夫《就家字来说》（散文）、毕树棠《一家言》（散文）等。李扬指称《梦兰的家》与《巴尔先生》是散文，其实这两篇均是短篇小说。《梦兰的家》通过个人理想与社会现实的冲突，道出中国人只知有“家”不知有“国”的思想；《巴尔先生》则叙述巴尔的英雄式意志。这些都是战国策派一向所极力揭橥的命题。1940年，陈铨《德国老教授谈鬼》、《梦兰的家》与《巴尔先生》都收录在陈铨《蓝蛱蝶》（重庆商务印书馆出版）。李扬指出，《蓝蛱蝶》是一本“包括短篇小说和散文”的文集，可是事实上它是一本短篇小说集。

（四）独幕剧《王铁生》，原载《新动向》第1卷第1期，1938年；五年后改编命名为《自卫》，刊《民族文学》第1卷第2期，1943年。

（五）李扬指说《蓝蛱蝶》（重庆商务印书馆，1940年版）所收作品“共13篇”，也一一列出。其实，《蓝蛱蝶》共收录15篇作品，李扬遗漏了两篇，亦即《王二娘的政治运动》与《烈士纪念碑》。

（六）《欢迎》（《东方杂志》第33卷第1号，1936年）就是《蓝蛱蝶》中的《烈士纪念碑》，后来改题为《归鸿》，收录在1946年上海大东书局出版的同名小说集《归鸿》。这是李扬与徐志福《陈铨生平创作年表》（收录在徐志福《抗日“救亡”运动中的陈铨》，巴蜀书社，2009年版）所没有提及的。

（七）值得一提的是，《狂飙时代的德国文学》（《战国策》第13期，1940年）文末最后一句结语是“因为浮士德的精神，就是狂飙时代的精神”。该文后来收录在林同济编《时代之波》（重庆在创出版社，1944年版），1989年上海书店出版社再版《时代之波》，该文在这两个版本中改名为《狂飙文学》，皆以这句结束。温儒敏，丁晓萍编《时代之波—战国策派文化论著辑要》（中国广播电视出版社，1995年版）收录该文时用回原名《狂飙时代的德国文学》，可是文末却多出一段：

> 希特拉的纳粹主义，就是德国人也有反对的。但德国民族精神和思想的独到处，连尧舜禹汤也要认为有效法的价值。——鬼谷子纵横谈

翻查《战国策》第13期的该原文，“因为浮士德的精神，就是狂飙时代的精神”后注明“（完）”，而上述多出的一段是全文“（完）”之后划有分隔线的一句语录或随感录，语出“鬼谷子纵横谈”，这句话肯定不属于原文的一部分。直接把“鬼谷子纵横谈”添加在原文后，不用分隔线分开，会引起误解，甚至推断出不同的结论。无论如何，这段“鬼谷子纵横谈”既然加插在文后，可视为对该文的补充、呼应与认可。《战国策》第5、8、10与12期刊载星客的《鬼谷子纵横谈》，以设问的方式拟鬼谷子之口作答与分析二战军情，上述话语必出自星客托名鬼谷子所言。

（八）《饮歌》，原载《民族文学》第1卷第1期，1943年，是剧本《无情女》（重庆青年书店，1943年）中的（原作）插曲之一，收录剧中时经修改。

（九）陈铨《悲剧英雄与悲剧精神》（《大公报》1942年10月25日）收录为《戏剧与人生》（上海大东图书，1943）中的《论英雄》一章。

结　语

陈铨战后的多篇文章中，其思想意识一百八十度地转变，告别了战国策派思想。他严批国民党的腐败政治，一反自己过去的主张，诸如文化形态史观、权力意志、英雄主义与唯实政治。这证明战国策派思想是他战时唯实政治下的历史情境产物，有着寿命的大限。新搜集的作品共81篇，也补正了前人整理的误缺。这些作品也等于为他澄清自己并非国民党御用文人与法西斯主义者。与战时的作品合观，这些文章是比较全面解读陈铨文学作品的新视角，也是研究战国策派思想与文学不可或缺的重要资料。

（作者单位：南开大学文学院）

《北方文丛》全目略说

□ 陈思广

1946—1949年间，周而复曾主编了三辑《北方文丛》，这套丛书除萧军的《八月的乡村》外，均为1942年后延安文艺工作者响应毛泽东的《在延安文艺座谈会上的讲话》所创作的新作，它的出版在当时特别是港澳与南洋一带产生了强烈的反响，人们由之了解了中国共产党领导下的解放区文艺的新气象、新风貌，也标志着一种新文艺的诞生。不过，《北方文丛》一共出版了多少种，长期以来莫衷一是。许多学者未见实物，仅以书中所附广告为据，统计为30或40种，并写进相关的论述中。诚然，前期书中所附的前三辑预告是每辑10本，三辑共30本，但若依先后出版的书中所附的预告统计则有40本之多。这显然是草率且不足以信的（目前的以讹传讹皆源于此）。因为《北方文丛》广告上所附的书目中确有一些因各种原因没有出版。对此，周而复在《周而复文集·往事回首录》（第12卷）中就说："丁玲、柳青、荒煤、刘白羽与何其芳已经答应寄稿件但稿件迟迟没有收到，有的因为稿子在撰写中尚待完篇，有的因为解放战争炮火纷飞交通有时阻隔，无法寄送，有的因为其他工作暂时搁下了笔，也有的改写其他内容，如丁玲在写《边区人物风光》，何其芳改写《回忆延安》，刘白羽要写《黎明的闪烁》，柳青另编《牺牲者》，都因各种不同的原因，无法把稿件托人送到香港。"因此，丁玲的《边区人物风光》等没有出版。其实，关于《北方文丛》的全目，王德宽先生曾在《中国大百科全书·中国文学1》中提到，即3辑27种，但因未具体开列出27种书的全目，很少有人采信。现笔者据掌握的情况，将《北方文丛》全书出版状况作一说明，希望能使这一悬案尘埃落定。

一、已出书目，按出版时间顺序排列（均有实物为据且为初版本）：

1.《吴满有》，艾青著，作家书屋1946年4月初版；

2.《滹沱河流域》，马加著，作家书屋1946年5月初版；

3.《八月的乡村》，萧军著，作家书屋1946年12月新1版；

4.《李有才板话》，赵树理著，1946年12月海洋书屋初版，2000册；

5.《王贵与李香香》，李季著，海洋书屋1947年3月初版，2000册；

6.《茅山下》，东平著，海洋书屋1947年4月初版，3000册；

7.《荷花淀》，孙犁著，海洋书屋1947年4月初版，4000册；

8.《高原短曲》，周而复著，海洋书屋1947年6月初版，2000册；

9.《洋铁桶的故事》，柯蓝著，海洋书屋1947年7月初版，2000册；

10.《刘巧团圆》，韩起祥著，海洋书屋1947年8月初版，2000册；

11.《潞安风物》，吴伯萧著，海洋书屋1947年10月初版，2000册；

12.《释新民主主义的文学》，艾青著，海洋书屋1947年10月初版，2000册；

13.《三打祝家庄》，任桂林等著，海洋书屋1947年11月初版，2000册；

14.《我的两家房东》，康濯著，海洋书屋1947年11月初版，2000册；

15.《红旗呼啦啦飘》，柯蓝著，海洋书屋1947年12月初版，2000册；

16.《翻身的年月》，周而复著，海洋书屋1948年1月初版，2000册；

17.《表现新的群众的时代》，周扬著，海洋书屋1948年2月初版，2000册；

18.《四十八天》，陈祖武著，海洋书屋1948年2月版，1500册；

19.《白毛女》，贺敬之、丁毅、王斌编剧，马可、张鲁、瞿维作曲，海洋书屋1948年5月再版，1000册；

20.《李勇大摆地雷阵》，邵子南著，海洋书屋1948年6月初版，1000册；

21.《子弟兵》，周而复著，新中国书局1949年5月初版，2000册；

22.《吴玉章同志革命故事》，何其芳著，新中国书局1949年5月香港初版，3000册；

23.《同志，你走错了路!》，姚仲明、陈波儿等集体创作，新中国书局1949年5月初版，3000册；

24.《粮食》，杨文、荒煤等著，新中国书局1949年6月初版，2000册；

25.《种谷记》，柳青著，新中国书局1949年6月版，3000册；

26.《李家庄的变迁》，赵树理著，新中国书局1949年7月港版，5000册；

27.《生产互助》，缪文渭著，新中国书局1949年7月港版，2000册。

二、虽列入广告但并未出版书目：

1. 丁玲的《边区人物风光》；

2. 何其芳的《回忆延安》；

3. 刘白羽的《黎明的闪烁》；

4. 柳青的《牺牲者》；

5. 孔厥的《人民英雄刘志丹》；

6. 鲁黎的《新的旅程》。

三、虽列入广告但最终未转至《北方文丛》而由其他出版社出版书目（仅列一家出版社）：

1. 柳青著：《地雷》，1947年2月由光华书店出版；

2. 雪苇著：《论文学的工农兵的方向——读〈在延安文艺座谈会上的讲话〉》，1948年4月由光华书店初版；

3. 集体创作：《逼上梁山》，中国人民文艺丛书，1949年5月由新华书店出版；

4. 马烽、西戎著：《吕梁英雄传》，中国人民文艺丛书，1949年9月由新华书店出版；

5. 丁玲著：《我在霞村的时候》，1950年8月由生活·读书·新知三联书店出版；

6. 荒煤著：《新的一代》，1951年2月上海海燕书店1版；

7. 刘白羽著：《血缘》，1953年3月由人民文学出版社出版。

综上，《北方文丛》虽先后附列书目40种，但实出27种，未出6种，未转至《北方文丛》而由其他出版社出版7种。不妥之处，敬请批评指正。

（作者单位：四川大学文学与新闻学院）

范泉著译编选系年书目

□钦 鸿

范泉是一个在中国现代文学史和中国现代出版史上都留下了深深足迹的有成就的编辑家。他从中学时代在教师邢鹏举的指导下开始学编《光华附中》，从此爱上了文学编辑工作，一生倾力于此，先后编辑过许多杂志、丛书、报纸副刊以及各类书、辞典等，尤其是他于20世纪40年代主编的《文艺春秋》和80年代策划、组织并主编的《中国近代文学大系》，对中国现代文坛和出版界贡献甚巨，并产生了广泛、深远的影响，他本人也因此名垂青史，为人们永远学习和怀念。

范泉之所以能够在文学编辑和出版事业上取得如此的成就，绝不是偶然的。我这些年在收集和整理他的资料时，发现他并不是一个只是在编辑出版部门讨生活的人，也不是一个只是工作认真、业精于勤的编辑匠；而是一个学养深厚、基础扎实、对东西方文化都有相当研究的学者，是一个广泛涉猎于小说、散文、童话、文学评论、翻译等诸多方面并卓有成就的作家和翻译家，还是一个有理想、有追求、不墨守成规而富于创新精神的编辑家。他的这些不同方面的表现，其实是相辅相成、相得益彰的，他在学术研究、文学创作和文学翻译方面的实践和成绩，大大有利于他与广大作家、作者们的交流和对话，也使他在处理编辑业务时得心应手、游刃有余；而长期的文学编辑活动，又使他从中汲取了丰富的滋养，从而更促进了他自己在文学和学术方面不断精进。毫无疑问，他一生所写的大量著作，不仅在当时产生了一定的影响，而且也已经成为我国现代文学宝库的一部分。

为了学习和继承这位现代文学编辑名家的精神文化遗产，兹编本篇书目，分著作、翻译、编译缩写和编选四个部分，分别系年编列（凡署范泉以外笔名者均予注明），以飨读者。

一、著作部分

《欧洲近代文学史讲话》

史著，署名徐伟，上海世界书局1943年10月初版

目次：前记（徐伟）/第一讲　英吉利文学：诗　华兹华斯——《抒情诗歌集》——英国浪漫主义运动的檄文——自然的美和神性的崇拜——《序曲》和《散步》——亚诺尔特的批评——柯勒律治——《古舟子咏》——英德文学的桥梁——司各脱——《苏格兰边境的游吟诗人》——从诗到小说——拜伦——艺术的倾向和

特质——诗剧《曼弗莱特》——雪莱——革命的精神——乌托邦主义——《女王马勃》及其他——济慈——唯美主义的艺术观——《海佩丽安》/第二讲　英吉利文学：小说　司各脱——长篇连续小说第一部：《威佛莱》——历史感情和地方色彩——典型人物的创造——关于速成和多产——艺术观——奥斯顿——六篇小说——狄更斯——他的成就——《大卫·考贝菲尔》——萨克莱——布伦忒家三姊妹——加斯克尔——爱略脱——查理·里脱——梅列笛斯——哈代——故事的传奇性——史蒂芬荪——《宝岛》和《罗滨逊·克罗梭》——其他作家/第三讲　法兰西文学：小说（一）　夏多勃里安——对于思想界的贡献——施塔尔夫人——她的社会观——雨果——新兴文坛的偶像——浪漫主义的理论——戏曲《爱尔那尼》——打破三一律——小说《悲惨世界》——巴尔扎克——写实的和浪漫的——广泛的人生题材——大仲马——小仲马——问题剧和观察剧——乔治·桑——对于时代传统习惯的反抗——阿那托尔·法兰西——斯当达尔——梅里美——龚古尔兄弟——罗曼·罗兰/第四讲　法兰西文学：小说（二）　弗罗贝尔——写实主义的先驱——艺术观——“一语说”——小说《波娃丽夫人》——他的贡献——莫泊桑——超越了弗罗贝尔的艺术成就——《漂亮朋友》——独白——艺术的二重性——左拉——左拉与莫泊桑的差别——《罗贡·麦加尔丛书》——《酒店》——自然主义的艺术内容和手法——一些非难——浪漫主义的气质——理想主义者——〔附〕波特莱尔——诗集《恶之华》——近代的悲哀/第五讲　德意志文学　十八世纪末叶的德国文坛——克鲁伯斯笃克——惠兰曼——海台尔——莱森——产生伟大作家的基础——歌德——他的生涯——《少年维特之烦恼》——对于时代的反响——《浮士德》——柳依斯的评价——克鲁偕的话——席勒——诗剧《强盗》——《伏伦司丹英》及其他——德国浪漫思潮的具体表现/第六讲　俄罗斯文学　近代俄罗斯文学的创始者——普希金——幼年时代的文学修养——放逐前后——《拉斯兰和露德美娜》——它宣告了伪古典主义的死亡——关于恋爱——韵文小说《爱佛基尼·俄尼叶琴》——莱蒙托夫——自由的爱好者——克鲁泡特金解释他的厌世主义——善的追求——爱祖国——果戈里——《死灵魂》——社会原素和社会批评——写实主义的创始者——契珂夫——高尔基——安特烈夫——库普林——阿志巴绥夫——珂罗连科/第七讲　俄国文学三杰　屠格涅夫——在法兰西——他的为人与艺术——反农奴制度者——《路亭》——创造历史的典型人物——写实主义者和世界主义者——杜思妥益夫斯基——多产的作家——《穷人》——梅列仇科夫斯基的话——《罪与罚》——渥尔孔斯基论艺术——“新的启示”——托尔斯泰——自我的写照——思想及其艺术观念——宗教意识——《复活》——克鲁泡特金的批评——托尔斯泰主义/第八讲　比利时文学　从十九世纪的六十年代开始——德高司脱——《台尔爱伦斯皮格尔》——罗登巴哈——《死的布吕纪》——叶克霍德——《爱的渴望》——鲁穆尼——对农民的态度——象征主义作家梅特林克——“静剧”——悲剧观——一八九六年前后——维尔哈伦——诗集《多样的光辉》——自由诗/第九讲　北欧文学（丹麦·挪威·瑞典·芬兰）　从丹麦说起——荷尔培尔——厄楞士雷革——安徒生——批评家勃兰兑斯——近代挪威文学的三个时代——味革兰和蕙尔哈文——郁纳斯·李和

克兰特——般生——迦尔波格——克剌格——包以尔——哈姆生——“瑞典诗人”斯推尔海尔谟——滕内耳——芬兰女作家布雷麦——鲁涅堡——史特林堡——妇女憎恶者——拉革勒夫——易卜生——“世界近代文学之父”——《加特林》——《勇士之墓》——社会剧——偶像破坏主义者——艺术的特质/第十讲 南欧文学（意大利·西班牙） 福斯科罗——雷奥帕第——曼锡尼——卡杜美——维尔加——丹农锡乌——佩品尼——马利内蒂——蔼立科——邓南遮——福格扎罗——强波里——德列达——亚米其斯——其耶拿——亚塔勒格丽——蔼启加拉伊——卡巴雷洛——亚拉尔贡——佩累达——法里拉——加尔陀斯——勃尔台斯——巴冉——厄司普伦妥达——卡莫浦麦——巴洛耶——乌奈莫诺——伊本涅滋——因克莱——亚石林

《西洋近代文艺思潮讲话》

史著，署名徐伟，上海世界书局1943年11月初版

目次：第一讲文艺思潮的源流 艺术的花朵·文艺潮流的相互作用·三种思想运动·文艺复兴的意义·“无知乃信仰之母”·伟大革命的导火线·上二三世纪欧洲享乐源泉的倾向·另外三大因素·以人类为中心的生活态度·宗教改革运动·关于马丁路德·一个解放灵魂的难题·苦闷和祈祷·启蒙期思潮的根底·发展的路径·唯理的，经验的和唯物的·近代文明的动力/第二讲古典主义 古典的和浪漫的·古典主义的特质·社会的目的，一般的表现，道德的倾向·尼志和特尔刚的解说·巴德拉的意见·古典主义作家和社会大众的关系·产生的时代背景·拟古的作风，规律的形式，理性的思维·它的缺点和长处·一般学者对于古典主义的误用·司登霍尔和小泉八云的偏见·黑格尔的解析·各国的古典主义作家/第三讲浪漫主义 卢梭的“回到自然”的呐喊·对于浪漫主义的解释·浪漫主义和古典主义的比较研究·司登霍尔，圣志倍利，考尔文和海其的意见·浪漫主义运动在各国起伏的状况·英国的诗坛革命·“三大湖畔诗人”·英国浪漫主义的特色·德国的浪漫主义及其特色·“狂飙时代”·法国在一八三〇年·最有理论体系和最有组织的法国浪漫主义运动/第四讲现实主义（附自然主义） 改变空漠理想而正视现实世界的思潮·思潮的追溯·从柏拉图，拉布雷，卢梭以至巴尔扎克和弗罗贝尔·使浪漫主义转向到现实主义的原因·现实的，科学的和实验的文明·现实主义和自然主义的差别·两者的特征·左拉的创作·构成论·现实主义的内容题材和描写的方法态度问题·改造社会的力量/第五讲积极的现实主义 改造自己和改造社会的艺术·积极的现实主义具备着社会的，政治的乃至道德的倾向·贵族兼地主的产物·无产贵族走上了俄国文坛·斯拉夫党和西欧党，那罗多尼基派和马克思派·作为民众的朋友和社会的导师的作家·作家的责任和目标·新的描写对象：解剖农民生活之谜·“从绝望创造希望，从无援暗示得救”·社会生活的改造精神/第六讲新浪漫主义 世纪末的文艺思潮·世纪末文学的一般特色·诺尔陶的消极人生论·杰克生的人生肯定论·一八九O年代·一种心境情绪上的表示·本间久雄的批评·“新”艺术的创造·新浪漫主义的主要内容·俄国的“托斯卡”·“世界苦”的意义·契珂夫，安

德烈夫和初期的高尔基的作品·产生厌世思想的社会根据·向上和向下两方面的发展/第七讲颓废派　颓废派的范围和特征·反科学的精神·极端的自我崇拜者·技巧偏重·无感觉的或艺术至上的·将丑恶和黑暗当作美感而描写·形式上的“暧昧学说”·西蒙史给“颓废”的解说·杰克生的说明，并对于英国颓废派的意见·波特莱尔及其作品之评价·范来奴的诗·颓废派的功过·“在时代关系上它却是唯一向上的运动”/第八讲象征主义　象征主义在法国·象征主义的由来·它的意境，倾向和内容·象征主义的创作——一种器官和神经意识的活动·蒂理契的话·运动的先驱及其后继者·由厌世的宿命论者而转变为生之乐观者的梅特林克·童话剧《青鸟》的内容·罗慈的分析·写作《青鸟》的象征手法·关于象征诗人维尔哈仑·象征诗的音乐性质及其他/第九讲唯美主义　英国文坛的惰性·唯美主义运动的史的追溯·四种产生的要素·拉非尔前派运动的起来·反因袭主义·卢色蒂的文学杰作《诗集》·感觉的色彩和灵的特色·灵肉合致说·比德的快乐主义所包涵的艺术至上主义·莫理思的生活美化思想所包涵的以改造社会为基础的个人主义·法国颓废思想的影响·唯美主义的要点·《杜莲格莱的画像》/第十讲文艺思潮的转向　由思想的绝望而加强了社会的意识·欧洲整个思想界的变动·一九一四年的战争同时也击破了“艺术的宫殿”·人道主义的斗士罗曼罗兰·巴蕾的《克莱郎鲍尔》·巴比塞的《火线下》·德国的表现主义运动·英国文艺的社会意识·苏联的无产者文艺·关于“社会主义的现实主义”·北欧文坛的转向·意大利的反但农雀陶醉艺术的主知主义运动·西班牙的革命艺术·文艺思潮转变的途径/后记（编者）

《少年知识故事》

故事集，与司徒宗、孔另境、锡金、沈子复合集，上海中国书业公司1945年3月初版，列入少年文库

目次：开场白——给少年的师长和家长们（范泉）/地球的故事（司徒宗）地球为什么是圆的·南极和北极·经线和纬线·热带和寒带·世界七大洲·中国的地理·从亚洲到欧洲·关于非洲和美洲·一个探险队/人类的故事（孔另境）从猴子说起·一个骷髅·“北京人”·几万万年以前·绿细胞和白细胞·会走路的鱼·恐龙·蜥蜴及其他·猴子和猩猩·“人猿”·将来的人类/生活的故事（范泉）余小风的月记·开学·木匠的儿子·张七的生日·“故事大会”·胖子的爸爸和瞎眼的爸爸·寒假·女先生·给生活压瘪了·一把锋利的小斧头/文学的故事（锡金）爸爸的先生·妮妮的先生·妈妈的先生·先生的先生·人类的先生·不识字的文学家·从口头文学到记录文学·劳动是文学的摇篮·真正的文学作品/科学的故事（沈子复）一场奇怪的梦·“兰心园”·亚里士多德·迦利略·实验第一·牛顿老先生·美国的爱迪生·全世界的科学家们·礼物——一颗努力的心

《战争与文学》

论著，上海永祥印书馆1945年5月初版，1946年2月再版，列为青年知识文库第一辑第十四种

目次：上篇　方法论文学的创造/文艺史学的研究/关于文艺思潮/论心灵文学/基督教文学/论苦闷的象征/再论苦闷的象征/战争与文学//下篇　作品论谈《哀史》/论《罪与罚》/《一九一〇年》/《冰岛渔夫》/《夜店》的主题/关于《塔拉斯·布尔巴》/论《生死劫》的尾巴//附记

《中国民族的由来》

史著，署名林炎，上海永祥印书馆1945年6月初版，1947年2月再版，列为青年知识文库第一辑第三种

目次：上篇　中国民族的由来小引——玄学意味的传说——社会进化观——东来说的根据——南来说和北来说——西来说：论证的不足——西亚·中亚——"不可知"主义——科学研究的展开——彩绘陶器及其它——安徒生的推断——鬲式的三足陶器——一个代表：沙发诺夫——从中国的古籍看——北京猿人——中国民族的行踪——可能的事实/下篇　中国社会史的分期小引——中国的社会史之谜——科学的解剖力——唯物史观的方法基础——分期问题——郭沫若的意见——胡秋原的意见——李季的意见——杨东蓴的意见——陈邦国的意见——王宜昌的意见——熊得山的意见——周谷城的意见——陶希圣的意见——钱亦石的意见——吕振羽的意见——杜畏之的意见——桑谷克己的意见——佐野袈裟美的意见——归结——我们的意见——氏族·奴隶·封建——封建社会的始末——目前和未来的问题

《中国原始社会研究》

史著，署名郑子田，上海永祥印书馆1945年8月初版，1947年8月再版，列为青年知识文库第一辑第四种

目次：上编　原始共产社会北京猿人的文化程度——原始社会的生产技术——采集经济·渔猎经济——原始的生产技术——原始社会里的男女——莫尔干的解说——中国初期原始社会——火的发现——火与人类文化的发展——中期和上期的分界线——原始社会的艺术——歌唱·音乐·游戏——关于"原始逻辑"/下编　氏族社会社会发展和社会过渡形式——"图腾制"——科学的判断——畜牧的开始——农耕经济——氏族制度的内容——氏族·种族·部落——母系氏族时代——从群婚到对偶婚——父系氏族制度

《语言和文字》

论著，署名刘宇，上海永祥印书馆1945年8月初版，1947年8月再版，列为青年知识文库第一辑第六种

目次：语言文字的发端和发展/杂论文字的功用/语言和文字的关系/文言文·白话文/文字的各种表现形式/内容和形式的统一

《社会史话》

史著，署名金雷，上海永祥印书馆1945年10月初版，1947年9月再版，列为

青年知识文库第一辑第一种

目次：第一章　思想·语言·工具/第二章　人类底社会性/第三章　劳动和生产/第四章　原始的“人”和“群”/第五章　氏族结集体/第六章　从母系到父系/第七章　共产村落的崩溃/第八章　社会的封建性/第九章　被榨取阶级/第十章　国王·臣属·农奴/第十一章　中世纪的城市/第十二章　国家和法律/第十三章　封建思想/第十四章　新的萌芽

《绿的北国》

散文集，上海永祥印书馆1946年1月初版，1946年4月再版，1948年4月三版，列入文学新刊第一集

目次：Ⅰ秋雪/三个蒙古人/绿的北国/风沙//Ⅱ挣扎/愤怒的火炎/给——/拾荒者//Ⅲ原野·火/篝火//Ⅳ星花/春雷/朝雾/黎明//Ⅴ母亲/故土鸿雁/胡不归//Ⅵ胡须//Ⅶ虎/熊/猫/鱼//Ⅷ春/江水/桥//Ⅸ轻烟/忆/梦和现实/初恋//Ⅹ蒙古草原

《文学源流》

论著，上海永祥印书馆1946年3月初版，1948年2月再版，列为青年知识文库第二辑第三种

目次：埃及的古代文学　一王朝的区分/二文字和书写/三古代诗文//巴比伦和叙利亚文学　一两国的交替/二汉姆拉毕法典/三古文学断章//波斯文学　一绪言/二初期和中期的文学/三阿柏斯王朝文学//初期阿剌伯文学　一绪言/二英雄时期/三展开时期/四黄金时期

《哈巴国》

中篇童话，上海永祥印书馆1946年4月初版，12月再版，1948年3月三版，列为少年文库第一种

《浪花》

短篇小说集，上海永祥印书馆1946年4月初版，1948年2月再版，列入文学新刊第二集。

目次：浪花/白色的山脉/债/陆大昆/五月/鼻涕

《记台湾的愤怒》

散文，上海文艺出版社1947年3月初版，列为文艺小丛刊第一种

《创世纪》

散文集，上海寰星图书杂志社1947年7月初版，列入寰星文学丛书第一集

目次：创世纪/Ⅰ黑白画：甲斐军曹/山本安太郎/井上丰/吉田秀雄/野口喜三八//Ⅱ苦难的时代：小狮子/九月十八日/盖世太保/凋残//Ⅲ烙印：怀夏丏尊先生/悼

念耿济之先生/记丘东平/关于无名氏//Ⅳ交响曲：记朝鲜作家/台湾诗人：杨云萍/记台湾的愤怒。

《神灯》

传说故事集，上海中原出版社1947年12月初版，列入少年文学丛书

目次：巨人的死/猿人/太阳和月亮的故事/乌龟的智慧/女人岛/愚笨的人/猎人和小鹿/老狼的故事/虹/芭蕉的愤怒/金手杖/乌鸦和翠鸟/“极乐世界”/纸鸢的尾巴/神灯/附录：关于高山族的传说

《幸福岛》

中篇童话，上海中原出版社1948年4月初版

《翻身的日子》

散文集，上海中原书店1949年8月初版

目次：音乐/翻身的日子/人像/雨/碉堡/马戏/浩瀚的海/哈多行/后记

《社会发展史话》

论著，上海永祥印书馆1949年8月初版

目次：第一部　社会史话/第二部　中国民族的由来/第三部　中国原始社会研究/关于本书（范泉）

《创作论》

论著，上海永祥印书馆1949年9月初版

目次：第一章关于创作二三事　一艺术·创作/二狭义的创作观/三短篇小说四雏型/四从小说的涵义研究/五哈米尔顿的主张/六几点解说/七长篇·中篇·短篇/八作家和创作方法//第二章作为创作家的几个条件　一创作家和模仿家/二心的纯雅性/三强烈的幻觉/四生活实践·生活反映/五斯蒂芬孙的“感化”/六从隐士到斗士/七“一个伟大的观察家”/八思想、人格和人生观/九自我表现的力量//第三章题材的发掘和把握　一“文学后面的冲动”/二创作的三个阶段/三打倒差不多主义/四关于小说《华威先生》/五布拉克武德的灵感说/六从梦境和谈话里获得题材/七《八百壮士》和《未死的兵》/八杂谈观察/九由作家自己主演小说/十作品的创造和伪造//第四章小说的各种结构形式　一小说的几个组成部分/二有力的悬疑/三一个例证：奇谈/四“过程”的中心发展/五另外三个原则/六转向高潮点/七结构的性质和目的/八单一斗争和错综局面/九排列的方法/十倒序法·混合法//第五章主角·视点·情景创造　一主角的选择和创造/二视点问题/三“我”/四客观的和主观的/五莫伯桑和威廉士的意见/六变更小说的视点/七背景的创造/八动作描写//第六章人物的描写　一创造并表现人物/二《水浒》和《子夜》的写作准备/三方法论/四姓氏·服饰·历史/五心理分析和心理叙述/六自我表现的方法/七节约化、调匀化和统一化/八选取

普通的人物/九描写人物的范围/十情绪和性质的表现/十一从事件和对话看人物//第七章对话、情绪及其他　一对话和会话/二关于独白/三第一个要素：自然/四“活的语言”/五可信和有味/六小说的情绪/七悲剧情绪的内容/八笑的心理学/九地方色彩和空气小说/十伟大作品的产生

《苏联的职工会》

政治读物，署名徐庄，与若柳合作，上海永祥印书馆1949年12月初版，1951年3月再版

目次：和资本主义国家职工会不同/苏联职工会的一般任务/战后苏联职工会新的工作方向/保证献出全力奋斗/苏联职工会是怎样壮大的/粉碎了叛徒们的阴谋/新经济政策下职工会的作用与任务/会员减少是进步/事实证明说服方法的成功/职工会的国际主义精神/苏联职工会的组织/职工会最基层组织/卡加诺维奇工厂委员会/行政管理当局与职工会关系/严格监察行政管理当局/集体合同及特别契约/合同争执解决的具体事例/检查集体合同执行的实例/苏联职工会的赞助制/苏联职工会内部的监察机构/苏联职工会的民主基础/工作好也要改选/严格遵守民主原则/职工会的积极分子/职工会的民主集中制/热闹的日子/职工会小组组长/职工会小组成功的秘诀/职工会小组会议/苏联职工会干部的培养/职工运动学校/组织社会主义竞赛/提前完成战后五年计划/集体斯达哈诺夫运动/生产会议/职工会与生产会议/职工会的文化教育工作/职工会的基本教育组织/文化馆与文化宫/塔什干市红霞缝纫工厂俱乐部/生产技术教育/红色俱乐室/职工会图书馆/职工会里的学习组织/为了儿童/职工会文教活动经费/职工会的报纸/斯达哈诺夫工作者星期二/各工厂职工会报纸/职工会的体育业绩/职工会管理保险/职工积极参加保险工作/保险经费/受保障的种类/暂时失去劳动能力者的补助金/残废补助金/养老金的规定/对职工的医疗设施/疗养院和休养所/对妇女劳动的保护/第一件重要文献联共（布）党中央委员会一九二二年一月十二日的决议案/第二件重要文献苏联职工会章程（一九四九年四月二十七日通过）/附录：苏联的工会工作（一九四九年十一月十六日报告索洛维耶夫）

《苏联工人——生产战斗和生活情况》

政治读物，署名徐庄，上海永祥印书馆1950年1月初版，1953年3月四版

目次：第一章在革命的行列里　旧俄时代农人活不了·从农人变成了工人·帝俄时代工人生活的痛苦·工人开始革命斗争·彼得堡工人请愿书·不断的流血斗争·俄国工人的胜利/第二章从战时共产主义到新五年计划　战时共产主义时期的苏联工人·反动派倒了下去·一片残破的景象·一部分工人熬不牢了·新经济政策的成功·工人入党的热潮·工资的直线上升·四个五年计划的成果·伟大卫国战争时期的苏联工人·把废铁变成机器/第三章在生产的战线上　是工人也是股东·纪律为了维护大家和自己的利益·和工作发生了感情·工厂的民主管理·工作时间·工厂不是疾病残废养成所·机器不吃人肉·社会主义竞赛·斯达哈诺夫运动·现阶段的竞赛·不让一个人落后·不容有一点故障·不愿一分钟浪费·时间的母亲·跑到日

历前面·机械再生出机械·机械化一瞥·头等货运动·为节约而斗争·超计划积累·从一个卢布来看·合理化建议运动/第四章工资和吃穿住　各尽所能各取所值·工资的不断增加·工资的分级和计算·合理的订定工资等级·计件工资的算法·精神部分的工资·养老金及其他·吃穿怎么样·宿舍好像旅馆·“他们都不结婚了”·铁路工人的特殊优益·一个简单的统计/第五章学习娱乐和休养　不断引导人们前进·为了人民而教育人民·工厂的夜大学·在工作中学习·工人变成工程师·科学家和工人合作·工人兼文学家·工人文娱机构·休息所和疗养院·旅行游览站及其他·在休息日·幸福有保障·休息娱乐也不忘生产·围绕着一个任务·国际主义的战士/第六章苏联的女工　女工工作广泛·工作成绩会差吗·铁路女工·对女工的爱护/附录：苏联国营、合作社经营、企业或机关的职工内部劳动秩序管理规则/后记

《绿的北国》

散文集，台北成文出版社1980年7月15日初版，列入中国现代文学创作丛刊第1辑

本书系上海永祥印书馆1946年1月版的重版，所收篇目一仍其旧，唯第Ⅶ辑四篇题名分别改为《老虎》、《黑熊》、《野猫》、《金鱼》，并前加《中国现代文学创作丛刊序》（孙陵）、《本书作者》、《本书题记》三篇。

《文海硝烟》

散文集，黑龙江人民出版社1998年5月初版，列入文坛漫忆丛书

目次：主编者的话（陈青生）/在硝烟中拼搏——《文海硝烟》题记//第一辑　记郭沫若/记茅盾/记夏丏尊·叶圣陶//第二辑　邂逅鲁迅先生/悼念耿济之先生/巴金佚诗的发现经过/记王统照//第三辑　闻一多·朱自清·吴晗/偃蹇苍松惯傲霜——记许杰一生的文学活动/记艾芜——一个苦了一辈子、写了一辈子的作家/雪压乔林同一色——回忆我和另境相处二十年的往事/徐迟琐忆/靳以谈两篇小说/萧红的死/悼念陈学昭/戴望舒和他的作品——答李福眠同志/邵子南和作品社/季镇淮和《中国近代文学大系》/冯玉祥和他的丘八诗/邵力子和新春随笔/记贺宜/记杨逵/赵家璧寻根/回忆出版家周铭谦/林放二题/吕思勉轶事/忆池宁//第四辑　我编《作品》半月刊/回忆“孤岛”时期的文艺战友们/迎着敌人的刺刀——我编《文艺春秋从刊》的回忆/一段受尽磨难的艰苦经历——我在永祥印书馆工作的回忆/青海流放记/我差点挨揍——流放青海的第一件事/我在青海三十年的文艺活动/我至今还活着//第五辑　岭上梅开大地春——参加第四次作代会的一点感想/为中国近代文学塑像——《中国近代文学大系》编纂历程/中国现代文学史侧写——《中国现代文学社团流派辞典》前言/金色的晚晴在熠熠闪光——《文化老人话人生》题记/一套永久保存的书——《世界少年文学名著故事丛书》新版题记/《世界少年文学名著故事丛书》导读/世界上最长的一部史诗/探寻历史尘埃的珠宝/现代弦高的真实写照//后记（吴峤）

《遥念台湾——范泉散文集》

散文集，台北人间出版社 2000 年 2 月初版

目次：在硝烟中拼搏（代自序）/范泉致陈映真信/序（陈映真）//一、遥念台湾记台湾的愤怒/许寿裳在台大遇害/记杨逵/台湾诗人杨云萍/哭台湾作家蓝明谷/论台湾文学/台湾戏剧小记/台湾高山族的传说文学//二、绿的北国雨/拾荒者/风沙/马戏/甲斐军曹/吉田秀雄/三个蒙古人/蒙古草原/哈多行/浩瀚的海/篝火/鱼/猫/胡须/绿的北国//三、青海流放记我编《作品》半月刊/迎着敌人的刺刀——我编《文艺春秋丛刊》的回忆/一段受尽磨难的艰苦经历——我在永祥印书馆工作的回忆/我看朱生豪/青海流放记//四、附录范泉致陈映真信（之二）/范泉致陈映真信（之三）/一生痴迷文学的父亲（徐海安）//后记（吴峤）

《范泉编辑手记》

杂著，钦鸿编，中国文联出版社 2004 年 5 月初版

目次：序（陈辽）//编辑自述　我编《光华附中》半月刊/我编《作品》半月刊/回忆“孤岛”时期的编辑生涯/我编《文艺春秋》的感想/我编《文艺春秋丛刊》的回忆/一次文艺工作的报告/我在永祥印书馆工作的回忆/我编《中小学语文教学》/《中国近代文学大系》编纂历程/我编《中国近代文学大系》/《中国现代文学社团流派辞典》前言/我编纂《中国现代文学社团流派辞典》的动机和设想/《文化老人话人生》题记/一部全息式形象文献的诞生//编辑附语　《作品》编辑记/《中美日报·堡垒》编辑记/《中美日报·堡垒》编者按/《中美日报·堡垒》启事/《中美日报·集纳》编辑记/《文艺春秋》编后/《文艺春秋》编者按/《文艺春秋》启事/《青年知识文库》启事/1946 年《文艺年鉴》征求各地文艺出版物报导启事/时代的脉搏——写在《新人推荐号》卷首/关于三篇边疆小说/《文艺春秋副刊》编者的话/《文艺丛刊》启事/《星岛日报·文艺》编者按/《中小学语文教学》编后记/《中小学语文教学》编者按/《中小学语文教学》启事/《中国近代文学大系》编辑设想/《〈中国近代文学大系〉编辑工作信息》编辑记/《〈中国近代文学大系〉编辑工作信息》编者按/《〈文化老人话老年〉编辑工作情况》编辑记/《〈文化老人话老年〉编辑工作情况》编辑按/朱生豪“小言”的编选说明//广告信息　范泉著译作品广告/书籍广告/文艺春秋/文艺广播/作家近况/《中国近代文学大系》出版信息//日记书信　日记（1987—1997）/汇报和希望/致时萌/致钦鸿/致楼适夷/致郑晓芳/约稿信//主要报刊丛书书籍目录　《作品》目录/《中美日报·堡垒》目录/《生活与实践丛刊》目录/《中美日报·集纳》目录/《文艺春秋》目录/《文艺春秋副刊》目录/《文艺丛刊》目录/《星岛日报·文艺》目录/《中小学语文教学》目录/《〈中国近代文学大系〉编辑工作信息》目录/《〈文化老人话老年〉编辑工作情况》目录/丛书和书籍目录//附录　尘封已久的一颗明珠——记范泉主编的《文艺春秋》（钦鸿）/叔父纵谈《中国近代文学大系》（徐宗琏）/《中国近代文学大系》诞生记（俞子林）//编后记（钦鸿）

《范泉文艺论稿》

论著，钦鸿编，中国戏剧出版社 2004 年 6 月初版

目次：序（陈鸣树 潘颂德）//文艺纵论 鉴赏力论/关于菊池宽的《创作修业论》/《关于菊池宽的〈创作修业论〉》讨论/论安徒生加乐尔爱罗先珂三大童话家之思想与艺术/周作人新论/抗建与文艺倾向/表现上海的文艺题材/文化与战斗/雾中的戏剧季——《清宫外史》等四剧目述评/论台湾文学/台湾戏剧小记/台湾高山族的传说文学/新儿童文学的起点/论儿童文学/艺术创造和形象思维/新闻文学和新闻美学/深入生活，为建设社会主义精神文明而创新——学习《在延安文艺座谈会上的讲话》札记/论艺术反映——学习《在延安文艺座谈会上的讲话》漫写/略谈近代翻译文学的爱国主义选题//创作论序 第一章 关于创作二三事/第二章 作为创作家的几个条件/第三章 题材的发掘和把握/第四章 小说的各种结构形式/第五章 主角·视点·情景创造/第六章 人物的描写/第七章 对话、情绪及其他//战争与文学 上篇 方法论文学的创造/文艺史学的研究/关于文艺思潮/论心灵文学/基督教文学/论苦闷的象征/再论苦闷的象征/战争与文学/下篇 作品论谈《哀史》/论《罪与罚》/《一九一〇年》/《冰岛渔夫》/《夜店》的主题/关于《塔拉斯·布尔巴》/论《生死劫》的尾巴/附记//文学源流 埃及的古代文学/巴比伦和叙利亚文学/波斯文学/初期阿剌伯文学//域外文坛 朝鲜的戏剧运动/论朝鲜作家/关于黑人文学/印度剧的起源及其发达/日本文化界当前的工作/战后日本的出版界/日本文坛近事录/安南的舞剧/暹罗的舞剧/蒙古小说//编后记（钦鸿）

《斯缘难忘》

散文集，钦鸿编，湖南教育出版社 2007 年 4 月初版，列入开卷文丛第三辑

目次：第一辑 文坛师友鲁彦之死/纪念鲁迅逝世八周年/哀辞——夏丏尊先生和《鲁迅传》/纪念和保卫鲁迅先生二三事/八年来的上海文艺工作者/记丘东平/杨云萍/关于无名氏/迎艾芜·黎烈文/艾芜的最后冲刺/悼念许寿裳先生/刃锋画展/沉痛悼念茅盾先生/失而复得——关于茅盾十二岁时文稿的发现/在茅盾身边的日子——纪念茅盾诞辰一百周年/《茅盾传略》的时间差/访九旬高龄的编委陈子展和伍蠡甫教授/切不断的哀思——纪念王知伊兄/沉痛悼念潘予且老师/吕思勉纪实/出污泥而不染——三篇悼文给朱自清先生定位/激越挥毫一百年/访叶圣老——关于叶老给本会题字的一点说明/与光华同始终——缅怀张寿镛校长/访问施蛰存/访问巴金/走向世界——悼叶君健/不堪中道失良师——哀郭丽川先生//第二辑 人生漫步我的名字/北行散记·家/张家口和味の素及其他/母亲/故土鸿雁/胡不归/春/忆——十二年/夜斗垃圾坑——青海三十年生活片断之四/书缘——我与上图十五年纪事/装点江山似彩虹//第三辑 序跋随笔赵景深译的《女人的王国》/黎锦明著的《失去的风情》/读《现代》五卷三期后——论半文半白的文体/《文章》前记/《西洋近代文艺思潮讲话》后记/《爱与死》校后记/关于《鲁迅传》/《鲁迅传》附记/关于《鲁迅传》的一点事实声明/《团的儿子》附记/《金表》附记/《爱的教育》附记/《童年》附记/鲜花——序胡牧著《结冰的日子》/读《我的诗生活》/论出版文化及其他/

《绕口令唱词》序//编后小记（钦鸿）

《范泉晚年书简》

书信集，钦鸿编，大象出版社2008年11月初版，列入大象人物书简文丛

目次：序（贾植芳）//致孔海珠（三封，附致孔另境一封）/致周国伟（一封）/致宋清如（四封）/致臧克家（十七封）/致李何林（一封）/致李丹（六封/致骆宾基（四封）/致钦鸿（十封）/致朱金顺（二封）/致张广德（一封）/致林焕平（二封）/致卢玮銮（八封）/致丁言昭（一封）/致欧阳文彬（七封）/致萧干（二封）/致张其栋（十五封）/致徐宗琏（四封）/致尹建民（六封）/致潘颂德（四封）/致陈松溪（一封）/致楼适夷（十二封）/致刘竞程（七封）/致贾植芳（十封）/致叶至善、叶至诚、叶至美（一封）/致陈鸣树（二封）/致时萌（三封）/致《新文学史料》编辑（一封）/致刘晓林、尹建民（一封）/致丁景唐（一封）/致周而复（一封）/致陈左高（二封）/致郑晓芳（一封）/致冯至（十封）/致艾芜（一封）/致陈丙莹（一封）/致刘为民（三封）/致谭启龙、严永洁（二封）/致姚雪垠（一封）/致端木蕻良、钟耀群（三封）/致毛微昭（五封）/致姚可昆（一封）/致范秀源（二封）/致范春梅（一封）/致顾巴彦（二封）/致冯姚平（三封）/致许杰（一封）/致蒋星煜（一封）/致沈蓉（三封）/致柯益烈（一封）/致李福眠（六封）/致彭卫国（二封）/致俞子林（四封）/致徐海安（二封）/致陈宁（一封）/致张咏梅（一封）/致吴士珍（四封）/致卢有泉（四封）/致韩石山（七封）/致范笑我（六封）/致徐开垒（二封）/致任访秋（一封）/致谢泳（一封）/致陈青生（五封）/致林宏（一封）/致徐平（二封）/致刘以鬯（一封）/致顾军（五封）/致魏洪超（二封）/致陈积鸿（三封）/致董宁文（二封）/致朱尚刚（八封）/致范用（一封）/致王一桃（六封）/致范亦豪（二封）/致葛中义（二封）/致江曾培（二封）/致横地刚（七封）/致王果（一封）/致罗君策（一封）/致陈映真（三封）/致杨飞（一封）/致陈漱渝、王世家（一封）/致《文汇读书周报》编辑（一封）/致曾健民（一封）/致刘金（一封）//编后记（钦鸿）。

二、翻译部分

《复活》

小说，俄国托尔斯泰原著，上海启明书局1936年初版

《文章》

随笔集，日本川端康成原著，上海复旦出版社1942年12月10日初版，列为复旦大学中文组读物丛刊第三种

目次：前记（译者）/四张桌子/文章/关于文章/现代日本作家的文章/旅中文学感/五月手记

《朝鲜春》

散文集，朝鲜张赫宙原著，上海文星出版社 1943 年 1 月 26 日初版

目次：前记（范泉）//我底作品的成因//春来时节/朝鲜的春/春愁/夏的朝鲜风景/朝鲜的冬/美丽的朝鲜/幼时的西川/洛东江//自然和人/蛇毒/希望再见的人//旅情/海印寺纪行/北鲜之旅/春香和梦龙/悲剧的青春//朝鲜文学界的现状/朝鲜文坛的代表作家/今日的朝鲜文学/明日的朝鲜文学

《断片》

随笔集，日本岛崎藤村原著，上海复旦出版社 1943 年初版

《黑白记》

长篇童话，朝鲜张赫宙原著，上海永祥印书馆 1946 年 4 月初版，1948 年 2 月再版

目次：题记（范泉）/坏良心的黑宝/白宝是个好人/给哥哥打了以后/可怕的预约/正直就是财宝/被救的燕子/燕子的王帝/巴卡基的种子/宝物出来了/贪心的黑宝/黑宝扮了一条蛇/燕子的王帝愤怒了/复仇的种子/不可思议的客人/黑宝依旧是黑宝/白宝的爱是伟大的

《朝鲜风景》

本书系《朝鲜春》（朝鲜张赫宙原著）的重版，全书除译者范泉之《前记》未收外，其余均一仍其旧，由上海永祥印书馆 1946 年 7 月初版，1948 年 1 月再版，1950 年 1 月三版，同年 5 月四版，列入文学新刊第三集。台北新文丰出版公司 1982 年 8 月重版

《鲁迅传》

传记，日本小田岳夫原著，上海开明书店 1946 年 9 月初版，1946 年 11 月再版，1947 年 4 月三版，同年 12 月四版，1949 年五版、六版

目次：关于《鲁迅传》（范泉）/序章/清代　第一章幼年及少年时代/第二章日本留学/第三章乡里生活/辛亥革命以后　第四章北京·沈默/第五章《呐喊》/第六章《彷徨》/国民革命以后　第七章厦门行/第八章广东受难/第九章上海生活（一）/第十章上海生活（二）/第十一章上海生活（三）——晚年/第十二章从万国殡仪馆到万国公墓/附录鲁迅著作年表/附记（译者）。

《孩子和花》

小品文集，日本中野重治原著，上海中原出版社 1947 年初版

三、编译缩写部分

《吉诃德先生传》

小说，西班牙M·塞万提斯原著，根据傅东华中译本（商务印书馆1939年版）缩写，上海永祥印书馆1948年4月初版，同年8月再版，9月三版，10月四版，1949年2月五版，1950年8月六版，列入少年文学故事丛书第一集

目次：一、拉曼却的吉诃德先生/二、第一次出发/三、打了败仗回来/四、第二次出发/五、冲进了羊群的阵地/六、劫夺金盔/七、解放一群奴隶/八、恋爱的故事/九、大战皮酒囊/十、一辆囚车回到了家里/附记（范泉）

（后经修订，易名为《堂吉诃德先生》，由长春时代文艺出版社1997年8月初版，列入世界少年文学名著故事丛书。目次为：导读/准备做骑士/第一次出发/打了败仗回来/第二次出发/与羊群作战/劫夺金盔/解放一群奴隶/恋爱的故事/大战皮酒囊/坐囚车回家/新版附记。）

《鲁宾孙漂流记》

小说，英国D·笛福原著，根据汪原放中文全译本（建文书店版）和顾均正、唐锡光中文译述本（开明书店版）缩写，上海永祥印书馆1948年4月初版，同年9月三版，10月五版，1951年4月七版，列入少年文学故事丛书第一集

目次：鲁滨孙漂流记（1—11）/附记（范泉）

（后经修订，易名为《鲁宾逊漂流记》，由长春时代文艺出版社1997年8月初版，列入世界少年文学名著故事丛书。目次为：导读/漂流/探查/荒岛上/劳作/新的洞窟/吃人肉的人/“星期五”/老练的水手/拯救俘虏/准备向大船进攻/得救/新版附记。）

《木偶奇遇记》

童话，意大利C·戈洛笛原著，根据万人丛书的英译本和徐调孚中译本（开明书店1928年版）编译，上海永祥印书馆1948年4月初版，同年8月二版，9月三版，10月四版，1949年2月五版，1951年4月七版，列入少年文学故事丛书第一集

目次：一从前有一段木头/二做了木偶以后/三一双新的脚/四到学校里去/五五块烁亮的金洋/六蹉到了刺客/七金洋终于给偷了/八做了一只望夜狗/九又遇到了青发仙子/十第一次进学校/十一玩物国/十二做了驴子以后/十三在狗鲨鱼的肚子里/十四结局/附记（范泉）

（后经修订，由长春时代文艺出版社1997年8月初版，列入世界少年文学名著故事丛书。目次为：导读/会说话的木头/做了木偶以后/一双新的脚/上学的路上/五块金币/蹉到了劫匪/金币终于给偷了/做了望夜狗/又遇黑发仙子/第一次进学校/到了玩物国/做了驴子以后/在狗鲨鱼肚子里/结局/新版附记。）

《天方夜谭》

小说集，波斯无名氏原著，根据英国柏敦的英译本编译，上海永祥印书馆1948年4月初版，同年9月三版，10月四版，1950年六版，列入少年文学故事丛书第一集

目次：神灯/阿里巴巴和四十大盗/航海的故事/附记（范泉）

（后经修订，由长春时代文艺出版社 1997 年 8 月初版，列入世界少年文学名著故事丛书。目次为：导读/神灯/阿里巴巴和四十大盗/航海的故事/新版附记。）

《红萝卜须》

小说，法国 J・赖纳原著，根据黎烈文中译本（生活书店 1934 年版）缩写，上海永祥印书馆 1948 年 4 月初版，同年 8 月二版，9 月三版，10 月四版，1949 年 2 月五版，4 月六版，列入少年文学故事丛书第一集

目次：红萝卜须这孩子/鸡/竹鸡/梦魇/尿钵/兔/猎枪/喇叭/日课/元旦/来回/钢笔/虱/像勃鲁脱斯一样/红萝卜须和他爸爸的来往书信选/小屋/猫/羊/银币/反叛/末了的话/附记（范泉）

（后经修订，由长春时代文艺出版社 1997 年 8 月初版，列入世界少年文学名著故事丛书。目次为：导读/红萝卜须这孩子/鸡棚/山鸡/梦魇/尿盆/与兔分享/猎枪/喇叭/日课/元旦/渴望/钢笔/虱/像勃鲁脱斯一样/和爸爸的来往书信/小屋/猫/羊/银币/反叛/末了的话/新版附记。）

《爱丽思梦游奇境记》

童话，英国 L・加乐尔原著，根据赵元任中译本（商务印书馆 1922 年版）缩写，上海永祥印书馆 1948 年 4 月初版，同年 9 月三版，1949 年 2 月五版，列入少年文学故事丛书第一集

目次：一、钻进了兔子洞/二、眼泪池/三、委屈的历史/四、在白兔子的家里/五、请教毛毛虫/六、胡椒厨房和猪孩子/七、疯茶会/八、皇后的槌球场/九、审问/十、大闹公堂/附记（范泉）

（后经修订，易名为《爱丽思梦游奇境》，由长春时代文艺出版社 1997 年 8 月初版，列入世界少年文学名著故事丛书。目次为：导读/钻进了兔子洞/眼泪池/委屈的历史/在白兔子家里/请教毛毛虫/胡椒厨房和猪孩子/疯茶会/皇后的槌球场/审问/大闹公堂/新版附记。）

《格列佛游记》

游记，英国 J・史惠甫脱原著，根据原著英文本（美国吉恩书店 1914 年版）编译，上海永祥印书馆 1948 年 4 月初版，同年 9 月再版，10 月三版，列入少年文学故事丛书第一集。上海书报杂志联合会 1949 年 7 月出版，列入少年文学故事丛刊

目次：第一部小人国　一到了小人国/二俘虏/三小人国里的故事/四胜利和失败/五回到祖国//第二部大人国　一在农夫的家里/二进了王宫以后/三遇险/四音乐和军队/五从盒子里救出来//附记（范泉）。

（后经修订，由长春时代文艺出版社 1997 年 8 月初版，列入世界少年文学名著故事丛书。目次为：导读//第一部　小人国到了小人国/俘虏/恢复自由/遗憾的胜利/回到祖国//第二部　大人国在农夫的家里/进了王宫以后/遇险/音乐和军队/从盒子

里救出来//新版附记。）

《安徒生童话集》

童话集，丹麦H·安徒生原著，根据美国E. V. Lugas和H. B. Paull的英译本编译，上海永祥印书馆1948年5月初版，同年9月再版，10月四版，1950年12月六版，列入少年文学故事丛书第一集

目次：夜莺/丑小鸭/大克劳斯和小克劳斯/皇帝的新衣/卖火柴的女儿/小丁妮/附记（范泉）

（后经修订，由长春时代文艺出版社1997年8月初版，列入世界少年文学名著故事丛书。目次为：导读/夜莺/丑小鸭/大克劳斯和小克劳斯/皇帝的新衣/卖火柴的小女孩/小丁妮/新版附记。）

《格林童话集》

童话集，德国格林兄弟原著，根据英译本（伦敦拉泼书局1926年版）编译，上海永祥印书馆1948年8月初版，同年10月四版，列入少年文学故事丛书第一集

目次：大拇指/金鸟/汉萨和葛兰姗/抬子、驴子、棍子/白雪和红玫瑰/老雾母/附记（范泉）。

（后经修订，由长春时代文艺出版社1997年8月初版，列入世界少年文学名著故事丛书。目次为：导读/大拇指/金鸟/汉萨和葛兰姗/桌子·驴子·棍子/白雪和红玫瑰/老雾母/新版附记。）

《团的儿子》

小说，苏联V·卡达耶夫原著，根据茅盾同名中译本（上海万叶书店1946年10月版）缩写，上海永祥印书馆1948年8月初版，同年8月再版，9月三版，10月四版，1949年2月五版，4月六版，列入少年文学故事丛书第一集，1951年8月七版，改列入通俗本丛书。

目次：在森林里/凡尼亚的身世/遣送/逃脱/一个孩子兵/遇到了叶拉吉耶夫上尉/再和侦察兵们一起生活/第一次的侦察/一个正式的炮兵/打了第一炮/战斗/团的儿子/附记（范泉）。

《爱的教育》

小说，意大利E·亚米契斯原著，根据夏丏尊中译本（开明书店版）缩写，上海永祥印书馆1949年3月初版，1951年2月三版，列入少年文学故事丛书

目次：第一卷十月　开学的一天/我们的先生/卡龙/我的女先生/贫民窟//第二卷十一月　卖炭的人和绅士/朋友柯来地//第三卷十二月　初雪/“小石匠”//第四卷一月　铁匠的儿子//第五卷二月　给奖/火车/铁工场/病中的先生//第六卷三月　相打/病床上的“小石匠”//第七卷四月　春/父亲的先生/卡龙的母亲//第八卷五月　牺牲/夏//第九卷六月　九十度的暑天/我的父亲/游玩/女先生的死/感谢//第十卷

七月 母亲的信/考试/最后的口试/告别//附记（范泉）

《金表》

小说，苏联 L·班台莱耶夫原著，根据槙本楠郎日译本和鲁迅中译本（重庆学艺出版社 1945 年 10 月版）编译，上海永祥印书馆 1949 年 3 月初版，1952 年 10 月五版，同年 12 月六版，列入通俗本丛书

目次：一一个小偷/二洗澡/三把表埋在泥里/四病和书/五木头都给搬运空了/六归还/附记（范泉）

《我的童年》

小说，苏联高尔基原著，根据姚蓬子同名中译本（上海杂志公司版）缩写，上海永祥印书馆 1949 年 6 月初版，同月再版，1950 年三版起改名《童年》，1952 年 12 月八版，列入通俗本丛书

目次：一父亲的死/二到外祖父家里/三工人特希盖诺克/四吵架/五“好生意经”/六父亲的故事/七再嫁/八于是我走进世界里去了/附记（范泉）

《宁死不屈》

小说，署名徐庄，苏联郭尔巴托夫原著，根据苍木中译本（莫斯科外国文书籍出版局 1950 年版）缩写，上海永祥印书馆 1950 年 8 月初版，1951 年 12 月七版，列入通俗本丛书

目次：一德国鬼子进了城/二怎样活下去/三年小的一代/四谁愿给德寇做工/五俘虏回来了/六这是谁的罪过/七好儿子/八不屈服的人民/九谁都相信他/十血仇要用血来报复/十一我们的人回来了/附记（徐庄）

《列宁的故事》

故事集，署名李俊，苏联柯诺诺夫原著，根据任溶溶同名中译本（时代出版社版）缩写，上海永祥印书馆 1950 年 12 月初版，1952 年 12 月八版，列入通俗本丛书

目次：在舒施村/一张状子/捉人/回到祖国去/欢迎/七月里/湖边的生活/在芬兰/老农夫/敌人的暗杀/星期六义务劳动日/发电站/一个男孩子和列宁/一座纪念像/附记（李俊）

《美国人民的声音》

小说，署名徐庄，与竹叶合作，苏联鲍里斯·拉夫列尼约夫原著之剧本，根据禾金中译本（潮锋出版社版）缩写，上海永祥印书馆 1951 年 5 月初版，列入通俗本丛书

目次：一在欧洲大陆上/二响亮的耳光/三麻雀与乌鸦/四谁疯了/五决不向敌人低头/六一份出色的“请柬”/七在国会大厦里/八寂寞的影子/九予打击者以打击/十怒吼吧，美国的人民/后记（徐庄、竹叶）

《列宁回忆录》

故事集，署名宋士毅，根据金人译《列宁的童年》（苏联月列琴尼科夫原著，新华书店版）、曹靖华译《列宁故事》（左琴科原著，三联书店版）、成时译《和列宁相处的日子》（高尔基原著，平明出版社版）以及《随从列宁六年》（基尔原著，新华书店版）缩写，上海永祥印书馆 1951 年 5 月初版，列入通俗本丛书，1952 年再版

目次：第一部分：童年　一开场白/二"滑稽家"/三在高库石金诺村/四一只靴子/五书/六热烈的天性/七笑·角力/八第一名/九转变/十第一次流放//第二部分：青年　一学习/二烟/三墨水壶的故事/四两个宪兵//第三部分：壮年　一在伦敦/二列宁发言了/三和工人们在一起/四饥饿/五同志们//第四部分：晚年　一第一次见面/二凶恶的行刺/三休息/四斯大林/五爱的性格/六货车/七在亲属中/八永别//附记（宋士毅）

《块肉馀生》

小说，署名海清，英国狄更斯原著，根据董秋斯中译本缩写，上海永祥印书馆 1951 年 8 月初版，列入少年文学故事丛书

目次：一母亲和贝高弟/二家里的一切都变了/三当心，他要咬人/四施提福和汤马斯/五一个可纪念的生日/六逃亡/七我的姨婆/八尤利亚·爱妮和陶拉/九逃婚和结婚/十尤利亚的伪装剥下了/十一死别生离/十二归来/附记（海清）

《伊索寓言》

寓言，古希腊伊索原著，根据文言译本《伊索寓言》（译者未详）缩写，长春文艺出版社 1997 年 8 月初版，列入世界少年文学名著故事丛书

目次：导读/狼和小羊/老鼠挂响铃/狐狸请客/角和腿/鹰·鸽·鹫/狼做医生/母熊说悄悄话/龟兔竞走/百灵鸟搬家/狐驴结拜兄弟/卖驴/一只狮子和三头牛/栗树和芦苇/偷牛贼/一株枝丫/狮子与野猪/夜狼挨饿/葫芦的骄傲/小羊骂狼/驴影/狐狸见狮子/"牧羊狼"/蝇和蛾/骡子绝食/披着羊皮的狼/瓦壶与铜壶/乌鸦·鹤·野鹅/鸡狗同游/乌鸦的歌唱/过桥/向天鹅报恩/杀鸡取卵/驴子和佛像/小山羊设巧计/狐狸剪尾巴/蚂蚁和"叫哥哥"/青蛙治怪病/贪吃的狗/青蛙比大小/良心/野狗过河/母鸡下双蛋/狐狸吃葡萄/小鹿诤谏母鹿/饿狼与阴谋/北风与太阳/羊背上的麻雀/笨鼠遇巧蛙/狐狸自夸/向锉刀乞讨/新版附记

四、编选部分

《文学新刊》

范泉主编，上海永祥印书馆 1946 年 1 月至 1948 年 4 月先后出版

第一辑收《迷雾》（司徒宗）、《春情曲》（欧阳翠）、《绿的北国》（范泉）、《庸园集》（孔另境）、《子夜》（吴天）和《嫦娥》（顾仲彝）6 种。

第二辑收《浪花》（范泉）、《昨日》（司徒宗）、《银字集》（赵景深）、《世纪的孩

子》（朱维基）、《红楼梦》（吴天）和《衣冠禽兽》（顾仲彝）6种。

第三辑收《文凭》（茅盾）、《朝鲜风景》（范泉）、《任钧诗选》（任钧）、《寒夜曲》（魏于潜）、《蝴蝶夫人》（方君逸）和《大地之爱》（顾仲彝）6种。

青年知识文库

范泉主编，上海永祥印书馆 1945 年 5 月至 1949 年 4 月先后出版

第一辑收《社会史话》（金雷）、《国际问题研究法》（雨君）、《中国民族的由来》（林炎）、《中国原始社会研究》（郑子田）、《经济学教程初编》（东方曦）、《语言和文字》（刘宇）、《星象》（锡金）、《生物的进化》（朱维基）、《细菌与人类》（司徒宗）、《印刷的故事》（沈子复）、《现代欧洲艺术思潮》（吴景崧）、《电影知识》（鲁思）、《文学概论》（顾仲彝、朱志泰）、《战争与文学》（范泉）、《青年写作讲话》（孔另境）、《中国戏剧小史》（周贻白）、《编剧和导演》（方君逸）、《历史研究法》（吕思勉）、《罗曼罗兰评传》（芳信）、《地球新话》（吴湘渔）共 20 种

第二辑收《战后世界新形势》（储玉坤）、《经济学教程二编》（东方曦）、《文学源流》（范泉）、《文学常识》（赵景深）、《演员与演技》（方君逸）、《西洋古代美术史》（钱君匋）、《太阳的故事》（吴湘渔）、《五卅外交史》（孔另境）、《山水人物》（施瑛）、《忆章太炎先生》（沈延国）共 10 种

第三辑收《谈文人》（洪为法）、《元曲研究》（朱志泰）、《剧艺琐话》（方君逸）、《中国出版界简史》（杨寿清）、《西洋近代美术史》（钱君匋）、《经济学教程三编》（东方曦）、《科学国防新知识》（吴沧）、《近代物质文明》（吴沧）、《苏联的集体农场》（沈子洋）、《三民主义概观》（沈锦如）共 10 种

寰星文学丛书

范泉主编，上海寰星图书杂志社 1947 年 6 月至 12 月先后出版

收入《呼兰河传》（萧红）、《创世纪》（范泉）、《云彩霞》（李健吾）、《拥抱》（臧克家）4 种

一知文艺丛书

范泉主编，上海益智出版社 1947 年 8 月至 1948 年 1 月先后出版

收入《一个倔强的人》（骆宾基）、《磨不掉的影像》（臧克家）、《文学枝叶》（李广田）3 种

中原文学丛书

范泉主编，上海中原出版社 1948 年 4 月至 7 月先后出版

收入《幸福岛》（范泉）、《寻梦者》（王西彦）、《烟雾》（艾芜）、《一个人的铸炼》（许杰）、《翻身的日子》（范泉）5 种

少年儿童文学故事丛书

范泉主编，永祥印书馆 1948 年 4 月至 1951 年陆续出版

第一辑收《吉诃德先生传》（西班牙塞万提斯原著）、《鲁宾孙漂流记》（英国笛福原著）、《木偶奇遇记》（意大利戈洛笛原著）、《天方夜谭》（波斯无名氏原著）、《红萝卜须》（法国赖纳原著）、《爱丽思梦境奇游记》（英国加乐尔原著）、《格列佛游记》（英国史惠甫脱原著）、《安徒生童话集》（丹麦安徒生原著）、《格林童话集》（德国格林兄弟原著）、《团的儿子》（苏联卡达耶夫原著）共 10 种，均由范泉编译或缩写

第二辑收《爱的教育》（意大利 E·亚米契斯原著，范泉缩写）、《苦儿历险记》（美国马克·吐温原著，金树缩写）、《块肉余生》（英国狄更斯原著，海清缩写）等 3 种

通俗本丛书

范泉主编，永祥印书馆 1948 年下半年至 1951 年 10 月陆续出版

收《团的儿子》（范泉）、《金表》（范泉）、《我的童年》（范泉）、《宁死不屈》（徐庄）、《列宁的故事》（李俊）、《毁灭》（金树）、《美国人民的声音》（徐庄、竹叶）、《母亲》（金树）、《士兵从前线回来了》（莲岳）、《幼年时代》（朱桂英）、《绞刑架上》（江山）、《两个美国》（沙里）、《扭转乾坤》（沙里）、《青年近卫军》（谢莹真）、《人的性格》（沙里）、《日日夜夜》（杨镇华）、《列宁回忆录》（宋士毅）、《美国的正反面》（辛康）等 19 种

《中国近代文学争鸣》（第一辑）

范泉主编，上海书店 1989 年 10 月初版

收入王元化、柯灵、徐中玉、赵家璧、丁景唐、冯至、端木蕻良、时萌、任访秋、伍蠡甫、贾植芳、季镇淮、周振甫、陈则光、何满子、吴组缃、施蛰存、楼适夷、秦瘦鸥、吴泰昌、锡金、徐铸成、叶至善、刘北汜、范泉等人的著译文章 32 篇

中国近代文学大系

范泉总编纂，上海书店出版社 1990 年 10 月至 1996 年 8 月先后出版

全书包括《文学理论集》（徐中玉主编，两卷：第一、二卷）、《小说集》（吴组缃、端木蕻良、时萌主编，七卷：第三卷至第九卷）、《散文集》（任访秋主编，四卷：第十卷至第十三卷）、《诗词集》（钱仲联主编，两卷：第十四、十五卷）、《戏剧集》（张庚主编，两卷：第十六、十七卷）、《笔记文学集》（柯灵、张海珊主编，两卷：第十八、十九卷）、《俗文学集》（范伯群、金名主编，两卷：第二十、二十一卷）、《民间文学集》（钟敬文主编，一卷：第二十二卷），《书信日记集》（郑逸梅、陈左高主编，两卷：第二十三、二十四卷）、《少数民族文学集》（马学良主编，一卷：第二十五卷）、《翻译文学集》（施蛰存主编，三卷：第二十六卷至第二十八卷）、《史料索引集》（魏绍昌主编，两卷：第二十九、三十卷）。

《文化老人话人生》

范泉主编，上海文艺出版社 1992 年 11 月初版。

在范泉的《金色的晚晴在熠熠闪光——〈文化老人话人生〉题记》之后，收入巴金、冰心、欧阳山、张光年、夏征农、陈学昭、钱伟长、陈翰笙、薛暮桥、季羡林、谢希德、贾芝、蔡尚思、吴阶平、季镇淮、周振甫、吴组缃、萧干、沙汀、艾芜、端木蕻良、周而复、杨沫、王西彦、汪曾祺、陈残云、骆宾基、臧克家、冯至、徐迟、王辛笛、秦牧、碧野、黄裳、黄秋耘、柯灵、张骏祥、袁文殊、吴祖光、黄佐临、赵铭彝、陈白尘、陈荒煤、许杰、施蛰存、蹇先艾、陈伯吹、贾植芳、蒋孔阳、金克木、林焕平、楼适夷、李霁野、戈宝权、伍蠡甫、叶君健、朱雯、秦瘦鸥、贺绿汀、华君武、张乐平、万籁鸣、钱君匋、苏局仙、赵超构、陆诒、顾廷龙、郑逸梅、徐盈、袁世海、孙道临、黄宗英、筱文艳、袁雪芬、徐玉兰、傅全香、范瑞娟、曹禺、姚雪垠、张庚、马烽等 83 位文化老人的 80 篇文章。

文史探索书系

范泉主编，上海书店出版社 1992 年 11 月开始出版

收入《毛泽东诗词欣赏》（周振甫）、《记巴金》（谷苇）、《茅盾谈话录》（金韵琴）、《延安一月》（赵超构）、《说不完的〈红楼梦〉》（端木蕻良）、《我的外祖父俞平伯》（韦柰）、《梁实秋的梦》（叶永烈）、《文物百话》（朱启新）、《俞平伯日记选》（俞平伯）、《〈金瓶梅〉六十题》（陈诏）、《近代上海探索录》（唐振常）、《读史笔记》（苏沛）、《上海“孤岛”文学》（杨幼生、陈青生）、《鸳鸯蝴蝶派》（袁进）、《来自高能粒子的信息》（徐迟）、《文坛边缘随笔》（冯至）、《病中随想录》（艾芜）等 17 种书。

《中国现代文学社团流派辞典》

范泉主编，上海书店出版社 1993 年 6 月初版

前有范泉《前言》，全书收入从五四运动前十多年起至 1949 年全国解放止包括中国大陆、台港澳、日本、美国、南洋四国在内的中国现代文学社团流派 1082 个

《朱生豪“小言”集》

朱生豪著，范泉编选，人民文学出版社 2000 年 12 月初版

收入朱生豪 1939 年 10 月至 1941 年 12 月所写的“小言”371 篇，前有朱尚刚的《序言》，书后附有范泉的《朱生豪的“小言”创作》

（作者单位：南通市社会科学联合会）

李白凤年表简编

□余 玲

李白凤（1914.3—1978.8），男，汉族，原名李象贤，曾用名李逢，笔名李木子、李白朋、石山长、鹑衣小吏等，现代诗人、小说家、书法家、学者。著有诗集《凤之歌》、《北风辞》、《南行小草》、《彩旗谣》、《春天·花朵的春天》，小说集《小鬼》、《马和放马的人》、《芳邻》，散文集《圣者的血迹》，剧本《芦沟桥的烽火》，学术论著《苏联文学研究》、《东夷杂考》等数十部。先后任教于哈尔滨工业大学、山西大学、河南大学等，曾担任中国诗作协会理事、中国文联委员、全国文协会员及《赣报》总编辑、《青年报》副刊编辑、《益世报》副刊编辑等职务。

主要生平及创作

1914 年（出生）

3 月 14 日，生于四川省成都市。

其父李立成喜好诗词，擅攻隶书，系京师大学首届毕业生，曾于 1905 年赴日求学于日本帝国大学法律系，回国后任贵州高等学堂教授。民国后任四川南充、广汉及河北宣化、蔚县、怀来县知县。后担任北京大学和北京女子师范大学教授。其母熊氏，诗书画皆优。家中常有书法家杨沂孙，文学家、画家、诗人姚茫父，画家李师曾等文化名流来往。

1918 年（4 岁）

生母亡故，随父北迁。李父督其习经临帖，管教甚严。后只身离家赴学。

1925 年（11 岁）

进入天津扶轮中学读书。后随长兄赴青岛，就读于青岛铁路中学，与刘白羽、碧野等成为文友，常流连于青岛“荒岛书店”，并在书店结识了臧克家、崔嵬、于黑丁等人，阅读了大量进步书籍如《资本论》、《铁流》、《毁灭》及鲁迅先生的作品等，并从中受益。

其间，曾获沈从文指导与帮助，时有作品刊发于《青岛日报》。

1931 年（17 岁）

11 月，参加“九一八”事变学潮运动，加之曾在《大公报》上发表文章非议时局，被勒令退学。

1934年（20岁）

9月，考入北平民国学院国文系。

11月1日，《海》发表于《当代文学》第1卷第5期“诗作”栏目，署名“李象贤”。

1935年（21岁）

6月15日，《无题》发表于《星火》第1卷第2期“诗作”栏目，署名“李象贤”。

7月20日，《春在人间》发表于《星火》第1卷第3期“诗作”栏目，署名“李象贤”。

8月20日，《七十二峰齐相随》、《蕾（外四首）》发表于《星火》第1卷第4期“散文”栏目，署名“李象贤”。

10月1日，《晓色》发表于《星火》第2卷第1期“诗选”栏目，署名“李象贤”。

11月1日，《七十二峰齐相随》重刊于《星火》第2卷第2期“散文”栏目，署名“李白凤”。

11月16日，《新妇八德图》（绘图画多幅）发表于《论语》半月刊第76期，署名“李象贤”。

12月20日，《天才的有无问题》载于《星火》第2卷第3期“论言”栏目。

1936年（22岁）

与刘朱樱结婚。同年，遂父亲之意赴湖南芷江，任职于国民党宪兵第六团。于此，与吴奔星取得联系，作品屡见于其主编的《小雅》诗刊。同年，在上海见到了互通信件多年的《现代》杂志主编施蛰存。

4月10日，《梦游埜寺》发表于《艺文》第1卷第6号“来稿选刊：诗选”栏目，署名“李象贤”。

9月15日，《人之初，性好吃》（摄相）发表于《良友》画报第120期，署名“李象贤”。

8月10日，治石刻印载于《艺文月刊》第1卷第4号，署名“李象贤”。

12月1日，《不遇》发表于《小雅》第4期。

12月10日，《小楼》、《夜航船——写给爱儿惟凤》发表于《新诗》第1卷第3期。

1937年（23岁）

1月5日，《凤之歌》：《妻的眼睛》、《归辞》发表于《诗志》第1卷第2期。

1月10日，《珍珠集》：《梦》、《白莲》、《花》发表于《新诗》第1卷第4期“新人特辑”栏目。

2月，作品集《凤之歌》由上海新诗社出版部发行。

2月10日，《海之歌》发表于《新诗》第1卷第5期。

3月1日，《诗四首》发表于《小雅》第5、6期（合刊）。

3月5日，《一花一世界》发表于《诗志》第1卷第3期。

3月5日，《头发做成的竖琴》发表于《诗帆》第3卷第3期“友朋寄稿”栏目。

3月10日，《涅槃集》发表于《新诗》第1卷第6期“诗作”栏目。

4月10日，《安息》、《豹》发表于《新诗》第2卷第1期“诗作”栏目。

5月5日，《千载的寂寞》发表于《诗帆》第3卷第5期“友朋寄稿”栏目。

5月10日，《星花》：《幻想》、《祝福》、《允许》、《感谢》、《星花》发表于《新诗》第2卷第2期“诗作”栏目。

7月7日，抗日战争爆发，携妻流徙于上海、香港、广东。

7月10日，《八个如云的幻想》（《月幻想》、《海幻想》、《星幻想》、《风幻想》、《花幻想》、《草幻想》、《鹰幻想》、《鱼幻想》）发表于《新诗》第2卷第3、4期“长诗”栏目。

8月1日，著名剧本《芦沟桥的烽火》（独幕剧）发表于《戏剧时代》第1卷第3期“剧本”栏目。同年抵西安后，与著名影剧艺术家左明、周伯勋、易水寒共同导演话剧《保卫芦沟桥》。

1938年（24岁）

7月1日，《穆罕默德的儿女们》发表于《文艺》（武昌）第5卷第5期“诗作”栏目。

8月10日，《阿剌伯在远方　沙漠之颂歌》发表于《中国诗艺》第1卷第1期，《诗谈荟》发表于同期“诗论及其他”栏目。同期，载有路易士诗作《偶成——寄白凤》。

是年，长子李惟微出生于青岛市。

1939年（25岁）

8月，《桃花溪小筑》发表于《现代读物》第4卷第8期“文艺”栏目。

8月17日，《剧本荒了没有》发表于贵阳《中央日报》。

11月，《阑读唐人诗有感》发表于《现代读物》第4卷第11期“文艺”栏目。

11月1日，诗作《花解语》发表于《中国文艺》第1卷第3期。

11月，作品集《南行小草》由重庆独立出版社列为《中国诗艺社丛书》发行。收录《寄任侠》、《诗人》、《拜伦》、《马耶可夫斯基》、《云》、《牧歌》、《丰收颂》、《血宴》、《烽火中赠孙望兼柬令狐令得》、《新军颂》、《夜歌》、《辞官》、《五月柬路易士》及《自跋》，并刊有诗集《英雄的梦》（在排印中）、《风沙》（印刷中）、《渔唱》（自印）的发行启事。

1940年至1944年（26—30岁）

在广东恩平、广西南宁、桂林、贵州独山等地担任高中语文教员，并致力于文学创作。在桂林时，结识了柳亚子、欧阳予倩、陈迩东、尹瘦石、田汉、安娥、端木蕻良、熊佛西等。同时，积极进行文艺创作活动和篆刻书法研究，除诗作、小说、文论常见于《诗》、《中国文艺》、《广西日报》等刊物外，还有篆刻、书法和水墨画作品如《白凤书法篆刻作品》等发表在上海《良友》画报上，柳亚子、叶圣陶分别为其作序。这一时期，创作出版了《白凤印册》，小说《韩国少年》、《囚徒的爱与死》，诗作《吃罢，大肚皮的臭虫们》、《远方》等。

1940年（26岁）

年初，在香港《国民日报》任校对，为期4个月。

4月1日，诗作《呈英诞》发表于《中国文艺》第2卷第2期。

6月，《德苏关系的新趋向》发表于《民锋》第2卷第12期。

6月5日，《沦陷后的青岛》发表于《大风》（香港）第68期。

9月15日，诗评《诗与真》发表于《现代读物》第5卷第8、9期合刊“文艺”栏目。

12月23日，《愚人之献》发表于《星岛日报·星座》副刊（香港）。

同年，诗作《寄奔星》发表于广西桂林出版的《诗》新1卷2期。

1941年（27岁）

6月，《诗坛闲步》发表于《中国诗艺》复刊第2期。

7月7日，《流浪者与鹰》发表于《文艺月刊·战时特刊》第11年7月号《抗战四年来的文艺特辑（上）》“诗作”栏目。

1942年（28岁）

5月，《夜歌》由李白凤作词、凌云谱曲，发表于《青年音乐》第1卷第5期。

12月，《街》发表于《新诗》第3卷第5期。

12月25日，《在寂寞的城市》发表于《文艺先锋》第1卷第6期“诗”栏目。

1943年（29岁）

5月1日，《诗与散文》发表于《文学创作》第2卷第1期“论文”栏目。

5月5日，赴广西桂林“春明馆”举行的“诗人节”聚会，后赋诗《南浦》以作纪念。

6月，《我怎样治印的》发表于《大千杂志》第1期“风·雅·颂”栏目。

7月，《从商日记》发表于《大千杂志》第2期“学生文艺观摩会”栏目。

1944年（30岁）

1月，《拟古十七首（并序）》发表于《大千杂志》第5、6期合刊“大千诗词”栏目。

1月、3月、6月，《英雄的梦》（长诗连载）连续发表于《诗丛》第1卷第3、4期，第5期“英诗特辑”，第6期。

4月至5月，《长了翅膀的卡娜》发表于《国民教育指导月刊》（桂林）第2卷第9、10期合刊和第11期。

5月1日，同田汉、千家驹、熊佛西等出席桂林市文化界庆祝柳亚子58寿辰大会。

同年，短篇小说集《小鬼》由桂林科学书店出版。

夏，离开桂林，赴广西省立平乐师范学校任教。冬，赴江西赣州，先后任《青年报》评委兼副刊编辑，《赣报》主笔、总编辑。

1945 年（31 岁）

6 月，《龙风诗存》：《无题》发表于《龙风》第 2 期。

1946 年 6 月至 1949 年（32—35 岁）

化名李逢，在上海市财政局担任科员职务，居于上海市东宝兴路 60 弄，与穆木天、任钧、辛笛、施蛰存、臧克家等有来往。后任上海市民食调配委员会专员、《益世报》第二版和副刊编辑。其间，著有诗作《拍卖行》、《前进呀！同志》、《口笛》、《舞厅里的男女群像》、《窄阿》等发表于《诗创造》、《新诗》、《文艺复兴》、《文萃》、《文汇报》、《大公报》，小说《马和放马的人》、《校长太太》、《无事忙先生传》、《章植医生》、《人头》、《金银祸》、《洗马河传奇》、《败类》等相继发表于《文艺复兴》、《文潮》、《学风》、《文讯》、《文艺春秋》、《幸福》、《春秋》等刊物，并以笔名李木子、鹑衣小吏创作打油诗《油腔滑调集》（23 首），连续发表于《新民晚报》、《文汇报》。

1946 年（32 岁）

1 月，《狼——我们底敌人》发表于《大地（上饶）》第 1 卷第 1 期。

4 月，《没有土地的人们》发表于《大地（上饶）》第 1 卷第 3、4 期。

5 月 1 日，《我们歌唱苦难的岁月（外一章）》发表于《文艺复兴》第 1 卷第 4 期 5 月号。

6 月，《春天，花朵的春天》发表于《月刊》第 1 卷第 6 期。

8 月 4 日，《没有快乐的土地》发表于《文汇报》副刊《世纪风》。

9 月，《公营事业管理与经营》发表于《市政评论》第 8 卷第 9 期。

10 月 1 日，小说《马和放马的人》发表于《文艺复兴》第 2 卷第 3 期 10 月号。

10 月 15 日，小说《多伦格尔的黄昏》发表于《文艺春秋》第 3 卷第 4 期“纪念鲁迅先生逝世十周年特辑”。

10 月 29 日，《肮脏的城市》发表于《文汇报》副刊《笔会》第 82 期。

11 月 7 日，《舞厅里的男女群像》发表于《文汇报》副刊《笔会》第 89 期“诗特辑（一）”。

11 月 8 日，《诗三首》（《一个和一群》、《夜工作》、《迷途》）发表于《文汇报》副刊《笔会》第 90 期“诗特辑（二）”，署名“李木子”。

11 月 15 日，《扫荡文坛新风花雪月的趋向》发表于《文艺春秋》第 3 卷第 5 期“文艺时论”栏目。

12 月 18 日，《都市》发表于《文汇报》副刊《笔会》第 123 期。

同年，《野草辞：写给“野风社”》发表于《野风》（绍兴）第 1 期。

同年，《春天，花朵的春天》、《孩子们》由上海点滴书屋出版。

1947 年（33 岁）

1 月 1 日，小说《校长太太》发表于《文潮》第 2 卷第 3 期。

1月22日，《臧克家的〈宝贝儿〉》发表于《文萃》第2年第15、16期合刊（春季特大号）。

1月29日，《一年的总结算》发表于《文汇报》副刊《笔会》第152期。

1月30日，《从波特莱尔的诗谈起》发表于《文汇报》副刊《笔会》第153期。

2月1日，《巨星的陨落——悼闻一多先生》发表于《民歌——诗音丛刊》第1期“诗”栏目。

2月8日，《茧里的诗论家：读袁可嘉先生“诗与主题”》发表于《评论报》第13期。

2月15日，《我缅想着未来》发表于《文艺春秋》第4卷第2期“诗之页”栏目。同日，《致胡适》发表于《新诗作》创刊号“诗”栏目。

2月18日，《血流到上海滩》发表于《评论报》第14期“抗议劝工大楼的暴行”专栏。

2月20日，《打得石头出火》发表于《文萃》第2年第20期。

2月28日，《送茅盾先生》发表于《诗音讯》创刊号。

3月，诗作《泥土——我底母亲》发表于《文艺》第3期“诗作之页”栏目。

3月1日，《我是无用的诗人（外一章）》发表于《文艺复兴》第3卷第1期。

3月15日，《报纸》发表于《新诗作》第2号“诗”栏目。

3月20日，《查账》发表于《人世间》复刊第1期。

3月25日，《我是弱者》发表于《文汇报》副刊《笔会》第204期，署名“李木子”。

4月1日，小说《曹课长》发表于《文潮》第2卷第6期。

5月1日，小说《游动在桑乾河两岸》发表于《文艺复兴》第3卷第3期。

5月15日，小说《冰河封冻期》发表于《文艺春秋》第4卷第5期。

5月31日，杂文《酝酿》发表于《现代新闻》（上海，1947）第1卷第4期。

6月，《黑色的诅咒》发表于《新诗作》第6期。

6月1日，《颂：你是真理的战士》发表于《文艺复兴》第3卷第4期“诗作特辑”栏目。

7月，译介卡耐作品《小东西》发表于《诗创造》第1期“带路的人”。

7月1日，杂文《马路风光》（《乞丐》、《贵人》、《路柳墙花》、《瘪三》）发表于《文潮》第3卷第3期。

7月20日，《音乐的幻想：音乐的海》发表于《人世间》复刊第5期。

8月，诗作《雨景（外一章）》发表于《新文艺》（山西）第1卷第5期。

9月，《致诗人》发表于《诗创造》第3期“骷髅舞”。

10月，《饥饿的银河》发表于《诗创造》第4期“饥饿的银河”。

10月1日，散文《冥想》发表于《文潮》第3卷第6期。

10月15日，小说《章植医生》发表于《文讯》新第7卷第4期。

10月24日，《蒲立德建议一石二鸟》发表于《时与文》第2卷第7期“读者之声”栏目，署名“李木子”。

11月1日，《爱》发表于《国讯》第437期。

11月8日，《小星的话》发表于《国讯》第438期。

12月，《预感》发表于《诗创造》第6期“岁暮的祝福”。

12月15日，小说《芳邻》发表于《文艺春秋》第5卷第6期。

同年，《思想的散步》发表于《新新新闻》半月刊第1卷第2—3期。《死水》发表于《艺兵》丛刊第1期。《思想树》发表于《书报精华副刊》第11期。

1948年（34岁）

1月，《墓园》发表于《新诗潮》第1期。

1月，《智慧集》（《毒蜘蛛》、《无花果》、《梦》、《剑与蜜》、《树》、《生命》、《文字》、《桥》、《地球》、《智慧的山峰》）发表于《诗创造》第7期“黎明的企望”。

1月16日，《“老虎”和“武松”》发表于《求是》（半月刊）第5卷，署名“鹑衣小吏”。

5月，《我们的话》发表于《中国作家》“《五四谈文艺》文协十周年暨文艺节纪念特刊”，与郑振铎等44人共同署名。

5月，《巢》发表于《文艺杂志》试刊号。

6月1日，小说《失踪》发表于《文潮》第5卷第2期。

7月，《关于新诗的方向问题》发表于《新诗潮》第3辑，内容为李白凤、刘岚山等十余人的发言。

9月15日，小说《人头》发表于《文艺春秋》第7卷第3期。

10月10日，《历史的镜子》发表于《裕民》（南京）第1卷第4期，署名“鹑衣小吏”。

11月1日，《“帮闲文人”的嘴脸》发表于《新人》第2卷第5期“小评”栏目。

11月11日，《经管工作的盖棺论定》发表于《新人》第2卷第6期“小评”栏目。

11月，短篇小说集《马和放马的人》由上海文化生活出版社发行（初版），收录《多伦格尔的黄昏》、《冰河封冻期》、《马和放马的人》、《狼——我们底敌人》、《游动在桑乾河两岸》等。后被收为巴金主编的《文学丛刊》第十集。

12月25日，小说《金银祸》发表于《幸福》第23期。

12月，小说集《芳邻》由上海大家出版社列为《大家作品丛书》发行。收录《人头》、《芳邻》、《校长太太》、《荷莱吴小姐》、《曹科长》、《莫洛托夫面包篮》、《章植医生》等。

同年，《黄河的儿女们》（长篇小说《逆流》前奏）发表于《鞭》第1期。

同年，因臧克家的一千令纸被扣，李白凤与堂侄李惟果（国民党中宣部工作人员）有来往，后在“肃反”运动中被定罪名为“文化特务”。

1949年（35岁）

1月10日，小说《败类》发表于《春秋》第6年第1期（1月号）。

2月20日，小说《怪人的家事》发表于《春秋》第6年第2期。

2月25日，小说《洗马河传奇》发表于《幸福》第25期。

3月10日，小说《黑煤子》发表于《春秋》第6年第3期。

3月25日，小说《小巷风雨》发表于《幸福》第26期。

3月30日，小说《煤黑子》发表于《春秋》第6年第4期。

4月，诗集《北风辞》由上海潮锋出版社列为《新诗人丛书之二》发行。收录诗作《你，泥土的儿子》、《我们歌唱苦难的岁月》、《雨景》、《北风辞》、《吃罢》、《夜工作》、《窄阿》、《舞厅里的男女群像》、《口笛》、《夜歌》、《军舰与海》等。

同年，诗集《彩旗谣》由上海黎明文艺社发行，散文集《圣者的血迹》由中国诗艺社发行。

5月27日，上海解放后，拜访冯雪峰，被留用工作。后当选中国文联委员、全国文协会员、中国诗作协会理事。

1950年3月至1951年（36—37岁）

任哈尔滨工业大学国文系副教授。

1950年（36岁）

导演《钢铁是这样炼成的》，并担任演员。

1951年（37岁）

3月左右，任职于北京师范大学附属女子中学。

1952年（38岁）

经友人陈迩冬教授说合，受高教部分派至山西师范学院（现山西大学），任中文系教授。

1954年（40岁）

1月，《苏联文学研究》由上海星火出版社发行。

9月，赴河南开封师范学院（今河南大学）任中文系教授，主讲苏联文学。自此定居开封，直至1978年辞世。

1956年（42岁）

《对高等师范学校的“苏联文学”教学的意见》发表于《光明日报》1956年第10、15卷。

1957年（43岁）

春夏之交，贴出《长歌当哭》一组18首七律，受到批判。《给打手之歌》、《给官僚主义之歌》载于河南开封师范学院语文系四年级主办的《烈火》报。

6月，《珍珠和泥土（外三首）》发表于《人民文学》第Z1期，即第5、6期合刊。

7月1日，《默想集》发表于《星星》诗刊7月号。《桥和灯》、《芳泉》发表于《星星》诗刊7期。

7月3日，作成于4月20日的《写给诗人们底公开信》发表于《人民文学》1957年第7期“作家论坛”栏目（该期力举“革新”）、《奔流》7月号。

7月20日，《青春组诗》发表于《奔流》第7期。

8月，被划为“极右派”，开除公职，拘留隔离审查。案件提要：《写给诗人们底公开信》批判诗坛现状，呼吁诗作创作突破“小天地”之囿，希望诗歌界能“百花齐放、百家争鸣”，遭到了猛烈抨击。8月，公木作《“写给诗人们底公开信”读后感——致诗人李白凤》发表于《人民文学》1957年第8期，对李白凤进行了“商榷”式的批判。李宝靖作《李白凤要歌颂的是些什么？——评李白凤的诗和“给诗人们底公开信”》发表于《文艺报》第23期，指责此文“是一篇污蔑党的文艺领导，充满着反党的右派思想的文章”。包亚东、毛冰作《李白凤默想些什么》发表于《草地》第11期，批判《默想集》并据之认为其“梦想恢复国民党的黑暗统治”。郑克西作《略论李白凤的诗和诗论以及其它》，任访秋、郭光、刘溶作《“青春组诗”是一束毒草》发表于《奔流》1957年8月号“反右派斗争特辑”。邹荻帆作《李白凤的公开信》发表于《诗刊》1957年第8期，认为李白凤正是由于“自己思想的‘冻结’，对社会主义建设采取了冷眼旁观，甚至若干程度的敌视”，故而提出谬论以抹杀诗人们的成就，李必须“彻底地批判自己的右派言行，进行思想改造”。至8月11日，李白凤被《人民日报》公开点名为“右派分子”。15日，陈敬容作《斥李白凤》发表于《人民日报》，痛责李白凤的文章是“很恶毒的毒草”。1958年2月，河南人民出版社发行《捍卫社会主义文艺路线》，载江涛作《所谓“诗人”李白凤原是右派分子》、林召作《且看这只“狼”》、郑克西作《略论李白凤的诗和诗论以及其它》，批判李白凤《写给诗人们底公开信》，并挞伐其发表在《奔流》、《星星》上的诗作。

1958年（44岁）

被押送河南西华劳改农场。劳教期间，潜心于古文字学、金石等研究工作，并坚持练习大篆、甲骨文书法和篆刻。

1963年（49岁）

4月，解除劳教，遣回开封，失职居家。其间，草成《小腆纪年校补》、《明史校补》、《张苍水集笺注》等考据注疏。

1965年（51岁）

6月，作《柳亚子在桂林》，记叙自己与柳亚子的交往过程。

1966年（52岁）

夏，“文化大革命”期间被批斗、游街，所有书籍均被焚烧或抄没。此后，以篆刻、修理钟表为生，并着手研写《古铜韵语》、《东夷杂考》等著作。

1968年（54岁）

春，作《南明纪事诗》七律68首。其后，作《沤堂诗抄》七律两卷、《坠甑词》、《甘淡泊堂诗抄》两卷等旧体诗词。

同时，开始钻研古代史、古文字学、青铜器铭文，陆续完成《金文骈枝》、《说文解字古籀疑义》、《周易爻变的辩证规律》、《彝铭文字流变探》、《东夷杂考》、《古铜韵语》60首、《石鼓文维疑》、《款识学杂考》、《沤堂说礼》等著作。

1975年（61岁）

冬，作《冷艳》，致施蛰存。

1977年（63岁）

春，写下《丙辰春望》组诗、《春天来了!》、《春日抒怀》（五首）、长诗《四凶吟》，并以寿山石刻“大治之年”白文印。

1978年（64岁）

4月，中央关于摘帽的文件下达，李白凤摘去“右派分子”帽子。姚雪垠从北京来信告知，郑州大学拟聘其担任历史系古文字学教授。

8月13日，因脑血管痉挛恶化被送往河南开封军医院救治。18日22时06分，与世长辞。19日下午，火化。20日上午，李白凤辞世追悼会在开封殡仪馆礼堂召开。

作品收录、遗著刊行、研究文论等

1948年

8月，朱自清、郭沫若、吴晗、叶圣陶编著的《闻一多全集》（全四册）由上海开明书店发行。该集第四册根据闻一多先生编选的《现代诗抄》手稿录有李白凤诗作《梦》、《小楼》两首。

1974年

张曼仪、黄继持、黄俊东、古兆申、余丹、文世昌、李浩昌、吴振明等合编的《现代中国诗选（1917—1949）》由香港大学出版社、香港中文大学出版部发行，收录李白凤诗作《梦》、《小楼》、《八个如云的幻想》（选二）共四首。

1979年

4月，《春日抒怀》（五首）刊载于《奔流》1979年第4期。

5月，开封市群众艺术馆举办“李白凤书法遗作展览”。7月，在郑州紫荆山公园内再度展出。

6月，端木蕻良撰文纪念李白凤，发表于《广州文艺》第6期。同期载有其篆刻作品《毛主席诗词〈沁园春雪〉》和《革命烈士印谱》。

同年，篆刻作品《叶剑英〈远望〉》等载于《书法》、香港《文汇报》、《奔流》。

1980年

4月，司马长风编著的《中国新文学史》由香港昭明出版社发行，收录诗作《小楼》。

1981年

9月，《东夷杂考》由济南齐鲁书社出版发行。

1982年

6月，圣野、曹辛之、鲁兵等编著的诗集《黎明的呼唤》由四川人民出版社发行，收录诗作《饥饿的银河》、《预感》两首。

1983年

5月，《李白凤印谱》由郑州中州书画社出版发行，叶圣陶题签，茅盾题字，臧克家、陈迩冬题诗，端木蕻良作序。

1985年

9月30日，冯团彬的《不该遗忘的凤鸣声——论李白凤的新诗创作》发表于《河南大学学报（哲学社会科学版）》1985年第5期。

1986年

5月，蓝棣之编选的《现代派诗选》由人民文学出版社发行，收录诗作《梦》、《白莲》、《花》、《夜航船——写给爱儿惟凤》、《幻想》、《祝福》、《星花》、《月幻想》共八首。

1988年

2月，冯团彬的《李白凤生平述闻》发表于《河南文史资料》第25辑。此文系走访李白凤的夫人刘朱樱，好友苏金伞、桑凡、周启祥、吴奔星，学生王宝贵、佟培基之后，撰写而得。

1990年

12月，臧克家作序、孙党伯编选的《中国新文学大系（1937—1949）·诗卷》由上海文艺出版社发行，收录诗作《街》。

1991年

11月，公木主编的《新诗鉴赏辞典》由上海辞书出版社发行，收录诗作《小楼》。

1992年

2月，刘朱樱作《忆李白凤》，施蛰存作《怀念李白凤》，载于《新文学史料》1992年第1期（总第54期）。

1996年

10月，中国社会科学院文学研究所现代文学研究室刘福春、李葆琰、吴子敏、徐乃翔、鲁湘元等编著的《中国现代经典诗库》由北岳文艺出版社发行，第5卷收录诗作《小楼》、《海之歌》、《八个如云的幻想》、《梦》、《牧歌》、《夜歌》、《饥饿的银河》、《预感》共十五首（长篇组诗《八个如云的幻想》由八首诗作构成）。

1997 年

11 月，邹荻帆、谢冕主编的《中国新文学大系（1949—1976）·诗卷》由上海文艺出版社发行，收录诗作《珍珠和泥土》。

1998 年

3 月，程光炜作《诗人李白凤先生》发表于《读书》杂志第 3 期。同年 6 月转载于《散文选刊》第 6 期，2000 年 12 月易题为《吊诗人李白凤先生》刊载于湖北教育出版社发行的《雨中听枫——文坛回忆与批评》。

12 月，其子李惟微作《昆山玉碎凤凰叫——追忆先君李白凤先生》发表于《中州大学学报》1998 年第 4 期，纪念李白凤逝世 20 周年。

2002 年

8 月，韩国安养科学大学观光中国语系崔允瑄作《朦胧的自我——李白凤诗作意象赏析》发表于《名作欣赏》2002 年第 4 期“名篇含英”栏目，2010 年转载于《今日科苑》2010 年第 2 期综合版。

9 月，韩爱平编著的《河南大学作家群》由河南大学出版社发行，内设专节《李白凤：银色的凤凰》。

2008 年

2 月，张清平编著的《河南大学的青青子衿》由河南大象出版社发行，内有《命运多舛的人生——记李白凤先生》一文。

2012 年

3 月 29 日，李白凤的学生佟培基作《坎坷平生李白凤》一文，载于大河网“河南大学百年校庆”专题之“校友英华”栏目。

2013 年

1 月 5 日、6 日，刘海永先后走访佟培基、李蓉裳（李白凤之女）后，作《诗剑平生任我行　困顿流离栖汴京——李白凤在开封往事钩沉》，载于《汴梁晚报》1 月 12 日第 B01 版《人文周刊》。

1 月 15 日，《一张珍贵的合影》（图文）刊载于《开封日报》第 9 版“名城开封”栏目，追忆李白凤与柳亚子以及李柳两家的交往轶事。内容撰自李蓉裳提供的民国旧照（刘朱樱、柳亚子、郑佩宜、林北丽摄于 1942 年桂林）和回忆访谈，作者署名“惠的风”。

（作者单位：四川师范大学文学院）

新作荐评

李劼人作为“隐蔽的经典”

——读《李劼人画传》

□叶 珣

在群星闪耀的中国现代作家中，“李劼人”并不是一个十分响亮的名字。翻阅研究中国现代文学的著作，几乎很少有作者会单独开辟一个专章（节）介绍李劼人。国内知名学者钱理群先生在其撰写的《中国现代文学三十年》里也只对李劼人作了简短的介绍，而海外著名学者夏志清先生更是只在《中国现代小说史》的注释部分才谈到了李劼人。李劼人的不受重视由此可见一斑。

然而，被埋没的未必不是珍珠，被忽略的也未必不是经典。自李劼人作品问世以来，亦有一些学者对其文学才华大加赞誉。郭沫若在《中国左拉之待望》里赞扬李劼人的作品为“小说的近代史”；著名文学评论家曹聚仁先生对李劼人的作品情有独钟，认为“李劼人的几种长篇小说其成就还在茅盾、巴金之上”；日本著名汉学家竹内实也曾发表《被冷遇的作家》一文，为李劼人受冷遇、被埋没表示无限的惋惜。这些学者的观点虽不能代表中国现代文学研究的主流，但却毫无疑问的是对中国既有的现代文学知识系统的挑战。面对国内外学者对李劼人文学地位的存疑，我们是否也应该引起足够的重视，重新审视这位巴蜀作家独具一格的文学才情呢？答案是显而易见的。也许正是怀着“重新审视”的心情，当代学者李怡先生等写下了这本《李劼人画传》，为我们了解李劼人提供了一个有益的窗口。

《李劼人画传》共分为六个章节，这六个章节亦是他人生的六个阶段。在每一章节里，作者都生动地叙写了李劼人丰富而精彩的人生故事，与此同时，每一段故事又都能够给予读者深刻的启迪。其中，令我感触最深的是“君子近庖厨”这一小小的片段。1930年，李劼人为抗议军阀干政、维护学校尊严而愤然辞去成都大学教授之职，在指挥街开了一家小餐馆维持生计。从教授到厨师，面对这一巨大的身份转变，李劼人并没有闷闷不乐，他欣然接受了“厨师”这一职业，干得有声有色，把小店办得红红火火。一次，李劼人的学生来小店喝酒，一看是老师在当堂倌，便尴尬得坐立不安。李劼人见状，不但没有丝毫窘迫，反而乐呵呵地说：“不要紧，在学校我是先生，在酒馆诸位是客人，请坐着喝酒吧。”这一小小的细节，不正好体现了李劼人面对困境而泰然自若、心怀广大的人格魅力吗？而这一人格魅力又正是区别“小说作者”与“小说家”的关键所在。

书中除了有“教授开馆子”这类生动的人生故事，还有论者穿插于叙事之中的精妙评论。在本书第一章的最后一节，在讲述李劼人少年时期艰难的返乡之旅过后，作者情不自禁地抒发了这样的感慨：“而又有谁能说这来自个人的边缘挣扎的体验就不能与一个民族、一个时代的体验相遇合呢？尤其是当这个民族在事实上也挣扎于世界文明的生存边缘的时候。”这句评论将李劼人的人生经历与文学思想联系起来，突出了李劼人作为“作家”的人生意义。除上述这则精彩的评论以外，本书中另一可圈可点之处便是作者对李劼人文学作品的评论。在第四章末尾，李怡从历史、小说结构、人物形象等多种角度出发，对李劼人的“大河三部曲”作了详尽的论述。在这六页独具慧眼的论述中，作者不仅高度赞扬了李劼人的文学成就，还为我们进一步探索李劼人提供了明晰的线索。

李劼人虽不是一位家喻户晓的作家，但近年来，陆续已经有一些学者为其立过传记。在有限的几本关于李劼人的传记中，这本《李劼人画传》也颇有它的特色。例如2000年以后，王嘉陵、郭志强先生也撰写出版了《李劼人图传》，在插图配置方面，《李劼人图传》有着明显的优势，它的插图效果清晰且色彩明丽，对读者来说是一种视觉享受，某种意义上这可能得益于作者就职于李劼人旧居博物馆这一优势，不过平心而论，《图传》以介绍性文字为主，而《画传》则体现了论者一系列独特的观察和思考。《李劼人图传》更像是一本单纯的史料汇编，它并没有把李劼人放在“作家”的位置进行叙述。而《画传》则不然，论者从一开始就是把李劼人看作一个“作家”来叙写的。在《画传》中，李劼人的生平经历都与他作家的身份息息相关，论者努力从社会文化、历史环境等多个方面进行了深入的剖析和追踪，给人印象深刻。在这个意义上说，《李劼人画传》虽然也具有面向社会读者的可读性，但是却为将来的李劼人研究奠定了较好的基础，其中已经提出的诸多研究线索都可以进一步发挥、延伸，成为新的学术增长点。

李劼人，一个名气与实力不成正比的巴蜀作家，一个固守乡土情结的边缘文人，一个享有“中国左拉”盛誉的文学奇才，他的身上实在还有太多值得我们探索的东西。而这部《李劼人画传》便是一个窗口，阅读它，就是我们审视、欣赏李劼人的第一步。

（作者单位：西北师范大学）

新作荐评

开拓现代文学研究的新视阈

——评陈思广《审美之维：中国现代经典长篇小说接受史论》

□ 孟凡生　秦凤珍

作为一本现代长篇小说接受史方面的的学术著作，四川大学陈思广教授的新作《审美之维：中国现代经典长篇小说接受史论》（四川大学出版社 2012 年 10 月版）不仅具有史料性的价值，更富有启发性和开创性，开拓了现代经典长篇小说研究的新视阈。本书以审美价值作为评判的维度，筛选出十余部现代经典长篇小说作为分析的范本，以详尽的史料为依据，勾勒出了这些小说在不同时期的接受史，展示了小说在经典化过程中所遭遇的复杂多元的历史命运。从文学史研究角度来看，它为现代小说史研究提供了一种新的视阈，即从审美接受的角度去分析小说，展示经典小说复杂多元的接受命运和历程，为现代文学史研究提供了新颖的切入点，也显示了新的研究范式，也促进了现代文学史研究的发展和深化。可以说，《审美之维：中国现代经典长篇小说接受史论》这本著作显示了现代小说史研究领域的新意识和新探索，它将为现代小说史研究乃至现代文学史研究开启新的研究思路。下面，笔者着重从五个方面分析一下此书的独特性和创新性：

一、经典标准界说的整合创新

对于如何看待文学经典的评判标准，历来众说纷纭，不同时期的标准也因地、因人而异，尤其是对中国现代文学经典的界定，一直以来都争议不断。关于现代文学经典作家，最为传统且盛行的论断是“鲁郭茅巴老曹”的排序。这个排序始于 1951 年王瑶的《中国新文学史稿》，在这本书中王瑶分专章论述了“鲁郭茅”，“巴老曹”三人则列为一章；后来唐弢的《中国现代文学史简编》首次将“鲁郭茅巴老曹”分章论述，“鲁郭茅巴老曹”的排序自此定型；20 世纪 90 年代，王一川以“经典文本”为评价标准来对抗传统的“历史影响”或政治标准，进而对现代文学的大师进行重新排位；钱理群等人在《二十世纪中国文学史略》中则重新调整了作家排序，沈从文、张爱玲、冯至和穆旦也得到了较高的评价；90 年代末，钱理群等人主编的《中国现代文学三十年》则采取了比较中和的态度，在保留“鲁郭茅巴老曹”的排序的同时，增加了沈从文、赵树理、艾青、冯至、穆旦和张爱玲等作家。陈思广教授基于对以上评价与排序的分析、研究，并结合审美品质和时代的发展要求，提出了自己的观点和看法。

陈思广教授认为文学经典必须具有审美的质的规定性，他将文学经典界定为

“出色的超越时空的经久耐读的文学作品，是深刻地影响到一个国家、一个民族甚至整个人类的优秀文本，是这个国家、这个民族公认的引以为傲的创作范本，是这个国家、这个民族时代高度的文学纪念碑，应该是可以被接受和认可的”（该书第1页）。接着，他又从审美性、时代性、典范性和永恒性四个方面作了进一步的界定，审美特质是经典的基本要素，主要是指文本内部的诸要素，如主题、人物、语言和结构等要素；时代性是衡量经典的一个重要标尺，指的是要与当时的时代精神相契合，体现时代精神；典范性是经典的必要条件，其多指思想内容的纯正和深刻；永恒性是衡量经典的又一重要指标，表现为一种不朽的生命力，是人类共通的价值理想和精神诉求。这个评价标准是对传统批评注重单一的政治性、影响力或文本等因素的突破，它整合了审美特质、艺术价值和时代发展等多元要素，是对现代小说研究的完善和发展，是很公允、客观的。他以这四个要素为评价标准，在现代文学中选出了十余部符合标准的经典长篇小说作为分析的范本，涉及的作家主要有张资平、茅盾、苏雪林、叶圣陶、巴金、谢冰莹、老舍、李劼人、萧红、沙汀、钱钟书等。可见，作者对经典文本的选定并非以个人的主观臆断为标准，而是以文学的审美价值为核心阈值，在分析、研究繁多史料的基础上，参考吸收了传统的研究评价成果，综合多方面因素进行衡量、评价、取舍，堪称对中国现代文学史和长篇小说研究既定传统的承续和刷新。

乍一看，论著中选取的十多位作家和传统的现代文学研究学者所推崇的作家出入较大，但这并非哗众取宠之举，而是基于审美特质等标准所做出的客观、慎重选择。作者通过搜集、查阅大量的评价史料，对小说的审美接受史的脉络进行了梳理，从源头上澄清了对一些小说的误读和不当评论，从而为客观地评价小说的价值提供了历时的视阈和甄别的基础。如该书在对谢冰莹《女兵自传》进行审美接受史的研究时，从传记文学、革命文学和女性文学等多个接受向度进行了考证和研究，发掘出了它被埋没的审美价值和艺术价值。通过大量的接受史史料的佐证，作者指出这部小说是真实性与时代性的统一、历史性与现实的统一，体现了作者的现实主义精神和人性光辉。陈思广教授对该作给予高度评价，他强调“历史已经证明并将继续证明，《女兵自传》是新文学史上最受欢迎也最具影响力的传记小说，是20世纪上半叶中国传记文学最重要的收获之一”（该书第65页）。

二、以史为支撑，以审美为标尺

陈思广教授的这部论著既是一部拓新之作，也是一部扎实之作。全书内容丰厚，资料详尽，史料的考证和作品的分析也相当到位。文中所采用的史料时间跨度将近一个世纪，涉及百余种报刊杂志，三百多部著作，如此繁琐的史料撷取整理工作绝非易事，作者在书中把这些史料慢条斯理地按照自己的行文脉络和逻辑思路信手拈来，并使彼此之间衔接自如，毫无堆砌之嫌。

作为一部小说接受史，这部著作立足于史料的搜集整理，对小说在各个时期的相关评论史料进行了全面、系统的搜集和整理，并在此基础上加以整合概括，从而揭示出小说在接受过程中的变化特点和根因。如在对茅盾的长篇小说《蚀》的接受研究中，作者搜集了从 1928 年开始的首篇评介到 2010 年的有关评论文章，历时长达 82 年，并将此过程准确地概括为三个时期、两个路向。作者以史料为依据，通过对三个时期的评论史料的系统梳理，详尽地分析了小说《蚀》的接受视野的形成、重构、转向、拓展、深化，并阐释了接受视野发生变化的原因和不同视野之间的相互影响，最后又对小说的研究提出了有益的建议和方法，为后来者的进一步深入研究提供了基础。

本书对史料的挖掘不仅仅局限于国内的刊物，作者还把目光投向了海外的学者，涉及苏联、德国、法国和美国等国的数十位学者或汉学家，诸如佛克马、顾彬、王德威等，他们的观点作者都在书中作了比较详细的分析和论述，从而使小说的接受史研究更加全面、深刻。这十余部长篇小说的接受史研究都是在搜集、整理史料的基础上进行的。史料不仅是文本研究的出发点，也是著作内容研究的立足点，更是作者学术洞见的源泉。作者在力求全面、系统搜集史料的基础上，还很注重史料的真实性、客观性和确凿性。作者指出了当前的小说接受史研究中存在一些问题，诸如辑录者的“偏”、“漏”、“瞒”等现象，以及创作者的“添”、“改”、“删”等问题。他主张应该充分地掌握资料并谨慎地加以运用，做出比较真实、客观的评价。在该书中，他也是这样做的。

以审美价值作为衡量经典小说的重要标尺，这是本书一个重要特点。审美视阈是本书行文的内在标准，作者对史料的搜集、筛选和选用都是以审美品格作为内在标准的，审美价值判断是本书的核心阈值。作者所谓的审美视阈主要包括文本主题、人物形象、文本语言和结构等要素，这些品格是经典所必须具备的。作者所选择的这些小说基本都实现了四者的有机统一。比如，在《骆驼祥子》的接受研究这一章中，作者就从文本主题、人物形象、语言艺术和悲剧动因四个方面进行了论述。这一研究意识贯穿全书始终，作者始终致力于展现经典小说的内在审美质素。

三、结构与体例的系统性

陈思广教授的这部著作很注重结构和体例的系统性、整体性，作者虽然以史料为依据，但却灵活地加以运用、安排，以自己的思维逻辑来串联缤纷陆离的史料，使他人之文字犹如从自己胸臆中流出，避免了一般史料整理研究著作的堆砌、繁琐等流弊。作者以小说的接受史为分析对象，通过分析和研究进而概括出接受史的阶段特征，使小说的接受史从繁乱、杂多的呈现状态变为清晰、条理的过程。作者以审美维度作为衡量的标准，分别从“谁说、说什么、如何说、说的怎样、为什么这样说和期待如何说”这六个方面展开论述，让史料为己所用，用概括性的文字和严密的逻辑思维统领繁多的史料，深入细致地阐释了每一阶段的接受史，使全文浑然一体。

本书的所有章节几乎都是按照此体例来构架的，繁杂的史料在每一节标题的统领下显得合理且有序，这些章节的标题犹如一根丝线，把一颗颗珍珠般的散乱史料串联在了一起，使全书给人一种散而不乱、完整统一的感觉。如对《骆驼祥子》的接受史研究，作者以审美特征和时代特征为依据将其划分为三个阶段：接受视阈的生成与展示（1936—1948 年）、接受视阈的转向与过滤（1949—1966 年）和视阈的交融与超越（1977—2010 年）。作者从审美视阈出发，通过对史料的梳理和概括，完整地复现了小说《骆驼祥子》的接受史脉络，展示了其所遭遇的历史命运，从而让研究者和读者得以更深入地了解小说接受的具体状况和详细过程。

四、多元兼容的研究姿态

陈思广教授的论著不仅史料丰富，内容详实真切，而且理论视野开阔，他多从不同的理论视阈出发去研究、总结小说的接受史，从而使这部小说接受史研究带有浓厚的理论研究色彩。书中所涉及的理论不是抽象地进行推演，而是始终结合史料的整理评价做出的，是对史料的一种整体把握和理论提升。比如，在探讨《围城》的接受史时，作者根据对小说评价史料的分析和研究，概括出现实主义视阈、新批评视阈、存在主义视阈和比较文学视阈四种理论视阈，并一一做了详细的讨论。通过对各种理论视阈的比较，指出各自的长处和短处，使小说《围城》的接受史研究更趋深入全面。对各种理论、各种说法的多元兼容的研究姿态使该书的分析评价更为公允。比如，在《倪焕之》的接受史研究中，作者提及批评家关注的四个视野，并对“扛鼎之作”和“教育小说与革命小说”这两个视野兼收并蓄，进行整合，指出这二者各自的不足在于偏离了审美的维度，是有失公允的。在对《呼兰河传》的接受史的分析和研究中，作者指出了其中暴露出来的三个问题，他认为“寂寞论”、“枯竭说”和“两极化倾向”都是值得思索和进一步商榷的。该书在分析时主张依据审美标准，不以偏概全，肯定作品所蕴含的积极性和进步性的一面。这一点突出地表现在对作家张资平的评价之中。尽管张资平的作品多写男情女爱，还曾被冠以“汉奸文艺”的帽子，但是作者并不因此而将其作品打入下等之列。相反，他肯定了张资平小说中所蕴含的的进步意义，指出他的小说在选材上富有新意，艺术手法上富有现代特征，叙述支点上具有划时代的意义，肯定了其在现代文学中的地位和意义。

此外，该书还很注重在对史料进行整理和研究的基础上挖掘其蕴含的深层次价值，提出一些新的富有启示性的观点。在每一章的结尾处，作者都会依据对史料的分析和研究，提出一些富有启发性的问题或观点，以供后来的研究者参考、借鉴。每一章的小结都是基于作者对史料的分析、研究和深入把握、理解而得出的，有的指出问题的症结所在，如对《蚀》的接受研究之中，指出对小说的研究一直停滞不前，其中的症结在于无法正视作者与时代之间复杂的纠结关系；有的以问题作结，以便让学者们进行自觉的反思，如在《呼兰河传》的接受史之中，作者指出了其暴露出来的三个问题，以供研究者借鉴、反思；有的以对后来的研究者寄予深切的厚望作结，如对李劼人的“大河小说”研究中，作者则希望后继者能超越和突破困扰学术界的“李劼人难题”。

作家的写作终止并不意味着作品意义的终止，作品的意义最终要在读者的手中完成。接受美学理论重视读者在阅读过程中的主动作用和建构意义，认为读者对文本的接受过程就是对文本的再创作过程。在读者的接受过程中，读者与文本、作者之间形成一种相互建构、相互启发的对话关系，读者的阅读期待与作者的艺术想象、文本内容之间形成了一种视界融合，从而生成新的意义和视阈。因此，对作品接受史的研究具有极为重要的意义，它不仅仅为我们展示了作品的接受过程和命运遭际，还为我们提供了不同的解读视野，丰富了文学史的研究形态。但是文学接受史的研究并非一件易事，它需要的不仅是研究者的耐力、定力，需要坚持不懈，还需要严谨的治学态度、深厚的文学素养和理论功底。在这方面，《审美之维：中国现代经典长篇小说接受史论》具有开拓性意义，为现代文学审美接受史的研究提供了有益的借鉴。

（作者单位：华东师范大学中文系　鲁东大学文学院）

理性与激情的碰撞

——读吴德利的文本阐释著作《阐释与批评》

□ 余文燕

阐释的主体可基于自身对作品的理解生发出对文艺作品的不同看法，“仁者见仁，智者见智”，阐释者的立场就显得格外重要。除却知识构成的区别，个人的价值观和世界观导向的价值判断、社会大背景下对个人的期待和塑造、个人与社会之间的排拒与调和等因素都会影响阐释者的看法。阐释者与一般读者的区别就在于阅读作品后高屋建瓴地发表自己的见解，挖掘出作品深层次的隐喻性内容，从而达到修身、育人、警世的作用，提升自身文学素养的同时也给予阅读者思索问题的不同视点，阐释终究会奉献于社会思潮和文学思潮的发展。作为阐释者，他在构建自身阐释空间的同时也在构建这个社会的阐释时空，恰如苏珊·桑塔格所说：“阐释并不仅是庸人献给天才的恭维之词。它实际是理解事物的那种现代方式，被用于一切品味的作品。”[①] 这种“现代方式”区别于个人性情感无节制的抒发，也区别于纯理性的价值评判。文人敏锐地感受到社会的巨大变化，市场经济的潮流势不可挡，人性人情在利益激荡的时代里如何鲜活的存在，人如何在各种价值观充斥的环境中脱掉萎靡不振的精神外衣，人文关怀如何摆脱孺子式死板的说教而走向平凡的世界……这些问题正是有责任感与使命感的阐释批评者应该思索的。吴德利的《阐释与批评》正是秉承了苏珊·桑塔格《反对阐释》的精神，“在一个充斥着假象的世界里，在真理被扭曲的时代中，致力于维护自由思想的尊严”。

批评或者阐释应该是个人性话语的发声，在一个既定的社会环境中，它与自由、权利、民主、公平等息息相关。克罗齐说过“一切历史都是当代史”，文学史的塑成离不开当时当地的社会环境。武断的评价现代批评时代的好坏问题有浮夸的嫌疑，不过从时代的历时性发展来看，确实存在着自由精神发展的强弱的问题，“文化大革命”时代确实在一定程度上亵渎了民主与科学精神，政治体制上的强制性也对各行业的发展产生了破坏和禁锢作用。不过，当下的历史总是最难做出评价的，任何一个当时当地的时代都不是那么容易的，真正优秀的批评家总能够把自己的思想表达清楚，不管外界的环境有多嘈杂。当今浮躁的学术似乎已是众矢之的，理论权威的震慑作用不曾削减，以极端思想谋大众眼球的行为也一直存在，为评职称、奖金、荣誉等功利性目的而为批评执笔已司空见惯，所有的这些负面信息确实给批评家带

① 苏珊·桑塔格著，程蔚译《反对阐释》，上海译文出版社，2003年，第11页。

来了一定的阻碍，恰是这种阻碍让真正有良心的学者潜心思索，自觉地承担起一个学者该有的责任感和使命感。《阐释与批评》的作者吴德利以公共立场的发言者自居，以达成曾经学术理想的目的而虔诚地思索现实与文学问题，反对“仅仅成为‘既得利益者’”。这种自觉的成为反思社会的一员的精神或是当今学术圈里比较推崇的力量。坚持守住精神家园的独立性，不被众声喧哗所迷失，个人思考的能力才不会丧失。

文艺作品的魅力已被千百年来的人们推崇到很高的地位。亚里士多德就认为，艺术是有用的，在唤起和净化危险情感方面有医疗作用。净化情感、生发感悟、提升境界、拥抱现世人生是艺术基本的功能。人在阅读的过程中达到的共鸣说到底还是读者的情感体验与作者的观点切合的表现，批评家的阐释并非被一部作品感动后情感的流泻，更多的是思索作品存在的依据和意义、形态和构造、影响与启迪等。要参透艺术作品的内在世界，除了知识分子式冷静的思索外，还需要一份现世人生的热情，“上下求索”的精神才会有适宜生存的土壤。首篇《如何解读乡村社会的现代性病症——谈〈丁庄梦〉的多重结构意蕴》作者开篇表示：“为小说中丁庄人因为贫穷而导致的灾难性思维后果而悲悯，同时又为丁庄人处于死亡状态下依然进行的争权夺利的劣根性感到痛心。”① 在死亡的大背景下现实与理想的碰撞无比残忍，对财富的渴望使得丁庄人毫无防备地投入献血的浪潮，就在艾滋病侵袭整个村庄的时候，每个人都在私欲驱使下搜寻利益。似乎在金钱面前，人的道德、良心、爱等美好的东西统统破碎，小说家利用这样一个人人相残的故事引起人的思索，欲望与美好、冷酷与温情、悲剧与插曲相互交织的结构预伏了众人的死相。绝处逢生的期待与梦幻、破碎的现实把人的心拉扯得支离破碎。阐释者看到了中国落后村庄在现代化发展中的悲剧处境，同时也呼吁人类在生存压迫下的精神坚守。这篇文章似乎是整部文本阐释作品的预言，由自身生命出发的对现世生命存在的悲悯、知识分子本体基础上的对人民大众的关怀、超越本体性视域对人文精神的弘扬成了本书的主线。

“五四”时期曾风靡的“问题小说”把注意力放在青年遇到的现实问题上，这说明对现世人生的关怀远远胜于精英式曲高和寡的言说。在世界贸易全球化与现代化进程的背景下，当代的小说也与时俱进地反映了人们的生活状态和精神世界。批评者能够把视角放在当下社会，把作品中的描述与现实的社会状况相联系，比较深刻地挖掘出众生相。首先，表现在对作家创作的关注上。对余华《兄弟》的分析显示出其革命叙事的方式与对“文革”的虚构性批判；对池莉《水与火的缠绵》的分析披露出作品中的漏洞，想象力的匮乏和千篇一律的书写使得其作品呈现出“调味盒”式的既定版式；由丰村《美丽》三角恋的书写透视出“十七年”文学创作的禁忌等等。其次，对作家作品底层社会中为生存而挣扎的弱势群体的理解与同情。《那儿》中杜月梅、朱卫国、小狗罗蒂形成的“情感伤害”的三角故事，批评者感动于忠贞且被伤害的小狗罗蒂和同样被伤害的工人小舅朱卫国的所为，批评者能超越作品对当下平凡善良的人无法逃避的现实苦难的揭露而深入到作家的叙事立场和“义狗罗蒂”的隐喻意义，从而提出如何通过个人化写作表达当下现实性批判的主题。通过

① 吴德利：《批评与阐释》，百花洲文艺出版社，2011年，第3页。

解读《酒鬼的鱼鹰》，呈示东北氤氲下的醉态生存，具有诗性的酒鬼必须面对的无味现实与美好诗意的自然描绘相对立，美丑善恶的交织显示出现实世界对理想世界的入侵，这就提出了如何处理好现实与理想的关系的问题。对沈从文小说世界的分析走出了刻板的湘西印象，从民族“性史”的角度分析出湘西这个偏远乡村的原始生活本态，公共的“性”透露出的是艰难环境下人性的美好，由地域性到民族国家性的叙述透露出作家对现代化进程的见解。再者，批评者对女性团体生存状态的独特关怀。对《厨房》的解读反映出了现代商业社会中女性的尴尬处境：一方面，女性拥有了在商业战场上和男人一决雌雄的机会，却不得不深陷于锅碗瓢盆的碰撞中；另一方面，男权社会中的女性从厨房中找到自己的价值所在，却在更加迷惘的情爱游戏中孑然醒来。对《手术》的解读又让阐释者思考断裂时代的爱情，受过伤害的女性对爱情的重视无从表达，世俗性的观念一直缠绕着其中的男女，爱与性的关系微妙不清，唐晓南期待从割除乳房里的纤维腺瘤的手术中获得清晰的疼痛感，她需要的安全感与归宿感是爱情婚姻都不能给予的，她的期待与失望都来自于男性世界，表达出了新时期女性的生存之殇。对《谁能让我害羞》的解读揭开了现代社会中女性与外在世界的隔离感：一方面，她是商业社会中的成功个体，但依然感受到商业社会对个人的吞噬和生存其中的不安全感；另一方面，面对涉世不深的少年对“高级”场所的渴望，女人基于自身的优越感对其冷漠的抗拒，商业社会的欲望膨胀剥夺了男女最基本的羞耻感，人与人之间的交流被商业社会中的利益规则阻绝。最后，对乡村世界及生活其中的人的理性批判呈示出作者的担忧和期待。不论是对《丁庄梦》中乡村社会的现代性病症的分析、对沈从文小说世界的解析，还是对张柠的文化社会学著作《土地的黄昏》和余雷新作《小小赶马人》的评论，都反映出评论者对于乡村世界的关注。现代化的进程为古老的中国提供了新鲜血液，城市化的进程为人们提供了生活上的便利。评论者敏感地认识到作品中反映出来的农村在现代化转型中面临的问题，恰如其在《经验的升华与理性的沉淀》一文中所述，“这些以小见大、见微知著的敏锐观察与批判力所能获得的社会研究的信息量，是仅仅靠现代知识和研究方法难以获取的”。乡村社会中的生存秘密还有待更多的作家或学者的挖掘。

不过，批判的过程中，感性的激情还需要理性的阶梯式引导，评论者关注微观意义的族群生活，正是在这样的基底下有着宏观意义的对于思潮、理性、整个人类精神的理解。这种理解试图突破本体性视域，以一种强烈的针砭时弊的公共知识分子的立场来关注生活于其中的生命个体。作家作品、对作家作品的电影改编、人文精神探讨的思潮都是基于阐释者本人对其的理解。对作家作品的纵横分析展示出阐释者独特的思索，当下的文学作品改编为电影的现实也让阐释者注意到作品和电影间的差距，对不同的文艺批评书籍的阐释在肯定了作品价值的同时提出了更多关乎文学前途的问题。这部《阐释与批评》反映出作者的知识学养和价值观念。“阐释者并没有真的去涂掉或重写文本，而是在改动它。”① 不管怎样，这种改动都很难改变

---

① 苏珊·桑塔格著，程蔚译《反对阐释》，上海译文出版社，2003年，第4页。

个人性的立场，“横看成岭侧成峰”，阐释不可能面面俱到，“一千个读者就有一千个哈姆雷特”，阐释者的知识构成和思想观念也会导向阐释视角和评价的不同。一方面，这允许了阐释者可以在作品的大容器下生发出各种理解；另一方面，也认可了良莠不齐的价值评判对作品的各种阐发。因此，作为读者也应该有一种独立的立场，不被阐释者本人的观念辖制，也要有独到的见解。原典的阅读和独立的思考精神的重要性不言而喻。也许在看了批评者对作家作品的阐释之后再回到原典阅读，会从作品中找到批评者阐释的依据和隐含性线索。读者在获得了心理上的认同的同时也对作品有了深入见解，可惜很容易陷入到对“提纲”的崇拜和盲目跟从的陷阱中。这就需要读者在阅读批评的作品时先行阅读作品，对作品有一定的理解之后再把阐释与期待阐释相比较，也许才不至于对人文精神和现代独立思考能力造成很大的伤害。当然，独立思考能力还需要个人的怀疑精神，孔子早就说过“学而不思则罔，思而不学则殆”，在学习的过程中要保持思考和怀疑的精神着实不易。既要深入理解批评者逻辑分明的论述，又要避免陷入其理性打造的逻辑且保持自己独立思考的立场，做到理性与激情的结合。从这个层面讲，读者可以对阐释精妙的文章拍案叫绝，也可以对其保持理性的怀疑态度。批评可引起大众对作家作品的思索，反过来，对作家作品可以激起批评者的各种阐释，作家作品与批评者相互影响的关系可得到良性的循环。这种民主和谐的关系有利于参与其中的主体，对作家作品或评论的盲目棒杀或捧杀只会阻碍思想者对作品中多样世界的解读，这只会让重视当下利益的人们更加浮躁不安。

《阐释与批评》在提出分析文本的方法和立场的同时，也表现出现代知识分子应有的对待学术的态度。“十年磨一剑”，这些研究成果是其十年寒暑坚持实现学术理想的表现，也是对当下严谨的治学之风的自觉维护。对现世人生的关注使得他的批评中有温情的理解，对迷惘群体困兽犹斗的生存之患的体悟使得他的阐释中有理性的揭发与执著的追问，对新世纪的整个知识分子群体在精神上的关注又使得他自觉地思索知识分子在市场经济中的地位和出路。作者匠心独运的批评阐释和贯注其中的人文精神或是对浮躁社会的一种启示，坚守的精神世界也一定会给其独特的财富。当下的人们应该以更理性和宽容的态度对待文学批判，这部书为批评者处理好理性与激情的关系作出了良好的示范，也为打开更为广阔的阐释视野建立了一定的基础。

（作者单位：四川大学文学与新闻学院）

新作荐评

历史文论的批判与理论时空的超越

——评朱丕智《中国现当代文学理论批判》

□ 朱小敏

历经多年的理论积累和近几年殚精竭虑的潜心思考，朱丕智的力作《中国现当代文学理论批判》终于由中国社会科学出版社于2012年6月出版了。该书的问世，其实早在2007年作者发表于《重庆师范大学学报》上的《中国现当代文学理论中之典型理论批判》就已露出端倪，其后，又相继在几家刊物发表了数篇该批判系列的文章，直到2011年，才从书的逻辑结构上进行了总体上的安排、调整、修改、补充和完善，方以今天的面目呈现在大家的眼前。

按照书的表面字义的理解，我们很容易把它当作一部断代的关于文学理论历史的著述来看待。这本不算错，该书确实有相当篇幅涉及理论的历史过程及问题，但这的确又不是该书的重心或焦点所在，历史的理论只是覆盖其外的面衣，内核却是文学理论本身，这才是其主旨所在。诚如作者在《自序》中所言："我只企望在观念性的顶级层面上，既为中国现当代文学理论史重构出一个观念性、概念化的整体逻辑框架，同时又在批判性地论说这些文学理论的基本问题和概念范畴之际，提出自己对文学理论总体性的理念和看法，旨在为文学理论的建设提供一个可靠的基本立场、方法，确立起一系列具有全新内涵的基本的文学观念和概念、范畴，建构的是一种框架性的文学理论思维模式，借以规范和导引文学理论在社会这个大系统中的合理运行。"显然，作者的意图并不在理论史的本身及其过程，"而是它所表现出来的具有普遍性意义的那些文学理论的基本问题、观念"，"把思考的立足点完全转向了理论的一般性层面上"。也就是说，历史的文学理论批判的目的，最终指向的是对理论时空的超越，寻求的是文学在共时态中最基础最本质的理论规定，以及在此基础上，共时态的文学理论与历时态的文学理论之间的动态关系。由是，与其说该书是一部文学理论历史的著述，不如说是一部文学基本理论的专著更为恰切。在这样的历史时点上作上述的运思，恰好是由中国文学理论发展的特殊原因所提供的契机。正是在现当代，中国的文学理论经历了从个体性、零散状、形象化的经验形态，转向了整体性、普遍性、思辨性的理性形态。这一根本性的质变，使中国的文学理论真正走向了理论化的道路。在这种转折点和新起点上，理论的言说便有了穷根究底、纵横捭阖、自由腾挪的巨大空间。

不难见出，作者的立意是极为高远的，大有在批判传统文学理论的基础上重建新理论的宏大气势。可以肯定的是，该书的确在文学理论的多个方面做出了不容低估的傲人成绩，概括言之，可谓一种理论写作上的创新、两大基本观念（方法）的确立、多个理论观点的突破。

写作上的创新主要指的是该书的体例构架和表述风格。因了前述的目的和意图，该书表现出与以往任何有关文学理论史和文学理论研究的专著在体例构架和表述方式上都大不相同的独特风格。该书在史的理论的依托上，根据其文学观念、立场以及各概念、范畴之间的关系，既构建了该理论体系的逻辑结构，同时又形成了文章的整体框架，并逐次从文学理论在历史表征中的基本概念、范畴之内涵演变的批判性论析里，去捕捉、挖掘其恒定性的本质含义，由此展开层级有序、层次分明的论述。就这样，该书把历史的表述和理论的探讨有机地结合在一起，形成了一种全新的理论写作风格，充分体现出精神性事物以思想逻辑来构架和表现的独有特性和魅力。

两大基本观念（方法）的确立，指的是在文学理论的最高层面，或曰“文学世界观”的意义上而言的。这是理解、认识和把握文学的基本出发点与逻辑起点，也是据此阐说文学理论的方法论，在文学理论上具有提纲挈领的意义和作用。

其一即认识文学的、人类的、社会的、以文学为本位的整体性艺术理论立场，可简称为文学本位观。这里提到的人类的、社会的、文学的、艺术的之类的术语，人们其实并不陌生，在西方的文学理论著述中可以说屡见不鲜，即使在中国现当代文学理论中亦不鲜见，然将之形成一个整体性的、系统化的并准确定位的观念，却是从未有过的。理论家们大都囿于社会历史的局限和自身的艺术立场，突出或强调上述术语中的某一或更细的某几方面，即使自身理论有相当的合理性，终究缺了整体性的把握和关照，难免失之偏颇。而文学本位观的确立，既厘清了文学与社会（包括政治、经济、文化诸因素）相互影响的多重复杂关系，把文学置于整个社会大系统之中来看待，又把人类（人本的、人性的）的特性与社会的关联和自然的区别带到文学中来，同时还在精神性的艺术领域里锁定了文学的特定位置，可谓对文学作出了层层限定。而文学的本位观，就是要守住其最核心的基质，或者说遵守文学之为文学的最基本的规定。这个基质或规定就是该书在视文学为以语言作媒介的精神性艺术产物之际，所给出的艺术三元质的高度概括：“（1）一定的艺术（审美）形式；（2）形象化个性化的表现形态；（3）寓含在物态中或直接显露的人们的精神情感。”（该书98页）这一切，有效而准确地将文学与其他事物区别开来，确认了文学审美的艺术的形象化、情感化地把握世界的特殊路径和方法，奠定了文学理论得以沿此理论逻辑逐层逐级展开的坚实基点。

其二从该书的相关论述可以看出，文学理论作为一种精神性艺术的理性认识，是不同于其他非艺术性实在事物的认识的。后者大都有一个终极性的恒定本质，不会因时间环境的变化而发生变化（若变，则彼物已非此物了），而文学理论却是变与不变的辩证结合。由于文学理论与社会历史的复杂关系和艺术本身的特殊性，它既有跨越历史时空的共时态理论，又有符合社会历史和艺术的历时性理论，二者都有自己存在的理由、意义和价值。于是，在《中国现当代文学理论批判》中，文学理论一改过往只谈一般性理论的做法，将历史的文学理论因子也纳入一般文学理论的范畴之中，形成了一个动静结合的理论结构。这就使文学理论的二重结构颇有索绪尔语言学中能指与所指之关系的意味。当然，这是不能简单照搬的。二者的基本关系是：共时性理论是建立在历时性理论之上的，有着稳定的静态结构，而历时性理论则须受着共时性理论的制约和限制，不可随意逾越，但可有结构性的位置变动，突出或趋重在某一或某几方面。同时，二者又共同与社会诸因素发生着相互影响的多维度的纵横关系。需要强调的是，在这种关系中，文学理论应保持自主性、自律性，社会诸因素的影响，必须经过文学理论机制的内化，方可成为真正的文学理论。如此，文学理论自身及其历史与文学理论、社会历史之间就构成了多重交叉叠合的网状关系，普遍与特殊、内部与外部的问题在这里便得到了合理的解决，为我们指引出探析、阐明各种情状的文学理论的路径、方式和方法。

多个理论观点的突破，主要指的是该书对处于各个层次、方面的概念、范畴，该书基本上都推翻、否定或至少在相当程度上修正了传统（包括西方文学理论）的看法、观点，提出了新的见解、新的内涵界定，同时还改造或重新命名了一些新的概念、范畴。翻开《中国现当代文学理论批判》，从头至尾，我们随处都可以感受到书中洋溢着的新鲜学术气息。在这里，我们不可能对书中的这些新观点逐一进行评述，仅扼要点出一些传统文学理论中最重要、最基本的支柱性概念、范畴，便可充分领略。如意识形态说，以及与之结伴而行的阶级化、政治化文学观，书中就否定了其作为文学本质的说法，确认了文学的艺术性本质并以此为文学能否成立的前提，让意识形态、阶级、政治之类的东西退回到次级的思想内容之构成部分的原有位置；另如文学反映论，该书打破了传统的文学与社会的简单对应关系，强调了作者的精神创造作用和作品表现社会的特殊性——社会为本，文学为影，且是非现实的个别化艺术形象，不能当作社会历史来看待（文学本身的历史及精神性质除外）；还有意识形态说和文学反映论都共同涉及的关于文学认识的问题，该书也否定了传统理论所建立的社会化、哲学化的认识路线，取而代之的是以艺术方式来体现的情感性认识，作品人物至多只能零散地充当作家观念的传达工具；再有创作方法的问题，该书一方面厘清了作为思潮、流派的现实主义、浪漫主义、现代主义等与作为方法的诸主义之间的区别，更为重要的是，另方面又批驳了对创作方法内涵的含混理解和无限扩大化的倾向，将其定格在文学形式的意义上，从构造方式和作品审美形态上视其为某种创作模式，并根据已有的文学现象，重新命名为更加确切也易于理解的常态模式（基本意义上的现实主义）、超常态模式（神怪虚幻类的浪漫主义）和非常态模式（部分现代主义中非理性、非逻辑的创作）三种。他如典型理论、本质真实观、文学功能论、文学批评观等，该书对传统理论的说法、观点也作出了有力的批判、否定、改造和新的诠释、界说。

综观全书，作者以文学本性为核心、基点，进而辐射到文学理论的各个层面和文学外部的诸种关系，对一系列文学的基本问题、观念、概念、范畴等提出了一整套相互联系的体系性的看法、观点，我们不妨暂且将这一理论称为文学本位论。它既严格规定了文学在整个社会大系统中的质的界限和疆界，以及各概念、范畴相应的理论位置，同时又为文学理论的发展及相关社会诸因素动态的影响关系留下了相应的历史弹性空间。换句话说，这是一个在文学本性统率下，可以随社会历史的变动而伸缩有度的理论体系，任何不违背文学本性的理论，都可在其中找到自己应有的位置，真正称得上是一种开放性的理论。

毋庸讳言，在浓厚的传统文学理论当道的学术环境状况下，《中国现当代文学理论批判》所建立起来的文学本位论，与之完全是背逆而驰、扞格不入，显得那样形单影只、落落寡合，但我们坚定地相信，它的理论意义和学术价值在此后必将日益显现，令人瞩目。

（作者单位：重庆师范大学）

新作荐评

文学概念清理的成功范式

——评王晓冬《中国现代中篇小说研究》

□ 李永东

中国现代文学研究经过二十多年的思路拓展与方法翻新后，学界对追随西方理论旅行式研究模式的激情逐渐冷却，开始沉潜下来，回归文学现场，以细密审慎的态度考辨历史本相，探究现代文学的源与流。其中，基本概念的清理亦受到部分学者的重视，例如，李怡教授及其学术团队近几年就曾致力于此，且收获颇丰。文学批评的诸多概念从欧美日俄引入中国后，与本土的文学事实遇合，在批评的延展中，其概念内涵与外延不断添加、衍生、更替，变得复杂而充满歧义。这也就不可避免地造成了文学概念使用情形的混乱，具体表现为：一、概念的去历史化，不加辨别地调遣概念指称不同历史时段的文学事实；二是忽略概念旅行所带来的意义变化，忽略本土语境对外国批评概念的修饰效应；三是批评者各自为概念赋意，不求通约。混乱，就需要清理。弄清基本概念的前生今世，厘定其内涵与表征，呈现其变异与争端，无疑是现代文学研究再出发的基础。

在概念清理的相关论著中，王晓冬博士的专著《中国现代中篇小说研究》（中华书局2012年出版）给人耳目一新的感觉，提供了概念清理的成功范式。该著首次系统地对现代文学史上“中篇小说”概念的生成、流变，以及中篇小说的文体特征作出了鞭辟入里的阐释，其扎实的史料功夫、鲜明的问题意识、精妙的文本解读与史论结合的研究路子，显示了作者展开、掌控论题的气度和深度，所提出的“向心力”概念，具有穿透中篇小说文体特质的理论力量。

对于一个沿用已久、习焉不察的文体概念，追溯其源起与演变是一项倍感繁难的工作，只有做“笨学问”、“真学问”的人才会愿意去尝试。然而，正是这类较真的、从故纸堆里寻觅文学历史踪迹的成果夯实了中国现代文学研究的根基，提供了现代文学研究的基本线索。在80年代，有一批可敬的学术前辈，耗费精力、目力，于茫茫报刊书籍中，展开地毯式的扫描收集工作，编撰了各种“研究资料”，这些资料为后来的研究者提供了最基本的史料，给研究工作带来了极大的便利。有的资料整理工作甚至具有开启新的研究视野和文学观念的作用，如严家炎先生主编的《新感觉派小说选》、孔范今先生主编的《中国现代文学补遗书系》，都通过作品的收集汇编昭示了一种新的文学史观。实际上，任何原创性的、厚重的、直指对象本质的文学史论，都应当建立在第一手资料的基础上。《中国现代中篇小说研究》对“中篇小说”的概念溯源、文体定位和发展追踪，之所以能做到脉络清晰、引证有力、论断自信，与作者掌握了大量一手资料有关。断言某篇文章“首次”提到或阐述了

“中篇小说”概念，没有竭泽而渔的史料搜集功夫是不行的；一份简单的图表统计与作品列举，连接的是作者对海量史料的阅读……基本资料既为作者亲入史料海洋所捕获，故作者对中篇小说的历史脉络和讨论细节了然于胸，在推演论题时也能做到环环相扣、从容不迫，论断亦清晰而有力。

真正精彩的研究成果，丰富的史料只是前提和基础，如何以敏锐的问题意识调动史料，建构有效的阐述体系，其实更为关键。值得指出的是，研究方法的选择和思路结构的构设，以及对创新的贪恋，都应该从研究对象本身去求取，而不是任由自己的笔触与思维跑野马。在学术界，声势凌厉地把论点往新奇的路子推论的做法并不少见，只是其推论往往以漠视某些重要的文学史实为代价，其文风虚阔蹈空，其结论经不起推敲。毋庸置疑，贴近研究对象的思路框架和论述策略，才是真正具有学理性、经得起质疑的。《中国现代中篇小说研究》在这一点上做得非常不错。专著沿着提出问题，梳理历史，比较长、中、短篇小说，阐发中篇小说叙事特征的思路，有条不紊地展开论题，问题意识浓厚，论述思路与对象特征相吻合，所作分析是理性的、辩证的、务实的。作者充分认识到中篇小说的文体间性，故不刻意对中篇小说的性质作非此即彼的论断，而是充分尊重文学历史的本相，在文学史的呈现中给出自己的识见，建构论述体系。正如作者所说：“与其说本书是在定义中篇小说，不如说本书是在追踪中篇小说；与其说本书去解决争论，不如说本书是在呈现争论；与其说本书围绕的是概念，不如说本书围绕的是问题。”笔者认为，这一观念对于同类研究课题（关于文学概念清理方面的课题），具有重要的借鉴与示范意义。

富有启示性与冲击力的研究成果，往往得益于核心概念的创造或借用。“向心力”、“短长篇小说”、“长短篇小说”这三个概念无疑把学界对中国现代中篇小说文体特征的认识提升到了一个新的理论高度。中篇小说夹在短篇小说与长篇小说之间，文体特征似乎暧昧不明，但当作者提出“向心力”概念来定义中篇小说时，仿佛顿时打开了照亮中篇小说的光束，让长、中、短篇小说的文体边界变得相对清晰。作者认为中篇小说最大的特点在于它的完整性，比短篇、长篇更适合讲述一个完整的故事，而把中篇小说的核心故事和枝蔓材料凝聚起来，保证故事完整性的叙述力量就是“向心力”，“向心力”是中篇小说的结构性特征。同时，作者也意识到长、中、短篇小说的文体特征存在交集，其边界在创作实际中常常来回移动，难以断然区分，所以《中国现代中篇小说研究》对中篇小说的研究采取了比较分析的思路，引入了“短长篇小说”和“长短篇小说”这两个概念。这两个概念与“向心力”概念相配合，有力地阐释了中篇小说文体特征的复杂性。

除了上述显著特征和价值，《中国现代中篇小说研究》的文本细读功夫亦值得称道。该著与某些从概念到概念、从论争到论争的著述不同，它的所有观念都是及物的，都立足于现代文学创作与批评现实。关于《阿 Q 正传》等作品的阐发，更是新意迭出。而且专著在最后一部分回到了中篇小说本身，借助西方叙事学理论对中篇小说独特的审美效果进行了颇见功力的分析。尤其令我们惊异的是，作者并没有大量搬用西方叙事学概念，而是仅凭叙事者、叙述角度等基本术语，居然把作品分析得别开生面，枯燥、晦涩、模式化的叙事学理论，被作者运用得如此活泛，如此通俗，如此中国化，且如此具有穿透中篇小说魅力的理论力量。

总而言之，《中国现代中篇小说研究》提供了文学概念清理的成功范式，在观念与方法上都值得效仿。当然，该著的牵强与偏误之处同样存在。其主要缺憾倒不是源于论题的难度，而是源于文学史观的褊狭。作为文体研究，仅仅以“新文学家”的材料为立论基础，在梳理文体历史时从古代直接跳到“五四”，其局限性在所难免，个别论断的科学性亦有待确证，所选择的中篇个案是否具有代表性亦有讨论的余地。本来任何著作都不可能完美无缺，况且80后的王晓冬博士的第一部著作就能获得这样的成绩，我们没有理由不期待她下一部更厚重、更有价值的著作的问世。

（作者单位：西南大学文学院）

探寻现代中国知识分子的历史迷误和精神遗产

——评孙德喜《历史的误会——现代文坛上的人和事》

□ 汪树东

阅读孙德喜的学术随笔集《历史的误会——现代文坛上的人和事》，是既愉快又沉重的一件事。说愉快，是该书文字精练，文气流畅，谈及现代文坛上的人和事非常具有趣味性，而且作者的许多看法非常精辟，令人豁然开朗，许多观点也与本人的不谋而合，因此大有“于我心有戚戚焉”之畅快感。说沉重，是因为该书屡屡涉及现代中国知识分子不断丧失独立人格、自由思想、批判精神，还自以为改造思想获得成功，能够与时俱进，从而陷入黑暗无光的自欺欺人的悲剧和荒诞剧中。更为可怕的是，现代中国知识分子的这种历史迷误至今仍然在延续，而且看不到多大的出路。念及于此，笔者不由心底沉重，悲从中来。

不过，暂且不论个人的阅读心情，单看此书，不得不承认这是一本富有人文情怀的、富有历史感的、富有批判精神的好书。孙德喜选取了24位现代文坛上有影响的作家，从他们较详细的传记材料出发，简笔勾勒其生平情状，主要围绕着他们作为现代中国知识分子的代表身份，叙述他们的情感纠葛，分析他们与政治权力的关系，反思他们的精神历程。正如该书封面语所言：“作家是一个人，同时也是社会的细胞，他生活在一定的政治文化和人际关系情境中，他必然要受到体制、语境和人际的影响与制衡。通过对作家个人的解剖和透视，可以看到社会政治文化等方面的诸多特性。而从根本上说，作家在传统意义上是知识分子，也是社会精英，作家的色彩便是我们国民的色彩；读作家这个人，其实不是在读国家和社会，也是在读政治与文化，也是在读民性和国情。”① 当然，孙德喜最关心的还是现代中国知识分子与革命政治的关系，还是他们的历史迷误和精神遗产。

一、剖析现代中国知识分子的历史迷误

孙德喜的《历史的误会》最重要的关注点就是剖析现代中国知识分子的历史迷误。这无疑是一个相当沉重的话题，也是非常有价值的话题。众所周知，西方文明

① 孙德喜：《历史的误会——现代文坛上的人和事》，青岛出版社，2012年，封面。

之所以能够呈现出波浪式的向前不断发展的态势，关键在于一批又一批真正意义上的现代知识分子，他们追求真理，信奉自由精神，独立不羁，富有不屈的批判意识。对于他们而言，权力和金钱是人类最主要的奴役性根源，作为知识分子的使命就是不息地批判权力和金钱，在世道人心中深深地镂刻下真理的声音。与之相对，大部分现代中国知识分子都缺乏独立精神和批判精神，他们不是主动疏离于时代狂潮，力挽狂澜，而是以时代弄潮儿自诩，像变色龙一般地积极适应环境，心甘情愿地成为权力和金钱的帮忙和帮闲，最终丧失知识分子的良知和本真。

在《并非浪漫的郭沫若》中，孙德喜就扒开郭沫若浪漫主义诗人的外衣，发现他是个偏爱政治投机而不自觉的墙头草式的人物：大革命时期，郭沫若为了讨好武汉国民政府撰文《请看今日之蒋介石》，痛骂老蒋；1937年，从日本回国后，他受到蒋介石的接见，就受宠若惊，赶紧写篇《蒋委员长会见记》，极尽颂扬之能事；新中国成立后，他又率先向当局表示应该将为他赢得文学史地位的“五四”时期的那些作品烧掉，率先把自己阉割成为文化太监，为了讨好毛泽东他创作《蔡文姬》，为了讨好江青他创作《武则天》；而“文化大革命”结束后，他又率先谴责江青，大骂“四人帮”。对于像郭沫若这样的人来说，真正重要的就是迎合政治权势，他已经彻底放逐了知识分子的独立不羁精神。面对此等人物，孙德喜如此质问道：“一个好端端的诗人是怎么一步步蜕变成这样的，除了我们的政治体制的原因之外，我们的文化是否也应该为此承担责任？其他国家的历史上是否出现过郭沫若这样的蜕变呢？为什么这样的文人在我们的社会里至今还被捧为文化英雄，接受许多知情者和不知情者的礼拜？”[①] 无疑，这个质问应该促使我们绝大部分文化人反思自己的无知和耻辱。

而在《可敬可鄙的周扬》中，孙德喜更是为那些被极“左”政治弄得人格分裂乃至扭曲了人性的现代知识分子感到痛心。周扬在革命处于严酷的低潮时期，出于信仰，抛弃了温暖的小康之家，毅然参加革命，无疑是值得尊敬的。但随后，他为了漂白自己的阶级身份，抛妻弃子；在延安夺得文艺界的话语权后，就自以为真理在握，以睥睨一切的眼光看待一切作家作品，心甘情愿地充当精神打手；新中国成立后，更是肆无忌惮地发挥家长制作风，任意绞杀像胡风等敢于坚持独立见解的知识分子；更为可悲的是，即使他如此为极“左”政治卖命，最终自己也依然逃不脱被打倒、关进监狱的下场。周扬自己曾经说过“如果我不打那么多右派，我第一个就是右派”，表面上是情有可原的自我辩护；但殊不知，正是知识分子独立精神的丧失，正是这种犬儒化的自我保存，正是这种恐惧，才真正促成了极“左”政治的肆意横行。

孙德喜认为，与郭沫若、周扬不同，冰心呈现出现代中国知识分子可悲的另一种性质。在《花瓶冰心》中，孙德喜从传记资料出发，指出冰心“就是一盆花，粉饰着一个时代，装点着一个政权”[②]。出生幸福之家的冰心，少有对人世艰辛的体认，

① 孙德喜：《历史的误会——现代文坛上的人和事》，青岛出版社，2012年，第225页。

② 同上，第238页。

新中国成立后受到赏识，几乎成为新政权的外交使者和义务宣传员，不断地向世人传达着幸福的信息。但孙德喜一针见血地指出：“一个人如果沉溺于幸福之中，那么他的头脑就容易变得简单而且失去思想。对于一个作家来说，沉溺于幸福就意味着写作的衰退乃至死亡。”[①] 冰心就是如此，她完全不睁眼看清现实，只以当局许可的红色眼光来看待一切，花瓶式的思维方式和生存方式已经深刻地主宰了她，她成为掩盖一个时代悲剧和灾难的鲜花。如果说郭沫若体现了现代中国知识分子唯权力是从的媚骨，周扬体现了现代中国知识分子认可了独断论真理之后的暴力化，那么冰心就表现出现代中国知识分子编造善意谎言的无知和愚昧。

当然，现代中国知识分子最根本的迷误无非就是独立精神的丧失，就是对权力的皈依和趋附。在民国时期，现代中国知识分子的独立精神尚可以维持；而新中国成立后，他们相继都表现出典型的缺乏钙质的骨质疏松症。孙德喜在《趴下的狮子》中分析吴晗的精神历程时，指出吴晗在民国时期，极富知识分子的批判精神，以学术研究为武器，积极投身政治斗争，成为出色的“民主战士”，常以孟子名言“富贵不能淫，贫贱不能移，威武不能屈”自明心志；但同一个吴晗，新中国成立后却主动改造思想，取消个性和独立，变成一颗螺丝钉，奴性开始急剧滋长，得到领导的关切就“深受感动”，受宠若惊，并参与到对他人的政治迫害和精神围剿中。而在《曹禺的自我否定》中，孙德喜也为曹禺建国后的表现感到遗憾。民国时期，曹禺年纪轻轻就成为话剧大师，富有独立精神；但新中国成立后，他开始肆意地自我否定，甚至开始损毁经典的修改，创作只是为了附和政治需要，还在极“左”政治的裹挟下充当别人的精神打手。因此，孙德喜感叹道：“人啊人，一旦在思想上缴械投降，解除武装，那么剩下的就只能听任他人摆布，自己的言行也就跟着荒唐而不可理喻。或许他还没有意识到，他积极主动地要求改造思想，在知识分子中产生了巨大的影响，一大批人随后跟上，朱光潜、费孝通、冯友兰等先后发表文章作出自我批判，以适应当时的形势。”[②] 像吴晗、曹禺这样的精神历程，在现代中国知识分子中具有极大的普遍性，非常值得警醒。在评析臧克家、陈白尘、林希等人的人生历程时，孙德喜都揭示出他们在新中国成立后丧失独立精神的不约而同的过程。正是因为大量的知识分子放弃自己的独立精神，先行自我阉割，随后我们民族才会进入那种万劫不复的极“左”政治的大悲剧中。

二、发掘现代中国知识分子的精神遗产

在深入剖析现代中国知识分子的历史迷误的同时，孙德喜也措意于发掘现代中国知识分子的精神遗产。“五四”精神毕竟已经在华夏大地上生根开花，虽然有传统文化的陈腐势力的扼杀，也有极“左”政治的精神虐杀，更兼知识分子的人性弱点俯拾皆是，但在“五四”精神的感召下，像鲁迅等人已经展示了现代中国知识分子

① 孙德喜：《历史的误会——现代文坛上的人和事》，青岛出版社，2012年，第233页。

② 同上，第78页。

的珍贵才能，顾准、遇罗克、林昭等人都以生命为抵押在极“左”政治的残酷迫害下坚持着“五四”精神的余绪。

在《自由主义知识分子朱自清》中，孙德喜剔除了朱自清身上革命意识形态的油彩，走进他的内心世界，触摸他的灵魂，发现他从根本上说是现代中国的一位自由主义知识分子。“所谓自由主义知识分子，就是游离于权力和党派之外的坚守个人思想、独立人格、自由意志和批评责任，尊崇民主、自由、平等和博爱的思想意识的现代知识分子。”① 在孙德喜看来，朱自清素来对党派政治没有多少好感，对阶级斗争、权力都怀有高度的警惕，承认个体的价值，珍惜民主、平等、自由，即使在20世纪40年代抗议国民政府的种种不端行为，也是在自由主义立场上，而不是像那些左翼知识分子和青年学生那样意在推翻政府；而且他还以自由主义精神为基础，大力传承儒家传统文化。应该说，对朱自清的“去革命意识形态化”，把他还原为自由主义知识分子的努力，对于继承现代中国知识分子的精神遗产而言是非常重要的。

如果说朱自清曾经被革命意识形态加以正面宣传，从而遮蔽了他的自由主义知识分子的本来面目，那么梁实秋就曾经受到革命意识形态的抹黑，被当作反面宣传材料，也遮蔽了他的自由主义知识分子的本真面目。因此，在《不合时宜的独立自尊》中，孙德喜就穿透历史的迷雾，突破意识形态的迷障，重新勾勒梁实秋的真实形象。从年轻时开始，梁实秋就表现出鲜明的独立精神和自由意志，对当时的社会问题和文学艺术问题常有非常清醒到位的独立阐释。他没有投靠任何人和任何组织，秉承着独立精神，在20世纪30年代初期的文学论争中，既得罪了国民党当局，也为左翼文人所不满。在许多人忙于党派政治斗争时，他忙于提出思想自由，弘扬人权思想。应该说，正是梁实秋这样的知识分子才显示出现代知识分子的真正可贵的独立精神。

朱自清、梁实秋等是非常典型纯正的自由主义知识分子，他们一生有始有终，虽然曾经为之付出相当大的代价，但他们最终没有背叛自己的精神信念。在周作人、张恨水等人身上，孙德喜也发现他们作为自由主义知识分子的可贵一面，不过他们人生的整体是残损的。《糊涂周作人》中，孙德喜就肯定了周作人在“五四”时期的独立精神，他对“以暴易暴”式革命的疑惧，对儿童和妇女问题的思考，对自由主义和个性主义的宣扬，乃至对宗教信仰自由的大力辩护，都是不可遮掩的光辉。可惜他后期躲入书斋，最终又沦为汉奸，污损了自由主义知识分子的名节。在《非主流的张恨水》中，孙德喜也肯定了张恨水在民国时期的精神立场，他创作流行的通俗小说，非常关注现实，关注社会民生，大胆抨击黑暗与丑恶，坚持不群不党，不投靠任何政治势力，保持自己的人格独立，凭着良心写作，具有知识分子的硬骨头精神。可惜在新中国成立后，他的通俗小说失去生存可能，成为一只金丝雀。

在《第二种忠诚》中，孙德喜也努力发掘胡风身上那种可贵的知识分子精神。胡风虽然忠诚于革命政党，但因为他身上还葆有“五四”知识分子的独立精神，还敢于坚持自己的独立见解，没有完全像郭沫若、周扬、曹禺那样唯权力马首是瞻，

① 孙德喜：《历史的误会——现代文坛上的人和事》，青岛出版社，2012年，第141页。

结果就被极“左”政治权力视为对自己权威的冒犯而被屈打成招。孙德喜赞赏胡风这种精神，“不愿意轻易地放弃自己的思考和经过研究得出的一些观点和结论，因而保持了他知识分子的自尊和极其伟大的人格。应该看到，那些数量相当可观的文人忙着用别人的思想武装自己的时候，他们已经十分可悲地失去思考能力，只能跟在别人后面学着鹦鹉人云亦云，结果不仅失去了言语能力，而且由于不能完全理解和把握当政者的意图，常常不得不扭曲自己，顺从和迎合别人，将自己异化为别人的工具。而胡风则不然，他爱领袖，但更爱真理”①。当然，像胡风这样敢于坚持对真理之爱的知识分子，在极“左”政治运动中自然要付出血的代价，但也正是这种行为见证着“五四”精神的最后一点光辉。

对于许多在极“左”政治横行之际交出自由的现代中国知识分子，孙德喜表现出极大的遗憾，给予冷静的剖析和合理的贬斥；但他们中有些人到晚年能够忏悔自己的历史迷误和人性迷误，在一定程度上表现出现代知识分子的独立精神和良知意识的回归，孙德喜又及时地予以理解，承认其合理性。例如在《曹禺的自我否定》中，孙德喜指出，曹禺晚年才意识到多年的思想改造加给他的人生错误，经过地狱磨难般的巨大痛苦，再次自我否定，“曹禺晚年这次作出的自我否定，是向真正知识分子回归的标志，他的人生由此获得了一定的提升”②。而在《可敬可鄙的周扬》中，孙德喜也肯定了周扬晚年诚心的忏悔和勇敢的理论探索，赞赏他由政治绞肉机的螺丝钉和文化界的精神打手向现代知识分子和现代常人的回归，向良知的回归。此外，孙德喜也非常细腻地还原了陈白尘、牛汉、林希等现代中国知识分子的再次觉醒和回归的过程。在《交出自由的陈白尘》中，孙德喜指出，陈白尘像那个时代大多知识分子一样，新中国成立后向极“左”政治交出了好不容易争取来的个人自由，在强权面前步步退却，变得越来越委琐和胆怯，沦入地狱深处，最后终于醒悟，在血与火的政治运动中保持着一份难得的超然精神。在《大彻大悟的牛汉》中，孙德喜则指出，牛汉被牵连进胡风案件，身披缧绁之灾，首先从诗人阿垅那里获得强大的精神力量，进而让自己大彻大悟；到了新时期，牛汉敢于说真话，敢于反抗权贵，致力于还原历史真相，拒绝那种空洞的“大我”，最终回归为一个纯粹的知识分子。在《现代农奴林希》中，孙德喜指出：林希从自己的切身经历中看清楚了极“左”政治下的现代农奴制的野蛮和疯狂，没有被改造成丧失思想和尊严的猪狗一样的动物，渐渐产生对疯狂政治迫害的抗体，悟到了一些道理，从而为新时期思想解放贡献出自己的力量。在这些人身上，虽然曾经出现过偌大的迷误，他们没有朱自清、梁实秋等人那样清醒的精神力量，但经过切身的磨难，他们又终究或多或少表现出新的精神之光，这无疑是令人欣慰的，这也是值得珍惜的现代知识分子的精神遗产。

与这些能够自我忏悔的现代中国知识分子相比，还有很多现代中国知识分子即使备受折磨，也无法悔悟，看不清历史真实。正如孙德喜所言，“经历过新中国成立之后几十年的政治运动和痛苦的磨难，真正的知识分子越来越少，虽然还有不少顶

---

① 孙德喜：《历史的误会——现代文坛上的人和事》，青岛出版社，2012 年，第 33 页。

② 同上，第 83 页。

着知识分子的名号，实际上不过是些犬儒化的以知识谋生的可怜的动物，他们不仅没有传统知识分子的血性和耿直，良知和思想，更没有现代知识分子的独立人格、自由思想和批评精神”[①]。像郭沫若、丁玲、臧克家、周立波、姚雪垠等人，最终都无法对极“左”政治做出稍有深度的反思，对自己的历史迷误也没有反思。孙德喜就指出，丁玲在“文化大革命”结束后，并没有像巴金、杨绛、韦君宜、柯灵等人那样认真反思历史，反省自己，寻找个人和民族悲剧的根源，“丁玲对于人生的劫难却是这样认识的：‘我个人是遭受了一点损失，但是党和人民、国家受到的损失更大。……一个革命者，一个革命作家，在革命的长途上，怎能希求自己一帆风顺，不受一点挫折?’这种对历史的态度表面上看来是非常豁达的，其实质是回避历史，没有正视历史，就算她不为自己的不幸遭遇鸣不平，她也该为整个中华民族的空前浩劫，整个国家的历史悲剧去思考，作为一个作家，她没有任何理由不面对历史，反思历史。她的这种局限决定了她不能从自己几十年的从座上客到阶下囚的过程得出这样的认识：她的所有不幸只是为了维护自己的作家身份，而不是充当别人喉舌的宣传员，只是为了维护知识分子的一点有限的独立和自尊，也只是为了保持一点尚未消磨殆尽的个性而付出的沉重代价”[②]。这种反思的确是一针见血，一语中的。

三、艰难的反思和展望

孙德喜的《历史的误会》不但廓清了学术界的许多意识形态迷雾，让我们清晰地看到许多现代中国知识分子的历史迷误，记取前车之鉴；更为我们发掘出现代中国知识分子珍贵的精神遗产，积累继续前行的精神动力。不过，整体观照该书，再考察一下现代中国知识分子的历史和现状，还有几个问题值得关注。

一是关于现代中国知识分子的自我定位问题。“五四”时期，现代中国知识分子大多立足于启蒙广场，致力于向民众输入现代的普世性价值观念，如自由、民主、平等、科学等，他们富有使命担当意识，对传统文化的负面性和当时世道人心都具有强烈的批判精神。随着“五四”落潮，党派政治崛起，现代知识分子大部分分化为左右不同的政治阵营，普世性价值观念被阶级、革命等政治性观念取代，现代知识分子成为党派斗争的积极参与者。新中国成立后，现代中国知识分子基本上都被极“左”政治改造和摧毁了，不是成为极“左”政治的帮忙和帮闲，就是成为极“左”政治的牺牲品。新时期初期的80年代，中国知识分子再次焕发出“五四”精神光彩；但还有许多知识分子在体制的引导下成为所谓客观学术的钻研者，放弃了知识分子的公共性和批判性换取学院和体制里的生存机会，只有极少的知识分子还依然秉承着“五四”知识分子的那种公共性、普世性、批判性，勉力而行。应该说，知识分子就其本义而言，就是公共性、普世性、批判性的，他不但要追求各学科学术中的真理，更要不停地对权力和金钱这在平常社会中最具有奴役性的两个因素保

① 孙德喜：《历史的误会——现代文坛上的人和事》，青岛出版社，2012年，第187页。
② 同上，第55页。

持高度的警惕和批判，他应该促使人的良知不断地觉醒，应该自觉地维护弱者的生存权利，应该抨击强权，揭露谎言，应该坚持独立人格和自由思想。从历史经验看来，现代中国知识分子最应该持守的就是对真理的信念，就是对权力的真理化、金钱的真理化的警惕、拒斥和揭露。现代中国知识分子必须打破传统中国知识分子那种权力真理化、真理权力化、内圣外王、圣人崇拜和皇权崇拜的思想，否则他们就必定会死无葬身之地。

理解了现代中国知识分子的自我定位，我们才能谈第二个问题，那就是孙德喜在《历史的误会》中屡屡涉及的现代中国知识分子与极“左”政治的关系问题。像吴晗、曹禺、陈白尘、牛汉等人都表现出相同的人生历程，就是在民国时期富有斗争精神，富有知识分子的批评性，而新中国成立后在极“左”政治的控制下都相继精神沦丧。正如孙德喜所言，“中国现当代作家最令人困惑的事情就是，当年不惜一切代价地追求自由的他们到了新政权建立以后竟然交出了自由”[①]。如何理解这个困惑？当然其中涉及很多原因，有非常具体的现实因素，也有较为复杂的精神因素。例如论述胡风时，孙德喜就指出：“中共在自己的统治区域有效地控制了所有的物质资源，并且将包括知识分子在内的所有社会成员纳入到体制之内，其手中的权力由于得不到制约和监督而不断膨胀，一旦某个知识分子受到批判和围攻，他将无路可逃，只能成为砧板上的肉任人宰割。”[②] 这就与经济因素有关，民国时期持不同政见的知识分子尚有生存空间，新中国成立后这种生存空间却被极“左”政治吊销了。当然，这也与极“左”政治的全民意识形态洗脑教育有关。此外，革命政权充分满足了现代中国知识分子的华夏中心主义意识、民族主义的想象。而且作家、现代知识分子都被纳入政治体制中，使他们自觉地认同现有政权，把传统中国知识分子留在他们身上的治国平天下的政治基因成分激活了，从而使他们缺乏反思的可能。但是笔者在此想强调的还有一点，那就是现代中国知识分子很容易地就相信了革命政权的独断论真理观，而且相信真理和权力已经在革命政权中合而为一了。现代中国知识分子接受这种信念，无疑继承了传统中国知识分子关于政教合一的信念。现代中国知识分子没有意识到作为知识分子的真正使命其实不是论证权力的真理化，而是打破真理的独断论，追求真理，并以之为标尺批判任何现行的权力，当然也包括革命政权的权力。因此，真正的现代知识分子不能认可任何自称为真理和权力、金钱合一的现实，他只能不断追求心中的真理，不断批判现实的残缺。

再次，需要注意的是孙德喜反复提及的现代中国知识分子的“屈原情结”问题。在论述胡风、丁玲等人的精神历程时，孙德喜都提到现代中国知识分子的“屈原情结”。“胡风难免重蹈楚国大诗人屈原的覆辙：一方面对君王赤胆忠心；另一方面屡遭迫害，并且以为小人结党营私和谗言陷害。两三千年过去了，已经进入 20 世纪的中国知识分子却依然没有走出屈原命运的怪圈，这究竟是几千年历史的巨大停滞和嘲讽，还是中国知识分子自身的缺钙？”[③]“屈原情结”其实就埋藏着中国知识分子的

---

① 孙德喜：《历史的误会——现代文坛上的人和事》，青岛出版社，2012 年，第 164 页。

② 同上，第 35 页。

③ 同上，第 40 页。

最大悲剧。这里有几个层面上的问题需要关注。第一，中国知识分子之所以深藏着绵绵不绝的“屈原情结”，关键在于他们总是把自己的所有人生价值维系于仕途经济之上。西方知识分子另有精神传统，对于苏格拉底、柏拉图等人而言，研究哲学、教育青年人就是非常有价值的事情；对于奥古斯丁、阿奎那等神学家而言，研究神学问题乃是为上帝服务的最有价值的方式；对于伽利略、牛顿而言，研究大自然的奥秘更是为真理服务的最好方式。但对于绝大部分受儒家传统影响的中国知识分子而言，人生价值的实现必然就是所谓的“修身齐家治国平天下”，说得卑俗一点就是仕途经济，就是当官发财，他们几乎看不到在仕途经济之外的价值实现的可能性。对于屈原而言，创作美妙的诗歌只是官场失意、见弃于君王的无奈选择，如果能够得宠于君王，大展治平之策，那才是人生价值的实现。往好一点说，这是中国知识分子的使命担当意识；往坏一点说，则是中国知识分子政治化基因的狭隘、无知和耻辱。第二，中国知识分子历来总是难于发现自己内心中的真理，总是指望着外在的圣人、皇帝、领袖承认他的清白和价值。殊不知，真正的知识分子不需要对君王赤胆忠心，只需要对内心中的真理赤胆忠心。若没有这种精神独立性，知识分子就不能称为知识分子，就只是一介乡村伧夫俗妇。正如孙德喜所言，“一个人人身自由可以被剥夺，但是其精神自由就由其本人决定，如果自己不将其交出，那么谁也不能夺去”①。这种精神自由就来自对内心中真理的觉知。中国知识分子最缺乏的恰恰就是这种不可剥夺的精神自由。第三，大部分中国知识分子依然像广大的普通中国百姓一样总是在人治的政治模式中打转，崇拜天子、皇帝和革命领袖，就是不崇拜象征着人自身理性力量的政治制度。他认识不到，天子、皇帝、革命领袖也是人，也是存在局限性的；没有较好的制度制约他们的权力，作恶几乎是他们的终极结局。因此，所谓的君王清明、小人作奸犯科浮云蔽日式的想法实在只是屈原式的老实人的自欺欺人的一厢情愿而已。第四，中国知识分子总是先入为主地相信自己的清白，不敢反思自己人性的邪恶和残缺。与之相对的就是，他总是把各种问题归罪给少数小人和恶人。他认识不到，这个世界每个人都彼此关联，邪恶是每个人责任共负的，善良也是每个人都有份的。没有绝对的清白，也没有绝对的邪恶。关键在于以一种合理的制度制约人性之中的邪恶，为善的生发创造最佳条件。因此，屈原式的君子小人之辩实在既是一种自我加冕，也是一种归罪仪式。其实，胡风、丁玲等人的这种“屈原情结”的另一面就是非理性的、荒唐的“斯德哥尔摩综合症”。

最后，笔者要表达对孙德喜的敬意。众所周知，20世纪90年代以来，中国知识分子的犬儒化情形已经非常明晰，所谓的思想淡出、学术凸显的口号底下是大部分知识分子逃遁于学院和体制中，以所谓客观知识积累为名，勾销现代知识分子的独立精神、自由精神、批判精神和公共意识。那些项目、论文、评奖、职称等构筑起来的体制性学术殿堂里，知识分子的灵魂被放逐，真理成为遭人耻笑的名词，民主、自由、平等等普世性价值观念抵挡不住俗世的灯红酒绿、推杯换盏、论资排辈。在此时代氛围中，孙德喜另有自己的选择，他的学术随笔集《历史的误会》其实也是

① 孙德喜：《历史的误会——现代文坛上的人和事》，青岛出版社，2012年，第169页。

在借对现代中国知识分子的历史迷误和精神遗产的探寻之机，言说着他的立场。对于这种立场，笔者服膺，敬佩，引为同道。

（作者单位：武汉大学文学院）

新作荐评

一部"非主流"的主流文学史
——评李怡、干天全主编《中国现当代文学》

□ 蒋林欣

"重写文学史"口号的提出已有二十余载，过去那种以政治衡量一切的观念早已被弃置，但文学史究竟该如何重写？我们究竟该以何种标准来叙述文学史？是否真的存在那么一个完美的尺度而没有任何遗憾？文学史的命名、分期、地域性、民族性等问题在学界的讨论中愈显纷繁复杂，各位专家、学者都有自己的新见。在此背景下，各种面目的文学史如雨后春笋般纷纷涌现，如陈思和的《中国当代文学史教程》、顾彬的《二十世纪中国文学史》、杨义的《中国现代文学图志》、吴福辉的《中国现代文学发展史》（插图本）、范伯群的《中国现代通俗文学史》（插图本）等，可谓"百花齐放，百家争鸣"。这些迹象表明，文学史的书写不再是几年前的"暗流涌动、蓄势待发"，"大的变动"已经到来！

由李怡、干天全主编的《中国现当代文学》就是这一重写浪潮中的一个浪头。该书在学术性与教学性之间取得了较好的平衡，可以说是一部具有实效的教材型文学史；它摒弃了"宏大叙事"与"过度阐释"的模式，以文本为中心，重在培养读者的感受力和鉴赏力；它诞生于广袤的西部而不是京沪等中心地区，具有"外省"的独立特征，以自己独特的声音与"中心"进行交流与对话。在文学史叙写以学术性、"主流型"和中心城市为主流的当下，它凸显出了"非主流"的品格，但它在命意、构架、写作方式等方面无疑又是属于"主流"的，是文学史写作的一次崭新的尝试，是一次回归本位的还乡，是一部"非主流"的主流文学史。

一、作为教材型文学史的突围

文学史何为？诚然，"重写文学史"取得了丰硕的成果，每一部文学史都别开生面，呈现出不同的风格。但我们不得不进一步追问：我们的目的何在？"只是写出一部或几部占领学术制高点，且能够传世的现代文学史著作吗？"[①] 也许是自古以来人文学者著书立说传诸后世，借以安身立命的远大抱负的延续，目前大多数文学史都有一种"占领学术制高点"和"传世"的追求，这几乎成了当今文学史写作的主流趋向。毋庸置疑，这些追求和努力都值得赞赏和钦佩，因为这正是学术研究前行的动力与方向，相信那些凝聚了作者大量心血的著作定能名垂青史。

① 吴福辉：《为真正的教材型文学史一辩——现代文学史质疑之四》，《文艺争鸣》2008年第3期。

然而，文学史的目的仅仅在于此吗？回答是否定的。我们除了需要各有特色的学术型的文学史之外，更需要真正意义上的教材型文学史，因为青少年是学术传承的后续力量，如果他们没有得到适当的培育，那么我们的学科将会面临偏向或枯竭的危机。更何况文学的价值不仅仅存在于少数人的学术研究之中，还存在于多数人的生活与生命之中，只有让文学得到更为广泛地接受，其价值才能长存。

但学界对教材型文学史的编写缺乏应有的热情，似乎那是“壮夫不为”的雕虫小技，不能彰显编者的学术水平，其结果就是吴福辉先生所说的那样：“我不认为我们有什么像样的兼顾文学史知识和文学史教学的真正的教材型文学史。”① 为了教学，有的院校以“作品选本”代替“文学史”，作品很丰富，但文学社团、思潮、流派等文学史知识严重匮乏；有的院校则代之以学术型的文学史，知识很详尽，理论很深刻，但作家作品严重缺席，在读者缺少感性认识的情况下就进行理性审判，即便是《中国现代文学三十年》也被认为“并不适宜于大学本科使用，倒像是本‘考研必读书’”②。事实上的确如此，十年前笔者所在的文学系用的教材是它，如今硕士、博士入学考试的参考书还是它。

《中国当代文学史教程》在教材型文学史写作方面有了较大的创新和突破，给我们提供了一种新思路。主编陈思和先生在该书的《前言》中区分了当代文学史教学的三种对象，主张根据不同的教学对象去选择进入文学史的不同层面，他提出了“潜在写作”、“民间文化形态”、“民间隐形结构”等新概念，强调“对具体作品的把握和理解，文学史知识压缩到最低限度，时代背景和文学背景都只有在与具体创作发生直接关系的时候才作简单介绍”③。这种写作方式在很大程度上兼顾了学术性和教学性，但略有遗憾的是作品本身的呈现依然较少，主要还是对作品进行细致的解析。

李怡和干天全先生主编的《中国现当代文学》在写作思路和方式上，既有对《中国当代文学史教程》的承续，又有编者独立的思考。这是一部国内高校最新体例的文学史教材，是教育部教学改革重点项目的部分成果，其预设的阅读对象很明确，那就是本科生。干天全先生在该书的《后记》中说：“简明实效，是我们撰写本教材和适应本科教学的一个基本要求。我们的目的在于以简明的文学流派、作家介绍及作品导读，让学生了解现当代作家的代表作及现当代文学发展的总体历程，逐步提高他们鉴赏文学作品和分析认识文学问题的能力。”④ 编者针对本科教学的特点，注重学术性与教学性的融合，在学术追求与知识呈现上颇有特色。

在总体框架上，该书以编、章和节展开层次结构，共分五编。全书各章节由“基本知识”、“代表作及其导读”与“延伸思考”三个部分组成。每一编的时间划定基本上延续了目前通用文学史的分期，没有把学界都还没有搞清楚的历史分期问题带入教材，尊重了既有文学史的传统。但这并不意味着该书完全是对传统的翻版，

① 吴福辉：《“主流型”的文学史写作是否走到了尽头？——现代文学史质疑之三》，《文艺争鸣》2008年第1期。

② 吴福辉：《为真正的教材型文学史一辩——现代文学史质疑之四》，《文艺争鸣》2008年第3期。

③ 陈思和：《中国当代文学史教程》（第二版），复旦大学出版社，2006年，第6—7页。

④ 李怡、干天全：《中国现当代文学》，重庆大学出版社，2010年。

每一编的命名“运动中的新文学”、“革命的文学”、“战争格局中的文学”、“当代文学的转折”、“当代文学的启蒙时代”就让人耳目一新，它们非常醒目地凸显了文学的历史现场，无需作更多更细的阐释就以简洁明朗的方式告诉读者这一时段影响文学的主要社会环境因素，以及文学本身的走向。其中，特别是“当代文学的启蒙时代”，体现了编者对80年代文学的深刻理解。在近些年的相关研究中，把80年代称为“新启蒙”，并将其与“五四”启蒙相对比的也不稀见，但是正式把这一说法写入文学史的还是首次。在其他的文学史中，我们见到的是“新时期文学”，或者干脆就是“80年代文学”，这些称谓都没有揭示出这一阶段的文学最为核心的精神内涵。80年代的“朦胧诗”、“伤痕文学”、“寻根文学”、“改革文学”等，使“人的文学”、“科学”、“民主”等“五四”启蒙主题再次显现，“启蒙”是时代的主潮，因此，“当代文学的启蒙时代”这一提法相当精辟地概括了本时期文学的精神内核。也许，把这一命名写入文学史是需要勇气的，编者做了“第一次吃螃蟹的人”。

该书在章节的设置上大体还是以诗歌、小说、散文、戏剧等传统文体分类为依据，但对具体作家作品、文学社团、思潮流派所占的比重作了很大的调整。例如，作为专章来介绍的作家只有鲁迅，即第一章“中国新文学的奠基人鲁迅”，郭沫若的名字虽出现在第二章的标题中，但这一章并非他专属，还讲了新月派、象征主义等，其他作家都退居二线，出现在“节”中，这就显示了编者的权衡取舍。鲁迅是最重要的，应当得到这独一无二的位置，因为“无论中国现代文学怎样‘重写’，鲁迅的地位都是很难撼动的，这样的地位与政治家的评价无关，它来自于鲁迅本人独特的人生体验和他独特的文学表达。他的人生不仅成为近现代中国知识分子重新提炼生存感受的经典样式，他的小说、散文诗与杂文创作更成为一个世纪以来难以超越的丰碑”①。除此之外，我们还可以看到该书结构的简洁性，即使像鲁迅这样伟大的作家也仅列为一章来叙述，在其他时期的章节里偶有提及，但并没有再列专章专节，避免了繁复累赘，读者在第一章里就能了解鲁迅，阅读鲁迅。

该书在对文学史知识的叙述上、在内容详略的取舍上与目前流行的文学史有很大的不同。在多数文学史中，知识部分占据了大量的篇幅，如《中国现代文学三十年》，每一个“十年”都设有“文学思潮与运动”专章，记得10年前老师给我们讲授本课的情况是仅第一章的“文学思潮与运动”就用了四周还没完结，还没讲到“文学”本身，很多同学就觉得枯燥乏味，兴致大减。《中国现当代文学》在“基础知识”部分，简明扼要地概括了相关章节的知识点，对文学现象、产生背景、文学流派、创作主张等只归纳要点，没有做过多细节阐释和旁征博引的论述。有的知识点和本学科的前沿问题则体现在对相关作品的导读中，例如，对鲁迅的杂文《青年必读书》的“导读”，不仅介绍了作品产生的背景，还进一步与学界关注的热点相互关联，“‘青年必读书’问题由此成了一个关系到我们如何认识鲁迅，如何看待鲁迅与青年、与传统文化、与西方文化的关系的问题”②。编者采取了中国传统绘画中

---

① 李怡、干天全：《中国现当代文学》，重庆大学出版社，2010年，第13页。

② 吴福辉：《“主流型”的文学史写作是否走到了尽头？——现代文学史质疑之三》，《文艺争鸣》2008年第1期。

"留白"的方式来呈现文学史知识，"希望能体现出教学过程的开放性，让更多的史实细节通过两种方式加以补充，一是教师的课堂讲授，二是学习者的自我阅读。通过这样的方式与过程，在内容上为教与学预留更充分的空间"①。因此，这是一部既强调了学术性和基础知识，又具有开放性、灵活性的教材型文学史。在以学术型文学史写作为主流的当下，在缺少真正的教材型文学史的当下，本书在借鉴前人经验、承续文学史写作传统的基础上，独辟蹊径，实现了一次教材型文学史写作的突围。

二、文学史的本位：回归原典

何为文学史？文学史究竟是什么史？把文学史仅仅当作文学作品的历史的看法早就成了过去，如今的文学史可谓包罗万象，各种主义、流派、文化、制度等文学外部的因素得到了充分的关注，但是一个不容忽视的事实是作品正在远去，作家也在缺席，在很大程度上，我们的文学史已经远离了文学。然而，更深层的问题在于各种"宏大叙事"的追求。吴福辉先生认为，我们一个世纪的文学史都是从纷纭复杂的历史现象中提炼出一个'主流'现象，用来支配、解释、整合全体，如"进化的文学史"、"革命的文学史"、"现代性的文学史"等在这一点上都发生同构，他称之为"'主流型'的文学史"②。为什么文学史都要找一条主线或一个概念或一个标准来叙述和阐释？为什么文学史都要预设一种观念、框架和结构来排除异己？为什么文学史要远离文学？

《中国现当代文学》就不是一部"主流型"的文学史，编者没有用"进化"、"革命"、"现代性"、"现代汉语文学"或其他新创的概念来统领全书，没有用一种凌驾于文学现象之上的"知识结构"对历史进行"宏大叙事"。如果一定要说本书有什么主线的话，那只能是文学作品本身，是现当代众多经典作品构成了它的核心。该书"通过对这些入选作品的导读，希望能吸引阅读者进一步走进中国现当代文学的广阔的殿堂，由被动的'受教育'到主动地寻找'经典'，从局部到整体地认识现当代文学近百年的风貌"③。这也是它有别于学术型文学史甚至很多教材型文学史的地方。

李怡先生很排斥"宏大叙事"，不停地追问"文学史究竟是什么史"？他充分肯定了那些把文学的发生发展引入更加广阔的领域的价值和意义，如文学史如何进入思想史、如何丰富自己的思潮史、如何完善自己的区域史、如何结合制度史等，但他认为仅仅抓住这些影响文学发展的外部力量是远远不够的，文学史的书写也不仅仅是这些社会文化因素的汇合，因为那样就抛弃了文学作品这一文学之为文学的最基本的存在。他说："我们需要对文学周边的诸多力量加以分析认识——包括思想、社群、体制、文化等等，但是所有这些认识都最终是因为出现了独特的'文学作品'才发生了'意义'，文学作品可以承受这些'文学周边'的影响，但是只有文学作品的事实上的存在，才最终形成了代代相继的所谓文学的'历史'"，"如果我们失去了

① 李怡、干天全：《中国现当代文学》，重庆大学出版社，2010年，第428页。
② 同上，第61页。
③ 同上，第428页。

文学的作品，所有这些或宏大或精微的理论都失去了存在的基础，也就是失去了存在的意义”[①]。皮之不存，毛将焉附？因此，文学史首先应当是“文学”的历史，“文学”就应当是文学史的“主流”。《中国现当代文学》把作品的呈现放在文学史讲述的核心位置，学术性、知识性的部分主要作为理解作品的背景而出现，从这一角度来看，它无疑是一部“主流”的文学史。

关于如何呈现作品，编者和撰写者也有自己独特的方式。在作品的选择上注重经典性和代表性自不用提，这是编写教材型文学史应遵循的原则，如李金发的《弃妇》、郁达夫的《沉沦》、老舍的《骆驼祥子》、沈从文的《边城》等。但本书还出现了许多较新的面孔，如果一个作家有多篇代表作，那么选取的则是中学课本里很少出现或者相对来说有点陌生感的篇章。例如，鲁迅的经典作品很多，编者在选取时就很注重“新鲜”，小说的代表作选的是《孤独者》而不是《阿Q正传》、《狂人日记》、《祝福》、《孔乙己》，散文选的是《影的告别》而不是《秋夜》、《藤野先生》，杂文选取的是《青年必读书》而不是《为了忘却的纪念》、《论‘费厄泼赖’应当缓行》等；徐志摩的诗选取的是《我不知道风是在哪一个方向吹》而不是《再别康桥》、《雪花的快乐》、《沙扬娜拉》；郭沫若的诗既选了《天狗》，又选了《春莺曲》，读者可能熟悉他激情疯狂的一面，但不知道他还有柔情婉转的一面，这就可以让读者了解到一个文学家的丰富性，等等，这样的例子不胜枚举。

该书对具体作品的“导读”言简意赅，既表达了编者的独特感受，又向读者展现了部分学界研究成果。例如，对鲁迅《孤独者》的导读，认为“该人物形象掺杂了鲁迅在1925年的生存体验”，魏连殳的祖母是第一个孤独者，魏连殳是第二个孤独者，“我”是第三个孤独者，这是撰写者对作品独特的领悟；“和《阿Q正传》《示众》《祝福》《孔乙己》等小说一样，《孤独者》一如既往地表现了‘看’与‘被看’的关系模式”，“在结构上，该篇小说‘以送殓始，以送殓终’，构成一个表面上回归原点的圆形模式。其实，在这之间，存在‘我’两次出走——回来——出走的结构”[②]，这些看法基本延续了《中国现代文学三十年》里的经典论述。从这里也可以看出编者的立场，他们知道这本书只是一个“历史中间物”，他们也“无意用这样的教材来替代那些各具特色的优秀文学史著作，相反，我们鼓励因为阅读本书而对中国现当代文学产生兴趣的学习者进一步搜寻更翔实的文学史论著”[③]。这就体现了文学史写作应有的态度，应在承续的基础上有所突破，而不是一味地标新立异，把前人的成果完全推倒重来。

该书强调文学作品在文学史中的核心地位，其主要目的在于培养读者对文学原典独特的感受力和鉴赏力，而不是让读者被动接受那些强加给他们的理论和阐释。“对于文学史的理解而言，重要的不是已经存在过的中外文论遗产，而是一个当下的人如何准确地发掘自己的文学感受，从而准确体会中国现当代作家创造秘密的问题。只有我们自己的感受能力和鉴赏能力才是通往中国现当代精神殿堂的唯一桥梁。也

---

① 李怡、干天全：《中国现当代文学》，重庆大学出版社，2010年，第2页。
② 同上，第21页。
③ 同上，第6页。

只有我们自己的感受能力和鉴赏能力，才能最后生成与现代中国艺术体验相适应的、现代中国自己的文学理论和文学批评方式。"① 李怡先生很重视人生体验，强调文学直接回应人生，在他看来阅读文学不是为了增加"知识"，而是为了读懂人生、体察生命与获得智慧，并且"只有超越单纯的'知识'之后，一个学科的基础教育才充满了活力"②。他还主张读者在阅读原典的基础上，学会"向历史提问"，独立思考，逐步清除那些源自应试教育的"未经追问"的概念，这是"激活一个未来学人的学术潜质的契机，是中国现代文学学科学术长足发展的契机"③。该书在"延伸思考"部分归纳并提出一些问题，目的就在于引导学生深入思考，培养他们独立思考和动手能力。《中国现当代文学》是编者对"文学史是什么史"的一次自我回答，是他们为本学科走向明天建构的一座桥梁，更是一次文学史写作回归本位的还乡。

三、来自巴蜀的声音

中国现代文学自孕育、发生以来，其中心主要在京沪，文学史上所谓的"京派"与"海派"就是这种地缘中心的缩影。抗战时期，全国学人大转移，漂泊西南天地间，文学中心也随之转到西部，形成了以重庆、昆明、成都等为中心的大文化圈，但随着抗战的结束，这种文化的聚集就像潮水一样退去，再次复归到原有的中心，持续至今。

现当代文学研究格局这种不平衡的地域分布，必然影响到现当代文学史的写作。在一个世纪里，那些较有分量的文学史著作主要出自北京和上海，间或旁及南京、武汉等其他城市，在宽广的西部几乎是一片空白，其原因当然很多，这里不能一一探究，但文学创作、高校设置、学科建设等资源分布不均是重要因素。巴蜀地区自古人才辈出，就是在现当代文学史上也毫不逊色，郭沫若、巴金、李劼人、沙汀、艾芜、周克芹等都是一颗颗闪亮的星，但这些都处于离散的状态，更多的是巴山蜀水出走的才子，巴蜀主要扮演了"避风港"与"故乡"的角色，而不是出走的"目的地"。与其他学科在这一区域相比，或者与现当代文学学科在京沪地区相比，本学科在本区域就显得十分薄弱，相应地在现当代文学史的书写上也很落后，无论是教学还是研究，基本上都是采用中心地区出产的著作。

但是，最近几年情况正在起变化。曹万生的《中国现代汉语文学史》以其新颖的视角引起了学界的广泛关注，得到了多方好评。在重写文学史的探索中，不少专家学者都在讨论现代文学与语言的关系，都在思考是否能从语言的角度来叙述文学史，曹先生就把这些设想变成了现实。虽然该书依然采取了一种"主流型"文学史的叙述框架，但作为文学史写作在西部却是一种创举。

这本《中国现当代文学》无疑也是属于西部的，它是西部文学研究重镇四川大学文学院相关专业教师、学者集体智慧的结晶。在现当代文学史写作的区域版图上，

---

① 李怡、干天全：《中国现当代文学》，重庆大学出版社，2010年，第4页。

② 同上，第5页。

③ 李怡：《中国现代文学教学所面临的挑战》，《中国现代文学研究丛刊》2006年第5期。

它是属于“非主流”、非中心的，处于“边沿”、“外省”的地位。该书对巴蜀文学资源进行了重新评估，其中最为明显的是对川籍作家李劼人的介绍。由于各种原因，李劼人及其小说长期受到冷遇，在文学史的叙述中长期缺席。我们可以看到，《中国现代文学三十年》只在介绍“京派小说和其他独立作家的小说”的时候用了700字左右的篇幅来介绍李劼人及其“大河小说”，这与李劼人的成就很不匹配。《中国现代汉语文学史》首次将李劼人列为专章，与茅盾、巴金、老舍、沈从文等同等对待，应当说这样的安排比较恰当。

《中国现当代文学》对这个问题的处理很特别。“整体上看，小说这一文学体裁在战争期间虽然经历波折，但是依然取得了不俗的文学成就。在当时涌现出来的众多优秀作家中，身处沦陷区的海派小说集大成者张爱玲、国统区致力于‘大河小说’创作的个性作家李劼人以及解放区最具影响力的作家赵树理凭借各自独到的文学建树成为了不同区域的佼佼者。”① 把李劼人放在“战争时代”，把他作为国统区小说的代表，把他与张爱玲、赵树理等小说名家并提，也许更为合适。李劼人是属于巴蜀的，但他又是属于整个现代文学版图的，因此，对他的重评也是对“主流”文学史的一种增补与改写，相信在将来“重绘现代文学版图”的实践中，那些具有高水准而处于“边沿”的文学家、文学现象会逐渐走向“中心”，走向“主流”。像这样诞生于西部、“外省”的“非主流”的文学史，就预示了文学史写作的某些新动向。

其实早在2006年，李怡和毛迅就有过一场呼唤“巴蜀学派”的谈话，思考“在当代批评的众声喧哗中，究竟怎样以自己的方式说话，而我们自己的思路与语言又如何才能不被别人的思路与语言所淹没?”② 他们看到当今的学术研究形成了根深蒂固的“北京情结”，相关问题、思路、话语等都以北京学界为风向标，外省学人都以丧失自身文化特征和身份为代价去适应中心话语；他们强调对地域文化真实的体验，发掘如最早写作白话诗的叶伯和、《草堂》杂志、李劼人等被中心话语忽视、淹没、挤压、浪费的重要地域资源，期望通过强调“边缘”的价值来丰富“中心”。那么，《中国现当代文学》就发出了“巴蜀学派”的声音，它在文学史是什么史、如何重写文学史、回归原典、重视区域资源等方面的探索在全国范围内都具有新颖性和独创性，在众多的文学史中独具一格，与“主流”、“中心”进行交流与对话，在某种程度上标志着文学史写作在西部的崛起，展现了“边缘”、“外省”的意义与希望。

总之，《中国现当代文学》在学术型文学史之外，在“主流型”文学史之外，在“中心”写作之外，以它独特的视角和富有意味的探索为现当代文学史的叙写开辟了一条新路，一条可能是归途的新路。它是一部“非主流”的“主流”文学史，它的出现不仅是西部的硕果，更是我们整个学科的收获。

（作者单位：四川大学文学与新闻学院）

---

① 李怡、干天全：《中国现当代文学》，重庆大学出版社，2010年，第211页。

② 李怡等《中国现代文学的巴蜀视野》，巴蜀书社，2006年，第274页。

稿约与稿例

一、本出版物暂定为半年一辑，每年春秋两季出版。

二、常设栏目有“现代文学与现代文化”、“文学史新论”、“巴蜀文学重读”、“对视与争鸣”、“现代中国文学档案”等，强化“问题意识”、倡导“学术锐气”、保藏“文献档案”是我们追求的目标。欢迎围绕以上栏目撰写论述，也欢迎提供百年来各种形式的中国文学与文化发展史料。

三、来稿请采用脚注带圈字符每页重新编号方式，注意学术规范。

四、本出版物实行匿名审稿制度。

五、来稿请同时提供纸质与电子文本。纸质文本请寄：四川大学文学与新闻学院《现代中国文化与文学》编辑部周维东（邮编 610064）；电子文本请寄：Smtdd@126. com

图书在版编目(CIP)数据

现代中国文化与文学. 12/李怡，毛迅主编. —成都：巴蜀书社，2013. 6

ISBN 978-7-5531-0268-9

Ⅰ. 现… Ⅱ. ①李… Ⅲ. ①中华文化-文化研究-现代-丛刊②中国文学-现代文学-文学研究-丛刊 Ⅳ. ①G122-55 ②I206. 6-55

中国版本图书馆 CIP 数据核字(2013)第 120121 号

现代中国文化与文学(十二) 李怡 毛迅 主编

责任编辑	李 蓓
出 版	四川出版集团巴蜀书社 成都市槐树街 2 号 邮编 610031 总编室电话：(028)86259397
网 址	www. bsbook. com
发 行	巴蜀书社 发行科电话：(028)86259422 86259423
经 销	新华书店
印 刷	成都蜀通印务有限责任公司
照 排	成都完美科技有限责任公司
版 次	2013 年 6 月第 1 版
印 次	2013 年 6 月第 1 次印刷
成品尺寸	230mm×170mm
印 张	20. 75
字 数	500 千
书 号	ISBN 978-7-5531-0268-9
定 价	48. 00 元